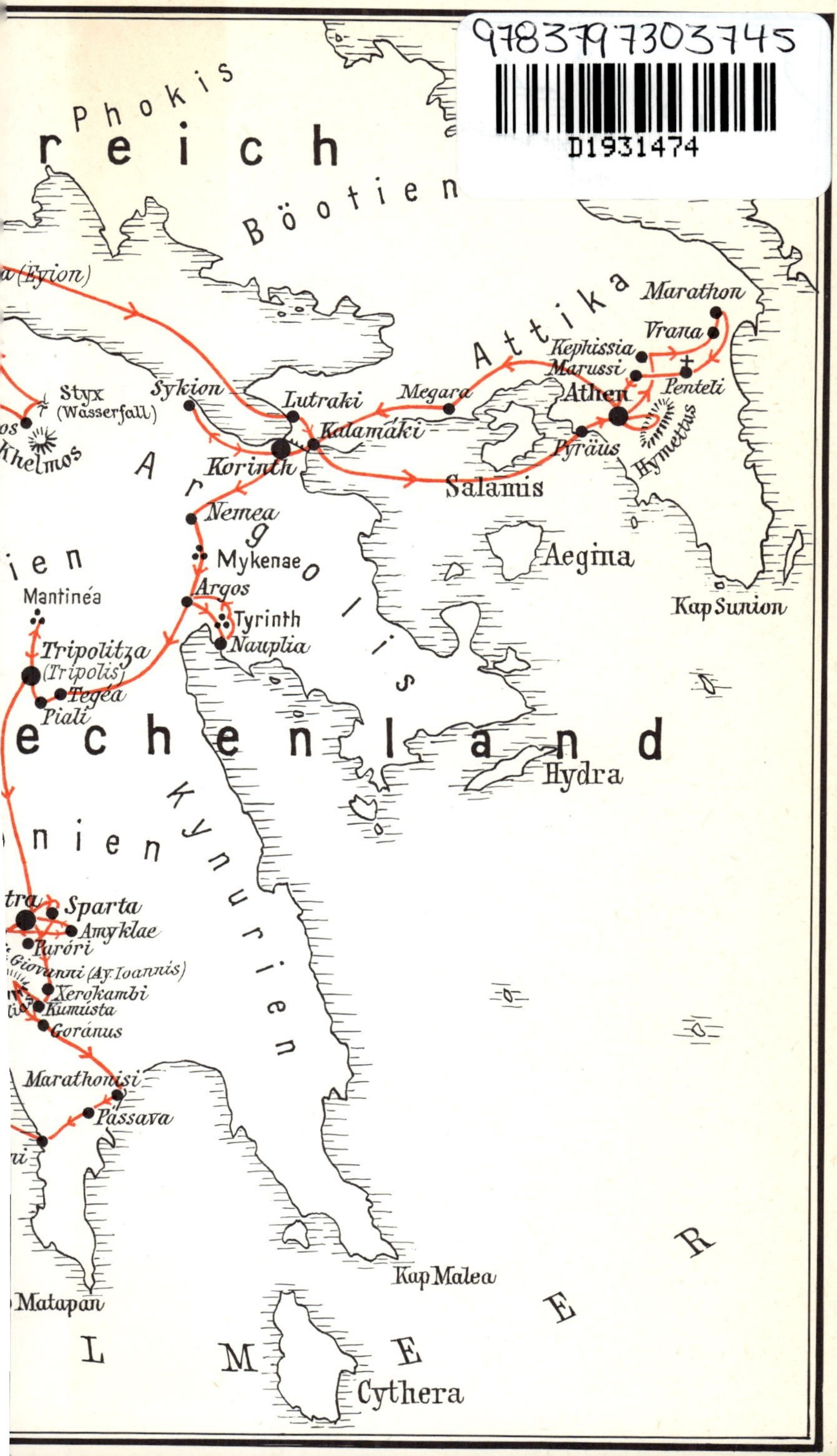
Phokis
reich
Böotien
a (Egion)
Attika
Marathon
Vrana
Kephissia
Marussi
Penteli
Athen
Hymettus
Pyräus
Megara
Lutraki
Kalamaki
Sykion
Styx
(Wasserfall)
os
Khelmos
Korinth
Salamis
Argolis
Nemea
Mykenae
Argos
Tyrinth
Nauplia
Aegina
Kap Sunion
ien
Mantinéa
Tripolitza
(Tripolis)
Tegéa
Piali
echenland
Hydra
nien
Kynurien
tra
Sparta
Amyklae
Paróri
Giovanni (Ay. Ioannis)
Xerokambi
Kumusta
Goránus
Marathonisi
Passava
Kap Malea
Matapan
MITTELMEER
Cythera

Fürst von Pückler-Muskau

Südöstlicher Bildersaal

Fürst von Pückler-Muskau

Südöstlicher Bildersaal

Auf Grund der Originalausgabe
»Südöstlicher Bildersaal. Griechische Leiden. Stuttgart 1840.
Hallberger'sche Verlagsbuchhandlung« herausgegeben
und mit einem Nachwort versehen
von Professor Dr. Klaus Günther Just

Herausgeber der
Bibliothek klassischer Reiseberichte
Dr. Georg A. Narciss

Lizenzausgabe mit Genehmigung des
S. Fischer Verlages GmbH, Frankfurt am Main
für die Europäische Bildungsgemeinschaft Verlags-GmbH, Stuttgart
die Bertelsmann Club GmbH, Gütersloh
die Buchgemeinschaft Donauland Kremayr & Scheriau, Wien
und die Buch- und Schallplattenfreunde GmbH, Zug/Schweiz
Diese Lizenz gilt auch für die Deutsche Buch-Gemeinschaft
C. A. Koch's Verlag Nachf., Berlin – Darmstadt – Wien

Gesamtherstellung: Mohndruck Graphische Betriebe GmbH, Gütersloh
Umschlag- und Einbandgestaltung: Alfred Krugmann
Printed in Germany · Bestellnummer: 01908 3

INHALT

ZWEITER TEIL

VORWORT

Sindbad machte sieben Reisen, und schon als Kind hätte ich ihn mir gern zum Vorbild erwählt. Aber schon damals ward in unserem skeptischen Jahrhundert der süße Märchenglaube in mir gebrochen, während er, der Glückliche, noch in jener goldenen Zeit die Welt durchstrich, wo der nächste Horizont schon nie gesehene, nie erhörte Wunder barg. Zauberer und Feen bevölkerten dies heitere Reich, Drachen bewohnten die Wälder, über dem Tal der Diamanten schwebte der Vogel Roc, und viele andere, jetzt verschwundene Tiere *sprachen* sogar damals – und wahrlich, oft mit mehr Verstand als heutzutage die Menschen.

Die Zeit ist nun dahin, – doch Wunderbares, fand ich später, ist noch genug zurückgeblieben für den, der es zu finden weiß, und auch *ein* mächtger Zauberer lebet noch, der einzige Fürst, an dessen Hofe um eine kleine Stell' ich mich bewarb. Doch seiner Großen bin ich keiner! denn die Natur versagte mir dazu die Kraft. Im Kleinen aber wirk ich treu und tue kindlich, was ich kann. Der mächtge Herrscher führt den Namen Phantasus, und endlos sind die Grenzen seines Reichs. Bis wo das Licht des letzten aller Sterne bleicht, bis in das schwarze Nichts erstreckt sich seiner Boten Lauf; der Erde Pracht, des Abgrunds Tiefen, das weite Meer, der Himmel ungemeßner Raum, der Hölle schauerliches Reich – ihm ist es alles untertänig, und jede Wirklichkeit erhält durch ihn ein neu poetisches Gewand.

Mit dieses Zauberers Passe reis' ich; der Sonne Auf- und Untergang wird mir verschönt durch seine Nähe, und jede Landschaft seh ich durch sein Zauberglas, und Mensch und Tier, das Gute wie das Böse, verklärt sein Licht und läßt mich klarer dessen Tiefe schaun. Holder wird jedes Schöne, Furchtbares selbst befreundet mir, und Tag wie Nacht zur Fülle des Genusses.

Ihr kennt den Führer jetzt – folgt, wenn ihr wollt!

NACHSCHRIFT

Ich hoffe, es wird niemand so unchristlich sein, an die folgenden Rhapsodien dieselben Ansprüche wie an ein schulgerechtes Werk über Griechenland zu machen. Die Schule ist mir fremd, ich singe nur, wie der Vogel auf dem Zweige singt, ohne Kunst noch Mühe; und frei im grünen Hain des Lebens umherflatternd, bewundere ich stets bescheiden und von fern den weit gelehrteren Gimpel im goldenen Bauer, den das fleißige Studium der Drehorgel so viel schönere Lieder gelehrt hat.

ERSTER TEIL

ERSTES KAPITEL

Ankunft des Autors in Patras und sein ungemein langer Aufenthalt daselbst

Das waren böse Tage! In meiner Verzweiflung verfluchte ich, gleich Faust, des Lebens Schmerzenskelch. Ja, rief ich aus, verwünscht auf immer sei diese höllische, menschenquälende, unerträgliche Winterfahrt von Malta nach Patras, verwünscht die erbarmungslose, wilde verräterische See, die uns vier Tage und vier Nächte in rastloser Leidensagonie umherwarf, verwünscht das schmutzige, schaukelnde, unregierbare Schiff Seiner englischen Majestät, das bereits reformierte Gouvernements-Dampfboot l'Africain, dessen allerletzte Reise wir Unglückliche noch mitzumachen verurteilt wurden, verwünscht vor allem aber die heillose Neugierde und Torheit, welche uns vom bequemen, vom gemütlichen heimischen Herde forttreibt, um in fremden Ländern innezuwerden – daß es am Ende dort überall schlechter als im Vaterlande sei!

Als ich einst, noch in zartem Alter, mit meinem Bruder an schwerer Krankheit darniederlag, und der Arzt, nachdem er den letztern für gerettet erklärt, uns verließ, weil *mir*, wie er hinzusetzte, niemand mehr helfen könne – holte man einen im Ruf dunkler Kenntnisse stehenden Schäfer, der durch geheimnisvoll zubereitete Tränke *mich* wiederherstellte, während mein geretteter Bruder in derselben Nacht noch starb. Der Schäfer war eigentlich ein wohlbestellter Lizentiat im Städtchen Muskau, meines Freundes Leopold Schefers Vater, dessen höheren Kenntnissen ich auf diese Weise mein Leben verdanke. Und es war allerdings ein sonderbarer Mann, dieser alte Äskulap! Den ganzen Tag in seinem Laboratorium verschlossen, stand er im Rufe, den Stein der Weisen zu suchen. Seinem Sohne hinterließ er wenigstens den Karfunkel der Poesie, und mir – versprach er eine ewige Jugend.

Am andern Morgen, als seine Mittel angeschlagen, sagte er zu meinen Eltern, sie sollten sich meinetwegen keine Sorge machen, ich hätte nur eins zu fürchten, dies sei das Wasser – weshalb ich mich auch, beiläufig gesagt, seitdem weit mehr an den Wein gehalten habe. Später prophezeite mir die berüchtigte Lenormand ebenfalls: daß ich in einem rings von Wasser umgebenen Orte (der folglich leicht ein Schiff sein könnte) mein Ende finden würde. In der Tat war mir bis jetzt das Meer immer auffallend ungünstig. Doch nie litt ich mehr darauf als diesmal! Schon als wir uns im Quarantänehafen zu Malta während der heftigsten Bourraske einzuschiffen gezwungen waren, schlug das Boot mit meinen Effekten um. Koffer und Taschen tanzten eine ganze Zeit lang auf den Wellen umher, überall drang das Seewasser verderblich ein, und nicht alles ward von den helfenden Leuten wieder herausgefischt. Mehrere wertvolle Gegenstände, vieles, was mir teuer war, und manche Dinge, die für meine Bequemlichkeit der empfindlichste Verlust sind, sanken in die Tiefe. Ähnliches Wetter und eine stets gleich hohe See, die uns selbst mit der Hilfe des Dampfes kaum zwei bis drei englische Meilen in der Stunde zu avancieren gestatteten, dauerten ununterbrochen bis zur Insel Zante fort. Kaum konnte man sich in den engen jämmerlichen Betten festhalten, jede Nahrung widerstand dem fortwährenden Ekel, und kein Augenblick Schlaf erquickte die ermattete Natur. Alle Passagiere erklärten, daß ihnen selten so andauernd stürmische Witterung, aber nie ein Schiff mit solchen monströsen Bewegungen als das unsrige vorgekommen sei. Denke Dir, lieber Leser, daß man Dich auf eine Schaukel setze, auf der zwei Riesen Dich hundert Stunden lang »mit Hast ohne Rast«, wie Goethe sagt, auf und ab schleuderten, und urteile dann, wie Du Dich befinden würdest. Selbst die Seeleute konnten sich oft nicht auf ihren Beinen erhalten, und als ich einmal versuchen wollte, etwas Suppe zu mir zu nehmen, verlor der sie bringende Schiffsdiener dergestalt das Gleichgewicht, daß er mitsamt der Schüssel in mein Bett stürzte und mit ihrem heißen Inhalt mir das halbe Gesicht verbrühte. Was nicht festgebunden war, fiel jeden Augenblick von den Tischen klirrend und zertrümmert nieder, und alle Effekten kollerten durcheinander. In der Nacht strömte häufig das Wasser durch die obern Luken herein, deren man, um nicht in der pestilenzialischen Atmosphäre ganz zu ersticken, immer einige auflassen mußte, und durchnäßte uns dann bis auf die Haut. Eines Tages warf eine Welle, die jähling über das Verdeck schlug, den dort stehenden Kapitän um, schleuderte ihn mit dem Kopf an eine Ecke, und wenig fehlte, so hätte sie ihn ins Meer gespült. Wir sahen ihn während des Restes der Reise nur mit verbundenem Kopfe umherschwanken.

Was halfen mir nun alle romantischen und klassischen Erinnerungen dieser weltberühmten Gegend unserer Erde, die sonst das jugendliche Herz schon stärker pochen machten, wenn man ihres Namens nur erwähnte. Vergebens rief ich mir zurück, daß unter uns im Meeresgrunde der verliebte Alpheus zu Arethusas Grotten von Kristall von hier bis nach Sizilien eile; daß nicht zu fern von uns im blauen Osten der holden Cypris Insel auf den dunkeln Fluten throne, und der leukadsche Felsen vor uns seine schroffe Wand erhebe, wo Sapphos Schmerz nur mit dem Leben floh; daß schon Ulysses Burg am Horizont des Nordens dämmre, und uns zur Rechten schneebedeckter Berge Gipfel die sandge Pylos überrage, wo einst der weise Nestor herrschte – statt alles dessen, guter Gott! sah ich nichts in der Wirklichkeit um mich her als eine unreinliche stinkende Kajüte, mit jedem gräßlichen Appendix der ekelhaften Seekrankheit versehen, hörte nichts als das Jammern meiner Leidensgefährten und das Heulen des Sturms und der Wellen! Wahrlich eine so trostlose Lage für einen Vergnügling, daß hier alle seine Lebensphilosophie ihn im Stich läßt, und er eine helle Seite der Sache nicht mehr aufzufinden weiß. Doch nein, das schlimmste Übel hat doch noch immer *eine* gute Seite – die, daß es enden muß.

Auch unser Leiden endete, doch noch nicht in Zante, dieser »Blume des Morgenlandes«, wie sie genannt wird, wo wir um Mitternacht ankamen, uns nur wenige Stunden aufhielten, und von welcher Insel, dem Himmel dankend, eine kurze Zeit ohne Schaukeln mich dem Schlaf überlassen zu können, ich nicht mehr kennengelernt habe, als wenn ich immer tausend Meilen weit von ihr entfernt geblieben wäre. Aber am Morgen des andern Tages landeten wir in Patras, und da fühlte ich, daß die Freude, die unmittelbar nach dem Leiden kommt, doppelten Wert hat. Der sonnenhelle, goldene Tag, der Lepantos bergumkränzten Golf beleuchtete, schien mir der schönste, den ich je gesehen, selbst die europäische Kälte unter Null, mit dem Anblick der weißen Decke des Gebirges, erfrischte mir Körper und Geist. Hier trat mir wieder der heimische Norden entgegen, während die wüste Ebene, die halb aufgebaute Stadt, der Schmutz und Unrat am Ufer, mit der bunten Tracht der Griechen und ihrem roten maurischen Fes, mir das Andenken der unlängst verlassenen Barbarei lebhaft wieder zurückriefen. Dank der Güte des Grafen von Lusi, unsers Gesandten in Athen, der den hiesigen preußischen Konsul von meiner Ankunft avertiert hatte, fand ich bei diesem ein geräumiges Logis (von Bequemlichkeit und Luxus ist hier nicht mehr die Rede) für mich bereitet, hinlänglich möbliert für meine bescheidenen Ansprüche, nur leider, trotz der dünnen Wände und vielen Fenster, ohne Öfen noch Kamin – aber ich weiß schon längst, daß man nur in den südlichen Ländern zum Frieren verurteilt ist. Auch der englische Konsul, Herr Crowe, an den ich Briefe von Malta mitbrachte, empfing mich mit gastfreundlicher Güte. Ich ward ebenso angenehm durch den mit der größten Herzlichkeit gepaarten feinen Weltton dieser Familie erfreut, der ich unausgesetzte Gefälligkeiten während meines Aufenthalts in Patras verdanke, als überrascht durch die Schönheit und ausgezeichnete Erziehung ihrer ältesten Tochter, Miß Nina. Der Konsul nahm mich sogleich für den ganzen Tag in Beschlag, und noch ermattet von dem Überstandenen, konnte ich nichts Besseres wünschen, als mich in so anmutiger Gesellschaft auszuruhen. Zum erstenmal hörte ich an diesem Abend griechische Lieder singen, melancholische Melodien, die mich sehr ansprachen, und welche Miß Nina einfach und mit Gefühl vortrug.

Nachdem am andern Morgen das Häusliche, als Auspacken und Aufstellen meiner Sachen, Einrichtung meiner kleinen Junggesellenwirtschaft und so weiter – denn ich gedenke hier einige Wochen zu verweilen, um eine Schreibestation zu machen, wozu der einsame kleine Ort gut paßt – beendigt war, trieb mich bald die Schaulust ins Freie. Die größte Zierde der Stadt sind die weitläuftigen Ruinen des alten, von Guillaume de Villehardouin erbauten und von den Venezianern sehr erweiterten Schlosses, das im letzten Kriege noch abwechselnd den Türken wie den Griechen zu einem festen Punkte diente. Es ist höchst wahrscheinlich auf den Überresten der alten Akropolis errichtet, und man entdeckt noch mehrere Grundmauern antiken Bauwerks sowie Fragmente von später eingemauerten Säulenstücken und Simsen. Jetzt ist nur noch ein großer viereckiger Turm in baulichem Stande, dessen weiter Raum in der Tiefe mit einigen zwanzig Mördern und Räubern angefüllt war, auf die wir durch die oben angebrachten Gitter hinabblickten. Sie hatten weder Holz zum Feuern noch Stroh, lagen auf nackten Steinen und begrüßten uns mit Flüchen und Verwünschungen. Es sind schwere Verbrecher, aber ein so grausames Gefängnis scheint mir doch kaum zu verantworten. Hier, wie angeblich in ganz Morea, ist jetzt die Ruhe so ziemlich wieder hergestellt, das heißt keine offene Rebellion mehr vorhanden, doch jenseits des Golfs, in Rumelien und dem nördlichen Teil des Königreichs, sind die fast ungangbar gewordenen Bergpfade durch Räuberhorden allerwärts so unsicher gemacht, daß kein Reisender sich mehr dahin wagen darf, und das

Militär fortwährend in der Verfolgung dieser Banditen begriffen ist. Doch die bisherigen Expeditionen haben weder unter Gordon noch General Pisa irgendeinen Erfolg gehabt, und die Banden sind frecher als je. Kürzlich noch ward der baierische Hauptmann Kraus, der sich ohne hinlängliche Bedeckung hinauswagte, samt seiner Ordonnanz von ihnen ermordet. Es ist dies allerdings ein förmlicher Krieg und wird hier allgemein der unvorsichtigen Maßregel der Regentschaft zugeschrieben, auf einmal die fünftausend Mann starken Nationaltruppen verabschiedet zu haben, die Capo d'Istria sehr weise vereinigt hatte, um so den gefährlichsten Teil seiner Nation in der Gewalt zu behalten und nach und nach disziplinieren und unschädlich machen zu können. Alle Unruhen und Revolten, die seitdem stattfanden und dies schöne Land jetzt paralysieren, sind fast allein jenen plötzlich nahrungslos gewordenen Soldaten zuzuschreiben, welche laut erklären, daß sie sich berechtigt fühlen, ein Gouvernement zu bekriegen, das ihnen ohne Grund ihr Brot raubte. Durch die Revolution verwildert und der Ergreifung friedlicher Geschäfte abgeneigt, sind diese Menschen doppelt gefährlich, da sie das Kriegshandwerk gut erlernt, und daher nicht mehr als gewöhnliche Räuber, sondern systematisch agieren, dabei aber oft eine unglaubliche Kühnheit zeigen.

Es ist überhaupt auffallend, wie wenig noch seit der Vertreibung der Türken die verschiedenen Regierungen für die Zivilisierung eines mit so wenig Glück von den europäischen Mächten extemporierten Staates getan haben. Als ich Capo d'Istria kurz vor seiner Abreise nach Griechenland zum letztenmal sah, sagte er: »Erziehung und Straßen sollen mein Hauptaugenmerk vom Anbeginn sein.« Für die erste war etwas getan worden, doch das meiste davon ist schon wieder, wie ich höre, in Verfall geraten; die Straßen, außer einigen kurzen Strecken in der Nähe von Athen und Nauplia, blieben bis jetzt ganz vernachlässigt, obwohl Leichtigkeit und Frequenz der Kommunikationen vielleicht die wichtigsten Gegenstände von allen sind, ohne deren Berücksichtigung das Land immer im halben Zustande der Barbarei verbleiben muß, weder Handel und Verkehr blühen, noch Sicherheit hergestellt werden kann. Erleichterte Kommunikationsmittel für die Körper und Geister sind der Anfang und das Ende aller Kultur.

Nachdem ich die höchsten Zinnen des Turms erstiegen, setzte ich mich, in meinen Mantel gehüllt, auf eine derselben nieder und überschaute die Gegend. Ein bärtiger deutscher Unteroffizier diente mir zum Führer, und es hatte etwas Sonderbares, den ehrlichen Baier in seinem groben Jargon mir hier den Bergzug des Parnassus, dort Ithaka und so fort anzeigen zu hören. Die weite Ebene unter mir, sonst das Paradies von Patras genannt, die, durchgängig mit Korinthen angebaut, jährlich dreitausend Tonnen dieser einträglichen Beeren lieferte, wo, von hohen Platanen beschattet, die Landhäuser und Lustgärten der reichen Türken und Griechen standen, und auf der man über hunderttausend Oliven- und Fruchtbäume zählte – ist jetzt ein kaum absehbarer, meist versumpfter und wüster Anger ohne einen einzigen Baum, auf dem nur Unkraut wuchert.

Nach einigem Verweilen auf der Höhe wandte ich mich den nahen Hügeln zu, die kahl und zerrissen sich bis zum Vohidia erstrecken, der die Stadt ungefähr vier- bis fünftausend Fuß hoch überragt. Ich gelangte zuerst an eine Fontäne, mit einem antiken Löwenkopfe geziert, an der eine junge Griechin mit dick herabfallenden Haaren, den roten Fes verwegen darauf gestülpt, eben Wasser schöpfte. Daneben hat sich noch eine Riesenplatane erhalten, die einzige, welche die Revolution überlebte, und nicht weit von ihrem Fuße ruhen vier Türkenbrüder, welche die Griechen hier erschlugen, miteinander in einem Grabe; vier steinerne Turbane darauf erhalten das Andenken der Tat. Die erwähnte Platane diente bei dem früheren mißlungenen Aufruhr der Griechen den Türken als Galgen, um in förmlich symmetrische Gruppen sortierte unglückliche Opfer, Männer, Weiber und Kinder zusammen daran aufzuhängen. Eine Viertelstunde weiter findet man zwischen tiefen Schluchten die Ruinen eines Aquädukts und noch anderer einst dort stehender antiker Gebäude. Sie zeigen sich besonders an einer Stelle sehr pittoresk, wo die vom Feuer geschwärzten Bögen mit Feigensträuchen und Efeu dicht überhangen sind, und die alte Wasserleitung auch noch jetzt hie und da zu einigen Lokalbewässerungen nahgelegener Felder benutzt wird. Gut staffiert ward die Landschaft durch eine Art großer Ziegen, die an den steilen Abhängen umherkletterten, und statt der bei unsern Ziegen gewöhnlichen Hörner ein gewundenes Geweih tragen, das ihnen von weitem das Ansehen von Damhirschen gibt. Ebenso glichen einige Rudel schwarzer Schweine wilden Ebern vollkommen, und ich hatte später Gelegenheit zu der Bemerkung, daß auch ihr Fleisch im Geschmack dem der letzteren nahekommt, zugleich aber bei weitem das beste in Patras ist, wo freilich nicht viel Wahl stattfindet.

Francis und Norma machten mir hier viel Not, da

beide sehr gern jagen, nämlich was vor ihnen läuft, aber sobald ihnen etwas standhält, alsogleich selbst das Hasenpanier ergreifen. Dem Anschein nach verstanden beide Kläffer nur Unfug anzurichten, und manche wilde Verwünschung der Hirten tönte hinter mir drein, während ich meinen Weg in der Richtung des Meeres fortsetzte. Die Sonne sank, ehe ich eine Berghöhe, die ich mir als Ziel erkoren, erreichen konnte, doch erhielt ich eine hübsche Ansicht der sich gegenüber liegenden Schlösser von Rumelien und Morea, in deutschen Geographien von einem witzigen Schulmanne »die kleinen Dardanellen« genannt, welche den Eingang des Golfs verteidigen; etwas weiter hin erblickt man die Stadt Lepanto, die, von einer hohen Mauer gleich einem Dreieck umschlossen, in zwei Absätzen vom Berge nach dem Wasser herabsteigt, und endlich an der äußersten Rechten gewahrt man etwas vom Gebirgskamm des Parnassus. Seine schroffen Abhänge und eisigen Gipfel führten meiner Phantasie die Musen jetzt in Pelz gewickelt vor, und den armen griechischen Pegasus, wie er auf schlechter Weide mühsam ein Kräutlein aus dem Schnee hervorsucht, der des Altertums Herrlichkeiten bedeckt. In diesem Moment kam einer der hiesigen Papas angeschritten, welche in Tracht und Aussehen wie durch ihren langen Bart unsern alten Juden vollkommen gleichen. Ich dachte daran, wie außerordentlich nachteilig die griechische Geistlichkeit während der Revolution, die sie durch ihren Fanatismus weit mörderischer machte, hier eingewirkt, und wie sie, noch bigotter als die katholische, das Volk in Blindheit zu erhalten sucht.

Das Klima von Patras wird nicht für das zuträglichste gehalten, denn das griechische Fieber grassiert mehrere Monate des Jahrs, und wer es einmal gehabt, bekommt es leicht zu jeder Zeit wieder. In dem Hause, das ich bewohne, dessen Lage besonders ungesund sein soll, habe ich eine überzeugende Wirkung der *aria cattiva* [schlechte Luft] fortwährend vor Augen; der Herr desselben, seine Frau, seine beiden Töchter, sein Sohn, das Dienstmädchen und selbst der Hausknecht leiden abwechselnd am Fieber und schleichen blaß wie Geister umher, wenn sie nicht im Bette liegen. Ich selbst und Lorenzo entgingen ihm bis jetzt, doch empfinde ich seinen versteckten Einfluß durch fortwährendes Unwohlsein, aber mein Diener Selim ist völlig krank, und die ungewohnte Kälte mit allem hiesigen Ungemach, was er nicht ertragen kann, haben ihm obendrein das Heimweh gegeben. Er findet Griechenland *zu barbarisch*, wie er sagt, und da ihm noch dazu dreimal geträumt, daß er hier sterben werde, hat er mir den Dienst aufgekündigt, mich inständig bittend, ihn mit dem nächsten Schiffe ziehen zu lassen, das seinen Weg nur in der Richtung Afrikas nehmen würde. Dies ist keine kleine Unannehmlichkeit für mich, doch kann ich ihn nicht halten; und selbst gestehen muß ich, daß die Unbequemlichkeit, der Mangel und die Entbehrungen, denen man hier ausgesetzt ist, alle meine eigenen Erwartungen übertreffen. Über sechs Grad Wärme Réaumur kann ich es in meinen Stuben nicht bringen, ein harter Umstand für jemand, der noch vor wenig Monaten dreißig mehr im Schatten, als entgegengesetztes Extrem, ertragen mußte, und das einzige künstliche Erwärmungsmittel – in die Stube gestellte Kohlenbecken – verursachen dem nicht daran Gewöhnten häufig Kopfschmerz und Übelkeit.

Herr Ingate, ein englischer Kaufmann und Konsul

für Holland, der, ohne daß ich irgendein Empfehlungsschreiben an ihn mitbrachte, mir demungeachtet mit der größten Zuvorkommenheit und Artigkeit entgegenkam, hatte diesen Morgen eine Jagd für mich arrangiert. Gute rumelische Pferde, ein Dutzend Hunde aller Rassen und fast ebensoviel Griechen in ihrer originellen Landestracht, mit der roten Mütze und weißen Fustanella, die einem kurzen weiblichen Unterrock gleicht, versammelten sich um zehn Uhr vor meinem Hause. Ein kalter, aber klarer Tag begünstigte uns, doch beschränkte sich die ganze Jagdbeute nur auf einige Hasen und ein paar Waldschnepfen, da die Beschaffenheit der jetzt mit Gestrüpp, Unkraut und Dornen hoch bewachsenen Ebene wie der häufige morastige Boden teils die Windhunde hinderten, teils das Heraustreiben des Wildes zu sehr erschwerten. Ich zog daher bald vor, die Jäger zu verlassen und mit Herrn Ingate einen Spazierritt am Seeufer entlang zu unternehmen, der uns nach zwei Stunden, während denen wir fünf bis sechs reißende Bergströme durchwaten mußten, an den Fuß der Hügelkette brachte, welche die Ebene nach Gastuni hin schließt. Hier lockte mich der Höhesinn hinauf, obgleich der Weg oder vielmehr der Wegmangel schwierig zu überwinden war. Doch belohnte der Erfolg mich über alle Erwartung, da, auf dem höchsten Punkt angelangt, sich uns eine der originellsten Aussichten darbot, die selbst Herrn Ingate, den Einheimischen, höchlich überraschte, welcher wohl hundertmal diese Straße gezogen war, ohne den Einfall gehabt zu haben, eine ähnliche Rekognoszierung vorzunehmen.

Die erwähnte Hügelkette, in deren Mittelpunkt wir jetzt unter dem Schutz einer uralten Eiche standen, bildet einen regelmäßigen Halbmond, nach dem Meere zu eröffnet, dessen beide Enden ein fruchtbares, ganz eben planiertes Tal einschließen, auf dem sich noch mehrere Olivenbäume erhalten haben, und das zwei tiefe Seebuchten in höchst graziösen Linien abgrenzen. Vor diesem Halbkreis breitet sich nun auf dem Meere selbst, in unendlich größerer Ausdehnung, ein entgegengesetzter Bogen malerisch voreinandergeschobener und dadurch scheinbar zusammenhängender Berginseln aus, so daß der weite Wasserspiegel, den er einschließt, hier nur als ein ungeheurer Landsee erscheint, dessen romantische Ufer in allen Schattierungen des verschiedensten Blaues spielen. Links beginnt der stets abwechselnde Kranz, aus dem Gebirge herabsteigend, mit der von einem hohen Eichenwalde bedeckten Landzunge Moreas, die beim Kap Papas, dem alten Araxus, ins Meer ausläuft. Hinter ihr schimmert in dämmernder Ferne, wie eine lichte Wolke, die Insel Zante. Unmittelbar an Kap Papas schließt sich Cephalonien an, dessen jetzt ganz mit Schnee bedeckter Bergkoloß hoch über alle andere Spitzen hervorragte. Ithaka scheint, von diesem Standpunkt aus gesehen, nur die Fortsetzung derselben Kette zu sein, und in tief dunkler Farbe tauchen neben ihr die zwei schroffen Felsen Oxia und Scrophes aus den an ihrem Fuß immer schäumenden Meereswogen empor. Hinter ihnen setzt Sancta Maura die Reihe fort, mit den kleineren, einzeln vor ihm gelagerten Felseninseln, zwischen denen einst die Weltschlacht von Lepanto stattfand, heute vielleicht am berühmtesten dadurch, daß Cervantes in ihr seine linke Hand verlor. Von hier wendet sich über Missolunghis kaum zu erkennende Häuser und sein kahles Marschland hin der Bogen nach dem mehr abgerundeten Gebirge und den kühn hervortretenden schwarzen Bergkegeln Rumeliens, bis die wellenförmige Fortsetzung sich endlich am landeinwärts dringenden Golf von Lepanto, unter den jähen Schneeabhängen des Parnassus, verliert. Zwischen diesem und dem Gipfel, auf dem wir uns befanden, umfaßten wir außerdem, rechts von uns über dem niedrigen Hügelboden hin, mit einem Blick die ganze Ebene von Patras, die amphitheatralisch gebaute Stadt an ihrem Ende, imposant von dem alten Schlosse gekrönt, das hier mitten im Schnee des mächtigen Vohidias zu stehen schien. Auf der Nordseite zog sich eine tiefe Schlucht, mit mannigfaltigem Immergrün und Gesträuch geschmückt, durch die steilen Abhänge, und hinter derselben türmte sich in drohender Nähe der höchste und wildeste Teil des Gebirges, der alte Mons Olonos, in einer langen blendend weißen Felsenmauer auf, deren seltsame Ausschnitte und schauerliche Abgründe den glorreichsten Kontrast mit der hohen Majestät und Ruhe der unermeßlichen Seeansicht vor uns bildeten.

Es schien, daß man uns den Genuß dieser herrlichen Szene, deren romantisches Lokal Monodendron genannt wird, nicht unangefochten gestatten wollte; denn wir sahen uns plötzlich von mehreren der gefürchteten und wirklich sehr furchtbaren griechischen Hirtenhunde angefallen, die Hyänen gleichen und jetzt mit heiserem Gebell ihre Zähne gegen uns fletschten, weil wir unangemeldet in ihr wüstes Heiligtum gedrungen. Sie machten uns besonders wegen eines mit uns gelaufenen Jagdhundes besorgt, doch glücklicherweise war ihr Gebieter in der Nähe, dessen ärmliche Hütte nicht weit davon stand, und den Herr Ingate sogleich, ihn mit dem schmeichelhaftesten *Dúlosas (servo suo)* begrüßend, um Hilfe anrief. Diese Hirten, in Felle gehüllt, sehen fast ebenso wild aus als ihre Hunde, und beide verteidigen sich gegenseitig, worüber man uns in Patras schon mehrere Geschichten erzählt hatte. Sehr übel erging es besonders dem französischen Ingenieur-Obersten Barthélemy, der, beim Vermessen des Landes von einem solchen Hunde angefallen, diesen erschoß, worauf von allen Seiten die Hirten herbeisprangen und ihn fast totschlugen. Damit aber noch nicht zufrieden, kamen sie in Prozession nach der Stadt, um Gerechtigkeit für den Mord ihres treuen Gefährten zu fordern, und es war nahe daran, daß ein Aufstand sämtlicher Landleute die Affäre beschlossen hätte. Der hiesige baierische Militärarzt, Herr Hannitz, ein sehr einnehmender und gebildeter junger Mann, hatte eine ähnliche Avantüre. Von zwei wütenden Hunden attakkiert, streckte er mit seiner Doppelflinte beide in den Sand, versäumte aber wohlweislich nicht, auch beide Läufe sogleich wieder zu laden. Dies rettete ihn ohne Zweifel aus bedeutender Gefahr, denn wenig Sekunden darauf erschien der Herr der Hunde, ein alter Mann, welcher, als er seine Lieblinge in ihrem Blute liegen sah, sich verzweiflungsvoll den weißen Bart raufte und, wie Herr Hannitz versicherte, die Hand ganz malerisch gegen die Wolken hebend, als wolle er des Himmels Rache damit herbeirufen, in ein schmerzliches Geheul ausbrach. Augenblicklich lockte dies Jammergeschrei fünf bis sechs junge Leute herbei, wahrscheinlich seine Söhne, die schon von fern den Fremden mit einem Steinregen begrüßten. Dieser, der Landessprache mächtig, rief ihnen, seine gespannte Flinte zugleich anlegend, zu, daß der erste, der sich ihm nahe, das Los der Hunde teilen würde. Nun fing das Parlamentieren auf Distanz an, denn die Griechen sind ebenso fertige Schwätzer als die Araber. Der Doktor entschuldigte, immer dabei langsam retirierend und der Haufe ihm folgend, seine Tat mit der Notwehr, erbot sich vor dem Nomarchen zu jedem Schadenersatz, und so, abwechselnd beschwichtigend, abwechselnd drohend, erreichte er endlich glücklich einen Militärposten, worauf sich die Verfolger nicht weiter wagten. Ihre spätere Klage ward natürlich abgewiesen.

Wir machten diesmal alles in Güte ab und schickten uns nun an, auf der andern Seite des Hügels nach Patras hinabzusteigen, welches aber noch mehr Mühe machte als früher das Heraufreiten und uns viel Zeit wegnahm; denn der letzte Platzregen hatte das weiche Erdreich überall tief zerfurcht und aufgerissen. *»Is there a passage?«* frug Herr Ingate hinter mir, als wir an einen steilen und schlüpfrigen Abhang kamen. *»Something very like it«*, erwiderte ich und rutschte, wie ich es in Afrika gelernt, mit meinem Pferde zehn Fuß tief auf dem Hinterteile hinab. Ein Umweg brachte meinen Begleiter, dem diese Art des Fortkommens nicht einleuchten wollte, später ebenfalls wieder zu mir, und einmal das Tal gewonnen, konnten wir dann auf dem Meersande unsern Weg bald schneller fortsetzen, um noch mit einbrechender Nacht die Stadt wieder zu erreichen. Dort aber war der Silvesterabend zu feiern, den ich in sehr angenehmer Gesellschaft zubrachte, bis die Stunde des neuen Jahres schlug, wo ich mit Lorenzo die deutsche Sitte des Küssens der Damen einführte. *Per aspera ad astra!* denn ehe wir zur Schönsten gelangten, mußten wir verschiedene sich gefährlich sträubende Alte bezwingen.

Heute, am ersten Januar 1836, wimmelten alle Straßen von glänzenden baierischen Uniformen auf griechischen Autoritäten, die sich gegenseitig ein glückliches Jahr wünschten, Kleider und Leute, könnte man sagen, weil hier die ersteren, buchstäblicher als sonst, die letzteren machen. Abends aber sah ich auf einem kleinen Ball des englischen Konsuls auch mehrere junge Griechen in ihrer ebenso prächtigen als geschmackvollen Nationaltracht. Zwei davon waren ungemein hübsche Männer, mit Gesichtern voller Ausdruck und ganz im antiken Stil, besonders der eine, Antonio Kalamogdart, der sich gleich sehr durch Bildung als edeln Anstand auszeichnete. Die griechischen Damen hatten sämtlich französische Toiletten angenommen, und von ihrem ehemaligen Kostüme nur die langen Haare und den roten Fes beibehalten. Auch unter ihnen gab es reizende Gesichter mit funkelnden dunkeln Augen, und die Lebhaftigkeit ihres Mienenspiels, das Feuer ihrer Unterhaltung, das Schmachtende ihrer Blicke, wo ein innigeres Verhältnis stattfinden mochte, war für mich, den überall zirkulierenden Beobachter, ein höchst reizendes Schauspiel. Der deutsche Walzer und die französische Contredanse standen ihnen jedoch ebensowenig gut an, als sie zu der imposanten Tracht der Männer passen wollten. Es ist auffallend, wie schnell beide Geschlechter sich die französische Sprache mit dem richtigsten Akzent angeeignet haben; italienisch sprechen überdem die meisten und einige auch schon deutsch, wahrscheinlich solche, denen baierische Offiziere die Cour gemacht haben.

Obgleich die Kälte immer empfindlicher wird, und das zugleich trübe Wetter die Bergspitzen mit Wolken umlagert, setze ich doch meine täglichen Promenaden noch nicht aus. Das Ziel der heutigen war eine alte

Kirchenruine am Meeresstrand mit einer christlichen und heidnischen Antiquität, die erste tragischer, die zweite heiterer Natur. Denn auf diesem Platze soll der heilige Andreas – jetzt so groß geworden durch das von ihm mit seltenem Erfolg protegierte Rußland – die Märtyrerkrone der Kreuzigung errungen haben, und dicht daneben befindet sich eine uralte Quelle, der Ceres gewidmet, die einst in der Mitte eines heiligen Haines lag. Dieser überwölbte Brunnen mit der noch dazu hinabführenden Treppe ist, seiner ganzen Lage und Umgebung nach, wahrscheinlich derselbe, von dem Pausanias erzählt, daß er als ein Orakel diente, um den Ausgang der Krankheiten anzuzeigen. Ein Spiegel ward so aufgestellt, daß ein Teil desselben mit dem Wasser der Quelle in Berührung kam; dann verbrannte man einigen Weihrauch, Gebete wurden an Ceres gerichtet und hierauf gewisse Zeichen an der Spiegelfläche beobachtet, welche dem Kranken Genesung oder Tod verkündeten. Jetzt dient die Quelle einem neuen Aberglauben, wie billig. – Das Wasser wird nicht mehr durch Ceres, sondern an ihrer Statt durch Andreas geheiligt, und an seinem Feste trinken alle gute Christen in Patras eifrig von dieser Panazee. Ich tue es alle Tage, da das Wasser ganz vortrefflich ist, so daß kein anderes auf meinen Tisch kommt, und wenn der Heilige wirklich darin sitzt, muß ich ihn wenigstens schon zur Hälfte *in succum et sanguinem* in meinem Leibe verkehrt haben. Die Stadt besaß früher auch das Haupt des Märtyrers; als aber der griechische Despot Thomas im fünfzehnten Jahrhundert nach Italien flüchten mußte, nahm er es mit, um sich durch dieses kostbare Geschenk beim Papste einzuschmeicheln, und so verlor Griechenland den unersetzbarsten seiner Schätze.

Patras ist im Lauf der Jahrhunderte mehrfach bergauf und bergab gewandert. Zuerst stand es in der Plaine, unter Augustus erstieg es die Höhe, unter den Türken plazierte es sich etwas tiefer, und jetzt ist es *wieder* in der Plaine angekommen, ziemlich auf dem ersten Fleck, nur freilich in traurigem Kontraste mit seinem frühern Glanz. Sonderbares Schicksal! Sonderbarer ewiger Wechsel der irdischen Dinge, deren endlichen Zweck wir arme Sterblichen freilich nicht einzusehen vermögen!

Ich muß einer Bekanntschaft erwähnen, die mich lebhaft, fast zu lebhaft für einen, der zu den steten Wanderungen des Zugvogels bestimmt ist, interessierte.

Am Abhange des Parnaß und auf der Hälfte seiner Höhe liegt eine wunderbare Grotte, selbst den wilden Tieren unzugänglich, und wie von der Vorsehung dazu bestimmt, dem Verfolgten ein sicheres, unerreichbares Asyl zu geben. In Turmeshöhe, von ewigen Felsen überwölbt, groß genug, um mehr als dreitausend Menschen zu beherbergen, von der Natur selbst mit hinlänglichem Wasser versehen, das an mehreren Orten fortwährend durch der Steine Ritzen, hell und rein wie Kristall, herabperlt, bis in ihre Mitte dem Strahl der Sonne offen und weit hinein mit Erde bedeckt, wo erst in ihrem Hintergrunde der kahle Felsenboden wieder zum Vorschein kommt, deckt niedriger Rasen ihren Eingang, und selbst einige hochaufgeschossene Waldbäume sind unter ihrem Dom erwachsen. Von vielen Stellen des Gebirges konnte man ihre Existenz gewahr werden, doch kein menschlicher Fuß hatte sie je betreten. Da erkor sie sich der tapfere Odysseus zur unangreifbaren Feste für seine Familie, und für sich selbst zum Ausgangspunkt jener kühnen Streifzüge gegen die Überzahl der sein Vaterland schonungslos verheerenden Türken, in denen ihm das Leben jetzt hinging, und glücklicher für ihn, wenn es darin auch geendet hätte.

Einige Schäfer des Gebirges, geschickt im Klettern gleich den Ziegen, die sie Tag und Nacht in diesen Wildnissen hüteten, wurden aufgefordert, alles anzuwenden, um mit Hilfe ihrer Steigeisen und Hakenstöcke, an welchen sie sich emporzuschwingen pflegen, die Höhle zu erklimmen und genauere Auskunft über die damals noch unbekannte Lokalität derselben zu erteilen. Zwei dieser Menschen verunglückten, ein bejahrter Mann und ein Knabe, wovon der erste starb, der zweite schwer verwundet wurde. Doch das Vaterland rief, und der tapferste seiner Krieger gebot. So wagte ein dritter sein Leben, und die kühne Tat gelang. Ich übergehe die weiteren Details der Unternehmung und begnüge mich, mit wenig Worten den Stand der Sachen zu schildern, wie er nach einigen Wochen sich gestaltet hatte. An drei verschiedenen Orten führten Strickleitern, zusammen sechsundachtzig hohe Stufen betragend, an den bisher ungangbaren Stellen nach der Höhe hinauf. Drei durch vorspringende Felsen geschützte Schildwachen waren hinlänglich, durch das bloße Emporziehen der Leiter jeden Angriff zu vereiteln. Der Eingang der Höhle ward so glücklich durch die sich daneben erhebenden Felsenwände gedeckt, daß er von keinem Geschütz bestrichen werden konnte, und ihr Naturdach war mehr als bombenfest. Auch haben die Türken niemals einen Versuch gemacht, dieses Felsennest zu belagern. Die ganze kleine Macht, welche Odysseus befehligte, fand daher zu jeder Zeit hier einen gewissen Zufluchtsort und zugleich die Mittel, erlittene Verluste wieder zu ersetzen. Mehrere leichte Hütten wurden im Innern der Höhle erbaut, und bald gewann sie das Ansehen einer förmlichen Kolonie, abgeschieden von der ganzen übrigen Welt.

Um diese Zeit war der edle Lord Byron, Gut und Leben für Befreiung der Griechen einsetzend, in Missolunghi angelangt, und schon hatte Kummer und Sorge, sich in so vielen seiner glänzenden Hoffnungen getäuscht zu sehen, ihn auf jenes Krankenlager geworfen, an dessen Fuße ganz Europa trauernd stand, und von dem *er* sich nie wieder erheben sollte. Doch bis zum letzten Augenblicke der Besinnung den hohen Zweck im Auge, der ihn hergeführt, hatte er schon bei den ersten Anzeichen überhandnehmenden Übelbefindens seinen Freund Trelawney, bekannt durch sein abenteuerliches Leben und seinen unbezähmbaren Unternehmungsgeist, nebst einem Transport von zwanzig Maultieren, die eine Batterie Berggeschütz, Munition und Waffen trugen, Odysseus zugesandt. Trelawney erfuhr in der Grotte selbst Lord Byrons Tod. Sich zu Odysseus, dem, wenngleich rohen und ungebildeten, doch ihm verwandten Geiste hingezogen fühlend, beschloß er, ihn nicht mehr zu verlassen. Bald ganz zum Griechen werdend, ihre rauhe Lebensart teilend und stets in ihre kriegerische Tracht gekleidet, war er manchen gefahrvollen Monat hindurch der treue Gefährte seines Freundes in Triumph und Niederlage, bis zu dessen Abfall und bald darauf erfolgtem schmählichen Tode. Auch während dieser Epoche blieb er, den Krieg jetzt allein für sich fortsetzend, eine geraume Zeit lang Bewohner und nun einziger Befehlshaber der Höhle.

Doch hatte früher noch ein mächtigerer Einfluß ihn zu dieser Lebensart vermocht. Erst wenige Wochen vor seiner Ankunft war ein zartes Mädchen, nur dreizehn

Sommer alt, frisch und blühend wie ein Frühlingsmorgen ihres Vaterlandes und schön wie eine Rose aus Tempes idyllischem Tal, den zarten Leib mit Tauen umschlungen, da sie die Leiter nicht zu ersteigen vermochte, die Felsen hinaufgewunden worden. Es war Odysseus jüngste Schwester. Nicht lange konnte jugendliche Anmut und männliche Kraft in so naher körperlicher Berührung stehen, ohne, dem süßen Gesetze der Natur getreu, sich in heißer Liebe zu vereinen, und kurz vor Odysseus Tode ward der Segen der Kirche über sie ausgesprochen, vom schönern Segen der Natur geheiligt. Glückliche Tage vergingen dem in entzückendem Genusse schwelgenden Paare, vielleicht noch gesteigert durch zärtliche, gegenseitige Sorge bei dem steten Wechsel drohender Gefahren. Kein langes Glück ist aber den Menschen hienieden vergönnt! – Bald trübte des Bruders tragischer Tod, der unbegreiflicherweise aus Parteihaß und Gewinnsucht – den beiden Flüchen, die auf Griechenland haften – zu den Türken übergegangen und durch Karaiskaky gefangen, von den Zinnen der Akropolis herabgeschleudert wurde – ihr bis jetzt so heiter lächelndes Schicksal, und wenig Monden darauf beugte ein noch herberer Schmerz das holde Kind, das schon dem neuen Beruf der Mutter entgegenging. Im Gefolge Trelawneys befanden sich einige Engländer, die er mit allen Wohltaten, welche er zu erteilen imstande war, überhäuft hatte. Es ist unbekannt geblieben, welche Motive den einen derselben zu der schwarzen Tat vermochten, sich mit einigen treulosen Griechen in eine Verschwörung gegen Trelawneys Leben einzulassen. Der Verräter übernahm selbst die Ausführung, und als eines Tages der nichts ahnende Trelawney, der ein vortrefflicher Schütze war, sich im Pistolenschießen nach der Scheibe übte, während der Engländer ihm die Gewehre lud, nahm dieser den günstigen Augenblick wahr und schoß den Unbesorgten mit einer Doppelpistole durch den Rücken.

Trelawney stürzte besinnungslos nieder, doch mißglückte die Verschwörung, und der ihm leidenschaftlich anhängende übrige Teil der Besatzung hieb die Verbrecher neben ihm wütend in Stücke. In den Armen der trostlosen Tarsitza schlug nach langer Ohnmacht Trelawney zuerst die Augen wieder auf. Die eine Kugel war durch die Schulter, die andere zuerst denselben Weg, dann aber, sich seitwärts wendend, unter dem Kinn in den Mund gedrungen und zur Backe wieder hinausgegangen. Es ist auffallend, daß eine so furchtbare Verstümmelung später dennoch, ohne bedeutende Folgen zurückzulassen, geheilt werden konnte. Indes hatte es damals ein ganz anderes Ansehen. Vierzig Tage lang litt der Kranke die grausamsten Schmerzen, auf keine andere Weise eine momentane Ruhe findend, als wenn die arme Tarsitza, deren Seele viel mehr noch als ihr Körper litt, und in deren Augen fast die ganze Zeit über kein Schlaf kam, sein schmerzendes Haupt auf ihrem Arme hielt. Wegen der Zerstörung der Kinnmuskeln konnte er in den ersten Wochen den zusammengepreßten Mund kaum so viel öffnen, um durch mühsam eingebrachte Flüssigkeiten sein häufig dem Verlöschen nahes Leben zu fristen, und fast zwei Jahre lang nachher blieb sein linker Arm unbrauchbar. Sobald er hinlänglich hergestellt war, um die Höhle verlassen zu können, gab er, für jetzt zu Krieg und Abenteuern nicht mehr geeignet, das bisher geführte Leben gänzlich auf, kehrte mit seiner jungen Frau nach Morea zurück, ging dann nach Smyrna, verbrachte einen Sommer mit Seereisen im Archipel und ließ sich zuletzt vorläufig in Zante nieder, wo sein gastfreies Haus stets Freunden und Bekannten offenstand.

Es scheint, daß Friede und Ruhe seinem Charakter wie seinem ehelichen Glück nicht zuträglich waren. Allerlei Mißhelligkeiten entstanden, Folgen des rastlosen, unruhigen Sinnes des Mannes, und dem nicht minder heißen Blute der Schwester des kühnen Odysseus. Gemeinere Motive wirkten von außen her. Trelawney hatte bei seiner Verheiratung, im Fall einer Trennung oder seines Todes, seiner Frau eine bedeutende Summe versichert. Einige Verwandte dieser mochten die Realisierung derselben wünschen, und als nach einem ernsten ehelichen Zwist Tarsitza die rasche Unvorsichtigkeit begangen hatte, das Haus ihres Mannes zu verlassen und Zuflucht in einem Kloster zu suchen, wußte die Familie diesen Umstand so gut zu benutzen, daß endlich eine definitive Ehescheidung die Folge davon war. Die stipulierte Summe ward, glaube ich, in eine lebenslängliche Pension verwandelt, und Trelawney ging nach Amerika.

Dies war in kurzen Umrissen das Schicksal der noch immer reizenden Frau, die ich hier antraf, und man kann sich denken, wie reich, nach einem so bewegten Leben, ihre Unterhaltung mir erscheinen mußte, aus so schönem Munde und mit dem Feuerausdruck solcher Augen doppelt verführerisch. –

Es war der erste Weihnachtsfeiertag der Griechen, die noch den alten Kalender beibehalten haben und, seit sie unter baierisch-griechischem Szepter stehen, zu ihren schon übermäßig vielen Feiertagen noch einige der unsrigen hinzufügen, ja man hat diese sogar noch um einige politische vermehrt, so daß jetzt beinahe ebensoviel Feiertage als Werktage im Jahre stattfanden, ein sehr schlimmer Hemmschuh für die Zivilisation und ein wahres Treibhaus für die ohnehin schon so beliebte Faulheit in Griechenland.

Indessen hatte ich es heute früh doch sehr anmutig gefunden, das Volk in vielen malerischen Gruppen, alle in ihrer Sonntagstracht, in den Straßen vereinigt zu sehen. Besonders fielen mir einige fünfzig junge Leute auf, die auf den Mauern ihrer alten Akropolis nebeneinandersaßen und, wie in Trauer über vergangene Größe, eine tief melancholische Melodie *unisono* von dort herabsangen.

Als ich nun abends im Dunkeln von meinem Ritt zurückkehrte, fand ich die ganze Marine – das Stadtviertel am Meer – erleuchtet, ein Anblick, der mir weniger erfreulich als der am Morgen deuchte, denn die glänzende Illumination bestand nur aus einer fortlaufenden Reihe von Branntweinbuden, das erbauliche Zeichen *moderner* Zivilisation! – und, nebst den Kirchen, der Hauptaufenthaltsort des Volks an Sonn- und Feiertagen. Zu meiner Verwunderung sieht man hier gar keine Juden; noch ein übles Omen für den Stand des Handels in Patras, denn mit seiner Blüte wären sie längst wiedergekehrt, wie die Schwalben im Sommer.

Ich muß den folgenden Tag, den 10. Januar, als einen der memorablen Tage meines Lebens bezeichnen!

Ich habe zu Selims dürftigem Ersatz einen Griechen, der etwas italienisch spricht, mit Namen Anastasius, angenommen, und außerdem provisorisch einen baierischen Soldaten zu seiner Hilfe, ein williger, aber höchst dummer Mensch, obgleich vom Genie-Corps, mit dem ominösen Namen Schweineberger. Dieser beging die unerhörte Tollheit, eine mit glühenden Kohlen angefüllte eiserne Pfanne, die auf einem hohen Dreifuß in meinem kleinen Salon steht, und die, sobald ich zu Bett gegangen bin, immer in die Küche getragen, und wovon die Kohlen dort auf den Herd geschüttet werden, – statt dessen in meines schon längst schlafenden Sekretärs Kammer auf die bloße Diele zu setzen, nur aus wohltätiger Absicht – wie der alberne Mensch sich nachher entschuldigte –, um Herrn Lorenzo damit eine Güte zu tun, weil es so barbarisch kalt gewesen sei!

Ich muß bemerken, daß meines Sekretärs Schlafkammer bloß durch eine lose Bretterwand, mit dicken Ritzen dazwischen, von der meinigen getrennt ist.

Der unglückliche Schweineberger legte sich, nach vollbrachter Tat, auf seine Matratze nieder und war bald schnarchend in Morpheus Arme gesunken. Unterdessen geschah, was nicht ausbleiben konnte. Das glühende eiserne Becken verkohlte die Diele, und, wie man am andern Tage sah, nicht nur diese, sondern hatte auch ein tiefes und weites Loch in den darunterliegenden Balken gebrannt. Durch den furchtbaren Dampf, der daraus entstand, war der junge Lorenzo bereits zur Hälfte im Schlaf asphyxiert, als es ihm undeutlich vorkam, wie wenn jemand ihm in die Ohren heule, und er zugleich einen Schmerz und ein Kratzen an der Brust fühlte. Er wollte sich aufraffen, konnte es aber nicht, da biß ihn etwas heftig in die Nase. Nun fuhr er endlich gewaltsam in die Höhe und fiel bei diesem Effort aus dem Bett. Hier erst konnte er sich völlig ermuntern, und das erste, was er sah, war die Dampfwolke, welche das Gemach erfüllte, und die das vom Kohlfeuer noch ausgehende Licht sehr bemerklich machte. Betäubt und kaum fähig, seinen Gedanken zu gebieten, sucht er das Becken aufzuheben, doch kaum hat er es ein wenig gerückt, als die Flamme schon aus dem angebrannten Balken lichterloh herausschlägt. Zum größten Glück war die Küche, wo aus Mangel an Raum die Leute schlafen und immer eine Tonne voll Wasser steht, dicht daneben, so daß, als Lorenzo Lärm gemacht, das Feuer noch in der Geburt erstickt werden konnte. Wäre er nicht so gewaltsam durch Norma und ihren wunderbaren Instinkt geweckt worden, so mußte das Feuer bald um sich greifen, und das gräßliche Resultat desselben wäre um so schneller herbeigeführt worden, da in des Sekretärs Kammer, eben weil nie Feuer vorher hereinkam, der ganze Vorrat meines englischen Jagdpulvers, ungefähr sechs Pfund, in einer blechernen Büchse verwahrt wurde. Dazu denke man sich das ganz hölzerne ausgestakte Haus, und man wird leicht beurteilen, mit welcher Wut in wenig Augenblicken das Feuer hätte um sich greifen müssen. So kam mein Sekretär nur mit einer blutenden Nase und die andern erweckten Hausgenossen mit dem Schrecken davon.

Ohne Zweifel muß ich selbst in einem gleichen Zustand halber Asphyxie mit Lorenzo mich befunden haben, denn ungeachtet alles Lärmens und Tumults, ungeachtet, daß man in meine Kammer drang und die Fenster öffnete, um den Dampf hinauszulassen, erwachte ich nie völlig und erinnerte mich am späten Morgen des Ganzen nur wie eines verwirrten Traumes. Ich hatte zwar mehrere Details desselben sehr wohl behalten, doch sind sie nicht von der Art, um mitgeteilt werden zu können; da sie indes eine sonderbare Mischung von Grauenhaftem und Wollüstigem darboten, so lassen sie mich vermuten, daß der Tod durch Kohlendampf durchaus nicht von unangenehmen Empfindungen begleitet sein mag. Dies Los stand uns aber schwerlich bevor, denn ehe ein solches Ende noch hätte erfolgen können, wären wir unfehlbar schon vom Feuer ergriffen oder vom Pulver in die Luft gesprengt worden.

Der eingeschluckte Kohlendampf ist mir doch nicht ganz wohl bekommen, denn ich habe mehrere Tage an heftigem Kopfweh gelitten, das mich am Ausgehen verhinderte. Als ich mich wieder etwas besser fühlte, machte ich abends dem eben angekommenen Nomarchen, Herrn Glarakis, einen Besuch.

Die Amerikaner rühmen so gern die Einfachheit ihrer Staats-Beamten und die Abwesenheit alles Prunkes und Luxus in den Wohnungen derselben. O ihr stolzen Kinder und Sklaven der Freiheit! Kommt nach Griechenland, und weichet beschämt wieder über den Ozean zurück, denn hier findet ihr noch mehr wie Einfachheit. Dieser Nomarch kommandiert fast unumschränkt eine der größten Provinzen des Reichs, war früher, nachdem er sein medizinisches Studium in Deutschland beendigt, Teilnehmer an der Revolution vom Anfang bis zu Ende, während derselben eine Zeitlang Minister, und passiert mit Recht für einen der ausgezeichnetsten Staatsmänner Griechenlands. Demungeachtet ist sein Palast nur ein unansehnliches Lehmhaus mit einer Veranda, die auf rohen Baumpfählen ruht. Es war sechs Uhr, als ich ihn betrat, und ägyptische Finsternis herrschte im Vorhause. Nachdem ich, behutsam vor mir hinfühlend, mit Mühe eine Art Hühnersteige emporgeklettert war, drang der Schein eines entfernten Lämpchens zu mir, und eine von Schmutz strotzende Magd suchte mich oben durch Gestikulationen abzuwehren, weil ich ihre, zu demselben

Zweck an mich gerichtete Rede nicht verstand. Ein zerlumpter Grieche, der italienisch sprach, kam mir indes zu Hilfe, und nachdem ich ihm meinen Wunsch expliziert, den Herrn Nomarchen zu sprechen, wies er auf mehrere niedrige hölzerne Türen hin, die längs des Korridors in verschiedene Gemächer führten. Ich öffnete die mittelste und sah ein Stübchen vor mir, wie es bei uns ein armer Student zu bewohnen pflegt. Dort saß der Herr Nomarch mit seiner Frau, die ein Kind auf den Armen hielt, noch zwei andere etwas mehr erwachsene Kinder und eine Magd beim Essen. Ich sah nichts auf dem Tisch als eine große irdene Suppenschüssel, ein Tischtuch, das wenigstens vierzehn Tage gedient hatte, einige hörnerne Bestecke und eine Schüssel in Öl gebratener Fritüre, deren Geruch nichts weniger als einladend war. Von Möbeln befand sich außer dem großen Eßtisch nichts in der Stube als einige Schemel und ein verstaubtes, halb verglühtes Kohlenbecken.

Mit vielen Entschuldigungen, die Familie bei Tafel gestört zu haben, nannte ich meinen Namen, worauf der Nomarch, ein kleiner Mann mit großem Schnurrbart und geistreichen Zügen, in einen grünen Überrock gekleidet, mich freundlich willkommen hieß und in ein Nebenstübchen führte, wo ein mit grobem Kattun überzogenes Sofa stand. Nach wenigen gewechselten Redensarten (in deutscher Sprache) glaubte ich die unwillkürliche Störung nicht verlängern zu dürfen und überließ den Groß-Funktionär von neuem seiner Fritüre. Diesmal stieg ich die Hühnersteige mit weit mehr Leichtigkeit hinab, da ein Stümpfchen Talglicht, gleichsam als Repräsentant der neuen Sonne des befreiten Griechenlands, seine wohltuenden Strahlen darüber ausgoß.

Madame Bertiny, die Frau des französischen Konsulats-Chanceliers, hatte gehört, daß ich den griechischen Nationaltanz sehr zu sehen wünschte, und war so gütig, am griechischen Neujahrstage, der zwölf Tage nach dem unsern fällt, einen kleinen Ball mit ihrer zahlreichen Verwandtschaft zu arrangieren, wo es in jeder Art nationell herging, und ich daher gute Gelegenheit hatte, mit rumelischen, sciotischen und albanesischen Tänzen auch die echt griechischen Sitten mehr als in andern Häusern zu beobachten. Ich fand die ersten wie die letzten den maurischen Afrikas sehr nahe verwandt, auch hinsichtlich des natürlichen Anstandes und der Würde im äußern Betragen, welche die Bewohner aller Gegenden des Orients auszeichnen, wenngleich hier in etwas geringerem Gepräge. In der Nebenstube des Tanzsaals, dessen Türen offen standen, ward nach türkischer Art Tabak geraucht, die Tanzmusik, aus einer Violine und Zither bestehend, war vollkommen arabisch, die herumgegebenen Erfrischungen und Süßigkeiten gleichfalls von ähnlichem parfümiertem Charakter, und derselbe Löffel diente, wie dort, mehreren nacheinander, um sie zum Munde zu führen. Auch die Pantomimen des Tanzes glichen denen, die ich im Königreich Tunis gesehen, in vieler Hinsicht. Damen und Herren saßen zwar auf europäische Weise, doch vergaß sich nicht selten ein Bein, mit unwillkürlicher Unterschlagung nach alter muselmännischer Manier, und die Bouquets der Damen waren ebenfalls nicht, wie bei uns, am Busen plaziert, sondern unter dem Fes herabhängend nach orientalischer Mode befestigt. Während der Intervallen des Tanzes sang eine alte Frau mit einer der durchdringendsten Stimmen, die ich je gehört habe, und mit unermüdlicher Lunge griechische Kriegslieder, bei denen

Melodie und Singmethode mir durchaus in nichts von dem Gesange der Beduinen in der Wüste verschieden schienen.

Übrigens finde ich in allem, was ich noch hier von der griechischen Gesellschaft gesehen, diese in ihren Manieren freundlich, zuvorkommend und ohne Prätention, aber freilich an das Zeitalter der Aspasia und des Alcibiades darf man dabei nicht mehr denken. Selbst die Züge der modernen Griechen verraten meistens weit mehr die Mischung mit dem Blute der Barbaren, die so lange hier hausten, als den Urtypus der Hellenen, wenn überhaupt noch etwas von diesen hier vorhanden ist. Gebogene Nasen sind an der Tagesordnung und die sogenannten griechischen höchst selten, Augen und Haarwuchs aber gewöhnlich der schönste Teil bei Männern und Weibern. Eine der Damen, Madame Papadiamandopolo, zugleich eine sehr hübsche Frau mit zierlichem Fuß, zeichnete sich vorzüglich als Tänzerin aus und erweckte mehreremale den enthusiastischen Beifall der Gesellschaft, der sich durch Ausrufungen des Entzückens und allgemeines Händeklatschen kundgab. Sämtliche Tänze sahen sich untereinander sehr ähnlich, und ich kann nicht sagen, daß sie mir besonders graziös vorgekommen wären, da viele Pas mit einwärts gestellten Füßen oder auf den Hacken gemacht wurden, und das Beugen der Kniee, bis der Hinterteil des Körpers fast den Absatz berührt, worauf dann immer mit einem Schneller der stärkste Sprung erfolgt – auch schwer mit Grazie auszuführen ist. Doch waren einige Bewegungen anmutiger, und vor allem gefiel mir der ernste, leidenschaftlich schwärmerische Ausdruck, den die Frauen ihren Gesichtern zu geben wußten, wobei dann die schon öfters gerühmten großen und feurigen Augen der Griechinnen sich vollständig geltend machten.

Am nächsten Tage folgte diesem kleinen Feste ein großer Ball bei dem englischen Konsul, wo fast die ganze Stadt, Eingeborene wie Fremde, versammelt war. Ich hatte hier das Vergnügen, die Bekanntschaft des berühmten Kanaris zu machen, der mit seiner kleinen Korvette von achtzehn Kanonen, dem einzigen Dreimaster, den die jetzige griechische Marine besitzt, in den hiesigen Gewässern kreuzt. Er trug nicht mehr, wie sonst, die Nationaltracht, sondern nur eine einfache Zivilkleidung, und hätte man mich seine Person unter den Anwesenden erraten lassen wollen, ich würde vielleicht auf ihn gerade zuletzt gefallen sein. Er ist ein kleiner, ziemlich korpulenter Mann mit einem jovialen, freundlichen Ausdruck des Gesichts und jener ganz unbefangenen natürlichen Bescheidenheit, die trotz dem, was man darüber häufig zu behaupten pflegt, mit so hohem Verdienst und so großen Taten nur selten vereinigt ist. Er hat jetzt eine stark hervortretende Narbe an der Stirn, von einer schweren und gefährlichen Wunde, die er seltsamerweise voriges Jahr durch einen Fall auf seinem eigenen Schiffe erhielt, während er im Kriege, unter so vielen drohenden Gefahren und tollkühnen Unternehmungen, stets unversehrt blieb.

Die Königin dieses Balles, die Schönste unter den Schönen, war Fräulein Nina, die reizende Tochter unseres Wirts, mit der ich den Ball vermittelst einer Polonaise eröffnete und nachher auch ihre angenehme Unterhaltung mehr genießen konnte, als es sonst der Fall gewesen wäre, da sie wegen einer Verwundung ihres hübschen Füßchens an andern Tänzen gehindert wurde. Tarsitza war nicht gegenwärtig, weil sie sich unwohl befindet; übrigens sah ich viele mir noch unbekannte Schönheiten und überhaupt eine reizende Galerie roter Fes. So brillant die Gesellschaft indes war, muß sie doch etwas gemischt gewesen sein, denn man stahl mir aus meinem Hute ein paar neue pariser Handschuhe von Walker, die man durch ein dafür zurückgelassenes horribles Exemplar geflickter patraser ersetzt hatte, ein sehr unangenehmer Verlust in diesen von der Zivilisation entfernten Regionen, wo man bei vielen Artikeln zu einer früher ganz ungeahnten Sparsamkeit gezwungen wird.

Ich litt in Patras eine ziemlich lange Zeit fortwährend an Kopfweh, was ich hauptsächlich dem Klima zuschreibe, da man sich der Luft abends kaum aussetzen darf, ohne die eine oder die andere nachteilige Folge davon zu spüren, und es geht selbst den Eingeborenen damit nicht viel besser. Mein Freund, der junge Arzt, schreibt mir eine gewaltig strenge Diät vor, die ich auch leidlich befolge, zum Beispiel hat er mir den Wein verboten; ich trinke also nur Bischof, in dessen Bereitung Lorenzo exzelliert, und dem der weiße (denn warum soll es nicht auch weißen Bischof geben?) Wein von Zante ein ganz eigentümlich köstliches Bouquet gibt. Es ist sehr schade, daß bis jetzt dieser Wein durchaus aller Versuche gespottet hat, ihn weiter als ganz in die Nähe zu verführen. Auch die türkische Pfeife untersagt mir der Arzt, ich rauche also Zigarren, mit einem Wort, ich halte meine Diät wie ein Jesuit und befinde mich wahrscheinlich nicht viel schlechter dabei, als es ohnedem auch der Fall sein würde.

Heute ward, nach langer Rast, wieder eine Exkursion nach den Bergen vorgenommen. Wir besahen zuerst ein zerstörtes Kloster, wo einst ein antiker Tempel stand, von dem sich noch einige Säulenschäfte und andere Spuren vorfinden, so wie sich auch aus späterer Zeit auf den Mauern der Kirche, welche die Türken verbrannten, allerlei gemalte Engel und andere himmlische Honoratioren in lebhaften Farben zeigen. Von hier brachte uns ein sehr schlechter, oft mit Dornen ganz überwachsener und von Bergbächen, die ihre Ufer abgerissen hatten, durchschnittener Weg nach einer romantischen Schlucht des Gebirges, welche ungefähr zwei Stunden von der Stadt entfernt ist, und wo eine für die hiesige Gegend ansehnliche Mühle sich malerisch an die Felsen lehnt. Die unglücklichen Bewohner derselben wurden vor einigen Monaten von einer jener Räuberbanden, die hier im Gebirge immer noch hausen, überfallen, und da die Beute den Wegelagerern zu gering schien, schnitten sie, nach griechischer Manier, dem Müller Nase und Ohren ab. Wir sahen den armen Mann selbst und hörten seine Erzählung mit an, die uns Lieutenant Tünnermann übersetzte. Als der Müller seine dicken Haare aufhob, fanden wir, daß die Ohren wie mit einem scharfen Rasiermesser förmlich abbarbiert waren, die Nase aber hatte glücklicherweise noch an einer Seite festgehangen, als die Räuber durch herbeigekommene Hilfe vertrieben wurden, und es war daher möglich geworden, sie, obwohl unförmlich, wieder zusammenzuheilen. Dennoch aber bleibt der arme Teufel zeitlebens furchtbar entstellt.

Rechts der Mühle liegt auf hohem Berge ein Kloster, das seiner schönen Aussicht wegen berühmt ist. Trotz der Unsicherheit des Weges suchten wir es zu erklimmen, der Tag reichte aber nicht mehr zu, so daß wir mitten in den romantischesten Schluchten umkehren mußten und die Stadt erst im Dunkeln wieder erreichten, was auch nicht verfehlte, mir wegen der ungesunden Abendluft am folgenden Morgen eine neue Migräne zu bereiten.

Die von mir bei meiner Ankunft vorgenommenen Arbeiten waren nun vollendet, und nebenbei Patras, so weit es die Jahreszeit gestattete, hinlänglich ausgebeutet, ich machte daher alle nötigen Anstalten und setzte den 26sten Januar als den Tag meiner Abreise nach Vostitza fest. Ich hatte beschlossen, zu Lande zu gehen und Lorenzo mit meinen Effekten einen Tag später mit einem zu diesem Behuf gemieteten Schiffe nachkommen zu lassen. Meine hiesigen Freunde versorgten mich für die ganze Tour mit Empfehlungsschreiben, und das erste Nachtquartier in Vostitza sollte ich bei dem reichsten der dortigen Gutsbesitzer, Herrn Missanesi, finden, das ich bei guter Zeit, noch vor Abend, zu erreichen hoffte.

Alles war bereit und ich eben im Begriff, meinem Wirt noch einen Abschiedsbesuch zu machen, als man mir meldete, daß Norma, die schon seit einigen Tagen Zeichen gab, daß sie sich jenem Zustande nähere, dem die Natur bei den Hunden bestimmtere Perioden als bei den Menschen angewiesen hat, nicht aufgefunden werden könne, und Francis leider auch fehle, der ihr wahrscheinlich voll *empressement* [Diensteifer] nachgelaufen sei.

Das Tierstehlen ist hier sehr gäng und gäbe, und die Nachricht alarmierte mich daher, besonders meines Lieblings Francis wegen, ungemein; denn bei Menschen und Tieren sind es nicht die verdienstvollsten, sondern die anmutigsten, welche Lieblinge werden. Man verdenke es mir daher nicht zu sehr, daß ich so oft meiner Hunde erwähne. Es sind auch Reisegefährten, oft die ehrlichsten und treuesten von allen, und ich behaupte sogar, daß es sehr *menschlich* ist, die *Hunde* zu lieben. Dann besteht mein größter Fehler und daher auch meine größte Qual in einem schwer zu bekämpfenden Mißtrauen gegen mich selbst wie gegen andere, und nur den Tieren gegenüber, die keine Verstellung kennen, fällt dies weg und setzt mich mit *ihnen* wenigstens immer vollständig *à mon aise*.

Meine Abreise aufzuschieben, war natürlich die erste unumgängliche Folge des Geschehenen; ich selbst, Lorenzo, die Leute, alle eilten nach verschiedenen Richtungen in die Stadt und suchten mehrere Stunden lang, doch ohne Erfolg. So verging der ganze Tag unter wahrer Angst und Sorge, und wenig beruhigt durch alle gemachten Vorkehrungen, legte ich mich mit schwerem Herzen zu Bett. Desto größer war meine Freude am andern Morgen, als Lorenzo mir sogleich beim Erwachen frohlockend die Nachricht brachte, daß schon um fünf Uhr früh die beiden Flüchtlinge in großer Eintracht im Hofe erblickt worden wären und jetzt, beide eingesperrt, im Begriff zu sein schienen, die von mir so sehr gewünschte Nachkommenschaft ins Leben zu rufen. »Unter solchen Umständen«, setzte er lächelnd hinzu, »wird die Reise wohl noch einige Tage länger aufgeschoben werden müssen.« Ich fand dies ebenfalls billig, und da ohnedem das Wetter abscheulich geworden war, Schnee und Regen an die Fenster schlugen, und der Sturm fast das Haus umwarf, so ließ ich wieder einen Teil meiner Sachen auspacken und etablierte mich von neuem auf unbestimmte Zeit bei unserm gütigen Konsul.

Einige Tage später fand das große politische Fest

der Neugriechen zur Feier der Landung König Ottos in Nauplia statt. Kirchen-Zeremonien, Prozessionen, Uniform- und Kostüme-Ausstellung aller Art, nebst Freudenschüssen aus Geschütz und Gewehren von früh bis abend, nahmen den Tag ein, den gutes Wetter begünstigte; und des Nachts schloß ihn ein Ball für dreihundert Personen bei Herrn Fachéri, wo unter andern Belustigungen auch eine Pharaobank vielen Beifall fand; denn die Griechen lieben das Spiel.

Am nächsten Abend aß ich außer dem Hause, wo ich einen Ingenieur-Kapitän antraf, der mit drei Obersten, in Diensten Englands, Frankreichs und Rußlands, seit einem Jahre bei Berichtigung der Grenzen Griechenlands im Norden beschäftigt war. Er gab den Zustand dieses Landes als im höchsten Grade traurig an und hielt ihn überdies für einen ganz prekären, fast nur nominellen Besitz. Einen sehr übeln Effekt soll, unter andern Maßregeln der Regierung, dort auch die Aufhebung aller derjenigen kleinen Klöster gemacht haben, welche unter sechs Mönchen enthielten, und die in einem Lande, wo es keine Gasthöfe noch Khans gibt, für bedürftige Einwohner wie Reisende eine stete und fast unentbehrliche Zuflucht abgaben. Dazu kommt, daß die Mönche ihre Grundstücke gut kultivierten, während diese jetzt, da sich keine Käufer dazu fanden, wüste, wie der größte übrige Teil der ungeheuern Krondomänen, liegen und dem Gouvernement daher nicht das mindeste einbringen. Dieses würde also weit weiser gehandelt haben, bei dem jetzigen Zustande des Landes eine Maßregel der Art noch aufzuschieben und sich nur damit zu begnügen, einen höhern Zins von den Mönchen zu beziehen, den sie gern gegeben haben würden, und der eine reelle Vermehrung der Staatsrevenüe herbeigeführt hätte. Wie ich erfuhr, hat das Gouvernement in ganz Griechenland über vierhundert kleine Klöster dieser Art nicht nur aufgehoben, sondern im wahren Sinne des Worts vernichtet, das heißt nicht nur für die Mönche, sondern auch größtenteils für die Kultur.

Der Kapitän schilderte die Beschwerlichkeiten seiner Expedition als fast unerträglich, mit weit mehr Mangel und nicht viel weniger Gefahren als eine Kampagne verbunden, und meinte, daß die rumelischen Insurgenten unter einem resoluten Anführer leicht den König Otto mit seinem ganzen Ministerium in Athen überfallen und mit sich fortnehmen könnten. Er riet mir sehr, die Felsenklöster von Metheora in Thessalien zu besuchen, wo noch eine Menge Seltenheiten und merkwürdige Manuskripte mit prachtvollen Malereien aufbewahrt würden, von welchen man für Geld gewiß sich einiges verschaffen könnte. Obgleich man nur auf einer hundert Fuß hohen gebrechlichen Leiter den halben Weg hinauf steigen kann und dann die übrigen vierzig Fuß in einem Netze bis ganz hinaufgezogen wird, gelang es doch im vorigen Jahre einem Räuber, der selbst vorher zehn Jahre Mönch im Kloster gewesen war, von der Leiter aus mit seinen Kameraden die Felsen auf eine andere Weise zu erklettern, worauf er sich nicht nur alles Geldes der Mönche bemächtigte, sondern sich völlig militärisch im Kloster festsetzte. Der Pascha belagerte ihn mehrere Wochen hindurch vergeblich, worauf der Abenteurer, als ihm die Sache doch zu lang dauern mochte, in einer dunkeln Nacht mit allen seinen Gefährten und seinem Raube glücklich entfloh. Kapitän W. kaufte kurz nachher ein Pferd von ihm, dessen Qualitäten er sehr lobte. Das Räuberhandwerk scheint in diesen Gegenden ein ganz rezipierter Nahrungszweig wie jeder andere zu sein. So hatte der Kapitän einen dergleichen Araber (Zigeuner) in seinem Dienst, mit dem er sehr zufrieden war, nur manchmal seinen Stolz mißbilligen mußte, weil er nie jemand außer seinem Herrn selbst bedienen und einem Fremden nicht einmal eine Pfeife bringen mochte. Eines Tages aber sagte ihm der Mann den Dienst auf, weil er wieder Räuber werden wolle, was er auch ausführte, jedoch kein Glück dabei machte; denn er ward kurz darauf von den Türken gefangen und von diesen ohne Umstände erschossen.

ZWEITES KAPITEL

Eine Wintertour im Gebirge des Peloponnes

Endlich war zum zweitenmal alles zur Abreise von Patras bereit, Abschied, schwer und leicht, war genommen, der Sinn von neuem aufs Weite gestellt – da kam noch abends spät der Konsul, unser Wirt, eilig zu mir, um mich zu warnen; denn er habe Nachrichten erhalten, sagte er, welche bestimmt versicherten, die Räuber seien wieder in den Bergen; in Rumelien aber daure das Morden unschuldiger Kinder und Weiber fort, und man bedrohe jetzt selbst von dort aus die Küsten Moreas. In einem Lande, das sich in dem Zustande Griechenlands befindet, sind solche Nachrichten zu gewöhnlich, um sie sehr zu berücksichtigen, auch hatte ich keine Zeit mehr zu verlieren, und da ich überdies vom Nomarchen zwei Gensd'armes als Eskorte erhalten, und der Herr Lieutenant Tünnermann mich mit einem seiner Soldaten begleitete, so war wenig zu besorgen. Ich ließ meinen Sekretär mit dem Gros der Effekten zurück, um mir später zu Schiffe zu folgen, und begann um neun Uhr früh an einem kalten und windigen, aber außerordentlich klaren Tage, welches letztere mir in einer noch nicht gesehenen Gegend immer als das Wichtigste erscheint, meine Reise nach Vostitza.

Da meine Sachen, unter denen sich auch die Tagebücher befinden, mir deshalb ebenso wichtig sind als ich selbst, so ließ ich den schwarzen Schutzgeist Norma bei ihnen zurück, und nahm nur Francis mit, den ich keiner andern Hut als der meinigen anvertraue. Ein eleganter Korb mit seinem Bett war auf einem der Maultiere für ihn bereitet, er machte aber, trotz des

Patras (zu Seite 12)

schlechten Wetters, keinen Gebrauch davon und durchwatete kühn die beiden klassischen Flüsse Melichos und Charadros.

Ungefähr eine Stunde hinter den Schlössern von Rhion und Antirhion senken sich die vom Vohidia niedersteigenden Vorberge bis hart an das Meer mit schroffen Abhängen herab und lassen kaum so viel Platz übrig, um noch trockenen Fußes auf den losen Kieseln durchzukommen. Manchmal muß man auch das Meer selbst zu Hilfe nehmen, da herabgerollte Felsblöcke allen Weg versperren, was alles demungeachtet hier eine große Poststraße heißt und wirklich eine der frequentiertesten im ganzen Lande ist. Lepanto lag uns jetzt sehr deutlich gegenüber, mit dem Dreieck seiner Befestigungsmauern und Zitadelle ganz einer antiken Stadt gleichend, und noch in aller der Kahlheit, wie es Ibrahims Verheerungen gelassen haben. Es war sonst ein Verbannungsort für in Ungnade gefallene Türken, und oft fanden sich ein Dutzend Paschas, nach aller Gradation der Roßschweife, dort im Exil friedlich vereinigt. Der Lieutenant sagte mir, *chemin faisant* [unterwegs], daß man kurz nach Begründung der baierischen Herrschaft in Griechenland auf einem der an fünfhundert Fuß über der Stadt liegenden Felsen einen Sechsunddreißig-Pfünder von Bronze fand, ohne begreifen zu können, wie er dahin gekommen sei. Der seltsame Umstand ward nach Nauplia gemeldet, und das Genie-Corps erhielt endlich Erlaubnis, zu versuchen, die Kanone durch eine zu dem Endzweck vorgeschlagene Maschinerie nach Lepanto herabzuschaffen. Doch als man sich nach der langen Verzögerung anschickte, die Sache ins Werk zu setzen, war die Kanone wieder verschwunden, und man hat

König Otto I. von Griechenland (Wittelsbach) zieht in Nauplia ein *(zu Seite 45)*

nie erfahren, was aus ihr geworden ist. Dies mag wohl das erstemal sein, daß ein Sechsunddreißig-Pfünder gespukt hat.

Unweit des alten Hafens Panormus und des Promontoriums Drépanon, so benannt, weil hier Saturn die Sichel ins Meer warf, mit der er seinen Vater, den Himmel, entmannt hatte, ersteigt man einen Hügel, von dem man eine weite Aussicht nach dem Innern des Golfs hat und hier zum erstenmal den Helikon erblickt. Das Land hat die größte Ähnlichkeit mit Nordafrika. Dieselbe Art Sträucher bedecken es dicht, hie und da mit der südlichen Kiefer *(pinus maritima)* abwechselnd, und der felsige Weg ist ebenfalls nicht viel besser, als dergleichen dort zu sein pflegen. Viele Stellen gibt es hier, wo sich Räuber allerdings sehr vorteilhaft postieren könnten, und an einem Defilee dieser Art, das wir passierten, hielten während der Revolution hundert Griechen achttausend Türken einen ganzen Tag lang auf. Hier fällt ein kleiner Fluß ins Meer, welcher der Selemnus sein kann, von dem Pausanias das hübsche Märchen des jungen Hirten erzählt, für welchen die Seenymphe in Liebe entbrannte und nächtlich mit ihm am Seeufer schlief. Als er bald darauf Kraft und Schönheit verlor, verließ sie ihn, worauf der Jüngling in Verzweiflung starb und durch Venus in einen Fluß verwandelt wurde. Wer seitdem aus diesem Flusse trinkt, wird von jeder Liebessehnsucht geheilt. Eifrig kostete daher auch ich von dem wohltätigen Wasser, und schon spüre ich die günstigen Folgen.

Eine Viertelstunde weiter sieht man die Ruinen zwei türkischer Brunnen, welche die Griechen törichterweise zerstörten; wie auch in der darauf folgenden Plaine den großen Khan von Lambiri. Leider wirft man den Griechen nicht ohne Grund vor, in ihrem Befreiungskriege selbst mehr noch als die Türken verheert und oft ihr eigenes Land nicht minder ausgeplündert zu haben. Ihr jetziges grausames und kopfloses Verfahren in Rumelien beweist dasselbe. Die steilen Berge um uns her, welche durchaus nur mit niedrigem Gesträuch, wie mit gelockertem Haar, bewachsen sind, gestalten sich oft in sehr pittoresken Formen, und von dem einen derselben stürzte sich eine über hundert Fuß hohe Kaskade herab, die eben jetzt ziemlich wasserreich war. Nachdem man hierauf eine steinige Ebene durchritten hat, die ganz mit kränklichen Oleanderpflanzen bedeckt ist, und auf der uns eine griechische Familie, mit Weib und Kind zu Pferd und Esel, im raschen Trabe überholte, kommt man durch einen breiten Fluß, den Phönix der Alten, und eine halbe Stunde später durch einen noch größern (den Meganitus), der oft durch jählinge Anschwellungen gefährlich wird, jetzt aber ohne Schwierigkeit zu passieren war. Vostitza liegt hart am Meere auf einem Vorgebirge, von dem sich auf zwei Seiten der Stadt eine glatt planierte Ebene durchzieht. Auf der Kante eines tiefen Präzipisses [Abgrund] ritten wir darüber hin und genossen eine reizende Abwechselung verschiedener Ansichten des Golfs und der ihn umgebenden hohen Gebirge, bis wir mit schon beginnender Dämmerung das Ziel unserer Tagesfahrt nach fünf Uhr abends erreichten.

Am nächsten Morgen machte ich einen Spaziergang in und um die Stadt, die einige sehr anständige Häuser hat und durch die Schönheit ihrer Lage Patras noch übertrifft. Die erste Berücksichtigung gebührte natürlich der berühmten Platane am Meer, neben den fünf

Quellen, ein Baum, dessen Pausanias schon erwähnen soll, wie man hier versichert, wovon ich jedoch in meinem Exemplar nichts auffinden kann. Uralt ist er wenigstens, denn er mißt jetzt, eine Elle vom Boden, über vierzig Fuß im Umfang. Auch hat er seine vollständige Krone und würde vielleicht noch Jahrhunderte leben, wenn man nicht während der Revolution den unten zum Teil hohlen Stamm zur Küche benutzt und ihn bei dieser Gelegenheit angezündet hätte, so daß das Feuer bis oben hinaus brannte. Hiernach sind nun bereits drei seiner Hauptäste morsch geworden und abgebrochen, und es ist sehr zu befürchten, daß der Rest, obgleich dem Anschein nach jetzt noch gesund, doch in einiger Zeit ebenfalls nachfolgen wird. Vor zwanzig Jahren ward Vostitza durch ein Erdbeben heimgesucht, während welchem das Meer bis an die Mitte der Felsenwand schlug, auf der es steht, und dabei auch die Platane bis zur Hälfte überdeckte. Doch widerstand sie der Flut, wie der Erderschütterung. Schon im Altertum, 373 vor unserer Zeitrechnung, erlitt Aegium (das jetzige Vostitza) bei dem Erdbeben, welches Bura und Helike gänzlich vernichtete, eine ähnliche Katastrophe, nur durch seinen Felsen vom Untergange geschützt. Wahrscheinlich war es damals, wo das Meer eine Grotte durch diesen Felsen grub, die noch jetzt als Straße von den wenigen Häusern, die unten am Seeufer stehen, nach der höher liegenden Stadt hinauf, benutzt wird. Wir pflückten an ihren Abhängen wilden Goldlack von dem süßesten Geruch und sahen auch, trotz der Kälte, einige Schmetterlinge die Blumen umflattern.

Nicht weit von der Platane zeigt sich in der See deutlich ein antiker Molo, nur einen Fuß unter dem Wasser, den Herr Lieutenant Tünnermann früher vermessen hat. Er ist zwanzig Fuß tief, hundertfünfzig Fuß lang, fünf Fuß breit und von der größten Festigkeit. Herr Missanesi, der seine Warenhäuser am angrenzenden Ufer hat, erbot sich unter Capo d'Istrias Regierung, den Molo wieder herstellen zu lassen und zugleich einen Kai zu bauen, zu dessen Grund er schon eine Menge großer, noch da liegender Steine im Wasser aufgeschichtet hatte, und wodurch er einen ansehnlichen Platz für Aufbewahrung von Kaufmannsgütern aller Art gewonnen haben würde. Er verlangte nur von denen, die ihn benutzen wollten, so lange einen Zoll erheben zu dürfen, bis sein ausgelegtes Kapital gedeckt sei, doch wurde ihm von dem damaligen Gouvernement die Erlaubnis nicht erteilt; es ist schwer zu begreifen, aus welchem Grunde.

Auf dem mehrmals erwähnten Felsenabhang geht an der obern Stadt ein langer, schmaler, ganz unbeschützter Weg dicht am Abgrunde hin. Ich frug unsern Begleiter, ob hier niemals jemand verunglückt sei? – »O gewiß«, erwiderte er, »nicht selten fallen kleine Kinder hinunter und brechen den Hals. Es ist auch noch nicht lange her, daß dasselbe Los einige Ipsarioten traf, die in der Nacht ihren Weg verfehlt hatten, und voriges Jahr fielen zwei wie ein paar Esel betrunkene *(ipsissima verba)* englische Matrosen hinab. Die Engländer haben aber ein so zähes Leben, daß der eine, der auf seine Füße zu stehen kam, nur nüchtern davon wurde, und der andere bloß ein Bein brach.« Dazu gehörte allerdings Talent, erwiderte ich; denn die Höhe beträgt über siebzig Fuß. »Es wäre ein rechtes Glück«, fuhr unser Cicerone fort, »wenn hier ein Geländer stünde!« Schon diese Bemerkung war viel für einen Griechen, und wenn die Einwohner von Vostitza noch fünfzig Jahre in der Kultur fortgeschritten sind, werden sie wohl auch ein solches Geländer wirklich anfertigen lassen.

Der schönste Punkt für die Aussicht auf das Bergamphitheater jenseits des Golfs ist von einem kahlen Hügel am östlichen Ende der Stadt, nahe am Meer, wo einst vielleicht Aegiums Akropolis stand, oder jener Tempel Jupiters, in dem der hohe Priester der schönste Knabe der Stadt war, und wo Agamemnon mit den übrigen Häuptern der Griechen den Trojanischen Krieg beriet – denn man findet hier fast allein im Bereich des ganzen Orts noch antikes, und zwar sehr starkes Mauerwerk, was erst kürzlich bei Grundgrabung eines Hauses zum Vorschein kam. Nahe dabei sind die Rudera einer venezianischen Kirche mit einigen umgeworfenen, früher darin verwandten, aber offenbar antiken Säulen und Kapitälen von weißem Marmor. Einige hundert Schritte entfernt befindet sich noch eine zweite, bis auf das Dach erhaltene mittelalterliche Kirche, in deren Mauern das Fragment eines schön gearbeiteten Basreliefs, zwei kämpfende Pferde darstellend, eingelassen ist.

Als wir zurückkehrten, erhielten wir bei unserem Wirt ein echt griechisches Mittagsmahl, dreimal Hühner und einmal Kapaunen, alles absichtlich kalt, obgleich mit Buttersauce serviert. Dagegen regalierte man uns mit einem sehr guten Dessert. Eine Art milchfetter Nougat unter andern, der in Zante verfertigt wird und Manderlito heißt, würde überall für eine große Delikatesse gelten können. Vortreffliche Melonen waren nur dadurch so gut erhalten worden, daß man sie sechs Monate lang in der Zisterne über dem Wasser aufgehangen hatte. Jeder Brunnen könnte ohne Zweifel denselben Zweck erfüllen.

Megaspileon, den 13ten Februar 1836

In einer solchen Mausefalle bin ich noch nie gefangen worden! Mit Mühe habe ich mir ein türkisches Schreibzeug verschafft, wo ich mit der Feder eines Puterhahns, von zehn ungewaschenen Mönchen umgeben, die sich durch nichts abweisen lassen, meine Kalamitäten jetzt aufzeichne, während ein dicker Rauch, der die Stube erfüllt, meinen Augen unwillkürliche, aber unserer Situation ganz angemessene Tränen auspreßt, ohne daß doch das Feuer meine verklommenen Finger aufzutauen vermöchte.

Das Wetter hatte sich gestern, nach heftigem Sturm und Regen, ein wenig aufgeklärt, und obgleich es sehr kalt war, machte ich mich doch um zehn Uhr mit Lieutenant Tünnermann auf den Weg, in der Hoffnung, daß die von Zeit zu Zeit hervorblickende Sonne endlich den Sieg erringen und uns nach Megaspileon vorleuchten würde, dem ersten und reichsten Kloster Griechenlands, das an dreihundert Mönche zählt, und wo wir, nach katholischem Maßstabe, erwarteten, wie in Abrahams Schoße zu ruhen.

Auf einem alten venezianischen Steindamm führte uns die Straße zuerst in der Plaine am Meere zwischen Korinthenfeldern hin, die im Sommer mit ihrem das ganze Tal bedeckenden Blättermantel einen reizenden Anblick gewähren müssen, denn der Anbau um Vostitza ist überall sorgfältig, und der Boden von reichem Ertrag. Der alte Selinus, welcher in einem breiten Bett voll herabgerollter Steine die Ebene durchströmt, war von dem letzten Regen so angeschwollen, daß wir ihn nicht ohne naß zu werden, und nur halb schwimmend passieren konnten; was bei der immer schneidender zunehmenden Kälte sein Unangenehmes hatte. Indessen eine Stunde zu Fuß gehen, während der wir die Reste einer römischen Ziegelmauer besichtigten, erwärmte uns wieder und erlaubte mir, ohne Fieberschauer die schöne, obgleich wilde Szene zu bewundern, die sich beim Eingang des Gebirges am Bochusia (ehemals Kerynites) entfaltete. An einem Hügel darüber befinden sich noch einige Überreste der Stadt Kerynea, die dem Fluß seinen Namen gab, doch sind sie nur höchst unbedeutend.

Der nordische Gebirgszug des Peloponnes hat das Eigentümliche, fast gar keine Täler, sondern nur Schluchten in seiner Bildung darzubieten, weil Berggipfel an Berggipfel sich unmittelbar anschließen und steile Felsenwände mit bandartig gewundenen, zerrissenen Schichten auf allen Seiten senkrecht emporsteigen. Vor uns lag ein einzelner, sehr hoher Pik, dessen Spitze wie abgebrochen schien; seine Seiten waren mit Kiefern von schöner hellgrüner Farbe bewachsen, und bis zur Hälfte seiner Höhe deckte ihn von oben herab tiefer Schnee.

In vielen Windungen schlängelte sich nach und nach der Weg über diesen Berg, und indem wir langsam hinanritten, hielten der Gensd'armes wie wir selbst unsere Waffen stets bereit zur Gegenwehr; denn bessere Gelegenheit für einen Überfall konnte es unmöglich geben als hier in den ganz abgeschiedenen, engen Felsengassen und Gebüschen, um so mehr, da sich unsere Karawane schon längst in zwei Teile geschieden hatte, weil die Maultiere, welche die Effekten trugen, zu schlecht waren, um mit uns Schritt zu halten. Ich hatte also mit dem Lieutenant und einem der Gensd'armes, nebst einem Negerabkömmling der Truppen Ibrahims, welcher uns als Bote diente, bald einen großen Vorsprung gewonnen, indes des Lieutenants Diener, der meinige und der zweite der Gensd'armes bei den Maultieren und ihren Treibern weit zurückgeblieben waren. Je höher wir kamen, je mehr nahm die Kälte überhand, und in der Schneeregion war der Weg schon mit Eis bedeckt, was unser weiteres Fortkommen höchst beschwerlich machte. Wir standen nun auf einem so erhabenen Punkte, daß wir die Kette der Vorberge nach dem korinthischen Golfe zu hinlänglich dominierten, um diesen mit seinen kleinen Inseln und der Bai von Salona, nebst der großen Öffnung über der kastalischen Quelle, deutlich übersehen zu können. Die ganze Folge des Parnaßgebirges mit den angrenzenden Bergen Rumeliens breitete sich von Lepanto bis an den einzeln hervorragenden Helikon vor uns aus; doch die höchsten Spitzen blieben alle in dunkle Schleier gehüllt. Die Götter mochten sich vielleicht zu einem Besuch bei den Musen dort niedergelassen haben, und was wir sahen, nur ihre harrenden Wolkenwägen sein.

Nachdem wir den Berggipfel völlig erreicht, und dann an einem jähen Abhang lange Zeit wieder hinabgeklettert waren, sahen wir seitwärts ein Dorf liegen, in dem zwei schloßartige Häuser sich auszeichneten. Beide stehen leer und sind, wie wir erfuhren, noch besitzerlos, weil die Familien, denen sie gehörten, im Kriege gänzlich exterminiert wurden. Wir folgten jetzt, geraume Zeit fast ohne Weg, durch Felsenblöcke uns durcharbeitend, einem kleinen Bergstrome, bis wir zuletzt über eine schmale und geländerlose Steinbrücke in eine neue Schlucht hineinritten, die an Wildheit selbst die Gegend um die Teufelsbrücke am Gotthard überbietet. Die steilen, mit schwarzen Fichten bedeckten Bergwände steigen hier über zweitausend Fuß hoch aus einer schmalen Öffnung himmelan, in der der Fluß von Kalávrita sich im engsten Bette brausend durchzwängt. Einzelne seltsam gestaltete Felsmassen ragen aus dem Walde an vielen Stellen hervor und wölben sich zuweilen wie ein Dom über dem weißen Wasserschaume im Abgrunde. Nur ein schmaler Fußsteig führt am schroffen Abhang durch sie hin, oft von kleinen Bächen unterbrochen, die, in Kaskaden von oben herabstürzend, ihren Tribut dem Buráikos potamos darbringen; alle Höhen umher aber sind von einer frühern Erdrevolution dergestalt mit großen und kleinen Felsblöcken überworfen, daß man glauben sollte, irgendein mächtiger Geist habe sie, damals eben in der Luft darüber schwebend, von den Bergspitzen abgerissen und gleich Saatkörnern niedergestreut. Wilder und schauerlicher noch ward dieser Anblick jetzt durch einen Schneesturm, der plötzlich eintrat und bald mit solcher Gewalt zunahm, daß wir Mühe hatten, uns auf den Pferden zu erhalten, und kaum noch so weit vor uns sehen konnten, um den engen Weg zu erkennen. Bei dieser Gelegenheit war Lieutenant Tünnermann, der sein eigenes sehr lebhaftes Pferd ritt, einmal nahe daran, zu verunglücken, da das Tier mit dem Hinterfuß vom Saume des Weges abglitschte und sich nur mit genauer Not wieder aufraffte, um sich vom Überschlagen in die Tiefe zu retten. Auch mein Klepper fiel in den Steinen eines Bergbachs, wobei ein Bügel abriß, den ich während des übrigen Rittes mit viel Unbequemlichkeit entbehren mußte.

Nach einer Stunde immer schwierigern Fortkommens lag der Schnee bereits einen Fuß hoch auf dem Wege, doch hatte sich der Wind und die vorige Dunkelheit etwas gemindert, so daß wir zwischen den dicht herabfallenden Flocken endlich den abenteuerlichen Bau entdecken konnten, der wie ein Schattenbild an der stupenden Felsenwand vor uns angeheftet zu sein schien. Diese Wand steigt so glatt und perpendikulär zu ungeheurer Höhe hinan, daß, wenn man von ihrem Fuß aus an ihr hinaufzuschauen versucht, man vollkommen denselben Schwindel empfindet, als stehe man an einem Abgrunde, es kommt einem nur vor, als habe sich dieser umgekehrt. Da auch der Bergabhang, über dem das Kloster an der erwähnten Wand hängt, sehr steil ist, so ist man genötigt gewesen, den Weg in fortwährendem weiten Zickzack hinaufzuführen. Auf diesem kommt man nun wohl zehnmal ganz nahe bei den Gebäuden vorbei und glaubt sie stets bei der nächsten Biegung gewiß zu erreichen, wird aber immer von neuem getäuscht; ja selbst wenn man zuletzt wirklich oben ist, möchte man sich abermals für geäfft halten und nur die Silhouette der weitläuftigen Burg vor sich zu haben meinen, welche die Entfernung vorgespiegelt. Denn das eigentliche Kloster befindet sich ungesehen in einer gigantischen Höhle von neunzig Fuß Tiefe und hundertachtzig Fuß Länge, vor deren Öffnung nur eine gleich lange, siebzig Fuß hohe und zwölf Fuß dicke Mauer mit vielen Reihen kleiner Fenster, Balkonen und einigen Türmchen auf ihrer Spitze, vorgezogen worden ist. Alle bewohnten Räume, die Küche und so weiter, sind, mit einziger Ausnahme eines viereckigen Turmes zur Seite, im Innern der Höhle selbst verborgen.

Sobald wir uns dem Eingang näherten, hörten wir das lang fortgesetzte Läuten einer Glocke, deren heiserer, ungastlicher Klang nicht viel Gutes prophezeite. Gleich darauf drangen aus dem gotischen Spitzbogen des Tores, trotz des noch immer heftigen Schneewetters, die Mönche in Prozession hervor, um uns zu empfangen. Sie glichen vollkommen einer Anzahl Warschauer Juden, als sie sich, in zerrissenen Kleidern und von Schmutz strotzend, neugierig um uns drängten und uns die Hand auf dem Pferde reichten, wo wir, wie Schneemänner, halb eingefroren saßen. Das Innere des Klosters übertraf leider noch alle Erwartungen, welche das Aussehen der Mönche erregt hatte, und der Schmutz und Gestank, welcher allerwärts darin herrschte, war so gräßlich, daß mir die ganze Begebenheit als kaum in der Realität möglich und nur ein böser Traum zu sein dünkte.

Schwarze halbvermoderte Holztreppen hinan, auf denen ein Mönch mit trübe brennender gelber Wachskerze voranleuchtete, führte man mich bis in den obersten Stock des Turmes in die Stube des abwesenden Prälaten, eine eingeräucherte Kammer mit Kalkwänden, die auf der einen Seite einen Kamin mit einer Kalotte von haarigem Zeuge hatte, wo nasses Holz nicht brennen wollte; die andere verdeckten unangestrichene Holzschränke; auf der dritten waren vier Fenster eng nebeneinander angebracht, deren zerbrochene Glasscheiben durch hundert Papierstreifen geflickt waren; auf der vierten stand eine Ottomane, halb mit zerrissenem Kattun, halb mit einer Flanelldecke überzogen, beides durch Flecken und Staub im höchsten Grade ekelhaft gemacht. Im zweiten Drittel der Stubenhöhe waren an den Wänden Repositorien ringsumher befestigt, die man mit dem degoutantesten Gerümpel bedeckt hatte, das sich die Einbildungskraft erdenken kann, alte Lappen, stinkende Pantoffeln, Medizinen, eine Klistierspritze und unter andern auch vier große Flaschen mit Blutegeln gefüllt. Die erdfarbenen Dielen verbarg kein Teppich, und der mannigfache Parfüm, den die wie Ameisen hereindringenden Mönche um sich verbreiteten, vollendete die Desolation dieser Wohnung.

Ich tröstete mich noch damit, bei Ankunft meiner Sachen jeden Winkel mit Teppichen und Tüchern belegen und verhängen zu können, vorher aber von unsern Leuten eine totale Reinigung vornehmen zu lassen, geriet jedoch in eine zweite Verlegenheit, als der Küchenmeister, dessen Aussehen ich nicht beschreiben mag, mir in seiner fettigen Hand eine Schale mit von Staub grauen Konfitüren nebst einem gleich unreinen Glase Wasser offerierte und sich durchaus damit nicht abweisen lassen wollte. Die darauf folgende Tasse mit Kaffee war von einem noch gefährlicheren Ansehen, und der Ekel, der sich meiner immer mehr zu bemächtigen anfing, wurde bald größer, als ich ihn je in Afrika in dem elendesten Araberzelte empfunden habe. Indes verging Stunde auf Stunde, der Schnee fiel immer dichter nieder, und keiner unserer Leute erschien! Wer mich zwischen einem Dutzend dieser unappetitlichen Mönche, die überdies in ihren Manieren die größte Dreistigkeit und Familiarität an den Tag legten, eingezwängt gesehen hätte, ohne daß ich sie weder loswerden, noch mit ihnen anders als durch Zeichen mich unterhalten konnte, würde sich an mir und meiner kläglichen Miene gewiß nicht wenig belustigt haben, vorausgesetzt, daß er nicht genötigt gewesen wäre, meine traurige Lage zu teilen.

Diese Leute sind so in allem zurück, daß sie zum Beispiel kein anderes Mittel kennen, das Feuer anzufachen, als nach der Reihe durch ein Flintenrohr darauf zu blasen, und andere Möbel der größten Notwendigkeit auf eine Weise entbehren, wovon man sich kaum eine Vorstellung machen kann. So hatte das ganze Kloster, wie es schien, nur *ein* großes Waschbecken; dasselbe Handtuch diente dabei allen, wahrscheinlich so lange es zusammenhält; andere Tücher wurden abwechselnd zur Deckung des Bettes wie des Eßschemels (ein Tisch ist es nicht zu nennen) gebraucht – kurz es übersteigt solche mehr als tierische Schweinerei allen Glauben, wie alle menschliche Erlaubnis.

Als jede Hoffnung geschwunden war, meine Diener und Sachen noch ankommen zu sehen, brachte man das erwähnte wurmstichige Vehikel herein, legte ein zerrissenes Tuch darauf, was bis jetzt über einen Teil der Ottomane gebreitet gewesen, mit Messern und Gabeln, die gar nicht anzufassen waren, und servierte die zusammengeworfenen Reste eines aufgewärmten Huhnes und eines Puters, nebst steinhartem Käse, Brot und rohen Zwiebeln. Einer der Mönche, der etwas italienisch radebrechte, entschuldigte die spärliche Bewirtung damit, daß man mich gestern und nicht heute erwartet habe, eine ganz leere Ausflucht, wie man sieht, und um so mehr, da die Mönche schon längst durch ein halbes Dutzend Empfehlungsbriefe der angesehensten Bewohner von Patras, wie durch zwei Befehle des Nomarchen und Eparchen wußten, daß ich einige Tage bei ihnen zuzubringen gedenke, und dennoch nicht die mindeste Anstalt zu einem irgend dezenten Empfang gemacht hatten. Ich dankte für alles und bat nur um einige gesottene Eier nebst einer reinen Serviette, welche letztere jedoch nicht zu erlangen stand. Der Wein vom eigenen *cru* wäre nicht übel gewesen, wenn er nicht mit Harz angemacht worden, und folglich wie

Firnis geschmeckt hätte. Nach diesem Mahle legte ich mich, in meinen nun am Feuer ziemlich getrockneten Mantel gewickelt, auf den mit Kattun überzogenen Teil der Ottomane, als dem verhältnismäßig reinlichsten, nieder, erleuchtet von einer mephitischen Duft aushauchenden Lampe, die am Kamin aufgehangen war und kaum die Rauchatmosphäre der kleinen Stube mit ihrem schwachen Strahl zu durchdringen vermochte.

Den 15ten

Die ganze Nacht dauerte das Schneewetter fort, und erst am Nachmittag des folgenden Tages langten die Leute mit den Maultieren an, nach verschiedenen Unglücksfällen, die sie unterwegs erlitten, und mit der angenehmen Nachricht, daß, wenn es nur noch kurze Zeit so fortschneie, an eine weitere Passage im Gebirge nicht mehr zu denken sei. Dasselbe Wetter hielt aber bis zum zweiten Morgen ununterbrochen an, und ich finde mich nun in diesem schauerlichen Kloster bis auf ungewisse Zeit regelmäßig blockiert, mit der sichern Aussicht auf den denkbar widrigsten Aufenthalt mehrerer Tage, ärger als ein Gefängnis. Dies ist allerdings hart, doch hat sich wenigstens des Herrn Prälaten schauderhafter Schlupfwinkel seitdem in Ansehen und Luftbeschaffenheit bedeutend verändert; ja, wäre der Zug durch die zerbrochenen Fenster, der Rauch aus dem Kamine und die zudringlichen Mönche noch daraus zu entfernen, so könnte ich mein Schicksal mit philosophischer Ruhe ertragen; unter den obwaltenden Umständen aber gehört viel Überwindung dazu.

Ich verwandte einen Teil des Tages darauf, das Innere des Klosters und die Kirche in der Höhle zu besehen. Das erste zeigt überall nur Unrat und Elend, die zweite aber ist voller Reichtümer und alter Bilder, die zum Teil nicht ohne Interesse, obgleich alle ohne Kunstwert sind. Einige in Konstantinopel auf rotem Atlas in Gold, Silber und bunter Seide gestickte Darstellungen würden die Damen entzücken, denn vortrefflichere Stickerei sah ich nie; auch mehrere in vergoldetem Silber getriebene Türen sind bemerkenswert, sowie höchst kunstreiches Schnitzwerk in Holz, namentlich ein Bischofsstab, das Geschenk einer griechischen Kaiserstochter, von bewundernswürdig feiner und geschmackvoller Arbeit. Der Boden der Kirche ist mit Marmor belegt und mit Sonne, Mond und Sternen sowie allerhand mystischen Figuren geziert. Die wirkliche Sonne leuchtet dagegen dieser Kirche nie, es brennen aber stets Lampen oder Wachslichter darin, und das ganze Geschäft der Mönche, welche die größten Faulenzer im Lande sind, besteht nur in den albernsten Zeremonien, denen sie hier, jeder in seiner Tour, obliegen müssen. Zu ihrer Bedienung haben sie fast ebenso viel junge Knaben zwischen elf und sechzehn Jahren, als Mönche im Kloster sind. Mehrere unter diesen waren außerordentlich schön, so wie sich auch unter den Mönchen selbst viel schöne Männer mit herrlichen Köpfen *à la Titian* und Rembrandt befanden; aber die allgemeine Unreinlichkeit gestattet keinen Genuß, selbst an der vollendetsten Schönheit, und nach kurzer Betrachtung mußte man sich immer mit Widerwillen von diesen in Schmutz getauchten Gestalten abwenden. So viel ist gewiß, daß mir nie etwas Ähnliches vorgekommen ist, und Lieutenant Tünnermann, der doch das Land schon lange kennt, versicherte gleichfalls, daß er hier alles übertroffen finde, was er bisher im griechischen Reiche von Salopperie zu beobachten Gelegen-

Sikon-Parnaß (zu Seite 101)

heit gehabt. Demungeachtet rechnet man die Einkünfte des Klosters wenigstens auf fünfzigtausend Colonaten jährlich, so daß jede anständige Annehmlichkeit eines zivilisierten Lebens in der Mönche Bereich stünde und auch noch genug für ihre Privatfamilien in absteigender und aufsteigender Linie außer dem Kloster übrig bliebe. Da man die kleinen Klöster aufgehoben hat, welche ebenso populär beim Volke waren als die großen und vielleicht mehr Nutzen als diese stifteten, so sehe ich wirklich nicht ein, warum man die letzteren verschont. Es wäre eine wahre Wohltat, wenn ein solcher Düngerhaufen zur Befruchtung für das allgemeine Beste verwendet werden könnte. Doch die Zeit dazu ist freilich noch nicht für Griechenland gekommen, für welches die Klöster ohne Ausnahme annoch, wenn auch in nichts anderm, doch in Hinsicht auf Landnutzung, die besten und wahrscheinlich einzigen Musterwirtschaften abgeben, soweit Routine reicht.

Die krasse Unwissenheit der hiesigen Mönche entspricht der Natur ihrer Umgebung. Die meisten derselben können weder lesen noch schreiben, und keinen fanden wir, der nur in der Geschichte seines Vaterlandes, geschweige denn in Dingen, die andere Länder oder irgendeine Wissenschaft betreffen, die geringste Kenntnis hatte. Der Aberglaube ihrer Religion nebst allen abgeschmackten Legenden derselben war das einzige, was ihnen bekannt zu sein schien.

Den 17ten

Ich habe es oft erfahren, auch wohl gesagt, und hier bestätigt es sich wieder: Man gewöhnt sich an alles! Das Wetter bleibt, mit wenig Intervallen, dasselbe;

Athen: Olympieion (zu Seite 134)

wir sind nun förmlich verschneit, und ich muß *bongré malgré* [wohl oder übel] mit den Mönchen haushalten, bis die Straßen wieder offen sind. Schon vertragen meine Augen den Rauch recht leidlich, und der eiskalte Zug kommt mir manchmal ganz nordisch behaglich vor. Gepichter Wein mit Wasser gemischt, schwarzes Brot, Eier und Zwiebeln sind gewiß für die Gesundheit eine sehr heilsame Diät, und besonders empfehle ich, nach der Vorschrift eines mohammedanischen Arztes, die rohe Zwiebel jedem Reisenden in fremden Ländern als das beste Präservativ gegen alle Krankheiten, die das Klima verursacht, wie Fieber, Dyssenterien und so weiter. Es ist kein ganz angenehmes Mittel, aber von vortrefflicher Wirkung.

Vermittelst meines griechischen Dieners kann ich nun mit den Pfaffen mich wenigstens unterhalten, deren Naivität spaßhaft genug ist. Ganz eben so, wie bei den Arabern, muß ich ihnen alle meine Sachen zeigen, die sie mit kindischer Freude betrachten, auch mir oft, gleich jenen, verschiedenes davon abzubetteln versuchen. Einer der Vornehmsten war sehr zufrieden, eine Stange Siegellack und zwei Zigarren erobert zu haben – die letztern heimlich – denn die Mönche dürfen nicht mehr rauchen, seitdem das Kloster einmal durch eine Pfeife angezündet wurde und ganz abbrannte. Drei- oder viermal ward es auch später vom Feuer verheert, was bei den hiesigen Anstalten nicht zu verwundern ist, und ich sehe jeden Abend mit einer ähnlichen Besorgnis auf den kamelhärnen Rauchfang meines Kamins hin, unter dem eine Viertelklafter Holz wie ein *Auto da fé* brennt, mit vergeblicher Bemühung, die luftige Laterne zu erwärmen, in der ich in und häufig über den Wolken wohne. Ich habe erwähnt, daß einer der Mönche etwas italienisch spricht, was sich jedoch ziemlich auf die Worte *»capisco«* und *»tale quale«* beschränkt, die er überall anbringt. Ich habe ihm deshalb, zum großen Gaudium seiner Kameraden, die ihn jetzt selbst so zu rufen anfangen, den Beinamen des Pater Talequale gegeben. Dieser sehr pfiffig aussehende Geistliche ist der Gelehrte des Klosters und erregt wegen der Airs, die er sich deshalb gibt, die Eifersucht aller übrigen. Als ich ihm neulich aus einer englischen Reisebeschreibung mehrere Details über Megaspileon und die darin enthaltenen Gegenstände vorlas, deren Richtigkeit ihn in Verwunderung setzte, sagte er mit kapabler Miene: »Dies Buch muß von Pausanias sein, der einzige Reisende in Griechenland, der von allem so genau unterrichtet war« – in welchem frommen Glauben ich ihn bestärkte.

Da es noch immer schneit und jeder Gang ins Freie fast unmöglich ist, durchsuchte ich das ganze Kloster von neuem, mutig durch den Kehricht watend, der auf Treppen und Gängen, die wahrscheinlich noch nie gereinigt wurden, fast ebenso tief lag als der Schnee draußen. Die gigantische Höhle und ihre ingeniöse Benutzung sind indes sehr merkwürdig. Zur Zeit Ibrahims hatten sich die Mönche ganz darin eingeschlossen, und sich sogar zwei Kanonen verschafft, die noch hier sind, einen Sechsunddreißig- und einen Vierundzwanzig-Pfünder. Man hat sie ihnen seitdem wieder abnehmen wollen, doch die Genie-Offiziere erklärten, wie in Lepanto: es sei zu schwierig und der enormen Kosten jedenfalls nicht wert, sie herabzuschaffen, wie aber die Mönche sie hingebracht, begriffen sie nicht. In jener Epoche ward auch eine Mühle zum eigenen Getreidemahlen in der Höhle angelegt, so daß die

Mönche ganz gefaßt darauf waren, wenn es hätte sein müssen, Jahr und Tag ihre unterirdische Wohnung nicht mehr zu verlassen. Die Zellen sind recht bequem für eine bis drei Personen eingerichtet und rund herum mit Divans und weichen Kissen versehen, die zugleich als Betten dienen, aber allen fehlt mit der Reinlichkeit auch die frische Luft. Die Tracht ihrer Bewohner, die sie, wie die Türken, Tag und Nacht anbehalten und nicht eher wechseln, bis sie vom Leibe fällt, erschien mir übrigens ebenso bequem als schön, wenn sie nur weniger schmutzig wäre. Sie tragen eine weite und lange Tunika, meistens von grüner Farbe und aus einem feinen wollenen Zeuge gefertigt, die über der Taille von einem Gürtel zusammengehalten wird; darüber einen schwarzen oder braunen faltenreichen Ärmelpelz. Das lange Haar und der volle Bart steht vortrefflich dazu, wie die schwarze Toque von eleganter Form, die sie auf dem Kopfe tragen und nie abnehmen als vielleicht beim Schlafen. Ihre pantoffelartigen weiten Schuhe werfen sie, gleich den Orientalen, ab, wenn sie auf einen Teppich treten, und an den grauen wollenen Strümpfen, die dann zum Vorschein kommen, ist wenigstens nicht zu sehen, wie lange sie ungewaschen sein mögen. Im Sommer gehen sie wahrscheinlich barfuß.

Die kleine Bibliothek des Klosters enthält nur kirchliche Manuskripte mit wenigen sehr schlechten Miniaturbildern und einen gedruckten Homer, aus dem verschiedene Blätter herausgerissen waren, nebst einigen andern neuen Büchern, von denen jedoch keins benutzt worden zu sein schien, bis auf das Gott weiß wie hierhergekommene italienische Opernbuch der *pazza per amore*, in dessen Blättern ein Stück Käse eingewickelt war. Von einem Manuskript über Alchymie, dessen Leake erwähnt, wollte man nichts wissen, auch hätte es mir nichts helfen können, da ich in der griechischen Sprache ebenso unwissend bin als die Mönche in allem außer dieser.

Nebst der großen Kirche, die ich beschrieben, befinden sich auch noch drei kleinere in den drei verschiedenen Etagen der Höhle. Die Wände derselben sind durchgängig bemalt, doch haben Rauch und Feuchtigkeit diese Malereien meistenteils zerstört. In einem größeren Saal unten ist die Geschichte Josephs abgebildet und besser erhalten, die mir Pater Talequale mit Hilfe Anzis, als eine mir ganz unbekannte Sache, sorgfältig erklärte. Bei dem Kapitel der Potiphar blieb er jedoch die Auskunft schuldig und half sich bei meinen inquisitiven Fragen mit der schlau gegebenen Antwort: *»non capisco.«*

Das Merkwürdigste der ganzen Anstalt ist ohne Zweifel der Keller, voll Fässer, die dem weiland Heidelberger nicht viel nachgeben. Eine Quelle herrlichen eiskalten Wassers sprudelt dort zugleich aus dem Felsen, und die uns begleitenden Mönche meinten lachend, der Pater Kellermeister, der uns dies Allerheiligste aufgeschlossen, verdiene in dem Bassin, das sie anfüllt, ersäuft zu werden, weil er ihnen stets den Wein mit ihrem schädlichen Inhalt bis über die Hälfte mische. Gewöhnlich essen die Mönche in ihren Zellen, wo sie sich selbst ihr frugales Mahl bereiten, nur an gewissen Tagen speisen sie in einem furchtbar aussehenden Gewölbe an schwarzen Tafeln zusammen, über die an der Decke eine Reihe Bockshäute aufgehangen sind, welche den Wein enthalten. Ein und derselbe zinnerne Becher dient dabei für die ganze Gesellschaft.

Das Kloster hat noch mehrere Nebenhäuser, zu Wohnungen für Fremde bestimmt, die in der Regel nie das Kloster selbst betreten dürfen und sich dann, für ihr Geld, wahrscheinlich viel besser außerhalb befinden; ferner mehrere Ställe, Wirtschaftsgebäude und so weiter. Der steile Abhang, an dem das Ganze steht, ist bis auf den Boden der Schlucht hinab mit kleinen Terrassengärten bedeckt, die in allen Richtungen angebracht sind und mit dem pittoresken Schloß, nebst der über diesem sich auftürmenden Felsenwand, das alleroriginellste Schauspiel gewähren. Viele dunkle Zypressen ragten aus dem Schnee der Gärten hervor, doch schienen sie, trotz ihres hohen Alters und ihrer Größe, nur Zwerge gegen den ungeheuern Maßstab der Gegenstände umher. Auf dem luftigen Pavillon, in dem ich hause, prangt außerhalb ein schwarzes Kreuz an der Mauer, in Form des preußischen eisernen; denn der Berg, welcher diesem Bezirk den Namen gibt, heißt zum heiligen Kreuz. Die größte Heiligkeit des Klosters besteht jedoch in einem affrösen braunen Wachsbilde der Jungfrau, das der heilige Lukas verfertigt hat. Außer diesem, belehrte mich Talequale, gibt es nur noch zwei von demselben Verfasser, wovon das eine in Rußland ist, das andere aber noch nicht aufgefunden wurde – also noch in Reserve bleibt. Demungeachtet erinnere ich mich, in Italien schon zwei oder drei dieser angeblichen Kunstwerke des heiligen Lukas gesehen zu haben, von denen auch dort bei jedem behauptet wurde, es sei das einzige echte. Während einer der Zeremonien, die vor diesem Bilde in der großen Kirche stattfanden, warf sich der mit der Stola bekleidete Pfaffe wenigstens hundertmal zur Erde und hatte in diesem blitzschnellen Niederwerfen und Wiederaufspringen eine so bewundernswürdige Fertigkeit erlangt, daß sicher kein Seiltänzer-Bajazzo es ihm mit derselben Velozität und Ausdauer nachzumachen imstande gewesen wäre. Für Leute, die ohnedies gar nichts zu tun haben würden, ist eine solche Art Turnen gewiß eine sehr heilsame Motion.

In den kurzen Zwischenräumen des schlechten Wetters versäumte ich nie, mich auf der offenen Galerie, die am obern Ende der Mauer hinläuft, einzufinden, um von dort abwechselnd in die Tiefe nieder- und an der Felsenwand hinaufzuschauen – ein wunderbarer Anblick, dessen ich nicht müde wurde. Dennoch sieht man nur wenig; nichts eben als über sich die senkrechte, schauererregende, glatte Steinmasse von mehr als dreihundert Fuß Höhe, nach unten gewendet, über das Labyrinth von Terrassen hinweg, in eine enge, mehrere hundert Fuß tiefe, sich weit hinziehende Bergspalte, die von zwei hohen Bergrücken eingefaßt wird, welche sich dreimal höher erheben, als die Spalte tief ist – und gegenüber den noch kolossalern Berg Rochico, der, gleich einem vorgezogenen weißen Vorhang, den Abgeschiedenen die ganze übrige Welt verbirgt. Außer einigen rötlichen Felsen, deren Kuppen noch hie und da seitwärts hervorschauen, sind überall keine andern Farben sichtbar als das blendende Weiß des Schnees und das Schwarz der Tannen. Man glaubt, in Nova Zembla zu sein.

Eben schneit es schon wieder mit Macht und der *proto Pápa* sagt seufzend, daß seit 1812, wo Napoleon in Rußland erfroren sei, wie man ihm erzählt, sie keinen ähnlichen Winter hier erlebt hätten! Dem sei indes, wie ihm wolle, ich kann doch mit Schillers Worten ausrufen: Auch ich bin in Arkadien gewesen! und gewiß werde ich nie in meinem Leben Schnee und Schmutz wiedersehen, ohne Arkadiens fröstelnd zu gedenken.

Den 18ten

Nach Regen folgt Sonnenschein, und nach Schneegestöber endlich auch! Der heutige Tag war so glänzend als die goldene Glorie um das Haupt der Jungfrau des heiligen Lukas, und man mag sich leicht vorstellen, daß ich ihn nicht unbenutzt ließ. Die Felsenwand zu ersteigen nebst dem darüber liegenden hohen Berg, wo über den Fichten ein weithin sichtbares hölzernes Kreuz errichtet ist, ward beschlossen und trotz aller Schwierigkeiten ausgeführt. Zwei der rüstigsten Mönche mußten, nach vielem Sträuben, mit Schaufeln voraus, um ein wenig Bahn zu machen, und ich folgte. Unglücklicherweise hatte Francis, dem ich nichts abschlagen kann, durchaus mitgewollt, und da wir bald in dem aschigen Schnee bis über die Kniee wateten, ja manchmal bis über den Leib hineinfielen, mußte ich den Hilflosen, der gänzlich darin verschwand, den größten Teil des Weges selbst tragen, denn der kleine Teufel läßt sich von niemand anderem handhaben, ohne ihm den guten Dienst mit heftigen Bissen zu vergelten. Dieser tiefe Schnee, so ermüdend er war, hatte indes das Gute, daß wir mit seiner Hilfe an allen Abgründen sichern Fußes hinklettern konnten, wo es oft ohne ihn kaum möglich gewesen wäre, wie wir an einigen Stellen, wo ihn der Wind hinweggeweht, zur Genüge inne wurden. Die Aussichten auf hunderte mit Fichten und Kiefern gekrönte Gipfel, zwischen denen sich immer noch höhere, völlig baumlose, silberfarbene Kegel erhoben, ferner auf das ganze Bett des Buráikus nach seinen beiden Seiten hin und endlich auf das romantische Kloster selbst in der schwindelnden Tiefe waren prachtvoll, und mit Stolz zeigten uns die beiden Mönche mehrere Höhen, von denen Ibrahims Araber vergebens durch ihr Flintenfeuer sie zu schrecken versucht, ohne ihre Standhaftigkeit erschüttern zu können.

Leider bleibt die Sonne in diesen Regionen nicht lange sichtbar, und ich war überdies ein wenig zu spät für ihren kurzen Lauf aufgestanden. Nach einigen Stunden mußte ich daher schleunig an den Rückweg denken, der nun an einer andern Seite hinabgenommen wurde. Am Saume einer Höhle, zu der wir fast in gerader Richtung niedergerutscht waren, brach ich einen Eiszapfen von der Länge einer Kosakenlanze ab, den ich auch ganz unversehrt ins Kloster brachte, um Talequale ein Präsent damit zu machen. Die Mönche amüsierten sich lange wie Kinder damit und steckten zuletzt den Rest desselben unter großem Jubel ins Feuer, während ich mich auszog, und, eine Tasse Glühwein trinkend, zu Bett legte; denn hier, als dem reinlichsten und wärmsten Ort im Kloster, halte ich mich Tag und Nacht regelmäßig auf, so lange ich in meinem Zimmer verweile. Die Mönche habe ich mir nun auch, mit Hilfe Tünnermanns und meines Dieners, so ziemlich nach der Hand gezogen. Mehr als acht von ihnen werden auf einmal nicht hereingelassen; sie kauern sich dann auf meine Teppiche nieder und dürfen unter sich nur leise sprechen, wenn ich lese oder schreibe, auch nichts anfassen, ohne vorher um Erlaubnis gebeten zu haben. Ich selbst geniere mich gar nicht, und da ich sie nur selten loswerden kann, unternehme ich alles, was ich Lust habe und bedarf, als sei ich völlig allein. Ich erscheine mir dabei wie Ludwig der Vierzehnte, der auch weder aufstehen, essen, zu Bette gehen, noch Gott weiß was sonst Unvermeidliches tun konnte, ohne von einem Teile seines Hofes umgeben zu sein. Wenn man erst so weit gekommen ist, die übrigen Menschen wie Tiere anzusehen, wie ich diese Mönche, so geht es recht gut. Aber so dozil sie sind, zu einer besseren Bewirtung sind sie doch nicht zu bringen. Ein mageres, steinhartes Huhn täglich für Tünnermann und mich ist alles, was ich, außer der schon erwähnten Brot- und Zwiebelkost, von ihnen herauszupressen vermag. Ich bin aber vollkommen damit zufrieden, denn meine Natur ist so glücklich beschaffen, daß ich fast nie die Entbehrung dessen fühle, was nicht zu erlangen möglich ist. Die Geizhälse haben mich jetzt gebeten, in Athen ein dort eingereichtes Gesuch um Verminderung ihrer Abgaben zu unterstützen, weil Lieutenant Tünnermann sich den Spaß machte, ihnen zu vertrauen, daß ich nahe mit dem Könige Otto verwandt sei. Auf die Nachricht sandten sie heute sogar nach Kalávrita, um ein Lamm dort zu kaufen, was ich in den folgenden Tagen auf die Gesundheit Seiner Majestät dankbar zu verzehren gedenke – denn noch ist kein Fortkommen, außer zurück nach Vostitza, möglich, und ohne den Wasserfall des Styx gesehen zu haben, der sich im Herzen des Gebirges vom Khelmos herabstürzt, weiche ich nicht aus dieser Gegend, und sollte ich bis zum Frühjahr darauf warten müssen. Man sagt, es sei in dieser Jahreszeit nicht tunlich, doch auf die eine oder die andere Weise *muß* es möglich gemacht werden. Was ich wirklich *wollte*, erreichte ich noch immer.

Den 19ten

Die Mönche brachten mir abends einen angeblichen Knieknochen und eine Rippe von enormen Dimensionen, behauptend, daß dies Überreste eines Riesen seien, dessen Grab man kürzlich hier aufgefunden. Ich vermochte sie, mir beides mitzugeben, um es in Athen durch einen gelehrteren Naturforscher, als ich bin, untersuchen zu lassen. Wahrscheinlich wird es von irgendeinem antediluvianischen Tier herrühren. Auch einige geschnittene Steine produzierten sie, die man in Sykion ausgegraben. Es war jedoch ganz ordinäre Ware, wie man mir in Afrika das Dutzend dergleichen oft für fünf Franken anbot.

Kalávrita, den 20sten

In der letzten Nacht hatte es stark geregnet, wodurch eine große Menge Schnee abgeflossen war, und die ganze Gegend davon jetzt wie gescheckt aussah. Ich machte mich, da das Fortkommen nun möglich wurde, sogleich gegen elf Uhr auf den Weg, den ich weniger schlecht fand, als ich erwartete. Bei meinem Abschied von den Pfaffen ließ ich ihnen, während man die Trinkgelder austeilte, durch meinen, hier als Dragoman fungierenden, Anzi verdolmetschen, daß sie sich auf meine Fürsprache in Athen verlassen möchten, denn niemand habe sich von ihrer bittern Armut besser überzeugen können als ich, für den sie, wie ich wisse, so gütig alles getan, was in ihren Kräften gestanden, und damit doch kaum die Bewirtung des geringsten Bauern zu erreichen imstande gewesen wären. In der Tat kann ich auch hier den ökonomischen Papas meine Dankbarkeit nicht besser beweisen, als indem ich jedem Fremden rate, zwar ihr Kloster als eine hohe Merkwürdigkeit zu besehen, aber sich ja vor jedem Aufenthalt bei ihnen zu hüten – welche Warnung überdies, wenn sie befolgt wird, den Mönchen mehrere halb verhungerte Hühner und ebenso viele Bouteillen ihres gefirnißten Weins ersparen würde. Diese Gegenstände waren wenigstens das einzige, womit *ich* sie in Unkosten gesetzt, da das von mir prophezeite unschuldige Lamm von Kalávrita weislich erst die Nacht vor meiner Abreise ankam, weshalb ich also nicht zu seinem fleischlichen Genusse gelangt bin.

Es waren wilde und herrliche Kulissen, durch die ich nach Kalávrita gelangte, obgleich die Approchen [Zugänge] der Hölle auch nicht viel anders aussehen mögen. Das Wetter blieb ganz im Einklang mit ihnen, bald nachtdunkel mit einem Hagelschauer, bald durch einen plötzlichen Sonnenblick zwischen rollenden Wolken blitzartig erhellt, bald durch den feinen Regen, mit stechendem Schneegestöber gemischt, uns zwingend, zum Capuchon [Kapuze] der Bernus unsere Zuflucht zu nehmen.

Nachdem wir ungefähr eine Stunde geritten waren, kamen wir an eine gebrechliche Brücke, die nur aus zwei schwankenden Balken und lose darüber gelegten Knüppeln bestand. Der vorderste der *Gens d'armes* – doch hier muß ich anhalten, um nicht straffällig zu werden; denn ich habe vernommen, daß vermöge eines baierischen Reskripts, welches auch in Griechenland sein offizielles Echo gefunden, das obige Wort in Zukunft *»Gendarm«* bei namhafter Strafe geschrieben werden muß, weil unnütze Witzlinge die Mitglieder des respektabeln Corps durch die Benennung »Gänsdarme« (nach der alten Schreibart *Gens d'armes)* schwer gekränkt hätten. Ich weiß nicht, ob man im Übertretungsfalle vor dem Bilde des Königs Abbitte tun muß, aber jedenfalls füge ich mich respektvoll dem gestrengen Befehl. – Also der *Gendarm* stieg ab, *ich* war zu bequem dazu, kam indes ebenso gut hinüber. Doch der *Dämon* wollte, daß der Esel, welcher Bett und Toilette trug, durchbrechen und in das unbequemere Bett des Bergstroms stürzen sollte. Was aber der Dämon will – das geschieht. Das Tier selbst nahm zwar wenig Schaden, aber ich blieb der leidende Teil, denn nicht nur das hier so trostreiche Bett ward gänzlich durchnäßt, sondern auch meine Toilette, Spiegel, Rasiermesser und der sämtliche Rest wohlriechender Essenzen, den mir die maltesische See noch gelassen, fanden hier ihren Untergang. Eine lange türkische Pfeife leistete ihnen zum Überfluß Gesellschaft. Noch einige dergleichen Zufälle, und ich werde mich bald in der Verfassung befinden, die zum Reisen in diesem Lande paßt, nämlich nichts mehr mit mir führen, als was ich auf dem Leibe trage.

Die Sache hielt uns so lange auf, daß ich mich genötigt sah, um wenigstens für meine Person noch bei Tage ins Nachtquartier zu kommen, wieder mit dem einen Gendarmen vorauszureiten. Die Gegend ward immer rauher, die Felsenschluchten von immer höheren Bergen überragt, dicht verhüllt von ihrem schwarzen Fichtenmantel, den graue Nebelstreifen säumten. Da stürzen mit einemmal drei fürchterliche Hunde auf uns los, die Pferde heftig attackierend, ohne jedoch zum Glück von meinem kleinen Francis Notiz zu nehmen, und zu gleicher Zeit hören wir von verschiedenen Orten um uns her ein wiederholtes, durchdringendes Pfeifen. Ich sehe meinen Gendarmen trotz des steinigen Weges sein Pferd hastig in Galopp setzen und muß eben folgen, da er mir auf mein Rufen keine Antwort gibt, sondern im Gegenteil sein Tier immer heftiger antreibt. Nachdem wir so eine geraume Strecke fortgejagt, begegneten wir zehn bis zwölf Bauern, die einige Maultiere eskortierten. Hier hielt endlich der Gendarm sein keuchendes Roß an, und da ich mich nicht mit ihm explizieren kann, weil er nur griechisch spricht, so erfuhr ich erst in Kalávrita, daß er, durch die Art der Hunde und das Pfeifen in den Bergen besorgt gemacht, wirklich einen Überfall vermutet und deshalb seinen Weg so schleunig fortgesetzt hatte. Man bestätigte uns in der Stadt, daß die Berge allerdings noch nicht ganz geheuer seien, doch da eine Stunde später der Rest unsers Zuges unangefochten ankam, so bezweifle ich, daß etwas anderes als Ziegenhirten, die ihren bösen Hunden pfiffen, Anlaß zu der *panic* des tapfern Gendarm gegeben hatten.

Kurz vor Kalávrita erweitert sich die Schlucht und nimmt einen weit freundlichern Charakter an. Ihr einige hundert Schritt breiter Grund ist ganz eben und mit grünem Gras bedeckt, welches jetzt durchgängig einige Zoll hoch vom Flusse überschwemmt war. An mehreren Orten wateten Kühe in dem erweichten Boden, aus dem an andern die langen Stengel weit sich hinziehender und gleichfalls dicht vergraster Maisfelder hervorragten. Kurz vor der Stadt mündet diese Schlucht in ein freundliches Tal, das erste, welches wir im Gebirge antrafen, zwar immer nur von geringem Umfang, aber mit dem sorgfältigsten Anbau.

Wenn ich im *reichen* Kloster Megaspileon wie ein Delinquent gehalten worden war und noch jetzt an diesen Aufenthalt nur wie an eine märchenhafte Vision zurückdenken kann, so ward ich dagegen in dem *armen* Kalávrita wie ein König empfangen. Schon auf den am Tage vorher abgesandten Befehl aus Patras und einen italienischen Brief von mir selbst, beide an den Eparch-

Substituten in Kalávrita gerichtet, hatte dieser geantwortet: daß man mich mit »*immenso e stupendo piacere* [Vergnügen]« erwarte, und der Erfolg bewies, daß dies nicht satirisch, sondern höchst aufrichtig gemeint war.

Einige Minuten vor der Stadt kamen mir zwei Boten entgegen, um mich nach dem Hause des Herrn Assymàthis Papadopulo zu führen, wo mich der Eparch-Substitut, ein hübscher junger Mann, der aber nur griechisch sprach, und sich den italienischen Brief vom *Doctor loci* hatte machen lassen, bewillkommte, ferner der liebenswürdige, freundliche Wirt selbst und der besagte Doktor, welcher in Italien studiert hat und uns als vortrefflicher Dolmetscher diente. Die Stube, welche man mir anwies, hatte freilich wie alle, die ich bisher bei den Eingeborenen gesehen, auch nur schlichte Kalkwände, aber diesmal waren es reinliche weiße; rund herum standen elegante scharlachrote Divans, und ein hübscher Smyrnaer Teppich war über den Boden gebreitet. Sogar der hier seltene Luxus eines Spiegels fand sich vor.

Sobald ich mich niedergelassen, brachte man mir, durchnäßt wie ich war und noch ohne eigene Sachen zum Wechseln, feine weiße Socken mit stattlichen türkischen Pantoffeln und präsentierte mir sehr empfehlungswerte Konfitüren, aus Rosenblättern bereitet, deren Duft ebenso köstlich als ihr Geschmack ist. Gleich darauf erschien der Bischof, der Oberst der Miliz, der letztere ein kriegerisch aussehender Mann in prächtigem Nationalkostüm, der Befehlshaber der Gendarmen des Orts, und die ersten Nobili Kalávritas (unter welchem Titel sie mir präsentiert wurden), um mich zu bewillkommnen. Diese gütigen Attentionen erstreckten sich sogar bis auf den höchst unglücklich aussehenden Francis, der, mit dem Lehm der Straße bedeckt und naß wie eine gebadete Katze, jämmerlich zitterte und ohne Unterlaß nieste. Auf meine Bitte ward ihm sogleich ein laues Seifenbad bereitet und eine warme Kraftsuppe vorgesetzt, welches ihm denn auch in kurzem seine ganze angeborene Lustigkeit und liebenswürdige Schelmerei wiedergab.

Mit einer höchst dankbar von mir erkannten Delikatesse ließ man die ehrenvollen Besuche nur sehr kurze Zeit andauern, brachte mir dann Pfeife und Kaffee und gestattete mir, mich damit ganz meiner Bequemlichkeit zu überlassen. Während dieser Zeit waren auch meine Leute angekommen, und um sechs Uhr trat Herr Papadopulo wieder herein, um anzufragen, ob ich zu speisen befehle. Ich bejahte dies mit demselben Eifer, wie der Sultan Amurath der Dritte, dessen erstes Wort beim Antritt seiner Regierung war: Gebt mir zu essen, denn ich bin sehr hungerig – eine Äußerung, die den ganzen zur Huldigung versammelten Hof mit Entsetzen erfüllte, und worauf sonderbarerweise auch wirklich kurz nach der ominösen Rede eine Hungersnot erfolgte, wie sie Konstantinopel nie schrecklicher erfahren hat. Ich schmeichle mir, daß Kalávrita durch meinen guten Appetit kein gleiches Unglück befallen wird.

Was nun meine Bewirtung betrifft, so erhielt ich ein sehr respektables Diner, das sogar seinen *klassischen* Anstrich hatte, denn die Hauptschüssel war der schon im Altertum berühmte Fisch Pestropha aus dem Alpheus (genauer aus dem Ladon, der den Hauptzufluß des Alpheus aus dem Norden liefert). Es ist ohne Widerrede der glorreichste Flußfisch auf dieser Erde und dabei ganz ohne Gräten wie ein Bewohner des Meeres. Zu erwähnen sind auch eigentümlich präparierte Weintrauben. Ich kann sie nicht besser beschreiben, als wenn ich sage: daß sie sich im Zustande *halber* Rosinen befinden, aber noch mit Beibehaltung des Saftigen und Krokanten der frischen Traube. Alles Übrige war entsprechend, und zwei vier Fuß hohe Kirchenkerzen erleuchteten dies solitäre Festgelag. Der Wirt, obgleich einer der Vornehmsten des Orts, brachte alle Schüsseln selbst und hielt respektvoll den Fes in der Hand, als ich auf seine Gesundheit trank; den größten Wert aber erhielt alles dies durch die unverkennbarste Herzlichkeit, mit der es geboten ward, und es rührte mich wahrhaft, als nach vollendeter Mahlzeit Herr Assymàthis wieder hereintrat, auf jedem Arme einen seiner hübschen kleinen Knaben tragend, um mich zuletzt auch mit dem bekannt zu machen, was ihm auf der Welt am liebsten sei.

Den 21sten

Kalávrita war sonst die Hauptstadt des Distrikts, mit einem hier residierenden Woiwoden, und ist in der griechischen Geschichte auf ewig denkwürdig dadurch geworden, daß in dieser Stadt, unter Leitung des Erzbischofs Germanos von Patras und des Andrea Zaimy, die Revolution zuerst ausbrach, der bald das ganze Land folgte. Man zeigte mir die Ruinen der verbrannten Moschee sowie des kleinen Palastes, wo sich die Bureaus der Regierung befanden, und in dem sich die angegriffenen Türken verschanzten, auch sechs Tage lang tapfer verteidigten, bis Hunger sie zur Übergabe zwang. Man hielt sie im Anfang nur gefangen, als aber Dramalis mit seiner Armee bei Korinth landete und man dies hier erfuhr, wurden sie von den erbitterten Tredes sämtlich niedergemacht, den Woiwoden und Kadi mit einbegriffen.

Es war heute Sonntag und der letzte Karnevalstag, nach dem ein langes und strenges Fasten für alle Griechen eintritt. Die Straßen der kleinen Stadt wimmelten daher von recht artigen Masken, die sich sehr anständig betrugen und mich immer, wenn ich mich unter sie mischte, ehrerbietig grüßten. Die gefällige türkische Manier, die Hand beim Gruße an die Brust zu legen, ist auch in Griechenland allgemein, außer bei denen, die europäische Tracht und Sitten angenommen haben.

Ich benutzte meine Muße zu Ersteigung eines Hügels hinter der Stadt, von dem man eine reizende Aussicht auf das Tal und die umliegenden mannigfach geformten Berge genießt. Am kühnsten steigt aus ihnen der isolierte Felsen auf, wo das Schloß Tremola stand, eine Festung der Venezianer, von der jedoch fast nichts mehr als einige niedrige Mauern übrig sind. Ich setzte mich dann zu Pferde, um nach dem Kloster Santa Laura zu reiten, das eins der ältesten im Lande, noch älter als Megaspileon und schon seit neunhundert Jahren gestiftet ist. Der alte Bischof wollte es sich nicht nehmen lassen, mit einem blauen Turban und großen Reiterstiefeln angetan, mich auf seiner muntern Falbe zu begleiten, und auch der Oberst, ein aus der Revolution berühmter Kapitano mit Namen Basiliko Petimesas, schloß sich mit dem Dottore an, so daß wir eine ziemlich ansehnliche Kavalkade bildeten. Der Oberst ritt einen ausgezeichnet schönen arabischen Hengst, ganz türkisch geschmückt, und früher so mit Sack und Pack von einem Pascha erbeutet; sein Sohn hatte einen getigerten Bergpony bestiegen, neben dem der Pfeifenträger in Pantoffeln mit langen Spitzen zu Fuß herlief, der Dottore zog auf einem bescheidenen Eselein daher. Man sieht von den Bergen, an denen der Weg hinführt, in einen reich mit Wein bebauten Arm des Tales von Kalávrita, und auch hier gehört der größte Teil der fruchtbaren Felder wieder den *Richards* von Megaspileon. Die Mönche von Santa Laura sind viel ärmer und haben ihr ganzes Kloster erst vor kurzem neu aufbauen müssen, weil Ibrahim es bis auf den Grund niederbrannte. Es ist in Form eines großen Karrees aufgeführt und sieht so altertümlich aus, als zähle es bereits wieder ein Jahrhundert. Um eine große Silberpappel, die davor steht, ist eine steinerne Terrasse gemauert worden, von der wir über viele andere Bergspitzen nach drei verschiedenen Weltgegenden hin die glänzenden Schneehäupter des Vohidia, des Olonos und des Khelmos zugleich erblickten, während das zu Füßen liegende friedliche Tal mit seinen frisch geackerten Weinfeldern wie mit roter Farbe überzogen erschien, denn an den meisten Orten zeigte gerade die fruchtbarste Erde diese Färbung.

Die hiesigen Berge sind fast alle mit den Sträuchern einer immergrünen Quercusart bewachsen *(quercus ilex)*, welche selten zu Bäumen werden, und auch andere hohe Bäume sind nicht häufig. An Wasser zeigt sich diese Gegend desto reicher, und das Wasser selbst ist meistens von vorzüglicher Qualität. Wie in der Zeit der Alten, fabelt man auch jetzt noch allerlei von diesen Quellen: bald heilen sie den tollen Hundsbiß, bringen männliche Kinder hervor oder sind ein Spezifikum für andere Krankheiten, bald verursachen sie auch welche.

Die Mönche bewirteten uns mit den sich ewig hier

wiederholenden Konfitüren, Wasser und Kaffee, die ich bei den heute gemachten Visiten wenigstens schon sechsmal genießen mußte, und schienen etwas reinlicher als ihre Amtsbrüder in Megaspileon zu sein. Dem Bischof widmeten sie ganz dieselben Devotions-Bezeigungen als die Araber ihren Chefs. Sie küßten seine Hand, drückten ihre Stirn darauf und gehorchten aufmerksam jedem seiner Winke – denn verlöre sich die Disziplin auch überall, in der Kirche hält sie gewiß am längsten an.

Nach unserer Zurückkunft erhielt ich noch die nachträglichen Visiten des Justizpersonals nebst denen einiger andern Ortsbewohner und überzeugte mich dann von neuem, daß es schon deshalb wert ist, nach Griechenland zu reisen, um Pestropha zu essen, von dem heute ein noch vollendeteres Exemplar als gestern meine Tafel zierte. Die Kritiker werden hier wieder über meine Gourmandise in Harnisch geraten, ich *will* aber meinem Enthusiasmus über diesen Fisch Raum geben, entstehe daraus auch, was da wolle, und warum sollte ich nicht? Er ist so gut eine berühmte Kreatur Gottes und Griechenlands als der selige Präsident dieses Reiches selbst, und beide haben überdies jetzt noch die Ähnlichkeit mehr gemein, einer wie der andere gegessen zu werden, wenn auch der letzte nur von den Würmern und sein Andenken von den Verleumdern, den gefräßigsten aller Tiere. Ich erkläre also, daß ich ein wahrhaft schmerzliches Bedauern fühle, daß einige meiner Pariser Freunde, die einen hohen Rang als elegante und harmlose Verzehrer einnehmen, diesen Abend nicht meine Mitgäste sein konnten. Sie würden mit nicht geahneter Beschämung haben gestehen müssen, daß sie, obgleich Professoren der Kunst, doch hinsichtlich des Fisches bis jetzt im Dunkeln tappten. Wäre es möglich, den vortrefflichsten holländischen Turbot mit der edelsten Lachsforelle des Genfer Sees in *ein* Wesen zu verschmelzen, so würde ein solches begünstigtes Geschöpf sich dem Pestropha entfernt nähern, doch ihn zu erreichen noch lange nicht imstande sein. Kalávrita hat nun für mich eine doppelte Berühmtheit gewonnen. Es begann die Revolution gegen die Tyrannen und *lehrte mich* den Pestropha kennen.

»Sceptrum eripuit tyrannis et fluvio piscem!«

Es gab auch noch einen andern sehr anziehenden Gegenstand im Hause des Herrn Papadopulo, zwar nur ein Dienstmädchen, das aber vom Kopf bis zum Fuß als Modell einer antiken Venus hätte dienen können. Lady Morgan hat mir vorgeworfen, von einem Mädchen ähnlicher Art, einer Gastwirtstochter aus Irland, zwei Seiten lang das Publikum unterhalten zu haben. Ich sehe den Grund meiner Strafbarkeit in dieser Hinsicht nicht ein. Lady Morgan ist selbst nur die Tochter einer unbedeutenden wandernden Schauspielerin, wie man mir gesagt, und bezaubert doch die Welt *durch ihren Geist*, warum soll eine Gastwirtstochter oder ein Dienstmädchen nicht *durch ihre Schönheit* bezaubern können? In *dieser* Region gilt der Rang gar nichts, und eine Magd mag darin hundertmal mehr wert sein als eine Königin. Wir Künstler wenigstens denken so, und darum bleibt, trotz ihres geringen Standes, die schöne Maria von Kalávrita, in ihrer originellen, wilden Scheuheit, ihrer nur von der Natur erlernten Koketterie und ihrer klassischen Schönheit meinem Andenken tiefer eingeprägt als gar manche vornehme Dame meiner Bekanntschaft, die viel darum geben würde, ihre anatomisch präparierten Reize gegen die Fülle dieser ursprünglichen vertauschen zu können.

Doch vergiß leises Flehn, süßes Wimmern
Unter Schnee, nackten Felsen und Trümmern –

denn nur solche Freuden stehen Dir jetzt bevor!

Der Styx macht viele Schwierigkeiten, sich betrachten zu lassen. Alles bestätigt mir, daß die Straße nach Solos haushoch verschneit sei, doch meinte einer, wenn ich einen Umweg von zwölf Stunden machen wollte, könnte ich vielleicht hingelangen, *ma è pericolo della vita*, setzte selbst der Oberst hinzu, denn vor dem Monat Juni unternimmt niemand diesen Besuch, ja der Doktor wollte mich sogar glauben machen, daß bis zu dieser Zeit immer ein Nebel vor dem Styx schwebe, der ihn nicht sichtbar werden ließe. Aber was hilft dies alles jetzt, ich kann den Juni nicht herzaubern, und habe ich einst in früherer Zeit im August die afrikanische Wüste bereisen müssen, so paßt es recht gut, daß ich nun im Februar die ungangbaren Schneeberge des Peloponnes forciere. Ich werde also morgen den Versuch beginnen, sollte er auch mit der Unannehmlichkeit verbunden sein, einige kalte Nächte unterwegs in einer Bauernhütte oder gar im Freien biwakieren zu müssen. Ich schwor beim Styx, den Styx zu sehen, und muß nun meinem Schicksal folgen.

Im Gebirgsdorf Dhiakofto, den 22sten abends

Die Russen halten es für bedenklich, an einem Montag abzureisen, und hätte ich nicht schon den bösen Freitag, so würde ich ihren Glauben annehmen. Der heutige Montag wenigstens bewährte sich in diesem übeln Sinne durch eine sehr traurige Begebenheit. Wir waren kaum einige Stunden geritten, als mein kleiner Francis auf dem engen Steinwege unter das Pferd des Gendarm geriet und, da dieser nicht auf ihn achtgab, so schrecklich getreten wurde, daß einer seiner Zehen ganz abgelöst und der Ballen des linken Vorderfußes in der Mitte gespalten wurde. Das arme Tierchen kam sogleich mit kläglichem Geschrei auf drei Beinen zurück, die kranke Pfote bis an sein Schnäuzchen grade emporhebend, als wolle es, Hilfe suchend, mir gleich recht deutlich zeigen, wo sie so nötig sei. Es war in diesem Augenblicke gut, daß ich kein Sultan bin. Denn als solcher geboren und erzogen, würde ich wahrscheinlich in ungebändigter Wut den Gendarm erschossen haben. So aber bezwang ich mich, bis nach und nach sein eigener unverstellter Kummer mich wieder mit ihm aussöhnte. Wir stiegen nun beide, den Patienten in unsern Armen, zu dem Buráikus hinab, um durch ein fortgesetztes kaltes Wasserbad der Inflammation zuvorzukommen. Dann wurde der Verunglückte in ein seidenes Taschentuch gewickelt und im Mantel aufs Pferd genommen, wo der Ärmste noch vier lange Stunden verweilen mußte, ehe wir ein Quartier auffinden konnten. Der Weg war fürchterlich, und man hatte mir nicht zu viel davon in Kalávrita gesagt, aber wunderbar schön in ihrer grandiosen Wildheit war auch die Natur! Einmal hatten wir, bei einem nur fußbreiten Pfade, rechts über uns eine grad aufsteigende Felswand, die der vom Kloster Megaspileon wenig nachgab, und links eine gleiche, die bis an den Rand des in der Tiefe schäumenden Flusses niedersank, und von der man den Blick abwenden mußte, um nicht den Mut zu verlieren. Hier war man genötigt worden, wie mir Anzi nachher erzählte, alle nachfolgenden Maultiere abzuladen und das Gepäck einzeln herüberzuschaffen. Oft blieben unsere Pferde im Schnee so fest stecken, daß wir geraume Zeit brauchten, ehe sie sich wieder herausarbeiten konnten; das Schlimmste aber war, daß an mehreren Stellen Schnee und Regen das Erdreich zwischen den Steinen dergestalt durchweicht hatten, daß es abgerissen war, und dann zuweilen eine Querspalte von mehreren Ellen den Weg gänzlich unterbrach. In solchem Falle blieb nichts anderes übrig, als sich daneben am steilen Abhang durch die Felsblöcke eine andere Passage aufzusuchen, wahrlich kein leichtes Unternehmen und wegen der nahen Abgründe so halsbrechend als irgendeines, das mir vorgekommen ist. Dabei blieb es zuletzt noch ungemein genant, immer dreierlei nicht aus der Acht lassen zu dürfen, nämlich: erstens die Betrachtung der *belles horreurs* der Gegend als den Hauptzweck meiner Reise, zweitens die stete Vorsicht gegen einen Räuber-Anfall, welche die Klugheit gebot, und drittens die größte Aufmerksamkeit auf die Gefahren des Weges selbst, um nicht unvermutet Arme und Beine zu brechen.

Als wir eine gewisse Höhe erreicht hatten, verschwanden die südlichen Ilex- und Quercus-Arten, und ein dem unsrigen sehr ähnlicher Wacholder nebst der nordischen Tanne nahmen allein ihre Stelle ein. In dieser Region lag durchgängig tiefer Schnee, und die Wildheit der Umgebung steigerte sich bis zum höchsten Grade. Dennoch waren hier manchmal Höhlen zu einsamen Wohnungen benutzt, doch sahen wir keinen ihrer Besitzer; nur Ziegen mit gewundenen Hörnern, die darum herlagerten, verrieten die menschliche Nähe. Am meisten frappierte mich der Anblick einer langen ganz schwarzen Schlucht von wenigstens fünfzehnhundert Fuß Tiefe, deren steile Abhänge dicht mit niedrigen Tannen bewachsen waren; sie wurde dadurch noch schauerlicher, daß ihre Gipfel auf beiden Seiten von schnell ziehenden Wolken verborgen wurden, zwischen denen weit am Ende der Schlucht ein Meerstreifen als magischer Spiegel erschien, den ebenfalls dicke Wolken umhüllten, die gleich einem mystischen Rauche daraus emporzuquellen schienen. Leider entluden sich alle diese Nebel bald darauf mit einem erneuten heftigen Schneegestöber, das während der letzten Stunden unserer Tagesfahrt auch ununterbrochen anhielt. Erst gegen fünf Uhr erreichten wir bei völliger Dunkelheit Dhiakofto, ein Ort, der aus lauter einzeln zerstreuten Häusergruppen besteht, welche, an den Böschungen eines weiten Bergkessels aufgebaut, zusammen wohl eine Quadratstunde Raum einnehmen mögen. Auch deuchte es uns eine wahre Ewigkeit, ehe wir das fast am Ende des Dorfes liegende Haus des Richters *(Kritis)* auffinden konnten. Er selbst war nicht gegenwärtig, seine Frau aber, von einem Verwandten unterstützt, der etwas italienisch sprach, tat alles, was in ihren Kräften stand, uns für Geld und gute Worte bestens zu bewirten.

Ich hoffe, es wird meine Leser nicht ermüden, wenn ich ihnen mit einigen Worten meine Umgebung in dieser Hütte male, wie sie stattfand, während ich mein Tagebuch schrieb. Wir sind in einer kleinen, wie gewöhnlich von Rauch erfüllten Stube. Der Kamin hat, wie in Megaspileon, ebenfalls seinen kamelhärenen Rauchfang. Unter ihm kocht mein Abendessen, und das hell lodernde Feuer erleuchtet, außer Anzis fettem Gesicht, die daran knieende, keineswegs häßliche, junge Wirtin nebst vier kleinen Kindern, von denen die Mutter dem jüngsten, obgleich es schon über ein Jahr alt ist, noch immer die weiße Brust reicht. Alle vier sind äußerst geräuschvoll, besonders der alte Säugling; die übrigen sitzen fast im Feuer selbst und essen dort rohe Zwiebeln mit Asche statt Salz, wobei sie sämtlich aussehen, als habe man auch sie selbst schon mehrmals in der Asche umhergerollt. Dicht neben ihnen hat mein Windhund Dumani sein Lager genommen, und Francis liegt schon in meinem eigenen, links vom Kamine auf einem Teppich bereiteten Bette, noch am Wundfieber leidend, aber in Sicherheit. Die zweite Stubenwand füllen vier Fenster, die dritte Schränke (eine fast immer befolgte Disposition bei griechischen Stuben), und die vierte ist jetzt die stattlichste, denn dort hängen meine Waffen in stolzer Reihe, mein großer Schlachtsäbel, meine Sattelpistolen, drei Terzerole an ihrer goldnen Schnur im reichgestickten Gurt, ein türkischer Dolch in silberner Scheide und endlich mein Degenstock mit kunstvoll gearbeitetem, massiv goldenen Krückenknopf – mehr Schätze, als wohl je in dieser bescheidenen Wohnung vereinigt waren. Draußen schneit und regnet es abwechselnd, und aus den Fenstern kann man nicht zehn Schritte weit sehen, eine üble Aussicht für morgen, wo die Straße noch ungangbarer als bisher sein soll, und daher bei schlechtem Wetter die Reise gar nicht unternommen werden kann. Das beschriebene Prunkzimmer wird mich daher wohl noch einen Tag länger beherbergen müssen.

Solos, am Fuß des Khelmos, den 23sten Februar

Der Himmel ist immer zuletzt den Beharrlichen günstig! Trotz der geringen Hoffnung dazu erweckte uns früh der herrlichste Morgen, ein griechischer, wie sie mir *beschrieben* worden sind, wie ich deren aber selbst noch nicht viele genossen habe. Kurz, der Himmel war blau, die Sonne in aller Kraft, die Luft völlig rein, und kaum sah ich den Tag über drei oder vier Wölkchen verlassen und einsam im Äther umherschwimmen. Dies war, bei dem unzweifelhaft interessantesten Momente meines gewagten Unternehmens, in dieser Jahreszeit gewiß Glück zu nennen. Auch schwelgte ich in der Klarheit und im Sonnenlicht auf den silbernen Höhen, wie ein schon halb der Seligkeit teilhaftig Gewordener.

Die erste, nun durch nichts mehr getrübte Aussicht eröffnete sich über das Meer auf die ganze rumelische Bergkette, die sich mir in solchem Glanz und Sonntagsstaat noch nie gezeigt hatte. Dann kamen wir in die romantische Tiefe, in welcher der Lado potamos, auch Fluß von Dhiakofto benannt, dem Meere reißend zustürzt. Die Sonnenseite der Schlucht, an der wir hinritten, war mit Kiefern, Wacholdern und immergrünen Eichen bewachsen und fast ohne Schnee, die gegenüberstehende dagegen mit Tannen von oben bis unten bekleidet, auf einem nirgends abbrechenden weißen Grunde. Vor uns schloß ein emporstrebendes Felsengebilde die schmale Öffnung, das auf das Vollständigste den zerstörten Mauern einer alten Riesenburg glich. Ein Teil derselben erhob sich bedeutend höher als der Rest, als sei es der Wartturm gewesen, und auf dessen Spitze war eine einzelne Pinie emporgewachsen, deren frei über den Stamm gebreitete Krone sich reizend gegen den kristallhellen Himmel abzeichnete. Wir sahen später diese wunderbare Kunstruine der Natur, welcher die Eingeborenen den Namen Petrucki geben, auch von der andern Seite, und sie behielt dort gleichfalls dasselbe täuschende Schloßansehen, wiewohl in etwas geringerem Grade.

Wir mußten nun zum Fluß herniedersteigen und nach seiner Durchwatung von neuem an der Nordseite jäh hinaufklettern. Hier begannen die angekündigten Beschwerlichkeiten, und oben angelangt, ging unser Weg mehrmals über gefrorene Schneefelder, wo wir nicht selten einbrachen. Obgleich hier die Sonne wie im Sommer drückte und den blendenden weißen Atlas zu unsern Füßen mit Millionen Flittern stickte, blieb der Schnee doch an den meisten Stellen fest wie Eis und lag dabei so tief, daß wir mehr als einmal zwischen den Spitzen großer Sträucher hinritten, die dennoch kaum mit einigen Blättern aus der harten Kruste hervorsahen. Als wir den höchsten Punkt erklommen hatten, konnten wir schon uns gegenüber eine, durch zwei immergrüne Eichen überwölbte, Kapelle des noch vier Stunden entfernten Solos mit bloßen Augen deutlich erkennen. Diese Stadt erschien uns hier sozusagen wie in der äußersten Mündung eines Trichters schroffer Berge liegend, dessen obere Peripherie wohl mehrere deutsche Meilen betragen mag, welcher unten aber dennoch kein Tal bildet, sondern nur ein Gewühl geringerer Kessel, Schluchten und Abgründe, bei denen, wenn man an ihrem Rande steht, man meistens nicht begreift, wie das Hinunterkommen möglich werden wird. Auch ist es freilich darnach! Ich las oft von den mit nichts zu vergleichenden Gefahren eines Übergangs der Andes; ich frage aber: was kann es in der Art Schlimmeres geben, als zum Beispiel genötigt zu sein, an dem frisch abgerissenen Ufer eines Bergbachs hinzuziehen, der in einer Tiefe von sechzig bis achtzig Fuß durch einzelne Felsenblöcke sich mühsam seinen

Weg bahnt, und dazu keinen andern Weg vorzufinden, als einen dreiviertel, ja, wie wir an mehreren Stellen gemessen, *nur einen halben Fuß breiten Pfad*, noch obendrein abschüssig und mit halb gefrorenem, halb aufgetautem Schnee bedeckt? Eine ähnliche Passage ward uns dreimal geboten, mit abwechselnder Höhe des darunter befindlichen Präzipisses. Das erste Mal stieg jeder ab, und wir ließen die Tiere, ohne sie auch nur am Zügel zu führen, ganz frei hinübergehen. Da ich jedoch sah, wie vorsichtig und geschickt sie sich dabei benahmen und fast sicherer als wir selbst schritten, so habe ich mich nachher meinem Tiere immer sorglos anvertraut, mit *der* einzigen Rücksicht, soviel wie möglich jede Bewegung darauf zu vermeiden und ihm völlige Zügelfreiheit zu lassen, nur darauf bedacht, bei einem etwaigen Falle des Pferdes wo möglich mich selbst zu retten, aber keineswegs die Katastrophe durch meine Reiterkünste verhindern zu wollen.

Von dem Höhepunkte aus gesehen, dessen ich vorher erwähnte, hatte uns die ganze weite Vertiefung durchgängig mit Schnee und größtenteils mit Tannenwald bedeckt geschienen, doch bei näherer Besichtigung änderte sich dies gar mannigfaltig, und die entgegengesetztesten Bergeffekte gingen ohne Unterlaß an uns vorüber, ja wir fanden sogar ein anmutiges Dorf, wo, rund von Schnee und Eis umgeben, Obst- und Weinbau üppig florierte. Man setzte uns hier einen rötlichgelben Wein vor, dessen Geschmack ich allen andern mir bekannten griechischen Sorten vorziehe, und der auch nicht gefirnißt war.

Bisher bestanden die Felsen sämtlich aus sogenanntem Puddingstein *(Breccia)*, gleich einer Stuckmasse zusammengebackener Kiesel, ganz wie auf dem Rigi;

als wir uns aber den hohen Bergkolossen des Khelmos näherten, nahm Tonschiefer und später Kalkstein ihre Stelle ein, der erste zuweilen schön grün und blau gefärbt. Es gibt nicht viel Orte in der Schweiz, die an Erhabenheit die Umgebung von Solos übertreffen, denn der Kessel, an dessen Abhängen dies über dem Krathis liegt, wird unmittelbar von den höchsten Gipfeln des Peloponnes gebildet, und noch seltsamer erscheint seine Lage dadurch, daß diese steilen Wände rund umher mehrere hundert Fuß hoch terrassiert und mit Gärten voller Obst und süßen Kastanienbäumen bedeckt sind; die letzten übertreffen jedoch hier kaum unsere Äpfelbäume an Größe und Stärke. Den unten strömenden Krathis fassen hohe Eichen ein, die leider bis auf ihre schmalen obern Büschel ihrer Äste beraubt worden sind. Sobald ich mich Solos gegenüber befand, noch eine Stunde früher, ehe wir auf den entsetzlichen Wegen sein Inneres erreichen konnten, sah ich schon auf das deutlichste mit bloßen Augen hinter ihm einen gefrornen Wasserfall von der höchsten Felsenmauer des Aroániagebirges wie zwei Eiszapfen von Kirchturmshöhe herabhängen, und obgleich ich es damals noch nicht wußte, sagte mir doch, schon infolge der gelesenen Beschreibungen, eine sichere Ahnung, daß dies der Styx sein müsse, wie ich nachher auch bestätigt fand. Man sieht hieraus, wie wenig man sich bei solchen Gelegenheiten selbst auf der Einwohner Aussagen verlassen kann. Alle Personen, die ich in Kalávrita befrug, blieben einstimmig dabei, daß man im Winter dem Styx nicht nahen und auch von fern keine deutliche Ansicht von ihm erhalten könne, und das erste, was ich mit den Häusern von Solos zugleich in der allervollständigsten Klarheit erblickte, war dieser selbe

Styx. Auch die Unmöglichkeit, sich ihm zu nahen, verschwindet, und wenn ich mich morgen wohlbefinde und das Wetter aushält, hoffe ich seine genaueste Bekanntschaft zu machen.

Der Herr, an welchen ich ein Empfehlungsschreiben mithatte, war leider verreist, mein Dolmetscher Anastasio aber, um mir aus der Verlegenheit zu helfen, nicht angelangt und noch mehrere Stunden zurück. Mit dem Gendarm konnte ich mich nicht verständigen, und er schien auch wenig *savoir faire* zu besitzen, denn ungeachtet seiner ängstlichsten Bemühungen wollte mir niemand ein Quartier geben. Ich produzierte die Ordre des Nomarchen von Patras an alle Behörden im Kreise, aber erstens konnte niemand der Gegenwärtigen lesen, zweitens waren alle Funktionäre des Gouvernements abwesend. Ich wartete schon seit einer Viertelstunde das Resultat, im Schnee stehend, mit großer Ungeduld ab, als sich endlich ein ganz anständig und sogar mit einigem Reichtum gekleideter Mann meiner Not erbarmte und mich in eine noch elendere Stube führte, als die in Dhiakofto von mir bewohnte war; sie zeichnete sich jedoch vor dieser dadurch aus, daß die reichsten türkischen Waffen schon jetzt, ehe die meinigen noch dort ihren Platz gefunden, an den Wänden hingen, und zwei große Windhunde, wie ich sie nie schöner gesehen, darunter gelagert, sie zu bewachen schienen. Zehn bis zwölf nichts weniger als empfehlenswert erscheinende Adelphis drangen mit mir hinein und zeigten sich sehr bereit, Feuer anzumachen, das vielfache Gerümpel hinauszuschaffen und mir ein schmutziges Lager von alten zerrissenen Teppichen am Kamin zu bereiten. Es gelang mir endlich, ihnen begreiflich zu machen, daß ich meinen Dragoman mit eigenen

Sachen erwarte, wo dies alles instand gesetzt werden könne, daß ich aber jetzt nur wünsche, vor Sonnenuntergang noch eine Ansicht des *Mavro nero* (schwarzen Wassers), wie der Styx hier genannt wird, zu erlangen. Gleich waren sie willig, und wir machten uns auf den Weg. Solos zählt gewiß mehr als fünfhundert, einzeln auf ein sehr großes Terrain zerstreute, zwar massive, aber dennoch nur kleine und elende Häuser, und es dauerte eine gute halbe Stunde, ehe wir völlig ins Freie kamen. Hier ward ein Hügel im tiefen Schnee erklettert, der an einer alten venezianischen Bogenbrücke im Grunde emporsteigt, und nach wenigen Minuten stand ich, mit einem bedenklich aussehenden Gefolge, das, obgleich mit großen Schnurrbärten durchgängig versehen, doch ohne Aufhören wie alte Weiber unter sich schnatterte, dem ungefähr noch zwei Stunden von hier entfernten Wasserfalle gegenüber.

Plutarch scheint ihn von allen alten Autoren am richtigsten zu beschreiben, denn er sagt, daß der Fall in der Luft sich verliere, welches die hiesigen Leute bestätigten und die nur bis auf die Hälfte der Felswand reichenden Eiszapfen ebenfalls anzeigten. Dies erklärt auch sehr gut, was dem Herrn Leake so absurd erscheint, nämlich, daß die Alten dem Wasser des Styx eine giftige Eigenschaft beigelegt hätten, aber nie daran gedacht, daß er dann auch den Krathis habe vergiften müssen, in den sein Wasser abfließt. Diesen Strom erreicht aber der Wasserfall des Styx nie, weil die Quelle dazu entweder zu schwach ist und sich in Staub auflöst, oder, wie einige hier behaupten wollen, nach ihrem Sturze wieder in eine untere Öffnung der Wand hineindringe. Dies letztere supponierten wahrscheinlich auch die Alten, denn nur von da konnte das ominöse Wasser recht bequem in den Hades abfließen, wo Homer den Styx hinverlegt, nachdem er vorher die Juno ihren Schwur so beginnen läßt:

»Erde, du weit gespannter Himmel oben,
Und Styx, der unten niedergleitet – höret dies!«

Zu dem Wasser des Styx aber selbst zu kommen, um es zu kosten, wäre nur durch eine sehr kostspielige Vorrichtung möglich, da es aus der Mitte einer beinahe tausend Fuß hohen perpendikulären Felsenmauer herausquillt und, wie gesagt, nie unten anlangt als höchstens in Form eines feinen Staubnebels. Es scheint also immer noch keineswegs erwiesen, ob dies Wasser nicht wirklich perniziöse Eigenschaften besitze, die nur der Aberglaube vergrößert hat. Arrian erzählt, Plutarch bestreitet und Pausanias erwähnt es bloß, daß Alexander mit dem Wasser des Styx, in einem Becher aus Eselshuf, vergiftet worden sei. Denn dies Wasser hatte die Eigenschaft, alle andern Gefäße, selbst goldene, gläserne und irdene zu zerfressen, nur des Esels Huf widerstand, und noch mußte es ein skythischer sein.

Den 24sten Februar

Ohne meine große Müdigkeit würde ich gestern abend schwerlich haben einschlafen können, denn das kleine Kind eines Verwandten des Hausherrn, das Zähne bekam, schrie fortwährend mit der durchdringendsten Stimme, und ein alter Windhund, der sich des Kindes Leiden gleich eigenen zu Herzen zu nehmen schien, akkompagnierte es heulend. Doch alles dies konnte meinen gesunden Schlaf nicht lange aufhalten. Als ich aber früh in völliger Dunkelheit aufwachte, glaubte ich noch zu träumen, denn ich sah über mir einen schwarzen Himmel mit tausend glänzenden Sternchen. Es dauerte geraume Zeit, ehe ich entdeckte, daß der Grund dieser Täuschung nur das mit losen Ziegeln belegte flache Dach war, welches bei jedem der Ziegel eine kleine Öffnung zeigte. Nun erst konnte ich mir auch erklären, warum die höhlenartige Stube, die nur ein kleines Fenster und eine nicht viel größere Türe hatte, welche ich obendrein mit Teppichen verhängen ließ, trotz eines unausgesetzt brennenden Feuers auf keine Weise irgend zu erwärmen war. Ohne es bisher zu wissen, kampierte ich wirklich halb unter freiem Himmel und konnte mir gratulieren, daß es nicht regnete. In der natürlichen Bettwärme war es aber jetzt auszuhalten, und ich gestehe, daß ich bedeutende Mühe hatte, mich von ihr zu trennen, um die doch schon so schwer erkaufte Exkursion nach dem Styx nun zu beenden. Erst um elf Uhr traten wir unsern Weg an.

Eine meiner geistreichsten Freundinnen spricht nie von einem ihr widerfahrenen Guten, ohne hinzuzusetzen: *»Zur guten Stunde seis gesagt!«* Dieser Aberglaube herrscht auch im Volke, wo man oft ausrufen hört: »Man solle seine gute Gesundheit oder dergleichen nicht *besprechen!«*, und etwas Wahres liegt der Sache zu Grunde, nämlich: der Mensch soll Maß halten und Demut üben, über Glück nicht triumphieren, über Unglück nicht verzweifeln. Vielleicht hatte ich gestern hinsichtlich des guten Wetters gegen diese Regel gefehlt, und ein schadenfroher Berggeist übernahm die Strafe, denn eine graue Totenfarbe überzog heute den ganzen Himmel. Und *dennoch* sah ich den Wasserfall, von einem spitzen Felsen, der ihm gerade gegenüber liegt und den wir nach zwei Stunden erreichten, so deutlich und bequem, daß ich mir es nie hätte besser wünschen können. Er war von hier in gerader Richtung kaum noch eine Viertelstunde entfernt, die aber zurückzulegen bei den ganz mit Schnee angefüllten Vertiefungen wohl mit vier multipliziert werden mußte, wenn man durchaus die Wand hätte mit Händen greifen wollen. Wäre dies nötig gewesen, so konnte die Sache leicht ausgeführt werden, da dieser Weg nicht mehr Schwierigkeiten und vielleicht weniger Gefahr bot, als meine Felsenpromenade in Megaspileon. Da ich aber keinen Nutzen davon gewahr ward, ersparte ich mir die undankbare Mühe. Wir frühstückten auf der angegebenen Stelle, worauf ich eine flüchtige Skizze der ganzen Umgebung aufzeichnete und dabei mehrmals die unzuverlässigen Diffikultätsmacher zu allen Teufeln wünschte, die, wenn ich ihnen geglaubt, mich um eine der schönsten Erinnerungen aus meiner Lebensreise gebracht haben würden – denn die Szene war, abgerechnet ihre Klassizität, auch an sich erhaben und prachtvoll. Ich muß hier noch eines seltsamen Umstandes erwähnen, der mir dabei begegnete. Als wir Solos verließen und in der Felsenschlucht des Krathis, die, so wie sämtliche Gipfel des Khelmos, fast baumlos ist und nichts wie Schnee und himmelansteigende Steinmassen darbietet, an dem rechten Ufer des Flusses hinkletterten, begleitete uns, etwas rückwärts bleibend, eine langgedehnte und mit uns in gleicher Höhe ziehende Wolke an dem entgegenstehenden Bergabhang, als gehöre sie zu unserer Suite. Während unseres ziemlich langen Aufenthalts auf dem Felsen aber hatte die Wolke uns langsam überholt, und fast in demselben Augenblicke, als ich mit meiner Zeichnung fertig war, schloß sie, wie eine von unsichtbarer Hand vorgezogene

Draperie, den Styx, welchen wir auch nachher nicht wieder zu sehen bekamen, und ich selbst wahrscheinlich erst in jener Welt wieder erblicken werde.

Diejenige Spitze des Khelmos, an der die Höhle der Töchter des Proetus dem Wasserfall seitwärts liegt, blieb indes noch frei, und wir eilten daher, eine andere Höhe zu ersteigen, von der wir fast in das Innere der schwarzen Grotte, vermöge meines Taschenperspektivs, hineinsehen konnten. Nicht weit von dieser Höhle, deren Umfang sehr groß ist, und die sich mehr als zweitausend Fuß hoch über dem Meeresspiegel befindet, sollen etwas tiefer hinab noch einige antike Mauerreste existieren, die man Nonakris zuschreibt, obgleich diese Stadt schon zu Pausanias Zeit zerstört war.

Dhiakofto, den 25sten Februar

Da am Morgen meiner Abreise Regen und Tauwetter eingetreten war, mußte ich vier Menschen mit Schaufeln mitnehmen, zu fünf Franken die Person, um diejenigen Wegstellen, die ganz unpassierbar geworden, vorher notdürftig instand zu setzen. Es war auch sehr gut, daß ich diese Vorsicht gebrauchte, denn sonst hätte ich entweder wieder umkehren oder ganz unter freiem Himmel schlafen müssen. Demungeachtet waren wir genötigt, die Maultiere an mehreren Orten abpacken und die Sachen von einzelnen Menschen hinüber tragen zu lassen, nachdem schon eins der Tiere vorher zehn Fuß hinabgekollert war, ohne jedoch diesmal etwas von Bedeutung zu beschädigen.

Gegen Abend gewann die Sonne wieder die Obergewalt und bereitete uns bald nachher ein Landschaftsgemälde, das ich gewünscht hätte, unserem trefflichen (Berliner) Gropius zeigen zu können, um sogleich eine seiner genialen Theaterdekorationen darnach anzufertigen. Wir sahen vor uns im Norden, etwa fünf bis sechs deutsche Meilen entfernt, im äußersten Hintergrunde der Gegend den Parnaß; über ihm baute sich ein zweites Gebirge florartiger, durchsichtiger Wolken auf, doch so locker, daß mehrere der wirklichen Schneegipfel darunter frei blieben und zwischen ihnen hie und da ein Teil des blauen Himmels hindurchschimmerte. Eine untere Etage Wolken zog an der Berge Mitte hin; dann kam an ihrem Fuß der breite Meerstreifen, den am diesseitigen Ufer gezackte, dunkle Felsen einfaßten. Von diesen stieg, als Mittelgrund der Landschaft, der Kessel von Dhiakofto tief nach uns hernieder, in dem abermals eine noch weit niedrigere Wolkenschicht als die jenseitigen ruhte, gleichwie sich Rauch manchmal über Schmelz- und Ziegelhütten lagert. Dicht aber vor uns, auf der Höhe, wo wir standen, erhoben sich vier alte Tannen, die dies wie mit Schleiern durchwebte Bild künstlerisch abteilten. Seitwärts und hinter uns erblickten wir nur blendende Schneefelder, aus denen viele, mit schwarzem Nadelholz bedeckte, spitze Hügel hervorragten, über welche jetzt eben die Sonne in rötlichem Scheine niedersank.

Eine Stunde darauf erreichten wir glücklich das frühere Nachtlager in Dhiakofto, wo man, uns erwartend, diesmal das Stübchen recht reinlich und sogar, nach griechischer Möglichkeit, warm für unsern Gebrauch hergerichtet hatte.

Vostitza, Freitag den 26sten Februar

Heute war der letzte Tag meiner Styx-Reise, die am Montag begonnen, am Freitag beendet, obendrein in einem Schaltjahre und sogar in demselben Monat unternommen, der den überzähligen ominösen Tag enthält – ohne neues Unglück unmöglich abgehen konnte! Am ersten Unglückstage verwundete, wie man gesehen, der böse Kobold, der mich in Griechenland verfolgt, meinen Francis, am zweiten, dem heutigen Tage, raubte er mir, bei der schwierigen Passage des Buráikus, den erwähnten kostbaren Degenstock (das teure Andenken eines verstorbenen Freundes), der auf dem Packpferde seinem Futterale entglitt. Augenblicklich ergriff ihn das reißende Wasser mit Wut und führte ihn ohne Rettung in wenig Augenblicken dem Meere zu. Man muß selbst Reisender sein, um das Herbe eines solchen Verlustes in diesen hyperboreischen Gegenden, die für nichts einen Ersatz bieten, mir nachzuempfinden. Von allen leblosen Dingen hätte ich nichts einbüßen können, was mir schmerzlicher gewesen wäre. Und im Anfang ließ sich alles so schön an! Das Wetter war herrlich, die Gegend, im reizendsten Kontrast mit der bisherigen Wildheit, anmutig und idyllisch, und meine Stimmung die heiterste. Wir zogen zuerst, von den Bergen gradatim niedersteigend, in einem Walde jener südlichen Kiefern hin, die durch ihre haarfeinen langen Nadeln und ihre schöne Farbe so verschieden von dem düstern Ansehen der unserigen sind. Im Bette der Bergbäche, deren wir mehrere passierten, standen gewöhnlich viele uralte Platanen, unter welchen man an verschiedenen Stellen den Wasserstrom gefaßt und, ihn in steinerne Becken laufen lassend, bequem zum Tränken der Pferde eingerichtet hatte. Dies waren köstliche Orte, besonders erinnere ich mich eines derselben, schon nahe am Meere, mit der schmalen Aussicht auf einen isolierten Schneeberg von Lokris, unter prachtvollen Bäumen, deren Laubdach der Sonne im Sommer undurchdringlich sein muß, und die Efeu und Schlingpflanzen noch jetzt überall wuchernd mit Festons und Girlanden umkränzten. Die lang und weit sich hindehnende Plaine von Vostitza, die kaum einen Fuß hoch aus dem Meere hervorzutreten scheint, während auf der Südseite die steilen, durchaus mit Nadelholz bedeckten Berge plötzlich schroff aus ihr emporstarren, und in engen chaotischen Schluchten sechs verschiedenen Flüssen den Ausgang nur mit Kampf gestatten, gewährt von den freieren Stellen ebenfalls einen höchst reizenden Anblick. Sie ist teils mit Olivenwäldern, teils mit Weinfeldern geschmückt, und hier kein Fleckchen unbenutzt geblieben. Selbst die breiten, steinigen Flußbetten sind noch mit Oleander und anderem Strauchwerk vielfach durchwachsen.

Der erste Olivenwald, dessen Boden schon aufkeimender Rasen mit hellem Grün zu überziehen anfing, war ungefähr drei Viertelstunden lang und bestand aus üppigen, meist sehr alten, aber noch jugendlich frischen Bäumen. In der Mitte desselben lag ein Dorf, welches sich vor den unsrigen besonders dadurch auszeichnete, daß fast keins der Häuser, weder mit einem Hofe noch Garten, noch irgendeiner Art Befriedung umgeben war. Die Häuser sind von Lehm und die flachen Dächer nur lose mit Hohlziegeln belegt. Viele Gruppen von Bauern, alle mit großen Schnurrbärten, waren teils mit Wolleklopfen, teils mit Strauchroden oder mit andern ländlichen Arbeiten beschäftigt. Wäsche hing in langen Reihen zum Trocknen zwischen den Bäumen, kurz das Ganze, von der Sonne schön vergoldet, hatte ein gemütliches und heimliches Ansehen, wie es in dieser

Art der Süden nicht so häufig als unser Norden darbietet.

Doch am Ende dieses Waldes eben erwartete mich die beklagte Katastrophe, meine Beresina auf der Retirade von dem abenteuerlichen Winterzuge, der verräterische Fluß, den der geschmolzene Schnee mehr als gewöhnlich angefüllt hatte – und von da an verlor mein Sinn gar viel von seiner früheren Empfänglichkeit. Ich ließ mich aber deshalb in meinen *Reisepflichten* doch nicht irre machen und besah zuerst das kleine zu Megaspileon gehörige Kloster Trupia, das auf derselben Stelle steht, wo einst der beleidigte Neptun die Stadt Bura durch ein Erdbeben untergehen ließ, über deren begrabenen Trümmern sich jetzt unabsehbare Korinthenfelder erstrecken. Einige der Mönche waren im Hofe beschäftigt, Geld, Wolle und andern Tribut, der ihnen gebracht wurde, einzunehmen, und wir konnten nur mit Mühe durch ihre Hilfe einen der faulen Bauern bewegen, uns für eine Colonate nach der kaum eine halbe Stunde entfernten Höhle des Herkules zu führen, wo früher die Statue dieses, hier im Norden des Peloponnes besonders beschäftigten Heros stand, und später eine kleine christliche Kirche eingerichtet worden war. Jetzt ist die umfassende Aussicht auf den Golf das einzig Interessante, was sie dem neugierigen Wanderer noch gewährt.

Von hier begab ich mich zu den wenigen, am Ausfluß des Bochusia noch herausragenden Steinen von Helike. Dies ward in derselben schweren Nacht, die Bura vernichtete, von des erzürnten Meeres Wogen so gänzlich verschlungen, daß, wie uns Heraklides erzählt, nur des rächenden Neptuns eherne Statue mit dem Hippokampus im Grund des Wassers an hellen

Tagen noch sichtbar blieb und hier lange den Schiffern eine neue Klippe der Gefahr wurde. Wenn die Stelle, die man jetzt dafür annimmt, wirklich dieselbe ist, wo Helike stand, so muß sich das Meer seitdem wieder zurückgezogen haben, und *dann gäbe es vielleicht keinen Ort in Griechenland, wo Nachgrabungen eine reichere Ausbeute versprächen;* denn Helike war damals, als es von der Erde verschwand (zwei Jahre vor der Schlacht von Leuktra, 373 v. Chr.), die erste und reichste Stadt in Achaja, und alles, was das Meer nicht fortführte, müßte man, selbst noch unversehrter als in Pompeji, im Grunde der Erde wieder antreffen.

DRITTES KAPITEL

Endliche Abreise des Autors aus dem wilden Bergrevier und seine glückliche Ankunft in der heiligen Athina

Es war langweilig, in Vostitza noch einige Tage unnütz verweilen zu müssen, um Lorenzo daselbst zu erwarten. Nachdem mein Sekretär, durch eine vollständige Windstille im Golfe aufgehalten, zwei Tage zugebracht hatte, um die wenigen Stunden von Patras hierher zurückzulegen, schifften wir uns, ohne weitere Zeit zu verlieren, noch in derselben Nacht nach seiner Ankunft bei hellem Mondlicht ein und erreichten mit schwachem, aber günstigem Winde am darauf folgenden Mittag Lutráki. Dieser ganze Ort besteht nur aus zwei kleinen Häusern, die, zwischen kahle Felsen hart am Meeresufer eingeklemmt, von Douaniers und einem Kaffeewirt bewohnt werden. Den schmalen Platz, der zwischen Haus und See übrig blieb, hatten zwei kolossale Säue, vielleicht noch Abkömmlinge des erymanthischen Ebers, mit einigen zwanzig ihrer Jungen eingenommen und verteidigten die Approchen gegen unsere kleinen Hunde mit vieler Energie. Die menschlichen Bewohner waren friedlicher, obgleich sie im übrigen von derselben Familie zu sein schienen. Sieben schlechte Maulesel, welche glücklicherweise von einem hierher gesandten Transport noch gegenwärtig waren, wurden unter vielem Zanken und Lärmen mit unseren Effekten beladen, und nachdem alles in Ordnung gekommen, durchwanderten wir neben ihnen zu Fuß den Isthmus. Die Witterung war schön und warm, auch klar und sonnig *vor* uns, doch hinter uns der Golf, wie alle Berge, in Wolken und Nebeldunkel eingehüllt. Der von Korinth nach dem Oneja sanft ansteigende

Isthmus zeigt nur wenig felsigen Boden und besteht meistens aus fruchtbarem Lehm, der vielfach mit Strauchwerk durchwachsen ist. Im Schatten dieses Gebüsches fanden wir häufig ein außerordentlich schön blühendes Zwiebelgewächs mit hochroter Blume und blauem Kelch nebst einer Art kleiner Traubenhyazinthen, wovon wir uns ein zierliches Bouquet pflückten.

Unser Fortkommen ging nur sehr langsam vonstatten, da wir jeden Augenblick durch die Maultiere aufgehalten wurden, die hier ebenso faul und wenig diszipliniert zu sein scheinen als ihre Gebieter. Bei jeder sich darbietenden Gelegenheit verteilten sie sich entweder, um dem keimenden Grase zuzusprechen, oder brachten durch widersetzliche Sprünge die schlechte Packerei in Unordnung, was oft eine teilweise Umladung nötig machte, oder warfen auch wohl, sich niederlegend, die ganze Bürde auf einmal ab. So dauerte es dritthalb Stunden, ehe wir auf der Höhe am jenseitigen Golf ankamen, dessen südliche Lieblichkeit einen höchst anmutigen Kontrast gegen die wilde Umgebung und die schroffen Schneegipfel der eben verlassenen Gegenden bildeten. Aegina, Salamis und der spitze Berg dieser Insel, hinter dem die Akropolis Athens noch verborgen blieb, lagen vor uns mit einem spiegelglatten Meer, eingefaßt von den beiden weit hinaustretenden Vorgebirgen von Attika, mit dem Kap Kolonnäs auf der einen und Argolis mit Kap Estemo auf der andern Seite. In der weitesten Entfernung erschienen die duftblauen Berge von Zéa, und um sie her die ägäische See, nur vom Horizont begrenzt. Kalamáki, das wir nahe unter uns am flachen Meersand aufgebaut erblickten, enthält einige Häuser mehr als Lutráki, doch ist es von keinem glänzenderen Ansehn. Wir fanden dort, außer den Douaniers, noch einige deutsche Soldaten der griechischen Truppen, die wegen begangener Subordinationsfehler nach Nauplia transportiert wurden und sich in die bittersten Verwünschungen über Griechenland und den hiesigen Dienst ergossen. Der eine, ein schöner herkulischer Mann, schien viel in der Welt versucht zu haben, denn er hatte mit wahrem Kosmopolitismus dem Kaiser Franz und Napoleon, Don Pedro und Don Miguel, der spanischen Königin und Don Carlos gedient, bedauerte aber sehr die im hiesigen jungen Reich gemachte letzte Probe. Übrigens war uns dieser vorurteilsfreie Krieger sehr behilflich, um uns mit den Zollbeamten und dem zerlumpten *Capitan del porto* zu verständigen; auch half er uns mit dem Eigentümer einer Barke der kleinsten Art, der einzigen, die zugegen war, einen Kontrakt für die Überfahrt nach Athen abzuschließen, welches von hier noch vierzig Miglien *(circa* acht deutsche Meilen) entfernt ist. Ich verehrte ihm deshalb eine Colonate, um auf meine Gesundheit zu trinken, was er seinen admirabeln Prinzipien gemäß sich in Wein und Likör sogleich sehr angelegen sein ließ. Unterdessen hatte sich ein sehr heftiger Wind erhoben, der zwar günstig blies, aber bei einem so elenden Schiffe, nahe dem Einbruch der Nacht, einige Bedenklichkeit einflößte. Um sechs Uhr lichteten wir indes herzhaft die Anker, alle kleinen etwas schadhaften Segel aufgespannt, und flogen bald wie ein Pfeil durch die schon sich ungeduldiger bäumenden Fluten dahin, in ein Bett von Schaum gehüllt, den die reißende Bewegung des Schiffes bei ihrer gewaltsamen Durchschneidung der Wellen rauschend emporhob. Die ganze Szene hatte viel Originelles. Außer uns dreien bestand das Personal im Schiffe nur aus dem Kapitän, ein alter Soldat der Revolution mit einem Stelzfuß, und seinen zwei Knaben von sechzehn und vierzehn Jahren, welche als Matrosen fungierten. Auf dem als Ballast mitgeführten Kies, der frei auf dem Boden des Schiffes lag, das keine andere Bequemlichkeit als noch einige Planken zum Sitzen darbot, lag außerdem eine junge Frau mit ihrem Kinde an der Brust, die vorher einen unserer Maulesel getrieben hatte und nun von der Gelegenheit profitierte, um *gratis* nach Athen zu gelangen. Der Isthmus und die Berge mit der hoch über alle hervorragenden Burg von Korinth waren in fahlem Scheine von dunkelschwarz herabhängenden Wolken bedeckt, während am noch immer hellen Blau der Himmelswölbung vor uns der Mond schon glänzend leuchtete. So hinter uns die Nacht, vor uns ein mit Gold besterntes Meer, in dem eine Abendgesellschaft lustiger Delphine spielte, durchsausten wir, immer heftiger getrieben, halb mit dem Schiff auf einer Seite liegend, wie im Wettlauf die aufgewühlte See und ergötzten uns, bei der wunderbaren Beleuchtung, an der Geschicklichkeit der fast nackten Schiffsjungen, die rastlos, gleich zahmen Affen, an den Stricken hinauf- und herabkletterten, um die Segel bald da bald dorthin zu stellen, damit der hohlpfeifende Wind sie nicht gänzlich zerreiße.

Lorenzo und ich wurden bald in die romantischeste Stimmung versetzt, und selbst Francis schien für die klassische Umgebung einige Empfindung an den Tag legen zu wollen, denn er stierte ohne Unterlaß auf Aeginas malerische Formen hin, bis wir bemerkten, daß ein Schöpsenknochen, den Lorenzo am Ende seines Vesperbrotes ins Meer hatte werfen wollen, sich in der Höhlung des untern Segels gefangen hatte und uns nun leider keinen Zweifel mehr übrig ließ, daß er allein es war, der meines allzu sinnlichen Lieblings Aufmerksamkeit so anhaltend fesselte. Es ist hart, ihn von einer so unpoetischen Seite hier darstellen zu müssen, aber meine Wahrheitsliebe verschont weder Freund noch Feind. Als wir die Spitze von Salamis umsegelten, war das Meer so hoch und der Wind so sturmartig geworden, daß der Kapitän befahl, die Segel einzuziehen, die Jungen aber, denen das vogelartige Fliegen des Schiffes gefiel, wollten keine Folge leisten. Dies wurde um so lächerlicher, weil der Vater, vermöge seines mangelnden Beines, nur durch Worte und wütendes Ausstrecken aller zehn Finger seine Autorität bekräftigen konnte, vor einer tätigeren Zurechtweisung aber die junge Brut in ihrer Gewandtheit *à la Mazurier* sich ganz sicher fühlte. Da wir indes nicht Lust hatten, zum Vergnügen der ungezogenen Buben (die wahrscheinlich auch wie Fische schwimmen konnten) unsere Pilgerfahrt ohnfern des nassen Kampfplatzes von Salamis zu enden, so schlugen wir uns ins Mittel und dämpften die Rebellion im Beginnen. Wir waren hier den Uferfelsen ziemlich nahe, in deren zahlreichen Grotten das Meer wie eine Stampfmühle toste. Auch hatten die dunkeln Wolken uns nun eingeholt, Mond und Sterne waren schon von ihnen verschlungen worden, über der Küste sah man einige Blitze den Himmel durchzucken, seitwärts anrennende Wellen gaben dem Schiffe oft widerliche Stöße, und das Meer hatte jene schwarze Farbe angenommen, die zwar die weißen Schaumflocken sehr schön darauf hervorhebt, aber in dieser gefährlichen See nicht den erfreulichsten Eindruck macht. Dazu war es äußerst kalt geworden, und ohne andern Schutz als unsere Mäntel durchzog uns der schneidende Wind auf die empfindlichste Weise. Die Schnelligkeit unserer Fahrt selbst ersparte uns Übleres, denn ehe der Sturm noch ganz ausbrach, hatten wir den Pyräus erreicht, und die ganze Tour in der fast beispiellos kurzen Zeit von noch nicht ganz vier Stunden zurückgelegt. Hier trafen wir aber auf eine neue, sehr unerwartete Unannehmlichkeit. Am Wachtschiff angekommen, befahl man von dorther dem Schiffsherrn, sogleich Anker zu werfen, weil er jetzt nicht mehr landen dürfe. Da wir keinen Kahn hatten, ließ ich durch Anzi den Leuten zurufen, daß ich eine Ausnahmeerlaubnis habe, aber keine weitere Antwort erfolgte trotz aller Bemühungen, und nichts konnte unsern Schiffer vermögen, auf eigene Gefahr weiter zu segeln. Dies war die abscheulichste Nacht der ganzen Reise, die wir in Sturm und Regen unter freiem Himmel und im Angesicht der Stadt zuzubringen bloß dadurch mutwillig gezwungen wurden, weil, wie ich nachher erfuhr, der Wachtkapitän, mit der gewöhnlichen Liederlichkeit der griechischen Behörden, gar nicht auf dem Wachtschiff gegenwärtig war, auch keinen Stellvertreter geschickt hatte, die rohen hydriotischen Matrosen aber viel zu sehr ihre Bequemlichkeit liebten, um sich durch eine Konversation mit uns in ihrem Schlafe stören zu lassen.

Ich blieb drei Tage krank im ungesunden Pyräus, verdrießlich und nur von Misere aller Art umgeben, im Bette liegen, und hier war es, wo ich diesem Buche seinen Titel gab, den es von Anfang bis heute redlich verdient hat. Das Wetter schien mit mir zu trauern, denn es stürmte und regnete fortwährend, und erst am vierten Morgen stand die Sonne auch mit mir zugleich wieder auf.

Ich lenkte alsobald meine Schritte nach der Douane (wo man bei der Ankunft meine Sachen sehr skrupulös untersucht hatte), in der Hoffnung, unter der immer dort versammelten Menschenmenge jemand zu finden, der mir als unterrichteter Führer zu dienen vermöchte, konnte aber niemand auftreiben als einen griechischen Schuster, der einige Auskunft in italienischer Sprache zu geben fähig war.

Ich hatte einen wenig speziellen Plan des alten Athens bei mir, dem folgend ich zuerst Aphrodisium, eine Abteilung des alten Hafens, umgehen und den sich darein ergießenden Kephissus besehen wollte. Aphrodisium war aber zu einem übelriechenden Sumpf und der Fluß ebenfalls nur zu einem Leichenduft ausströmenden Graben geworden. Ich wandte mich daher auf der andern Seite nach dem Hafen Munichia, zwischen Pyräus und Phalerus, wo wir unglücklicherweise auf das im Bau begriffene Haus stießen, welches mein unternehmender Cicerone für sich selbst etabliert. Er ließ mich jetzt nicht vorbei, bevor ich es betrachtet und alle Pläne des Baulustigen mit angehört hatte, wozu er noch ein Bruchstück seiner Familiengeschichte hinzufügte. Ich sakrifizierte mich geduldig, denn in solchen Dingen bin ich gutmütig und mag nicht gern die geringste Individualität aus Mangel an Teilnahme kränken. Zuletzt fand ich sogar noch etwas in diesem Hause, das meinen antiken Erwartungen besser entsprach, nämlich einen sehr wohl erhaltenen runden Brunnen, auf den die Arbeiter kürzlich gestoßen waren, und welcher in eine geräumige Zisterne hinabführte, die jetzt dem jungen Ansiedler sehr passend als fertiger Keller zu Hilfe kommt. Der ganze Boden von hier aus längs des Meeres hin ist voll Grundmauern mit vielen unterirdischen Gewölben, und durch mehrere ganz unbeschützt gelassene Öffnungen sieht man in diese hinab. Aber nur wenig steht noch *über* der Erde von den vorhandenen Resten, hauptsächlich die eines Theaters, der Zitadelle und einiger Tempel. Etwas von diesen erschien mir indes, in *einer* Hinsicht wenigstens, imposanter als alles, was ich bisher derart angetroffen – denn das hohe Alter und die eigene Beschaffenheit des porösen Steines hatte hier eine wahre *Apotheose* dieser Gegenstände hervorgebracht. Man sah die Ruinen der Menschenwerke wieder in ewig jungfräuliche, ursprüngliche Gottesnatur verwandelt und mußte diese seltsamen Baureste auf das genaueste untersuchen, um sich zu überzeugen, daß man nicht einfache *Felsen* vor sich habe, da fast alle Fugen der übereinandergelegten Steine so gänzlich verschwunden und auch die äußeren Konture so verschmolzen sind, daß ihre Oberfläche vollkommen die gewöhnliche irreguläre Form natürlicher Felsen angenommen hat. Nur an sehr wenigen, der Wirkung der Atmosphäre minder ausgesetzten Stellen entdeckt man noch die Hand der menschlichen Erbauer. Zwischen den unzähligen zerbröckelten kleinen Steinen, welche diese kahle Gegend bedecken, sproßten Tausende von Anemonen in allen Nuancen, himmel- und indigoblau wie vom blassesten Rosa bis zum glühendsten Purpur, auf. Während ich erfreut mir einen jungen Frühlingsstrauß davon zusammenband, war der Schuhmacher ebenso emsig beschäftigt, wilden Salat und Kamillen einzusammeln, deren vorzügliche Eigenschaften er sehr herausstrich. Er führte mich nun nach dem Meeresgrund hinab, in weitläuftige, geheimnisvolle Grotten, die noch durch Brunnen mit den obern Ruinen in Verbindung stehen, und deren Eingang jetzt durch herabgefallene Mauerstücke von ungeheurer Größe halb verstopft ist. Die Luft war klar und warm, und die Aussicht von der einen Seite auf die Inseln mit dem nahen Hymettus, von der andern auf den in diesem Augenblick sehr an Schiffen reichen Pyräus, die Berge von Mégara und Korinth nebst einigen der Schneegipfel Achajas, die ich erst kürzlich verlassen, erschien gar lieblich in den südlichen Tinten des heutigen Tages.

Dies bewog mich, auch den Weg nach Athen zu Fuße einzuschlagen und dem Grafen Lusi, der so gütig war, mich in seiner Equipage abholen zu wollen, auf der neuen Chaussee entgegenzugehen. Sobald die erste kleine Anhöhe erstiegen ist, wo einige Reste der Mauer sichtbar werden, die sonst Athen mit dem Pyräus verband, erblickt man plötzlich die ganze Ebene von Athen vor sich ausgebreitet, die Akropolis mit dem zierlichen Parthenon in ihrer Mitte thronend, den spitzen Lykabettus dicht hinter ihr und den ehrwürdigen Olivenwald um sie her gezogen, der farblos und halb abgestorben seine dürren Äste gen Himmel streckt. Er paßt zu der melancholischen Stimmung, welcher wenige sich zu erwehren imstande sein möchten, wenn zum erstenmal in der Ferne jene erhabenen Überreste gefallener Größe, gleich trauernden Geistern, vor ihnen aufdämmern, von allen jenen magischen Erinnerungen des Altertums umschwebt, die unserer Seele seit frühester Kindheit eingeprägt sind. Auch die ganze übrige Gegend erschien hiermit im Einklang; schöne, edle Formen, aber ohne Farbe, nur grau in grau gemalt, öde, unfruchtbar und verlassen. –

Die Besen des verkrüppelten Olivenwaldes lagen schon hinter mir; ich erblickte bereits den Tempel des

Theseus, die älteste und zugleich am besten erhaltene Ruine Athens, deren gelbe Farbe ihr ein noch neueres Ansehen gibt, als Graf Lusis englische Barutsch und ihr liebenswürdiger Besitzer zugleich sichtbar wurden, und ich, vor der Hand die antiken Herrlichkeiten gänzlich beiseite setzend, eine trauliche Unterhaltung über die Gegenwart mit allen ihren kleinen Interessen vorzog. Es war in dieser prosaischen Beschäftigung, daß wir endlich lachend und scherzend in die bunten Papphäuser der neu aufgelegten Stadt des Kekrops einfuhren.

VIERTES KAPITEL

Ein Bericht aus Athen

An den Toren von Athen nahmen wir Abschied, geliebter Leser, und wenn ich mich recht erinnere (denn ich vergesse oft über Nacht, was ich gestern geschrieben), mit sehr geringer Ekstase von meiner Seite, obgleich es nur billig, ja vielleicht sogar schicklich gewesen wäre, mit einer der glänzendsten Tiraden, die mir zu Gebote stehen, die berühmteste Stadt der alten Welt zu begrüßen. Es war mir aber leider gar nicht so zu Mute, im Gegenteil, Athen, wie es sich mir jetzt darstellte, machte fast einen komischen Eindruck auf mich. Ein Vierteil antik, ein anderes türkisch, eins neugriechisch und das letzte baierisch; tausendjährige und heutige Ruinen durcheinander gemengt, daneben nagelneue, grüne, gelbe und weiße Häuser, im Geschmack der Nürnberger Spielsachen aufgeführt; alte abgebrochene Straßen im gräßlichsten Chaos; breite, abgewinkelte neue, die aber in Ermangelung der Häuser meistens nur durch Planken bezeichnet sind, überdies voller Unrat liegen und oft in der Mitte noch einen tief aufgeworfenen, übel dunstenden Graben haben; eine ebenso lebendige und zahlreiche als größtenteils zerlumpte Menschenmenge, die in jenen Gassen wimmelte und sie mit einem andauernden Gesumme sechs bis sieben verschiedener Sprachen erfüllte; eine heiße Sonne und ein kalter Wind, der das Ganze von Zeit zu Zeit in die unbequemsten Staubwolken hüllte – das war die neue Athina, welche ich hier mit wehmütigem Lächeln vor mir sah.

In Athen erst werde ich wieder gewahr, daß ich mich in Europa befinde; ich sehe wieder die hergebrachten

Formen eines zivilisierten Hofes und die eleganten Salons eines sehr ausgezeichneten diplomatischen Zirkels, spiele wieder Whist und höre italienischen Gesang und freue mich, das mir fast fremd gewordene Alte einige Wochen wieder mitanzusehen, bis Byrons Natur:

»Wo nichts Geschliffnes ihren Schritt entweihen darf«, mich von neuem an ihren nackten Busen nimmt; denn auch in der Leidensperiode bleib ich nach Kräften immer des Vergnüglings eingedenk.

Vor allem muß ich aber jetzt eines Mannes erwähnen, dessen hoher schriftstellerischer Ruf Neugier wie Wißbegierde zu ihm hinzieht, dessen geistausströmende, heitere und anspruchslose Persönlichkeit aber noch weit mehr als seine Schriften fesselt. Ich gestehe übrigens gern, daß der zuvorkommende, freundliche Empfang, den er mir angedeihen ließ, noch ehe er etwas von meinen Empfehlungsbriefen an ihn wußte, mir sehr schmeichelhaft deuchte, und gewiß war es nebenbei kein kleiner Vorteil, unter der gütigen Leitung eines so gründlichen Altertumkenners, eines so vielseitig gebildeten Gelehrten und eines so liebenswürdigen Weltmannes die ewig denkwürdigen Monumente zu sehen, welche uns die Größten unter den Alten und eine leider auf immer dahingeschwundene Periode der Kunst in ihren erhabensten Formen noch jetzt vergegenwärtigen.

Sowie man das Haus des Herrn von Prokesch betritt, das mich durch die geschmackvolle Disposition antiker Fragmente an das unseres Goethe erinnerte, ahnet man den kunstliebenden, feineren Genüssen lebenden Besitzer. Ich fühle mich wohl in einer solchen Atmosphäre, und ein günstiges Schicksal gewährte mir sogleich noch einen lieblichern Beweis von dem praktischen Schönheitssinn des Hausherrn, indem es mich zufällig die reizende Dame auf dem Flur begegnen ließ, die er zu seiner Gemahlin gewählt. Frau von Prokesch ist schön und liebt ihren Mann, aber sie versteht ihn auch, – ein noch glücklicheres Los für beide! Dazu besitzt sie das Talent, eine große Virtuosin auf dem Klaviere zu sein. Unter solchen Umständen kann man es ohne Zweifel selbst im neuen Griechenland aushalten und es sogar lieben wie Herr von Prokesch, eine Liebe, der das Erbarmen zum Grunde liegt und welche die Hoffnung aufrecht erhält.

Die hiesige europäische Gesellschaft gleicht natürlich der großen Welt an andern Orten, doch unterscheidet sie sich in einigen Nuancen. Die Etikette ist geringer, Stiefeln unter anderm sind, sehr vernünftigerweise, an der Tages- und Abendordnung. Wenn man es doch mit dem Hutabnehmen ebenso machen wollte! Ich meine, daß man den Hut, diese groteske und unbequeme Kopfbedeckung, ein für allemal abnehmen solle, um ihn nie wieder aufzusetzen, sondern mit einem zweckmäßigern und permanent sitzen bleibenden Kopfputz zu vertauschen. Wie lächerlich würden wir es zum Beispiel finden, wenn unsere Damen bei jeder Begegnung ihre Hüte und Bonnets abziehen müßten, und ebenso lächerlich erscheinen wir mit Recht den Morgenländern. Die armen Griechen müssen jetzt auch sogar ihren türkischen Fes abnehmen, weil die Regentschaft dies früher so befohlen hat! O, würde sie nicht mancherlei Gescheiteres zu befehlen gehabt haben, wenn sie sich recht darauf besonnen hätte?

Eine andere auffallende, mir aber ebenfalls höchst willkommene Sitte ist, daß in den brillantesten Assembleen, der Fremden wie der Einheimischen, die Herren an ihrer Whistpartie rauchen, wobei ein großer Luxus sechs Fuß langer türkischer Pfeifen herrscht, die durch aufmerksame Diener fortwährend gewechselt werden. Nur muß man Obacht nehmen, die Spitzen der Pfeifen gut abzuwischen, ehe man sich ihrer bedient, da die Diener, nach orientalischer schmutziger Manier, auch hier sie vorher anzurauchen pflegen und aus dem Munde nehmend präsentieren.

Kunstgegenstände sah ich außer bei Herrn von Prokesch nirgends, dafür aber überall vortreffliche Smyrnaer Teppiche, viele europäische Papiertapeten und hie und da einige muselmännische Kuriositäten nebst den obligaten französischen Pendülen und Bronzen. Zu irgendeiner recht glänzenden oder gar charakteristischen Einrichtung ist, wie es scheint, alles hier wohl noch zu neu, zu ärmlich und zu provisorisch.

AUS MEINEM TAGEBUCHE

Athen, den 7ten März 1836

Wir gingen vom Diner des Grafen Lusi, wo heute nur vom geliebten Vaterlande gesprochen wurde, zu Fuß durch viele alttürkische, enge Gäßlein, welche noch nicht reformiert sind, zu einer großen Soiree. Der Bediente leuchtete mit einer enormen Laterne vor, in der drei Lichter brannten, wenn ich recht verstand, ein Vorrecht der Minister. Die unsrigen verklärten durch ihre Zahl ohne Zweifel die heilige Allianz. Doch wurden wir bald darauf durch eine noch größere Laterne mit fünf Lichtern überflügelt, und ich dachte an Diogenes. Ihr folgte ein in seine Kapuze gewickelter Reiter auf einem alten Schimmel. Es war Herr Rizo, Minister des Auswärtigen und zugleich vier anderer Ministerien, worauf wahrscheinlich abermals die Zahl der Lichter anspielte. Er ritt, wie man mich belehrte, nach den Mühen des heißen Tages zu einer Hombre-Partie beim Fürsten Karadja, die mit dem erwähnten Whist die Haupterholung der hiesigen Diplomaten ausmacht. Unser Los war, obwohl bei gleicher Beschäftigung, dennoch angenehmer, denn wir hörten Madame de Rouen und Madame Katakazy gleich zwei wetteifernden Philomelen dazu singen.

Den 8ten März

Der halbe Tag ging mit Visiten hin, denn ehe ich mich zum Toten wende, will ich mit den Lebenden fertig sein. Auch der fünffache Minister war auf der Liste. Wir fanden sein Haus etwas leer, da vor einigen Tagen ein falscher Feuerlärm darin entstanden war, und die Leute in ihrem Rettungseifer damit angefangen hatten, Stutzuhren, Spiegel, Leuchter, und was ihnen zunächst unter die Hände kam, auf die Straße zu werfen, die, obgleich nicht gepflastert, doch wenigen dieser Gegenstände ein Ruhelager im ganzen Zustande gestatten wollte. Als wir weggingen, hielt Herr Rizo den Grafen Lusi noch einige Augenblicke auf, um ihm so viel Freundliches und Schmeichelhaftes über mich selbst zu sagen, daß meine Bescheidenheit es nicht wiederholen darf. Schmeichelhaft aber nenne ich es, weil Herr Rizo einer der ausgezeichnetsten, auch literarisch berühmten Griechen ist.

Abends um neun Uhr ward ich mit Graf Lusi und meinem Sekretär durch eine Audienz bei Seiner Majestät, dem König Otto, beehrt. Ich hatte noch nicht das Glück gehabt, ihm zu nahen, und fand in dem Beherrscher Griechenlands einen schön gewachsenen jungen Mann von einnehmenden Zügen und gewinnendem Benehmen. Er behandelte uns mit viel Herablassung und Güte und verriet im Lauf der Unterhaltung nicht selten die von seinem erlauchten Vater ererbte Liebe zur Kunst, nebst manchem Gewinn ernster Studien verschiedener Art, denen er außer seinen Regierungsgeschäften hier ausschließlich zu leben scheint. Denn er bringt seine Zeit fast immer allein zu, und es gibt vielleicht keinen einzigen Fürsten seines Alters, der ein so eingezogenes Leben führte. Es wunderte mich, daß König Otto, dem die Griechen leidenschaftlich ergeben sind, die deutsche Tracht, die ihnen zuwider ist, beibehalten hat. Man würde ihn vergöttern, wenn er durch Annahme der Nationalkleidung einen neuen Beweis der Anhänglichkeit an sein erwähltes Vaterland gäbe, und der schöne Wuchs des jungen Fürsten würde sich überdies sehr gut darin ausnehmen. Ich halte dergleichen zu den Augen Sprechendes keineswegs für eine unbedeutende Kleinigkeit, und hier würde es um so zweckmäßiger sein, da unter den Griechen selbst nur eine allgemeine Stimme des lebhaftesten Wunsches sich darüber vernehmen läßt. Das Palais, welches der König provisorisch bewohnt, bis das neue Schloß fertig sein wird, dessen Lage sehr verständig gewählt wurde, ist nur klein, aber mit Geschmack und wohnlich eingerichtet. Ich verließ es nach beendigter Audienz mit sehr angenehmen Empfindungen und wünschte aus voller Seele dem jugendlichen König Glück und Heil, der sich europäischer Politik und dem Wohle Griechenlands bis jetzt nur noch geopfert hat.

Den 9ten März

Mein hochverehrter Gönner aus alter Zeit, der bairische Gesandte, Herr von Kobell, besuchte mich früh, um mir mitzuteilen, daß diesen Abend, auf den Wunsch des Königs von Baiern, das Parthenon, der Tempel des Erechtheus und die Propyläen mit Holzfeuern erleuchtet werden würden, und verschaffte mir zugleich ein Eintrittsbillett zu der für den heutigen Abend, um die höchsten Herrschaften nicht zu stören, geschlossenen Akropolis. Jetzt durfte ich nicht länger zögern, mich zu den Antiquitäten zu wenden. Vom Hause des Grafen Lusi aus, der mich mit orientalischer Gastfreiheit ein für allemal eingeladen hat, seinen Tisch mit meinem Begleiter zu teilen, wenn wir kein anderes Engagement hätten, begaben wir uns, in Begleitung des ältesten Sohnes und des Leibarztes des Grafen, um neun Uhr mit der bekannten Laterne auf dem kürzesten Wege nach der Akropolis, der über Steingerölle ziemlich steil hinanfuhr.

Schon erblickten wir von weitem seltsame Lichtscheine in der tiefen Dunkelheit, hier wie ein Komet über einer Säule schwebend, von der nur das Kapitäl erst sichtbar war, dort wie ein Lavastrom breit und licht an einer Mauer herabfließend, die noch das Allerheiligste verdeckte. Jetzt verschwand wieder alles in undurchdringliche Nacht, doch nur wenige Augenblicke noch – und das feenhafte Traumbild vor uns entfaltete sich in seiner ganzen Ausdehnung auf einmal dem staunenden Auge. *So* mußte ich diese Tempel zum ersten Male sehen – wie viel hätte ich verloren, wäre es anders gewesen! In der Glorie des strömenden Lichts, das selbst das Unkraut unter dem Portikus in Smaragde verwandelte, die gelblichen, wettergefleckten Säulen wie mit gebräuntem Golde überzog und die Weiße der chaotisch umhergeworfenen Marmortrümmer mit rötlich glühendem Schein verklärte, glaubte ich noch einmal die Schatten jener Geister an den Wänden hingleiten zu sehen, die seit Jahrtausenden hier in verkörperten Gedanken zu uns reden.

Noch war alles still, niemand zugegen, und wir durchstrichen einsam nach allen Seiten die Ruinen, während die tageshell erleuchteten Karyatiden des Erechtheums uns bis in die entferntesten Winkel zu verfolgen schienen.

Jetzt kamen die Fürsten mit ihrem kleinen Gefolge, und ich erstieg eilig die verfallene Wendeltreppe, kletterte dann auf dem Simse weiter nach dem Giebelfelde des Parthenon, welches der Stadt zugewandt ist, und setzte mich oben auf einen einzelnen Mauerblock hin, die Wunder unter mir in religiöser Geistessammlung beschauend. Hier war das Schauspiel am bezauberndsten. Rechts und links leckten die Feuer mit roten Zungen, gleich halbverborgenen Ungeheuern, an den Tempelsäulen empor. Dazwischen bewegten sich dunkle, ungewisse Schatten, und über den erleuchteten Monumenten wölbte sich ein schwarzer, sternbedeckter Himmel, zu dem die einzelnen Lichter des Athens der Tiefe irrwischartig aus dem Abgrunde heraufblitzten. Dicht zu meinen Füßen aber lag, weit hingebreitet, wie ein Kirchhof der Jahrhunderte, der ununterbrochene, bleiche Trümmerhaufen, dessen Grenze sich undeutlich im Dunkel der Nacht verlor, und auf dessen Mitte, zur Belebung des wunderbaren Gemäldes, zwei kunstliebende Könige standen.

Sie waren eben in einer lebhaften Unterhaltung über einige architektonische Details mit dem jetzigen

Hüter und Bewahrer der Akropolis, dem verdienstvollen Professor Roß, begriffen, wovon zuweilen ein belehrendes Wort bis zu mir heraufdrang. Ich unterdessen blickte zwischen den Säulen auf der innern Seite durch eine schmale Öffnung wie in einen tiefen, schwarzen Brunnen aufmerksam hinab; denn dort saßen bewegungslos drei griechische Diener, deren rote Fes, vom Feuer am hellsten beleuchtet, selbst gleich lebendigen Flämmchen auf den bärtigen Gesichtern flackerten und so diese Leute in ihrer phantasievollen Tracht unbewußt einen Rembrandt von wundervoller Wahrheit, als ein Tableau moderner Zeit, im antiken Rahmen gefaßt, darstellen ließen. Mit Mühe nur vermochte ich, nach langem Weilen, mich von dieser, aus allem Gewöhnlichen in jedem Zuge so ganz heraustretenden Szene loszureißen. Hier störte selbst die Vernichtung so vieles Herrlichen mich nicht mehr, – dem Traumbild vor mir fehlte es ja an keiner poetischen und malerischen Schönheit, und ich hätte mich in diesem Augenblick fast *darüber* trösten können, daß erst vor zweihundert Jahren barbarische Venezianer das damals *noch vollständig erhaltene* Parthenon durch ihre Kanonen niederschmetterten.

Den 10ten März

Herr von Prokesch ist ein Mann, der das Menschliche und Geniale liebt und das Kanzleiische haßt. Ohne blinde Hingebung an ewig wechselnde Theorien, ohne an alles den Schustermaßstab desselben engen Leistens zu setzen, beurteilt und behandelt er die Dinge nach der Natur ihrer Lokalität und nach ihrem darauf basierten, wahren Wert. Die echte Frömmigkeit erfreut ihn am Muselmann so gut wie am Christen; den

Dichter kann er bewundern, auch wenn er ganz andere politische Grundsätze haben sollte als er selbst, und das Genie ehrt er, es finde sich unter dem Turban oder der Perücke.

Die vielen lehrreichen und neuen Ansichten, die Herr von Prokesch mir, besonders über Ägypten und seine beiden hervorstechendsten Gestalten, den Vizekönig und Ibrahim, aufschloß, welche so nahe daran waren, auch die Herren Griechenlands zu werden, waren mir bei meiner nahe bevorstehenden Reise in die Länder, welche sie jetzt beherrschen, doppelt wertvoll. Wirklich, Mehemed Ali richtet sich immer höher auf seinem Piedestal empor, je näher ich ihm komme, und die heißere Sonne trocknet schnell den Schlamm, den man aus Europa auf ihn wirft, wo man ebenso unfähig als unwillig scheint, ihn mit Gerechtigkeit zu beurteilen. Es war ein großes Unglück für diesen Fürsten, in das Spinnengewebe europäischer Politik mit hineingeraten zu sein und sich in seinem Wirken durch sie paralysiert zu sehen, bis das Alter des hohen, großen Mannes Kräfte vielleicht bricht, der unter andern Umständen ein zweiter Zar Peter für den Orient geworden sein würde.

Am Abend hatte ich die Ehre, Seiner Majestät dem Könige von Baiern vorgestellt zu werden, den ich als Kronprinz zum letztenmal gesehen. Ich fand ihn sehr heiterer Laune und in den langen Jahren wenig geändert, noch ganz mit demselben Feuer seiner feinen genialen Augen, in deren Blau sich doch so anmutig echt deutsche Gutmütigkeit mit einer zuweilen sehr schalkhaften Schlauheit verbindet. Auf mehrere Scherze des Königs über meine exotischen Reisen, und daß sie mich so lange vom Besuche Münchens abgehalten, nahm ich mir die Freiheit, zu erwidern, daß ich es jetzt desto schöner und bedeutender für mich fände, Ihm, dem Künste beschützenden und prächtige Kunstgebilde täglich hervorrufenden Herrscher, von dessen hohem Wirken Europa schon längst widerhalle, ohne daß ich es noch selbst zu bewundern vermocht, – hier zum erstenmal wieder, als König, unter den Säulen des Parthenons, der erhabenen Schöpfung des ihm so nahe verwandten Perikles, im Festglanze der Flammen begegnet zu sein.

Bei Seiner Majestät dem Könige Otto zur Tafel eingeladen, hatte ich nachher das Glück, die heitere und geistreiche Unterhaltung, welche sein erlauchter Vater früher mit mir angeknüpft, noch vielfach fortgesetzt zu sehen, und ich gestehe, daß ich in diesem Augenblick, an einem sumptuösen Mahle teilnehmend, an der Seite zweier Könige sitzend, die mich mit den gnädigsten Äußerungen überhäuften, nur mit innerem Lächeln des Kontrastes gedenken konnte, der mich noch vor wenigen Tagen in den Hütten der Armut, in dem Verkehr mit zerlumpten Bauern und gelegentlich selbst mit Räubern so abstechend umgeben hatte.

Den Königen waren alle meine literarischen Sünden bekannt, und in manchem Lobe fand ich nur die versteckte, gerechte Satire; doch ist man immer eitel darauf, so große Herren unter seine Leser zählen zu dürfen. Noch zuletzt entließ mich nach aufgehobener Tafel der König von Baiern mit einem Scherz über Semilasso, den Halbmüden. Ich versicherte, daß, wenn dieser arme Pilger wirklich vor Seiner Majestät zu stehen die Ehre hätte, er gewiß die Bedeutung seines Namens heute vergessen und diesen Tag wenigstens mit jugendlicher Frische, als einen der erfreulichsten in seiner

Lebensreise, aufzeichnen würde. Dies war auch keine Schmeichelei, doch weiß man, daß Seine Majestät sich irrten und des weiland Semilasso Schicksal ein ganz anderes war, ich aber keinen Teil mehr an diesem Verschollenen haben will.

Den 11ten März

Die Sonne lockte ins Freie und rief mich zur lange verschobenen Besichtigung aller großen Kunstwerke auf, die sie in ihren ehrwürdigen Resten, wie einst in ihrer Vollendung, auch jetzt nach Jahrtausenden noch zu unserem Unterricht und unserer geistigen Erhebung beleuchtet, – denn Gebäude sind inhaltschwere Worte, welche die Vergangenheit zur Nachwelt spricht. Wie schnell aber werden die unserigen von dieser Art verhallen!

Der junge Fürst Demetrius Kantakuzeno hatte die Güte gehabt, mir seine Begleitung und seine Pferde anzubieten, und wir richteten demnach unsern Weg zuerst nach dem Tempel des Jupiter. Die etwa sechzig Fuß hohen Marmorsäulen dieses großartigen Monuments, das nach Zerstörung des alten Tempels, welcher nach einem Bau von siebenhundert Jahren noch nicht fertig geworden war, und dessen Säulen Sylla nach Rom sandte, von Hadrian größtenteils neu aufgeführt wurde, glänzen noch heute, obgleich die Zeit ihr Weiß verschiedenartig überzogen, von fern mit dem Silberschein des Atlas. Von allen Ruinen Athens bietet diese die größten Dimensionen dar und ist nach dem Parthenon gewiß von der ergreifendsten Wirkung. Die Türken haben in dem innern Raum ein rundes Steinpflaster, meistens aus den umherliegenden Marmorstücken bestehend, gelegt, um ihr Getreide darauf auszudreschen, und auf dem Gebälk, von dem nur noch ein Architrav vorhanden ist, hat ein verrückter Mönch, ein Säulenheiliger, sich aus Backsteinen eine kleine Einsiedelei in der Luft erbaut, die er mehrere Jahre bewohnte, und die man jetzt nicht mehr abzunehmen wagt, aus Furcht, den herrlichen Säulen darunter ihren Halt zu benehmen. Neben dem Peribolus des Tempels, nach dem Hymettus zu, fließt der Ilissus, jetzt kaum nur noch einen Fuß breit Wasser führend, und auf der andern Seite sieht man, mit einem gleichen Teil der alten Basis der Terrasse zusammenhängend, ein fünf bis sechs Fuß tief verschüttetes Tor von mittelmäßiger Arbeit, dessen Inschrift auf der östlichen Wand Hadrians Namen, auf der andern den des Theseus trägt, dessen Stadt hier endete, wie die Inschrift besagt. Nur noch sechzehn Säulen stehen von den hundertzwanzig, die der Tempel, nach der schwächsten Berechnung, haben mußte. Schon vor hundertsechzig Jahren existierte deren nur eine mehr als jetzt, die im vorigen Jahrhundert zum Bau der Moschee im Bazar verwandt wurde. Mehrere waren früher zu Kalk verbrannt worden, und dasselbe Schicksal hatten die Stufen des Stadions des Herodes, welches an zwanzigtausend Menschen faßte, wie auch die Brücke, welche unfern davon über den Ilissus führte. Die Aussicht von der Höhe neben dem Stadion, wo ein Tempel der Fortuna stand, auf die Akropolis und Umgegend, ist eine der vorteilhaftesten in der Nähe Athens, und die jungen keimenden Saaten in der Nähe gaben ihr jetzt auch, teilweise wenigstens, das sonst mangelnde Grün. Bäume sind leider, außer dem sich weit hinziehenden fahlgrauen Olivenwalde und dem magern Inhalt verschiedener Obstgärten, keine von irgend einiger Bedeutung vor-

Die Ebene von Marathon (zu Seite 151)

ΟΡΟΣ ΔΙΟΣ

handen, mit Ausnahme weniger Pappeln in der Ferne und drei kümmernder Palmen mit einigen Zypressen in der Stadt, die demungeachtet in ihrer Gesamtheit noch viel zu der malerischen Wirkung der Landschaft beitragen. Der Frische entbehren diese Gegenden leider überall.

In den mit einer Erdböschung überdeckten Felsenwänden des Stadions befindet sich auf der einen Seite eine fünfzig Schritt lange, natürliche, hohe Grotte, die dazu diente, denen, welche im Wettkampf der Wagen besiegt worden waren, gleichsam zur Rettung vor der Verhöhnung der Zuschauer zu dienen, indem sie dort, schnell den Blicken entschwindend, hindurchfuhren und von außerhalb das Eingangstor unbemerkt wieder gewannen. In diesem kühlen Felsengewölbe sahen wir im fernen Dämmerdunkel desselben eine ganz schwarz gekleidete junge Dame sitzen, die sich mit Lesen zu beschäftigen schien. Sie erregte nicht wenig unsere Neugierde, doch hielten wir es für indiskret, sie zu stören, und setzten bald darauf, wieder der Stadt zugekehrt, unsern Weg nach den alten Bädern am Ilissus fort, wo jetzt eine Gruppe häßlicher Weiber ihre Wäsche wusch. Als ich diese kleine Gosse mit dem vornehmen Namen sah, wunderte ich mich nicht mehr, daß einst die Pferde des Xerxes den Ilissus austranken. Heute würden kaum ein Paar ermattete Maulesel ihren Durst damit löschen können. Vom nahen Theater des Bacchus am Fuße der Akropolis ist notdürftig die Form noch zu erkennen. Auch hier raubte Lord Elgin von dessen vorzüglichstem choragischen Monument, welches eine Grotte bekleidete, die Statue eines jungen Bacchus, der den Dreifuß auf seinem Schoße hielt, und gab dadurch die erste Veranlassung zur späteren Zer-

Die Bucht von Salamis (zu Seite 195)

störung des Ganzen, denn »das ist der Fluch des Bösen, daß es fortwährend Böses muß gebären«. Beim Odeon des Herodes vorüber, dessen Ruinen die Kanonenkugeln *der Griechen* im letzten Befreiungskriege hart mitgenommen haben, gelangten wir zu dem terrassierten Hügel, auf dem das Denkmal des Philopappus steht. Hier wüteten die *türkischen* Kanonenkugeln und haben von der einstigen, mit vielen Figuren römischer Skulptur reich geschmückten Halbrotunde nur ein beschädigtes Stück übrig gelassen, welches ganz abzutragen höchst wünschenswert wäre. Denn dieser schmale und lange Überrest eines Monuments, dessen Kunstwert nur gering ist, auf der Spitze eines weiten Hügels plaziert, entstellt durch dieses widrige Verhältnis die Landschaft Athens von allen Seiten, wo es sichtbar wird, und mahnte mich jedesmal, wenn ich es erblickte, durch die große Ähnlichkeit des Effekts an die versandete Turmspitze auf unserm Berliner Kreuzberge.

Wir beschlossen den Spazierritt mit Besichtigung des im Felsen ausgehauenen sogenannten Gefängnisses des Sokrates, ein kleines, ganz bequemes Gemach mit einem tiefen Brunnen. Daneben befindet sich noch ein anderes kleineres Behältnis, gleichfalls im Felsen eingehauen, und zwischen beiden sieht man die Bekleidung einer Fontäne, die kein Wasser mehr hat. Es sind noch die Spuren äußerer Zierden und einer geschmückten Fassade erkennbar, doch erscheint das Ganze nur kleinlich, und nur das Andenken des Mannes *(si fabula vera est)* kann diesem Monument das heilige Interesse einer Reliquie geben.

In einer Allee junger Bäume zurückkehrend, die ersten vielleicht, welche seit mehr als einem Jahrtausend in der Nähe Athens gepflanzt wurden, frappierte mich das noch im Bau begriffene neue Militär-Lazarett im venezianisch-griechischen Stil, das einzige neue hiesige Gebäude, welches einigen Geschmack verrät. Auch erfuhr ich auf Befragen, daß Plan und Ausführung keinem Architekten von Profession angehöre, sondern einem Ingenieur-Kapitän. Ein wahrer Fluch des Lächerlichen scheint über den Bauwerken des neuen Athens ausgesprochen worden zu sein, sowohl öffentlicher als Privatunternehmungen dieser Art. So sieht das Kriegs- und Marineministerium eher wie ein Warenmagazin aus; die neue Militärkaserne mit einem langen und einem ganz kurzen Flügel, *comme si elle ne battait plus que d'une aile;* die fast kindisch erscheinenden Proportionen der Münze, als sollten nur preußische Silbergroschen darin geschlagen werden, und der Marstall (hoffentlich nur provisorisch) erinnerte mich an das Etablissement eines bei Moabit reich gewordenen Ziegelstreichers. Die Verzierungen der Privathäuser gehen aber vollends ins Unglaubliche. Eines stieß uns auf, nicht weit vom sogenannten Tempel der Winde und unmittelbar am Fuße der Akropolis, das nach dem bunten Muster englischen Zitzes [Kattun] angestrichen war! Übrigens herrscht dieselbe Bauart von Lehm und Stangen wie in Patras, nur meistens ohne die dortigen Verandas; um aber den Grund zu diesen Kartenhäuschen auszugraben, zerschlägt man unbedenklich die prachtvollsten Marmorplatten alter Fußböden und andere antike Überreste, mit denen überall der Boden angefüllt ist. Ich halte es für ein wahres Unglück, daß die neue Stadt auf derselben Stelle, wo die alte stand, erbaut wird. Dies begräbt gewiß auf ewig große, unbekannte Schätze. Das Gouvernement hat zwar befohlen, um jedes der noch stehenden alten Monumente einen kleinen Platz frei zu lassen, aber abgerechnet, daß seine Befehle nicht zu den bestrespektiertesten gehören, ist dies viel zu wenig.

Ich bin überhaupt der Meinung, daß, wenn man Athen, wie es den Anschein hat, bloß seines Namens und seiner berühmten Altertumsreste wegen zur Hauptstadt erkor, – denn das Klima der Stadt ist höchst ungesund und die Lage des Orts weder für Verteidigung noch für den Handel vorteilhaft – man gewiß einen seltsamen Mißgriff getan hat. Die Umzingelung durch eine große, moderne Stadt, besonders in der geschmacklosen Art, wie man hier damit angefangen, wird *das Romantische und Ehrwürdige* der Altertümer Athens gewiß nicht heben. Der vormalige barbarische kleine Häuserhaufen der Türken gab wenigstens einen schlagenden Kontrast, der dennoch durch sein wildes, orientalisches Ansehen und den weißen, geisterartigen Anstrich in einem gewissen Einklang mit den erhabenen Ruinen selbst stand. Das jetzige Wesen, welches, so fabrikartig und geleckt, sich höchstens zu einer ekelhaften Nachpfuschung des Alten zu versteigen fähig ist, scheint nur bestimmt zu sein, recht *ad oculos* zu demonstrieren, daß jetzt Pygmäen da wohnen, wo einst Riesen hausten. Kaum möchte man heute noch mit Lysippus ausrufen wollen: »Wer Athen nicht zu sehen wünscht, ist ein Tor; wer es sieht, ohne davon entzückt zu sein, ist ein noch größerer Tor; wer aber so davon entzückt ist und es dennoch verlassen kann, ist von allen der größte Tor!«

Man darf indes hoffen, daß wenigstens der neue Palast des Königs, außer der Stadt am Fuße des Lykabettus liegend (wo einst, sonderbar genug, sich die Schule der Cyniker befand), von dem Gesagten eine ehrenvolle Ausnahme machen werde. Seine Majestät hatte die Gnade, mir den Herrn Professor Gärtner, den ausgezeichneten Architekten des Königs von Baiern, der Seine Majestät hierher begleitet hat, zuzuschicken, um mir seine Pläne für diesen Bau zu zeigen. Obgleich in größter Eile entworfen, schienen sie mir in würdiger, einfacher Form allen Bedürfnissen einer solchen Residenz mit größter Umsicht und praktischer Erfahrung zu entsprechen. Bei dieser Gelegenheit sandte mir Seine Majestät auch des genialen Schinkels Projekt, den neuen Palast mit einer Restauration der Akropolis zu verbinden. Es ist ein wunderbares, bezauberndes Bild, aber zur *Ausführung* hätte Schinkel auch in geistiger wie materieller Hinsicht die *Talente* mitschicken müssen, die Perikles zu Gebote standen. Vielleicht würde aber auch selbst in diesem Fall der Bequemlichkeit dabei mehr haben aufgeopfert werden müssen, als bei einem Wohnhause billig ist, was die Alten selbst nie aus den Augen ließen. Die jetzt gewählte Stelle ist in dieser Hinsicht gewiß die beste, mit überall freier Aussicht; links das Meer, in einiger Entfernung zur Seite die Stadt vor sich, rechts den spitzen Kegel des Lykabettus und südöstlich den blauen Bergrücken des Hymettus. Außerdem ist es mit hinlänglichem Platz für weitläuftige Gärten rund umher versehen, und so muß dies Schloß, vollendet, ein ebenso reizender Wohnsitz als ein Gegenstand edler Zierde für Athen werden. Mit Schrecken erfuhr ich, daß die Säulen des Portikus aus Ziegeln gemauert werden sollen, weil der Weg zum nahen Pentelikon nicht mehr fahrbar sei! Ich hoffe, dieser Satire wird man sich nicht schuldig machen.

Den 16ten

Ein höchst ungestümer Wind mit unsäglichen Staubwolken plagt uns seit mehreren Tagen. Graf Armansperg, Fürst Kantakuzeno, meine Hauswirtin und viele andere Bekannte liegen an Fieberrückfällen darnieder, und jeden Augenblick muß man leider selbst erwarten, von dieser Landplage mit ergriffen zu werden. Da indes niemand seinem Schicksal entgeht, so tue ich, was mir beliebt, und lasse den lieben Gott walten. *Mash Allah!* Auf die Gefahr einer Verkältung hin unternahm ich daher auch heute, ungeachtet des widerlichen Wetters, einen langen artistischen Spaziergang mit dem ebenso gelehrten als gefälligen Professor Roß.

Man wird von mir hier weder eine eigene, noch ausgeschriebene Abhandlung über Athens Altertümer erwarten. Ich befehlige, wie man weiß, nur ein leichtes Streifcorps und habe mit dem schweren Geschütz nirgends etwas zu schaffen. In diesem Sinne lese man also das Folgende.

Mein gütiger Führer zeigte mir zuerst in seiner eigenen Behausung einige merkwürdige, erst gestern beim Grundausgraben des neuen Palais gefundene, silberne Geräte, bestehend aus einem eleganten achteckigen Kästchen mit Deckel, einem ägyptischen Sistrum und einer höchst zierlichen Vase. Alles war in der Erde schön dunkelblau oxydiert, was ein anwesender Chemiker für eine der größten Seltenheiten erklärte, von der bisher nur ein einziges Beispiel vorkomme; als den Grund davon gab er an, daß dies Silber auf eine Art mit andern Metallen versetzt sei, wie dergleichen jetzt nur in China noch üblich ist. Wir begannen hiernächst unsere Tour mit dem von Kimon, nicht lange vor dem Parthenon, erbauten Tempel des

Theseus, dessen Erhaltung von weitem fast vollständig scheint, denn keine Säule fehlt. Der Fries mit über die Hälfte heraustretenden Figuren, wie auch die Metopen, sind jedoch leider fast durchgängig verstümmelt. Eigentümlich ist es, daß nicht die ganze Reihe der Metopen rings um den Tempel, sondern nur die zehn der östlichen Fronte und nur die vier nächsten von der Ecke auf jeder der langen Seiten Skulpturen darbieten, während alle übrigen dazu bestimmten Räume leer blieben.

Das Innere des Tempels, dem man jetzt ein provisorisches Dach gegeben, so wie auch, Gott Lob! die Anhängsel entfernt, die ihn als christliche Kirche eine Zeitlang verunzierten, und den man, wenn Mittel vorhanden, mit leichter Mühe (bis auf die Kunst in der Ausführung) in *statu quo* wieder herstellen könnte, – dient jetzt als eine Art Museum zur Aufbewahrung des neu Ausgegrabenen. Schon außerhalb des Tempels sah ich einen völlig gut erhaltenen römischen Sarkophag (beim Bau der Münze entdeckt) aufgestellt, und daneben den Torso einer alten Statue, zu deren Füßen ein betrunkener Neugrieche, tief schlafend, lag, gleichsam als rätselhafter Sphynx vor den Pforten des modernen Museums. Ausgezeichnetes war in diesem nichts vorhanden. Am bemerkenswertesten schienen mir mehrere bemalte Vasen von ansehnlicher Größe und graziöser Form, die Farben eingebrannt wie auf den etruskischen, derengleichen man bis jetzt nur auf der Insel Santorin angetroffen hat; ferner eine noch in der ersten Bearbeitung begriffene Statue aus dem Atelier eines alten Bildhauers, die den Neuern willkommene Aufschlüsse über die Technik der Alten bei ihren Skulpturen zu geben imstande sein wird.

Der kalte Sturm blies uns, im vollsten Sinne des Worts, vom Theseus-Tempel hinweg und nach dem Tempel der Winde selbst hin, einem halbverschütteten Achteck, auf dessen Spitze ehmals ein Triton von Bronze, mit einem Stabe in der Hand, anzeigte, welcher Wind regiere, und damit zugleich auf die fliegende, kolossale Verkörperung desselben Windes hinwies, deren alle acht in *hautrelief* am Friese angebracht und noch wohlerhalten sind. Eine Wasserleitung steht mit dem Tempel in Verbindung, der im Altertum in seinem Grunde eine Wasseruhr mit einem uns jetzt unbekannten Mechanismus enthielt. Später pflegten auf derselben Stelle am Boden des Gebäudes die Derwische zu tanzen, und christliche Mönche werden ihn wohl auch benutzt haben. Denn so folgen sich die Guckkastenbilder für höhere Geister fort und fort auf unserer närrischen Erde.

Nahe diesem Tempel war die Agora, wo heute noch fünfzehn Fuß tief von Erde umschlossene Säulen, wie verwundert über die neue Zeit, ihre Häupter aus dem Boden hervorstrecken. Auch von dem dorischen Tor, das dem Platze zum Eingange diente, ist der untere Teil verschüttet. Vor ihm steht ein hoher Stein, von oben bis unten beschrieben mit einer Zoll- und Marktgesetze enthaltenden Verordnung Hadrians. Etwas seitwärts von hier fesselt das Auge eine sehr alte christliche Kirche, die später als Moschee diente, durch ihr barockes Äußere; denn ihre Wände sind ganz durch eingemauerte Bruchstücke aus alten Zeiten bedeckt. Uralte griechische Skulptur; kleine reizende Figürchen aus den besten, spätern Perioden; byzantinische Ungeheuer; gotische Anklänge, alles durcheinandergemischt, liefern die seltsamste Musterkarte; doch findet man leider jedes Fragment durch eingegrabene Kreuze verunstaltet, welche die Pfaffen, gleich ihrem angebornen Wappen, überall aufgedrückt. In Athen wird einem dieser heidnische Auswuchs des Christentums, der, von Barbaren unterstützt und vom Islam nur gleichartig abgelöst, hier so viel Jahrhunderte lang an dem Herrlichsten genagt und gefressen, was das Altertum hervorgebracht, mehr noch als an andern Orten zum Abscheu – denn hier zerstörte er nur und brachte in nichts, wie bei uns in Bau- und Malerkunst, ein neues organisches Ganze hervor.

Das choragische Monument des Lysikrates, dieser Juwel aller Architektur, ist auf Kosten mehrerer Dilettanten jetzt freigegraben und kann in seiner vollendeten Lieblichkeit ganz genossen werden. Es ist größtenteils erhalten, nur der Fries und die schöne Blume mit ihren Ranken auf der Spitze, welche den Dreifuß trug, sind unersetzlich beschädigt.

Zum erstenmal stieg ich nun bei Tage nach der Akropolis hinauf, zur nüchternen Untersuchung nach dem poetischen Nachtgenuß. Die späte Stunde, Wind und Kälte erlaubten jedoch nur einen kurzen Besuch. Nach dem Plane des Professors Roß wird jetzt alles daselbst vorläufig nur aufgeräumt, jeder moderne Zusatz nach und nach abgebrochen, und das Alte, was man auffindet, als Ergänzung des noch Bestehenden wieder eingefügt. Auf diese Weise ist fast der ganze zierliche kleine Tempel des Sieges, der auf der rechten Seite der Propyläen stand, schon unter dem Schutt hervorgeholt und von neuem auf seinem frühern Platze aufgerichtet worden. Welch einen Anblick muß dies den Göttern geweihte und ihrer würdige Ganze einst gewährt haben, mit seinem harmonischen Gewirr von

Tempeln, Treppen, Säulen und Statuen jeder Art, im Glanze südlicher Sonne und in aller Pracht der Farben und Metalle! Denn daß fast sämtliche Architektur reich und vollständig bemalt war, ist jetzt außer Zweifel gesetzt, und an vielen Fragmenten konnten wir noch heute deutlich die verschiedenen Farben entdecken. Selbst am berühmten Fries der Cella waren die Kleidungen der Figuren bunt, die Zügel der Pferde wie die Waffen der Reiter von Metall, und es ist nicht wahrscheinlich, daß man hierzu die nackten Körperteile weiß gelassen haben sollte. Ich fand hier auf das schönste meine Ansichten vom *Gebrauch der Symmetrie* bestätigt, deren Tyrannei die neuere Architektur so kalt und hölzern gemacht hat. Die Alten vermieden die Steifheit der Symmetrie dadurch, daß sie fast immer in Gruppen bauten, so daß, wenn auch bei einzelnen Gebäuden (wiewohl keineswegs bei allen, wie hier zum Beispiel das Erechtheum beweist) die Symmetrie beibehalten wurde, doch das ganze dargestellte Bild immer, gleich den Werken der Natur, unsymmetrisch, aber nichtsdestoweniger *harmonisch* blieb.

Die schönste Aussicht von der Akropolis ist durch die hohe Pforte des Parthenons, vom Opisthodomos auf das Meer und die Inseln. Da wo man frei steht, hat dieselbe Aussicht schon einen weit weniger originellen Charakter. Man bedarf einer Erlaubniskarte, um die Akropolis zu sehen, und dies wird so streng beobachtet, daß man vor einigen Tagen komischerweise dem jungen König, den der Faktionär nicht kannte, den Einlaß verweigerte, weil er sein Billett vergessen hatte, wie er mir nachher selbst lachend erzählte. In der Gesellschaft des Professors Roß aber hat man dergleichen so wenig zu befürchten, als wenn man von Minerva selbst in Mentors-Gestalt geführt würde, und wir machten uns die Freiheit gehörig zu Nutze. Zuletzt kletterten wir noch eine Zeitlang auf dem Dache umher, wo ich für mein sentimentales Herbárium einige Blumen der Erinnerung pflückte; dann erst traten wir den Rückweg an. Das Gymnasium Hadrians und einige andere unbedeutendere Reste vergangener Zeit verdienen kaum der Erwähnung. Dagegen muß ich eines kleinen Turmes gedenken, den Lord Elgin, als er das geplünderte Athen verließ, gleichsam um das Andenken an seine Tat zu verewigen, auf dem hiesigen Marktplatze erbauen ließ. Sehr passend hat man ihn jetzt zum Gefängnis für Diebe bestimmt, deren wir einige oben hinter den eisernen Fensterstäben stehen und, sie wütend schüttelnd, Verwünschungen herabrufen hörten. Auf der Spitze des Turms ist an einer langen Stange ein Wetterhahn angebracht, den man, bis England großmütig den Raub zurückgibt, billig mit Lord Elgins Porträt vertauschen sollte. Einige Reisende haben die Schändung des Parthenons verteidigen wollen. Ich kann mit diesen nicht übereinstimmen, am wenigsten als Kunstfreund. Hätte Lord Elgin das ganze Parthenon, wie es war, nach England verschiffen können, so möchte er zu entschuldigen sein. Ein solches Werk aber nur roh zu zerstören (halb so viel, als man wegnahm, ward noch überdies nutzlos durch die Schwierigkeit der Operation vernichtet), um den Raub nachher zu verkaufen, bleibt ewig unverzeihlich.

Den 18ten März

Da der Fürst Demetrius noch am Fieber leidet, so hatte heute sein Bruder Alexander die Gefälligkeit, mich auf meinem Vormittags-Spazierritt zu begleiten. Wir durchschnitten zuerst den Keramikus innerhalb und außerhalb der alten Mauer und besahen mehrere wohlgehaltene Fruchtgärten im Olivenwalde bei Patissia, der auf dieser Seite weit frischer als nach dem Pyräus zu, aber auch dafür mit *aria cattiva* reichlich geschwängert ist. Zwischen Lehmmauern, über die blühende Mandel- und Pfirsichbäume hervorragten, kamen wir auf engem labyrinthischen Pfade endlich bei der Stelle an, wo Platos Akademie gestanden haben muß, obgleich keine Ruinen mehr vorhanden sind, um sie genauer anzuzeigen, und auch nichts den lieblichen Hainen Ähnliches mehr existiert, in denen, mit seinen Schülern auf- und abgehend, der Philosoph zu lehren pflegte. Wir erstiegen dann den kleinen steinigen Hügel von Kolonos, berühmt durch den Oedip des Sophokles. Hier hat man eine sehr schöne Ansicht der Akropolis und ganz Athens, deren Vordergrund heute exerzierende Soldaten bildeten, lauter baierische Griechen, die laut griechisch und, wenn es nicht gehen wollte, heimlich deutsch, mit Zugabe einiger vaterländischer Flüche, kommandiert wurden. In seinem Eifer fiel der Oberst sogar vom Pferde, welches wir nachher das Verdienst hatten aufzufangen. Eine Kanonade begleitete dieses Manöver, jedoch nicht militärischer Art, sondern nur vom Sprengen der nahen Felsen herrührend. Bei dem Abzug der Türken kaufte ein junger Architekt diese pittoresken Felsenberge in der Nähe der Stadt für ein Spottgeld und bezieht jetzt, wie man sagt, bloß vom Verkauf der Steine eine monatliche Revenüe von einigen hundert Colonaten. Es ist sehr zu bedauern, daß bei dieser industriellen Operation auch eine antike in den Stein gehauene Treppe und eine der ältesten an der Felsenwand befindlichen Inschriften mit in die Luft fliegen mußten. Selbst an dem geheiligten Lykabettus hatte man schon Pulverminen gelegt, doch hier griff das Gouvernement mit einem Verbote ein, was ich schon einigemale als despotisch tadeln hörte, obgleich es mir ebenso lobenswert als billig erscheint. Hinter dem Lykabettus, an dem Weg nach dem Pentelikon, besuchten wir die kleine Villa des Herrn von Katakazy. Sie macht einen sehr freundlichen Eindruck, und wir ergötzten uns, durch die roten und gelben Scheiben der Salontüren die Gegend zu betrachten, welche im Schein des gelben Glases eine Landschaft aus der Sonne selbst und bei dem roten den Widerschein des im Brand aufgehenden Erdplaneten darzustellen schienen.

Den 20sten März

Heute abend war die erste große Assemblee im Hause des bisher am Fieber leidenden Staatskanzlers. Die Könige beehrten sie mit ihrer Gegenwart, und sie hatte durchaus ein stattliches Ansehen, sehr gehoben noch durch die vielen glänzenden Nationalkostüme, welche zum Teil von berühmten Männern getragen wurden. Hier sah ich zum erstenmal Kolokotroni und Nikitas »den Türkenfresser«. Den ersten hatte ich mir ganz anders vorgestellt; er ist für sein Alter gut konserviert, stark und dick, einfach, ja vernachlässigt in Haltung und Kleidung, aber mit einem Ausdruck von Kraft und Gutmütigkeit gemischt, der seinem negligierten Wesen gut ansteht und gewiß bei jedem Unparteiischen Wohlwollen für ihn gewinnt. Der allgemeinen Stimme nach war er in der unglücklichen Zeit der Regentschaft das Opfer einer schlechten Intrige, und bei seinem großen Einfluß in Morea kann das Gouvernement sich nur gratulieren, ihn jetzt aufrichtig auf seiner Seite zu sehen. Er war der glücklichste und zugleich der vorsichtigste der Feldherren der Griechen, und sonderbarerweise bei den brillantesten seiner Affären gewöhnlich selbst nicht auf dem Schlachtfelde gegenwärtig. Nikitas ist ein Mann von Eisen, mit noch gutmütigeren Zügen als Kolokotroni, dem aber die europäische Oberstuniform gar nicht gerecht werden will. Dieser nun bezahlte immer mehr als nötig mit seiner Person. Man sagt, daß er bei der Überfallung Dramalis (die Kolokotroni angeordnet, ohne dabei zu sein) mit eigener Hand über siebzig Türken erlegt habe. Herr Prasakakis, der auch bei dieser Affäre zugegen war, erzählte mir später, daß man Nikitas Hand mitsamt dem Säbelgriff in warmes Wasser habe tauchen müssen, weil er die krampfhaft geschlossenen Finger nicht davon loszumachen imstande war. Prächtig waren, wie gewöhnlich, die Adjutanten des Königs in der himmelblauen mit Silber bedeckten Uniform, wie mehrere Chefs der neuerrichteten griechischen Phalanx. Bemerkenswert erschien mir außerdem noch der Marineminister Kriezis, einer der Seehelden der Revolution, dessen Aussehen ganz der Bravour entspricht, durch die er sich so vielfach ausgezeichnet hat; ferner Skuffo, der gefürchtete Redakteur des Sauveur, den beide Monarchen ausgezeichnet gnädig behandelten und offenbar dadurch zu gewinnen suchten, ein Mann von Geist und scharfen Zügen; der Staatsrat Aenian, welcher einer der geschicktesten Arbeiter und ausgezeichnetsten Redner Griechenlands sein soll, obgleich sein Äußeres ohne Zweifel das unansehnlichste in der ganzen Gesellschaft war; Mavromichalis endlich, der

Bruder desjenigen, der Capo d'Istria gemordet, von verwegenem Aussehen, in glänzender Kleidung keck daherschreitend, vornehm und stolz, das echte Bild eines mainotischen Häuptlings.

Den 22sten März

Heute früh fuhr ich mit dem österreichischen Gesandten und seiner Gemahlin auf den oder richtiger die Pnyx, welche Herr von Prokesch erkauft hat; und in bessere Hände konnte das klassische Besitztum nicht kommen. Es hat übrigens noch eine besondere Lokalmerkwürdigkeit. Gleich unten ist ein Felsen so glatt wie poliert. Er ist es auch wörtlich, wiewohl mit einem seltsamen Instrumente. Junge Weiber, die fruchtbar zu werden wünschen, rutschen bei Mondschein auf gewissen entblößten Teilen ihres Körpers darauf herab, und nach dem Effekt auf dem Steine zu urteilen, muß ihre Zahl nicht gering sein. Des heiligen Petrus abgeküßter Fuß in Rom ist nicht glätter als der hiesige Fruchtbarkeitsfelsen.

Die uralte, in Größe den Steinmassen der sogenannten kyklopischen wenig nachgebende, gewiß noch vor Solons Zeit aufgeführte Riesenmauer, die den Volksplatz oben stützte, zieht hiernach zuerst die Blicke auf sich. Hat man diesen obern Platz erstiegen, der jetzt nur mit zerschlagenen Steinsplittern und der wuchernden Totenblume, *Asphodelos*, bedeckt ist, deren Homer, als auf den Ebenen der Unterwelt wuchernd, gedenkt, sieht man eine lange, senkrecht abgearbeitete Felsenwand vor sich, an der die Spuren vieler dort befestigter Votivtafeln erscheinen, mit einer kleinen Nische, in der eine Statue der Gerechtigkeit stand. Dem Raume nach konnte sie – vielleicht ironischerweise – nur sehr winzig sein. In der Mitte der Wand stehen noch die Stufen, welche zum Rednerstuhl hinaufführten, von dem herab einst Demosthenes gedonnert und die Gefährten seines Ruhms. Hier überschaut man nur die Gegend nach der Stadtseite hin, oberhalb der Rednerbühne aber breitet sich noch ein zweiter, größerer Platz aus, von wo man zugleich auf der andern Seite das Meer und ein weites Panorama nach allen Richtungen hin verfolgen kann. Über die Bergkette im Norden ragt der Kytheron hervor, im Westen die hohen Zinnen des Kyllene und südlich über Aegina der spitze Kegel des Ortholitos (der aufgerichtete Stein). Diesen Ort zu betreten, verboten, nach Plutarch, die dreißig Tyrannen dem sich unten versammelnden Volke, weil sie befürchteten, der Anblick des Meeres und des weiten Horizonts möchte ihnen zu gefährliche Gefühle der Freiheit einflößen. Sie wußten, daß solche Gefühle einzeln verfliegen, aber wenn sie sich der Masse Tausender auf einmal bemächtigen, elektrisch wirken wie der Blitz. Während wir selbst noch, ich kann versichern ohne alle rebellische Anwandlungen, an dem schönen Schauspiel in Verbindung mit so reichen Erinnerungen uns weideten, abwechselnd den Areopag vor uns betrachteten, welchem der Gott Mars, zuerst hier Recht sprechend und Hallirrhotius erschlagend, den Namen gab, wo Orestes gerichtet wurde und Oedip begraben liegt, oder unsere Blicke auf die Stelle des Tempels der Furien und die nahe Grotte des Pans richteten, kam ein einzelner Mann rüstig durch das grüne Feld am Abhange herangeschritten, in dem wir bald den König Ludwig erkannten. Als er auch uns gewahr wurde, ging er sogleich lächelnd auf uns zu, freute sich der Begegnung der schönen Dame, wunderte sich, mich

Heilige Straße von Eleusis nach Athen (zu Seite 201)

um zwei Uhr Nachmittag schon aufgestanden zu finden, und bewillkommnete Herrn von Prokesch mit gleich munterer Laune. Doch nahm sein Gespräch bald eine ernstere Wendung. Er sagte uns, daß er, morgen abreisend, heute seinen letzten Gang schon seit dem frühesten Morgen auf klassischem Boden gemacht, und Freude, die Heimat wiederzusehen, sich in seiner Seele mit der Wehmut verschwistere, das Vaterland der Götter und Heroen nun verlassen zu müssen. Herr von Prokesch, der wie Demosthenes selbst spricht, versäumte nicht, dem Könige Anmutiges darauf zu erwidern, und die Unterhaltung wurde nicht nur höchst lebhaft fortgeführt, sondern nahm selbst einen fast herzlichen Charakter an; denn König Ludwig ist liebenswürdig und geliebt. Im Verfolg derselben dekorierte der König jeden von uns mit einem eigentümlichen Prädikat. Frau von Prokesch nannte er, wegen ihrer treuen, kornblumenfarbigen Augen, kat exochen, *die Deutsche;* Herrn von Prokesch, von dunklem Teint, mit schwarzem Bart, *den Araber*, und mich, wegen meiner weißen Bernus, morgenländischen Tracht und Nomadensinn, *den Beduinen.* Als er endlich mit freundlichen Worten und der Bemerkung, wie dies nun wohl das letzte Mal sei, daß wir uns in Griechenland gesehen – nicht ohne die Zeichen huldvollster Teilnahme von uns Abschied nahm, waren wir, glaube ich, alle ganz ehrlich gerührt, und ich für meine Person fürchte sogar, die Etikette so weit vergessen zu haben, daß ich Seiner Majestät von Herzen die mir dargebotene Hand drückte; über dem Menschen war mir wirklich einen Augenblick der König ganz abhanden gekommen.

Jetzt stiegen wir zu St. Dimitri, dem Bombardier, hinab, wie eine kleine Kapelle benannt wird, welche

Korinth-Akrokorinth (zu Seite 205)

man den Venezianern zu Ehren erbaute, die von hier die Tempel der Akropolis am erfolgreichsten eingeschossen hatten. Gleich daneben, auf der andern Seite des pyräischen Tores, ist das in den Felsen gehauene, jetzt seiner Zierde beraubte, offene Grab des Kimon, über dessen Lage des Pausanias so bestimmte Angabe kaum einen Zweifel zuläßt. Wir sahen mit Abscheu, daß es jetzt – zu einem öffentlichen Abtritt dient. Wird einmal Polizei hier eingeführt, so steuert man wohl solchem Greuel, aber jetzt ist kaum das *Eigentum* noch zu schützen, geschweige für das idealische *Altertum* Respekt einzuflößen.

Die raschen Pferde rückten uns schnell eine geraume Strecke weiter. Noch einmal wandelten wir jetzt unter den erhabenen Marmorsäulen des Jupiter-Tempels, in dem einst hundert verschiedene Statuen Hadrians versammelt standen, während der Gott sich wahrscheinlich nur mit einer begnügen mußte – denn Herrendienst geht vor Gottesdienst, – umgingen dann den ganzen weiten Raum des Peribolus, stiegen nachher wieder in den Wagen und fuhren am Lykabettus hin, bis wir zwei laubreiche große Pappeln erreichten, welche Stelle Herr von Prokesch die Villa Poussin getauft hat, weil das korrekt schöne Landschaftsbild, dessen man von dort ansichtig wird, den geregelten, fast symmetrisch gruppierten und einer gewissen Naturkoketterie teilhaftigen Gemälden jenes Meisters auffallend entspricht.

Ich blieb zu Tisch beim Gesandten, und noch den ganzen Abend bis lange nach Mitternacht. – Welch ein reicher Tag für mich! Ich will nur hie und da einige getrocknete und in meiner Hand, ich fürchte, verwelkte Blumen daraus wieder vor mich hinlegen, ihre ursprünglich reizende Frische, ihren süßen Duft kann ich ihnen nicht wiedergeben.

Nachholen muß ich zuerst, daß wir auf dem Rückwege einen Garten unsers Wirts besuchten, dessen Mandelbäume mit ihrem glatten Saftgrün wie frisch lackiert erschienen. An der Mauer unter einem dieser Bäume schlief im Schatten, die Flügel weit ausgebreitet, als sei es eine auf den Stein gemalte Psyche, ein wunderschöner Nachtschmetterling, wohl fünf bis sechs Zoll im Durchmesser. Wir lösten den lockern Stein ab, an den er sich festgeklammert, doch er rührte sich nicht. Ich bat mir diese unerwartete Gartenfrucht zum Andenken aus, worauf Lorenzo das Tier im Wagen wohl eine halbe Stunde in der Hand hielt, und immer schlief der wundersame Nachtfalter fort, nur selten einmal die farbigen Flügel wie im Traume dehnend. Unterwegs kamen wir beim Hause eines französischen Naturforschers vorbei. Wir ließen ihn herausrufen, um unsern Fund von ihm bewundern zu lassen (welchen er auch gern für sich behalten hätte) und uns zugleich bei ihm nach der kürzesten Art, den Schmetterling zu töten, zu erkundigen. Der dicke, jovial aussehende Mann meinte, es sei weiter nichts zu tun, als den Gefangenen an eine derbe Nadel anzuspießen und auf einen Kork zu stecken. Da er so starke Flügel habe und so kolossal sei, werde er keinen Schaden leiden, wenn er auch etwas flattere, und morgen, spätestens übermorgen, sei er gewiß tot; dies langsame Verfahren aber bleibe das sicherste, um ihn gut zu konservieren. Ich schauderte über die Naivität des menschlichen Eigennutzes, der auch Krebse lebendig siedet, damit sie auf der Tafel röter aussehen, und gab fast unwillkürlich diesem Gefühle Worte, woran sich ferneres Gespräch über denselben Gegenstand anknüpfte. Man wiederholte die oft aufgestellte Frage: ob ein Geschöpf dieser Art wohl auch etwas denke? Herr von Prokesch erwiderte scherzend: »Er zweifle nicht daran, und glaube sogar, daß jedes lebendige Wesen sich selbst ebensogut, wie wir es täten, für den Mittelpunkt des Alls ansähe, und dadurch eben das All bestünde.« Dies ist ja meine alte Lehre vom heiligen Egoismus! rief ich erfreut, eine solche Autorität für mich zu haben.

Wir langten hierauf zu Hause an, und der Wagen hielt jähling am Tore. Da erwachte endlich aus seinem langen, süßen Schlummer der Schmetterling und glitt vom Steine herab auf das liebliche Füßchen der holden Irene, eine Agraffe von Azur und Purpur bildend, wo das Band den Schuh zusammenhielt. Das Schauspiel war zu artig, um es sogleich zu stören; als wir aber den Flüchtling von neuem greifen wollten, erhob er sich plötzlich mit dem windschnellen Fluge der Schwalbe, deren Umfang er auch fast erreichte, und schoß hoch über das Haus hin, triumphierend der Gegend seines Geburtsorts wieder zu. Wir hatten das Nachsehen, und im Innern freute ich mich, daß er *uns* angeführt und *ihm* selbst nun alle Marter erspart blieb. Vielleicht war auch von den grausen Worten des Naturforschers etwas ahnungsvoll, nach Schubarts Theorie, in seinen Traum gefallen und hatte nachwirkend noch zur rechten Zeit den Schläfer geweckt.

Den 24sten

Der König von Baiern reiste heute ab, und fast die ganze Stadt strömte nach dem Pyräus, um ihn noch einmal beim Kanonenlärm zu sehen, nebst allem begleitenden Spektakel, dem Militärzug und so weiter.

Ich war etwas unwohl, was mich jedoch kaum verhindert hätte, hinauszufahren, aber – als ein Sonderling, der ich einmal bin, hatte ich noch einen andern Grund, zu Haus zu bleiben. Es war mir so romantisch vorgekommen, den König, diese so bedeutende Erscheinung unsers Vaterlandes, hier zufällig am flammenden Parthenon zum *erstenmal* gesehen, und ebenso zufällig am Rednerstuhl des Demosthenes, Athen, sein Meer und seine Berge um uns hergebreitet, *den letzten* Abschied von ihm genommen zu haben. Ich mochte die elektrischen Schläge dieser beiden Pole nicht durch ein nichtssagendes *juste milieu* neutralisieren.

Ein von Lorenzo für mich in der Nähe von Patras erhandeltes Pferd, früher das Eigentum eines albanesischen Häuptlings, kam heute, nach einer beschwerlichen Reise durch das Gebirge, von Pyrgos hier an, und obgleich Herr von Prokesch behauptete, es sei mager wie ein Kanzleigedanke, bin ich doch mit seinem aus einer weit bessern Region herstammenden Feuer und seinen eisernen Knochen außerordentlich zufrieden. Der Türke hatte es verkauft, weil es, statt des gewöhnlichen einen, zwei verdrehte Haarwirbel auf der Stirn hat, was nach der Orientalen Glauben anzeigt, daß es seinen Herrn umbringen wird. Es wurde sogleich, noch müde von der Reise, auf einem langen Spazierritt probiert und übertraf alle Erwartungen. Wir ritten meistens querfeldein, auf mit losen Steinen bedeckten Äckern, bis fast an den Fuß des Pentelikon. An einer Stelle war hier die Gegend weniger kahl als gewöhnlich, ja wir fanden sogar eine Wiese mit hohen und dicht belaubten Pappelbäumen, deren Rinde fast so weiß als die unserer Birken erglänzte. Die Ruinen einer alten Wasserleitung verbanden gleich daneben verschiedene malerische Felsschluchten, und hinter den Gruppen wilder Obstbäume, die in der Blüte standen, und den hellgrünen Saatfeldern, welche sich ihnen anschlossen, hoben sich die kahlen dunkelblauen Berge des Hintergrundes doppelt schön hervor. Wir aber flogen durch alles dies im sausenden Galopp, denn schon neigte sich die Sonne vor uns dem inselbedeckten Meeresspiegel zu. Dies war poetisch, der darauf folgende Abend dagegen überprosaisch; denn ich spielte bei Herrn von Kobell Whist bis um drei Uhr nach Mitternacht.

Den 26sten

Die weiteren poetischen Stunden muß ich immer wieder bei Herrn von Prokesch aufsuchen, dessen eigene naturverwandte Dichtungen aus dem Orient, die er uns manchmal vorliest, ungemein anziehend sind. Es ist eine ganz neue, einfache und doch so glänzende Welt, die uns in diesen Gedichten aufgeht, ganz verschieden von der Auffassung der orientalischen Dichter selbst, denn sie spiegelt sich in einem europäischen, modernen christlichen Gemüte wieder, welches dennoch nicht minder, als das der Orientgeborenen, für ihre Schönheit regen Sinn besitzt, noch sie weniger tief zu erfassen weiß. Und wenn die Wellen der Poesie und der Musik verrauscht sind, wird nachher immer ein so mannigfacher, bunter Teppich leichterer und doch nicht minder fesselnder Unterhaltung ausgebreitet, daß ich mich nie genug desselben erfreuen kann.

FÜNFTES KAPITEL

Des Autors archäologisch-militärische Exkursion nach dem Schlachtfelde von Marathon

Ich widme dieser kleinen Tour einen eigenen Aufsatz, weil das historische Interesse der Lokalität groß ist und demungeachtet immer noch mehrere bedeutende Meinungsverschiedenheiten und daraus entstehende Ungewißheit über die Stellung der Griechen, den Verlauf der darauf folgenden Schlacht, ja selbst über die genaue Lage Marathons stattfinden, welche durch das Folgende eine Ergänzung mehr erhalten, und zur Erforschung der Wahrheit insoweit beitragen mögen, als die Feststellung der Wahrheit überhaupt bei Dingen dieser Art möglich ist. Eine solche Zuversicht würde dennoch arrogant erscheinen, wenn ich nur meine eigenen Ansichten hier aufzustellen beabsichtigte, da wir aber das Glück hatten, unsere Expedition unter der Leitung zweier Männer zu machen, des Herrn von Prokesch und des Konsuls Herrn Gropius, von denen schon jeder allein als eine Autorität anerkannt wird, so darf eine Meinung, welche beide billigen und teilen, wohl auf einige Aufmerksamkeit Anspruch machen.

Außer den genannten Personen ward unsere Gesellschaft noch durch den jungen Grafen Joseph Schaffgotsch und den Herrn Baron von Friesenhof vermehrt, die sich alle bei Herrn von Prokesch versammelten, von wo wir, ganz gut beritten und mit allem Nötigen versehen, am vierten April um sieben Uhr früh, bei wolkigem Himmel, aber klarer Luft, aufbrachen. Wir schlugen den Weg nach Kephissia ein, der zunächst zwischen dem Lykabettus und der hügelreichen Turkovúni hindurch führt, kamen hier bei Spuren einiger antiken Gräber und den Gärten von Ambelokypos vorbei, betrachteten dann eine kurze Zeit lang die malerischen Reste des Aquädukts Hadrians und mußten, als wir bei der zerstörten Klostermeierei Pélica anlangten, dem guten Geschmack des jungen Königs volle Gerechtigkeit widerfahren lassen, der sich diese reizend gelegene, mit alten kräftig wuchernden Olivenbäumen geschmückte Anhöhe zur Anlage eines Lustschlosses ausgesucht hat. Kephissia selbst, mit seinen Gärten voller Feigen-, Maulbeer- und Judasbäume, die jetzt in ihrer üppigsten Blüte stehen, macht einen recht wohnlichen und heitern Eindruck, durch den frischen Glanz des beginnenden Frühlings heute noch mehr gesteigert, obgleich der südliche Frühling dem unseren nie gleichkommt. Umherliegende Säulenschäfte, halb fertig gearbeitete Marmorblöcke, Reste von Wasserleitungen und besonders ein pittoresker Bogen, unter welchem der Weg hinführt, von dem Stalaktiten herabhängen und den die rotblühenden Blumen des Judasbaumes, mit Efeu und Schlingpflanzen vermischt, prachtvoll überwoben hatten, ließen auch das Altertum nicht vergessen, – die ehrwürdige Vergangenheit, welche hier freilich fast auf jedem Schritte zu uns spricht. Auf dem Platze bei der Moschee, der rings von wohlkultivierten Gärten umgeben ist, und in dessen Mitte sich eine zierlich gefaßte Quelle befindet, wählten wir unsern ersten Ruhepunkt. Eine ungeheure Platane, deren Äste leider im letzten Kriege die Hälfte ihrer Länge verloren hatten, um zu den Lafetten der Mörser zu dienen, mit welchen man die Akropolis beschoß, breitete sich doch noch so weit aus, daß wir und unsere Pferde gemächlich darunter Platz finden konnten, während Herr Gropius unser frugales Frühstück durch viele pikante

Erzählungen aus dem reichen Schatze seiner Erfahrungen und eines mehr als dreißigjährigen Aufenthalts in klassischen Landen auf das Angenehmste würzte.

Wie interessant würde eine Geschichte der griechischen Revolution sein, welche mit poetischer Kraft sich all der wunderbaren Details zu bemächtigen wüßte, die eigentlich ihr Charakteristisches ausmachen. Dies ist für uns eine neue Welt, denn weder die Nationalität der Griechen noch der Türken ist uns bisher, außer etwa teilweise im Anastasius, recht lebendig vorgeführt worden.

Man muß bekennen, daß während dieses greuelvollen Krieges die Türken fast immer sich trätabler, und ihren Worten treuer, als die Griechen bewiesen. Grausamkeiten kamen indes von beiden Seiten und mit gegenseitiger Überbietung fortwährend vor. Herr von Prokesch fand einmal auf Sphakteria bei Navarin die Leichname von zwanzig Griechen in einer Spalte des Kalkgebirges stecken, welchen man die Hände auf den Rücken gebunden und sie so lebendig, mit dem Kopf nach unten, in die Spalte gewaltsam eingezwängt hatte. Von der Sonne gedörrt, war die Verzerrung gräßlicher Verzweiflung noch mit furchtbarer Wahrheit auf den Gesichtern dieser Unglücklichen ausgedrückt. So etwas ist freilich schrecklich, und die Vorsehung läßt alles zu. – Es ist aber doch nur Euer Wille und Eure Schuld, Menschen, daß so Schreckliches geschieht! Werdet klüger und besser, folget der Offenbarung Christi wie der in Euerm Innern, und nichts von dem allen wird mehr möglich sein! Der Vorsehung habt Ihr nichts vorzuwerfen – nur Euch selbst!

Der Weg von Kephissia nördlich des Pentelikon bis an die Bergrücken, welche von der Landseite in einem

Halbzirkel Marathons Ebene umschließen, ist von wenig Interesse, da er fort und fort über öde Heiden hinführt, die jedoch, durch den Duft des Rosmarins und anderer wohlriechenden Pflanzen, überall eine liebliche Atmosphäre um den Wanderer verbreiten. In der Mitte dieser Einöde liegt das Dorf Stamátes, und eine halbe Stunde hinter demselben fanden wir in einem kleinen Gebüsch von Andrachnesträuchern, durch das wir nur durch Zufall kamen, weil wir den Weg verloren hatten, die Ruinen eines alten Marmorgebäudes, dessen Bestimmung nicht mehr zu erkennen war, denn wenige Blöcke nur befanden sich noch in ihrer ursprünglichen Lage. Herr Gropius hatte diese weniger belohnende und oft schwer zu erkennende Straße absichtlich gewählt, weil es von Wichtigkeit ist, daß man in dieser Richtung die Ebene von Marathon zuerst erblicke, wo sie sich überraschend und in ihrem ganzen Umfange plötzlich darbietet, während sie sich von dem andern mehr besuchten Wege, südlich des Pentelikon, schon lange vorher, aber nur teilweise zeigt und nie vollständig überblickt werden kann, bis man auf ihr selbst steht. Auch marschierten die Athenienser auf derselben alten Straße zur Schlacht, was zum bessern Verständnis dieser wesentlich beiträgt.

Die erwähnte Aussicht, welche sich am Gipfel des Aforismo, dicht über Vraná, nach der langweiligen Tour wie durch einen Zauberschlag entfaltet, ist reich und erhaben. Schon erblickt man auf der wie mit dem Richtscheit geebneten Plaine den Tumulus der Athenienser; man sieht sehr deutlich links am äußersten Ende der Ebene die Bucht, in der die Perser allein landen konnten, um ihren Schiffen einige Sicherheit zu gewähren, wie auch die Moräste, in die sie teilweise nach dem Verlust der Schlacht getrieben wurden, nicht weit vom Tumulus, auf derselben nördlichen Seite beginnen. Jenseits des breiten Meerarms türmen sich die Bergketten Euböas in verschiedenen Absätzen übereinander, verlängert durch die kleinen Inseln an ihrem südlichen Ende sowie nordwärts durch das Gebirge Attikas. Indem man den steilen, vielfach gewundenen Weg nach Vraná hinabsteigt, teilt sich der große obere Überblick in viele reizende Einzelheiten, durch den Kiefernwald, der die Bergabhänge bedeckt, anmutig unterbrochen, und manchmal auf Augenblicke auch ganz verborgen. Vraná ist ein Kloster des heiligen Georg, wo wir freilich nur ein höchst elendes, vom Winde durchsaustes und durch sechs obere Fensteröffnungen dem Regen sehr zugängliches Unterkommen fanden, und wo überdem, außer Brot und Wasser, Eiern und bockig schmeckender Butter, keine Lebensmittel aufzutreiben waren. Man gab indes willig und gern, was man hatte, und unsere Pferde tröstete reichliche Gerste für den ermüdenden Marsch.

Ungeachtet des heftigsten Platzregens konnten wir doch, da uns noch eine reichliche Stunde Tag übrig blieb, die Begierde nicht zähmen, uns etwas auf der Plaine umzusehen, und wanderten daher zu Fuß bis zum Heraklejum, dessen Lage Leake wohl außer Zweifel gesetzt hat, obgleich nur schwache Überreste davon vorhanden sind. Im übrigen mußten wir uns mit der Besichtigung einiger niedrigen, halb verwischten Tumuli und hie und da zerstreuten schwachen Anzeichen von Gräbern nebst drei oder vier umgeworfenen steinernen Waschtrögen für heute begnügen. In diesen letztern verehrten, beiläufig gesagt, einige englische Altertumsjäger ergötzlicherweise die Pferdekrippen des

Artaphernes, von denen der geehrte Leser das Weitere im Pausanias nachschlagen kann. – Die Hauptsachen blieben auf den andern Tag verschoben, der uns schon früh zu detaillierterer Besichtigung zu Pferde fand.

Nachdem wir die Talvertiefung bei Vraná mit ihren Ruinen (die Grotte des Pan, welche wahrscheinlich nicht die des Pausanias ist, ließen wir, als zu viel Zeit raubend und wenig bedeutend, ungesehen), das angrenzende Tal bei dem jetzigen Marathon umritten hatten, durchschnitten wir die Ebene, um den großen Tumulus zu erreichen, dem einzigen noch übrigen, wirklich beglaubigten Monument der Schlacht; denn von jenen die Namen der Gefallenen tragenden Säulen, dem Denkmal des Miltiades und so weiter ist nichts mehr zu sehen, und selbst die andern Tumuli, von denen noch Spuren vorhanden sind, müssen, ihre wahre Bestimmung betreffend, höchst ungewiß bleiben. Der Tumulus der Athenienser ist jetzt durch die fruchtlose Eröffnung, die Fauvel veranstaltete – fruchtlos wahrscheinlich nur, weil sie nicht tief genug fortgesetzt wurde – vielleicht auch durch Wegnahme der lockern Erde von Seiten der nahen Feldbesitzer oder durch Erhöhung des umliegenden Erdreichs an seiner Basis bedeutend niedriger geworden, als er anfangs war, und hat von seiner ursprünglichen Höhe, die zu vierzig Fuß angegeben wird, wenigstens zehn verloren. Die medischen Pfeilspitzen, zierlich wie dreischneidige Degenklingen, aus afrikanischem schwarzen Stein gearbeitet, liegen in ihren kleinen Fragmenten auch noch jetzt so häufig hier verstreut, daß wir im kurzen Zeitraum einer Viertelstunde über ein Dutzend davon auflasen. Ich ermangelte nicht, meinen Teil davon, nebst einer schönen blutroten Blume, die der Gipfel des Tumulus trug, mit Frömmigkeit meinen der Erinnerung geweihten Sammlungen einzuverleiben. Pfeilspitzen aus Erz sind seltener; wir fanden keine, doch besitzt fast jeder Sammler in Athen deren mehrere.

Wir setzten nun unsern Ritt nördlich längs des Meeres bis an die Moräste fort, kehrten dann wieder um und folgten dem Seearm südlich bis an das Ende der Plaine, wo sich abermals einige Moräste befinden, und wo unter mehreren antiken Trümmern, Resten von Postamenten und Fragmenten von Statuen auch eine Anzahl weißer Marmorsäulen im Kreise stehen, die sich Lady Elgin hier zusammentragen ließ, um ihr Zelt daran zu befestigen. Es ist kaum begreiflich, wie Hamilton, der Lord Elgin begleitete und die Relation von der Ausflucht geschrieben hat, diese Säulen und Baureste für griechische hat ansehen und allerlei unhaltbare Hypothesen darauf gründen können, da schon das ungeübteste Auge die Arbeit auf den ersten Blick als römische, und dazu ziemlich mittelmäßige, erkennen muß. Herr von Choiseul ließ hier nachgraben und fand, was das Gesagte noch mehr bekräftigen würde, wenn es dessen bedürfte, zwei römische Büsten (des Hadrian und Lucius Verus) auf demselben Fleck. Ohne Zweifel gehörte das Ganze zu dem römischen Landhause eines vermögenden Mannes, was wiederum die stärkste Vermutung begründet, daß die jetzt rundumher liegenden Sümpfe, in denen wir überdies aller Orten festen Grund fanden, neuern Ursprungs und nur der Vernachlässigung der früher gewiß stattgefundenen Entwässerungen zuzuschreiben sind. Unmöglich kann man annehmen, daß der Besitzer jener reichen und ausgedehnten Villa diese inmitten der Sümpfe und daraus entstehenden *aria cattiva* aufgebaut haben würde. Achttausend oder auch zwanzigtausend Mann, die zweihunderttausend zu bekämpfen haben, wird man gewiß nicht frei dem Feinde gerade gegenüber hinstellen, besonders wenn er ihnen noch, wie hier der Fall war, vom Meere aus in Flanke und Rücken fallen konnte, sondern eine durch die Natur geschützte Stellung suchen, die ihn zugleich über ihre Stärke ungewiß läßt – sobald man zwischen beiden die Wahl hat. Zudem hätten aber auch die Griechen, außer diesem Nachteile, zugleich das ganze Gebirge und den darüber hinführenden nächsten, wenngleich beschwerlicheren Weg nach Athen dem Feinde bei solcher Disposition völlig frei gelassen, so daß dieser bei einer solchen Stellung der Athenienser gar nicht mehr der Schlacht bedurft hätte, sondern nur mit Hinterlassung eines Observationscorps gradezu nach der Hauptstadt marschieren konnte, was er auch nachher, selbst nach der *verlornen* Schlacht, noch auf dem weitern Umwege zur See versuchte, aber von dem ihm durch einen Eilmarsch zuvorkommenden siegreichen Miltiades dort ebenfalls zurückgewiesen ward.

Der Natur der Sache nach mußten also die Griechen eine solche Stellung wählen, wo die Beschaffenheit des Terrains sie möglichst schützte und ihre Schwäche verbarg, wo sie die nächste Straße über das Gebirge vollständig, die am Meere hin aber wenigstens zum Teil decken und sie in der Nähe stets im Auge behalten konnten. Diese letztere Straße war um so weniger bedenklich, da auf ihr, nach dem vorher bestimmten Plane, die Lakedämonier heranziehen sollten, und auch, wenngleich zu spät, um an der Schlacht noch teilzunehmen, doch kurz darauf wirklich anlangten. Hätten also die Perser diesen Weg eingeschlagen, so konnte

Miltiades darauf rechnen, daß sie, bevor sie Athen erreichten, auf die Spartaner gestoßen wären, während er sie im Rücken angegriffen hätte, wo die Niederlage des Feindes noch viel entscheidender geworden und die Perser vielleicht gänzlich vernichtet worden wären. Alle diese Vorteile vereinigte nun die Stellung vor Vraná, welche, unserer Ansicht nach, die Griechen wirklich einnahmen, und wo, selbst wenn die Schlacht verloren ging, ein leichter und sicherer Rückzug ins Gebirge offenstand, auf dem jeder Fußbreit Weg verteidigt werden konnte, während in jener andern supponierten Position auf der Straße am Meer die geschlagenen Athenienser auf die Lakedämonier zurückgeworfen oder seitwärts in die Gorgen des Pentelikon getrieben worden wären, was den Ruin beider Armeen wahrscheinlich nach sich gezogen und der Einnahme von Athen nichts mehr entgegengesetzt haben würde. Andere behaupten, die Griechen hätten am Tage der Schlacht in dem Tale des jetzigen Marathon gestanden, welches gerade in der Mitte der Ebene liegt, was Herodots Worte deutlich anzeigten. – Diese gehen aber von der irrigen Meinung aus, das jetzige Marathon stehe da, wo das alte gestanden.

Die Wahl jenes mittleren Tales zur Aufstellung des griechischen Heeres würde den Nachteil gehabt haben, einmal, daß von dieser Mitte jener Massenangriff in schiefer Ordnung auf den linken Flügel der Perser, wodurch gerade auf der Stelle des Tumulus der Sieg hauptsächlich entschieden ward, nicht möglich war; zweitens, daß die Griechen dort durch Forcierung der Schlucht von Vraná leicht hätten umgangen werden können. Endlich ist auch noch zu bemerken, daß das Tal des heutigen Marathon in einer Richtung aufsteigt, welche den Griechen, im Fall sie geschlagen wurden, den Rückweg nach Athen kaum oder nur mittelst eines bedeutenden Umwegs erlaubte.

Ein Blick auf die Karte Leakes zeigt evident, daß auch heute noch kein General unter denselben Umständen eine bessere Stellung auffinden könnte als die vor dem Kessel von Vraná, dessen Öffnung auch gerade breit genug ist, um achttausend Mann in der Weise aufmarschieren zu lassen, wie die Historiker es beschreiben und die antike Schlachtordnung mit sich brachte, die Mitte schwächer, die Flügel verdickt und beide Endpunkte hier an schützende Berge gelehnt, von wo die Griechen, ihr festes Lager hinter sich, in einer solchen Richtung avancierten, die von Haus aus den linken Flügel der Perser mit der Aufrollung bedrohte, welche nachher auch stattfand. In dieser *melée* konnten sie dann ohne Besorgnis ihr eigenes schwaches Zentrum durchbrechen sehen, da der, nur einen Augenblick im Vorteil sich befindende Feind bald von den Seinigen abgeschnitten und, mit dem Gebirge vor sich, durch Zusammenziehung der siegreichen Flügel sicher in ihre Hände fallen mußte, wie es geschah.

Aus allen diesen Gründen ist es daher höchst wahrscheinlich, und Herodots Worte scheinen es eben nur zu bekräftigen, daß das alte Marathon nicht an der Stelle des jetzigen, sondern in der Schlucht von Vraná gestanden habe, wo auch die Reste eines Stadions und mehrere andere Mauertrümmer sowie einige Tumuli sichtbar sind, während bei dem modernen Marathon nicht die mindesten Überbleibsel einer alten Stadt angetroffen werden. Leake ist derselben Meinung und supponierte mit seinem gewöhnlichen Scharfblick und genauer Prüfung der Lokalitäten die Tatsachen ziemlich ebenso, wie sie, nach unserer Überzeugung, wirklich stattgefunden haben müssen. Gibt man die von ihm ausgemittelte Lage des Heraklejums zu, welche jede Wahrscheinlichkeit für sich hat, so kann kein Zweifel mehr obwalten, daß Marathon sich in der Schlucht von Vraná befunden habe, da Herodot ausdrücklich sagt: »Die Griechen lagerten auf dem dem Herkules geweihten Distrikt bei Marathon.«

Unserer Ansicht nach lagen die Schiffe der Perser in der nördlichen Bai, wo sie hinlänglichen Raum und Schutz fanden, vor Anker, und dehnten sich nicht das ganze Ufer hinab. Die Winde werden aber damals wohl dieselben wie heute gewesen sein (da in unserer so vielfach schwankenden Welt wenigstens die Winde noch ihre Stabilität behauptet haben), und ihrem Gesetze mußten die Schiffe unfehlbar sich fügen. Die Schlachtlinie der Truppen jedoch erstreckte sich wahrscheinlich noch über den Tumulus der Athenienser hinaus, wo eben am Tage der Schlacht ihr linker Flügel von den Griechen in Masse angegriffen ward.

Am schwersten zu erläutern bleibt es, daß die persische Kavallerie bei dem günstigsten Terrain so ganz untätig geblieben zu sein scheint, weil sie nirgends erwähnt wird, und ferner, warum die Perser neun Tage rasteten, ohne den Feind im geringsten zu beunruhigen. Man muß annehmen, daß irgendein Aberglaube oder verzögerte Transporte von Lebensmitteln daran Schuld waren, und endlich auch die alberne Zuversicht wie die Indolenz dieser südlichen Völker in Anschlag bringen, da selbst heute noch bei türkischen Armeen Ähnliches mehr als einmal vorgekommen ist. Unseres Erachtens war der Hergang der ganzen Begebenheit von Anfang an in sehr einfacher Weise ungefähr folgender:

Die Griechen, auf der geraden Straße nach Marathon marschierend, erschienen auf den Höhen, die von Athen aus die Ebene am Meere einschließen, und ließen durch die Besetzung derselben die sich ausschiffenden Perser ungewiß über ihre Stärke. Ihr befestigtes Lager vor Marathon aufschlagend, suchten sie demungeachtet durch eine langgedehnte, durch Verhacke gedeckte Linie den Feind zu täuschen, doch am Tage der Schlacht selbst zogen sie diese in der Öffnung vor Marathon (Vraná) zusammen, und ohne Zweifel (wenn auch Herodot in seinem so außerordentlich kurzen Bericht nichts davon erwähnt) detachierten sie ein Corps der leichteren, weniger zuverlässigen Truppen, die an Zahl wohl den Hoplitä gleichkommen mochten (so, daß sich ihre ganze Macht gewiß auf fünfzehn- bis sechzehntausend belief), zur Beobachtung und Beschäftigung des rechten Flügels der Perser in das Tal des heutigen Marathon. Nur durch die sämtlichen Hoplitä selbst aber ward die Hauptmacht formiert, von der das Los der Schlacht abhing, und die mit der Rechten an die Höhen von Argolithi, mit der Linken an die von Kotroni gelehnt, aufgestellt wurde.

Mit diesen achttausend Mann Schwerbewaffneter stürzte sich nun Miltiades, aus dem Tal von Vraná hervorbrechend, auf den linken Flügel der Perser, wo sich deren beste Truppen, die Meder, befanden, und wo der Tumulus den Standpunkt des *Entscheidungs*kampfes hinlänglich bezeichnet; ähnlich Friedrich bei Leuthen und Ibrahim bei Konia. Nach Aufrollung dieses Flügels der Perser wurden wahrscheinlich aus deren Zentrum und vom rechten Flügel, ohne eines geschickteren Manövers fähig zu sein, immer frische Truppen der Perser den Siegern gerade entgegengeführt, von denen sogar ein Teil augenblicklich den Vorteil gewann und der Griechen Zentrum durchbrach. Dies blieb jedoch ohne Resultat, und durch die geschickten Bewegungen des griechischen Feldherrn, der seine Flügel sogleich zusammenzog und später den so abgeschnittenen Teil der Perser ohne Mühe vernichtete, ward die Verwirrung und Zersprengung der ganzen feindlichen Macht dadurch nur vervollständiget. Der Perser eigene Masse, zuletzt in die großen nördlichen Sümpfe auf ihrem rechten Flügel gedrängt – wobei die leichteren (in das Tal des heutigen Marathon detachierten) griechischen Truppen nun auch mit tätig waren – ward ihnen verderblich und eine Herstellung der Schlacht unmöglich. Dennoch scheint die Niederlage der Perser keineswegs vollständig, ja der letzte Angriff der Griechen auf die Schiffe sogar abgeschlagen worden und sie gar nicht imstande gewesen zu sein, die Einschiffung weiter zu hindern. Bei diesen Bemühungen kommt, wie wir lesen, der tapfere Kynegiros mit andern um, und die Zahl der genommenen Schiffe ist höchst unbedeutend. Die Perser verlieren im ganzen sechstausend Mann und die Griechen hundertzweiundneunzig; ein Resultat, das auch keine sehr lange Dauer des Kampfes voraussetzen läßt.

So scheint die Schlacht, den vorhandenen Berichten, der Natur der Sache und der Lokalität ganz angemessen, verlaufen zu sein, ohne der unwahrscheinlichen Annahme zu bedürfen, daß die Perser in ihrer ganzen Front zugleich angegriffen und in die Sümpfe nach *beiden* Enden der Ebene hingetrieben worden seien, was gleich sehr der Zahl beider Armeen wie der Beschaffenheit des Terrains widerspricht.

Die Schlacht von Marathon ward mit Entschlossenheit und richtiger Taktik von seiten der Griechen, mit Übermut und gänzlicher Unwissenheit von seiten der Perser geschlagen, so wie auch noch heutzutage ein Häuflein regulärer Truppen die haltlosen Scharen der Türken in ähnlicher Weise besiegen würde. Obgleich keine Niederlage, waren die Resultate dennoch für die Zukunft außerordentlich, weil sie die Griechen ihre eigene Überlegenheit kennen lehrten und so einen Zustand der Dinge vorbereiteten, dessen Folgen in hundert Fäden noch bis in unsere eigene Zeit hineinreichen.

Wir mußten jetzt, um von den Ruinen der römischen Villa wieder auf die Straße zu gelangen, eine mit Wasser hoch angefüllte Vertiefung passieren. Mein armer Francis durchschwamm sie tapfer, aber das Pferd des Herrn von Prokesch warf sich mitten darin so plötzlich mit seinem Reiter nieder, daß diesem keine Zeit, es zu verhindern, übrig blieb und er das kalte Bad ruhig erdulden mußte, was er auch mit der liebenswürdigsten Heiterkeit hinnahm. Übrigens machte der fortwährend herabströmende Regen uns in dieser Hinsicht bald alle gleich, und das Drängen durch die nassen Gebüsche, welche die Felsenschluchten erfüllten, entkräftete auch allen Dienst der Mäntel und Regenschirme. Ein schützendes Obdach, mit der wohltätigen Erwärmung eines prasselnden Feuers aus wohlriechendem Strauchwerk, gewährte uns nachher der kurze Aufenthalt in einer Art Meierei mitten in der Wildnis, die von einer Kolonistenfamilie aus Hydra bewohnt wird. Wir, die Familie, ein Teil unserer Pferde nebst andern Haustieren, biwakierten alle in der geräumigen Scheune friedlich nebeneinander, wo wir durch einige den Kindern gereichte Scheidemünzen viel Freude zurückließen. Da indes der Regen uns nicht den Gefallen tun wollte, im geringsten nachzulassen, erlaubte uns die Zeit nicht länger, hier zu rasten. Wir verfolgten von nun an einen beschwerlichen engen Felsenweg durch die Vorberge des Pentelikon, die, ganz wie in Afrika, durchaus mit Andrachne- und Arbutus-Arten, schön gelb blühendem Ginster, dem Mastixstrauch *(lentiscus)*, der in so dichten, runden Formen, als sei er beschnitten, wächst, hohen Eriken, niedrigen, roten und weißen Zwergrosen und so weiter bedeckt waren. An den jetzt überall angeschwollenen Bächen standen Platanen, meist junger Aufwuchs, und in den Tälern häufig Pinienhaine, mit einzelnen silber- und blaßgrün schimmernden Pappeln. Viele Orte waren durch Feuer verheert, welche die Hirten der Ziegenherden, die fast allein diese Einsamkeit beleben, überall anstecken, wo sie es für gut finden, um durch die Düngung der Asche im nächsten Jahre reichlichere Weide für ihr Vieh hervorzurufen; ein Mißbrauch, der sich mit größerer Zivilisation wohl allgemach verlieren wird.

Die Aussichten in die Ferne waren höchst belohnend und umfaßten einen immer weiteren Spielraum. Wir sahen zwar jetzt die Ebene von Marathon nicht mehr, aber, außer Euböa, die Insel Andros, *l'Isola Inglese*, die wie eine große Meerschildkröte auf dem Wasser liegt, und *Isola lunga*, die Liebesinsel genannt, weil, zufolge der Sage, Paris nach dem Raube der Helena hier zum erstenmal die Früchte seines Sieges über die verhängnisvolle Schöne vollständig genossen haben soll. Später zeigte sich links die Küste und der Hafen von Raphti *(Prusiae)*, ferner das weite Tal von Messogia, begrenzt auf der einen Seite vom Hymettus, der sich nirgends vorteilhafter präsentiert, und auf der andern vom Berge Laurium, der am Kap Sunium ausläuft. Nahe neben uns rechts erhob sich der in Wolken gehüllte Gipfel des Pentelikon selbst, an dessen steilem Rande wir hinritten.

Der Regen ließ endlich nach, und die warme Luft hatte uns ziemlich getrocknet, als wir bei dem verlassenen Kloster Daud (David) ankamen, das, schon halb zur Ruine verfallen, in einer der reizendsten Lagen erbaut ist, welche dieses Gebirge darbietet. Uralte Olivenbäume, über grüne Saaten ihre Schatten breitend, mit Pappeln und Fichten angefüllte kleine Täler, Reichtum an Wasser, fruchtbarer Grasboden und die schönste Hügel-Gruppierung rings umher mit mannigfaltigen Aussichten von diesen Höhen nach allen Seiten hin machen Daud zu einem wünschenswerten, allen Verschönerungen leicht zugänglichen Besitztum. Die Mönche wurden einst von türkischen Räubern überfallen und sämtlich niedergemacht, weshalb ihre Nachfolger das Kloster nicht mehr bewohnen mochten und sich, einige Stunden weiter, nach Kloster Penteli zurückzogen. Die Kirche, eine hohe Rotunde, in die ich mühsam hineinritt, bildet eine malerische Ruine, gegen deren graue abgeblätterte Wände der einzeln stehende Altar aus weißem Marmor gespenstisch absticht. Das Ganze muß in dieser vollständigen Einsamkeit, überdies eine Stätte des Mordes, um Mitternacht allein zu besuchen schauerlich genug sein, und der Kontrast der lieblichen und doch verlassenen Gegend umher scheint diese Wirkung nur noch zu erhöhen.

Wir lagerten uns nachher auf den Rasen neben den eingestürzten äußern Mauern hin, um eine Stunde auszuruhen, tranken aufgelöstes Kristall aus der rauschenden Kaskade und setzten dann durch blühende Gebüsche den Tagesmarsch bis zu dem erwähnten Kloster Penteli fort, wo wir unser Nachtlager zu nehmen bestimmt hatten.

Auch dieser Bau liegt heiter, in hohe Pappeln und blühende Judasbäume eingebust, und ist mit einer Mauer umgeben, in welche nur eine drei Fuß hohe Tür den Eingang verstattete. Dies galt ehemals den Türken, die, zu faul, um abzusteigen, an einem Hause, in das sie nicht hineinreiten konnten, gewöhnlich vorüberzogen; auch diente es wohl im Notfall zur besseren Verteidigung. Im Klosterhofe fanden wir Lorbeerbäume von außerordentlichem Umfang und über zwanzig Fuß Höhe, aber kein Mönch ließ sich blicken, nur ein alter Diener, der uns einen stallartigen Raum anwies, welcher viele Fensteröffnungen, aber keine Fenster darin hatte. Doch war ein großer Kamin und Holz davor liegend in Menge vorhanden, so daß wir bald unsere durchnäßten Kleider und Effekten an einem kleinen Scheiterhaufen trocknen konnten, dessen Nähe, ohne sich sorgfältig das Gesicht zu bedecken, kaum zu ertragen war.

Auf alle unsere Fragen, die eigenen Bedürfnisse wie die der Pferde betreffend, erhielten wir stets die Antwort, es sei im Kloster nichts zu haben; bis endlich einer unserer Leute zu energischen Tätlichkeiten überging, und ich mit dem Despoten (Erzbischof) in Athen drohte, was uns wenigstens für unser Geld Pferdefutter und auch einige Lebensmittel für die Menschen verschaffte.

Die gemeinen Griechen haben eine besonders ausdrucksvolle Pantomime bei solcher Weigerung, bei deren phlegmatischen Wiederholung es schwer ist, nicht die Geduld zu verlieren. Sie heben den Kopf langsam, lassen die Augenlider sinken, schnalzen mit Zunge und Lippen und wischen sich dann satyrisch den Mund, indem sie mit gedehnter, ricanierender Stimme bedächtig die Worte: »Es gibt nichts!« aussprechen.

Not kennt kein Gebot, und da niemand sich im Kloster rühren wollte, so erbot ich mich selbst, meine Kochkunst in Anwendung zu bringen. Graf Schaffgotsch versprach, dabei behilflich zu sein. In letzter Instanz gab jedoch Herr Gropius die praktischesten Lehren dazu. So kam denn unter vielem Gelächter und nach manchem Versehen ein Ragout zustande, das trotz der heterogensten Ingredienzien allgemein köstlich gefunden wurde. Das Warmbier als Suppe hatte sich geringern Beifalls zu erfreuen, da es mit gallenbitterem englischen Porter bereitet wurde, und der Flaschenkeller wie die kalte Küche des Herrn von Prokesch mußten sich zuletzt auch heute als die entscheidende Reserve bewähren. Beim wohlriechenden Dampfe unserer türkischen Pfeifen schloß erst spät die belebteste Unterhaltung den Abend so angenehm, als es im recherchiertesten Salon der Residenz schwerlich der Fall gewesen sein würde. Auch schlief ich sehr gut in der mir angewiesenen feuchten Zelle, obgleich sich des Nachts einigemal ganze Stücke Kalk von dem Gewölbe über mir ablösten und auf mein Feldbett fielen. Die übrige Gesellschaft hatte vorgezogen, am Feuer zu schlafen, und es war acht Uhr – denn wir hatten heute nichts zu versäumen – ehe die Kavalkade sich vollständig gerüstet fand, um den Marmorbrüchen zuzueilen, die sich nicht fern vom Gipfel des Pentelikon hinstrecken. Der Weg war sehr beschwerlich, und da, wo ihn ein Detachement hergeschickter baierischer Soldaten gebessert hatte, am schlechtesten. Dazu regnete es fortwährend heftig, was den Anblick der wilden Gegend um die Brüche mit ihren schroffen und hohen, glatt abgearbeiteten, weiß glänzenden Marmorwänden nur noch schöner hervorhob. Hier befindet sich eine merkwürdige und sehr ausgedehnte Höhle, von deren Decke schön geformte Stalaktiten niederhängen und oft als Säulen auf dem Boden Wurzel fassen. Unten wuchert hellgrünes Moos auf den nackten Steinen, seitwärts ist ein abgeschlossener Teil zu einer kleinen Kirche für die Arbeiter eingerichtet, und tief unten führt ein enger Schacht zu einer Quelle des reinsten Wassers hinab; am Eingange der Höhle rankt sich Efeu in weiten Gewinden und verbreitet sanfte Dämmerung im Innern. Wir ließen große Feuer anzünden, um uns zu wärmen und an den wunderbaren Lichteffekten zu erfreuen, die dadurch hervorgebracht wurden. So hofften wir den Regen abwarten zu können. Da indes auch nach einer Stunde sich noch nicht die mindeste Aussicht dazu zeigte, so bestiegen wir endlich, obgleich wie unter der Traufe, unsere Rosse wieder und ritten nach dem Kloster auf demselben Wege zurück, den wir gekommen waren, der aber jetzt in das Bett eines Baches verwandelt schien. Vor uns entfaltete sich Athens Ebene unter einem Regenbogen, der Lykabettus zeigte sich nur als ein kleines Hügelchen im Tal, und die Akropolis, einem zierlichen Tafelaufsatz gleichend, war kaum noch zu unterscheiden.

Im Kloster fanden wir diesmal ein Lamm am Spieße, das in der Nacht durch einen unserer Berittenen geholt worden war. Nach dessen andächtiger Verzehrung ward nachmittags der Rückweg nach Athen beschlossen, obgleich der Himmel immer noch zürnend seine Wasser niedergoß. Wir wählten eine andere Straße, die durch

Marussi (das alte Amarusia, wie man glaubt) führt, und durchschnitten erst bei Pélica wieder die, einer Acht gleichende Form, welche den ganzen Umfang unserer Exkursion bezeichnete. Hier machte man uns auf das Dorf Kalandri aufmerksam, das durch eine Niederlage türkischer Infanterie im letzten Kriege einige Berühmtheit erlangt hat. Herr Konsul Gropius, der sich damals in Athen befand, sah die wenigen Flüchtlinge, die dieser mörderischen Affäre entkamen, dort anlangen, welche alle von dem den Türken so ungewohnten Laufen dermaßen erschöpft waren, daß sie sich meistens auf den Straßen wie vom gelben Fieber Überfallene erbrachen und unfähig, weiter zu kommen, liegen blieben, bis sie, auf Esel gepackt, nach der Akropolis hinauf transportiert werden konnten.

Auch Herr von Prokesch hatte auf der Stelle des Olivenwaldes, wo wir uns jetzt befanden, in jener Zeit eine interessante Avantüre. Er war nach Vraná geritten und fand dort eine sehr hübsche und reich gekleidete Griechin mit zwei Dienern, die sich, wie sie ging und stand, mit genauer Not aus der Massacre von Livadía, während der ihr Mann vor ihren Augen erschlagen worden war, hierher geflüchtet hatte und jetzt Athen zu erreichen suchte, um sich von dort nach Zante einzuschiffen, wo ihre Verwandten lebten. Sie bat flehentlich Herrn von Prokesch um Hilfe, da sie nicht wisse, wie sie durch die türkischen Kavallerieposten hindurchkommen solle. Unser Freund, chevaleresk wie immer, nahm sie sogleich in seinen Schutz und trat mit ihr und seinen Leuten den Rückweg an, während er ihren Dienern, deren Gegenwart zu gefährlich gewesen wäre, aufgab, sich, so gut sie könnten, nach Athen durchzuschleichen. Aber schon vor Kephissia kam ein türkisches Detachement auf sie zugesprengt, dessen Offizier, ein schöner, junger Araber von martialischem Ansehen und malerisch gekleidet, nach der Reisenden Namen und Geschäft frug. Herr von Prokesch nannte sich. »Und wer ist die Frau?« frug der Araber argwöhnisch weiter. »Die Frau . . . . . ist *meine* Frau.« »Ach«, sagte zweideutig lächelnd der Offizier, »die Ihrige! – nun dann müssen wir sie freilich unter unsern Schutz nehmen.« Bei diesen Worten holte er eine Orange aus seiner Bernus hervor und überreichte sie der Dame mit einer graziösen Verbeugung. Diese, leichenblaß, blieb bewegungslos wie eine Marmorstatue, doch auf einen Wink ihres Begleiters faßte sie sich endlich hinlänglich, um mit zitternder Hand die Frucht dankend zu empfangen. Der Offizier betrachtete sie mit mitleidigem Blick, und dann seinen feurigen Schimmelhengst herumwerfend, erbot er sich, das einsame Paar selbst als Sauvegarde durch die Truppen zu begleiten, welche Kephissia und die Umgegend erfüllten. Man kann sich während dieser Zeit die Todesnot der armen Griechin denken, die auch nachher, als der edelmütige Araber sie am Ende des Olivenwaldes mit stets sich gleichbleibender Courtoisie verließ, in ein so krampfhaftes Weinen der Freude und Angst zugleich ausbrach, daß alles Zureden des Herrn von Prokesch es lange Zeit nicht zu stillen vermochte. Diese Erzählung ist sehr einfach, aber, aus der Natur gegriffen und auf den Boden angepaßt, verfehlte sie ihre Wirkung auf uns nicht.

Wenn man durch die Schlucht von Brilessus kommt, worin die sogenannte »schöne Kirche« steht, in Wahrheit jedoch nur eine jämmerliche, griechische Kapelle, und bei den Felsen von Padischah (gewöhnlich Patissia genannt) daraus hervortritt, wo im Stein antike Gleise und verschiedene Vorrichtungen der Alten beim Steinsprengen sehr deutlich sichtbar sind, eröffnet sich die Aussicht auf Athen und den Pyräus in der überraschendsten Weise, und ich glaube, daß nirgends die Akropolis, mit Hafen und Meer im Hintergrunde, sich vorteilhafter präsentiert, weshalb *Malern* dieser Punkt sehr zu empfehlen ist.

SECHSTES KAPITEL

Fortgesetzter Aufenthalt in Athen

Indem ich diesen zweiten Teil meiner *griechischen Leiden* zu schreiben beginne, muß ich, der Billigkeit gemäß, und namentlich für den Aufenthalt in Athen, gestehen, daß trotz jenes ominösen Titels doch auch manche Sonnenblicke diese trüben Tage erhellten. Denn oft haben Freuden, ja selbst hoher Genuß, sich mit den schmerzlichen Gefühlen gemischt, welche der tiefe Verfall einstiger Größe so unwillkürlich hervorruft, den fast unerträglichen Mangel an allen, dem verwöhnten Europäer nötig gewordenen Bedürfnissen ertragen helfen.

In gesellschaftlicher Hinsicht erschien mir Athen angenehmer als viele größeren Hauptstädte, obgleich es in seinem Äußern, wie für Komfort jeder Art, noch manchem Dorfe im zivilisierten Europa nachstehen mag.

Der Grund dieser Annehmlichkeit lag für *meine* Individualität erstens darin, daß die Gesellschaft nur wenig zahlreich ist, ohne – ein halbes Wunder – zugleich kleinstädtisch zu sein; zweitens, daß sie in den wenigen Zirkeln, die sie in sich faßt, dennoch eine seltene Mannigfaltigkeit darbot, und drittens, daß Feste, Assembleen, Bälle und so weiter, deren Langeweile man, einmal in der Gesellschaft lebend, doch nicht wohl vermeiden kann, hier nur selten stattfinden. Daraus entsteht, daß man fast gar nicht geniert ist, keinen irgend bedeutenden Teil seiner Zeit in trostlosem, hinbrütenden Nichtstun zubringen muß, so viel allein bleiben kann als man will, und demungeachtet zu jeder Zeit, wenn einem die Lust dazu anwandelt, geselligen Verkehr erwünschter Gattung zu finden gewiß ist. Dies mit der vollkommensten Meinungs-, Rede- und Handlungsfreiheit verbunden, ist das Charakteristische der Athenischen Gesellschaft und mir wenigstens so zusagend, daß ich mich schon dadurch vollkommen befriedigt fühlte, ohne noch manches persönlichen näheren Interesses zu erwähnen, welches mich außerdem hier fesselte.

Nach diesen generellen Bemerkungen fahre ich mit den Auszügen meiner Tagebücher fort, aus deren Notizen, wenn sie auch nur hier und dort unregelmäßig verstreut sind, sich doch vielleicht am sichersten dem Leser ein treues Bild hiesigen Lebens und Webens gestalten wird, woraus er sich dann das *Resumé* zuletzt angenehmer selbst abziehen mag, als es ihm eine trokkene und regelrechtere Zusammenstellung meinerseits zu geben vermögen würde.

Den 6ten April

Ein Spazierritt mit der Familie Lyons nahm einen Teil dieses Tages hin, und mit englischen Damen zu reiten ist doppelt angenehm, da sie einem raschen Galopp nicht abgeneigt sind. Wir besuchten das Kloster Seriani, welches in einer grünen Schlucht des Hymettus sehr romantisch unter Oliven verborgen liegt, und erstiegen dann einen spitzen Berg dicht hinter demselben, der hoch genug war, um von dessen Gipfel die Gegend wieder wie vom Pentelikon landkartenartig zu überschauen, doch diesmal mit dem Vorteil, dem herrlichen Golf mit seinen Inseln und umhergetürmten Bergketten näher zu stehen, von welchen letztern die höchsten Gipfel in Böotien, Phokis und Achaja, trotz der vorgerückten Jahreszeit, noch immer mit Schnee über und über bedeckt waren. Die Aussicht erschien auch klarer als gewöhnlich, doch die Witterung blieb windig und rauh. Es gibt viele Reisebücher, die von dem ewigen Frühling Attikas und der gesunden Luft Athens sprechen. Dies muß sich sehr geändert haben; was mich betrifft, so finde ich bis jetzt hier eher einen ewigen südlichen Winter, mit Menschen, von welchen immer den Zehnten das Fieber schüttelt. Jene afrikanischen gleichmäßigen Tage, wo die Luft aufgelöstem, transparentem Golde gleicht, und laue Düfte Tag und Nacht die ganze Atmosphäre füllen, suchte ich bisher in Griechenland vergebens.

Nach unserer Rückkunft speiste ich bei Sir Edmund, dem geschäftigsten Diplomaten in Athen, der zugleich den besten Koch hat. Verschiedene neuerliche Preßfrechheiten, welche das Gouvernement lächerlich zu machen suchten, waren der Hauptgegenstand der Unterhaltung, und einige äußerten, daß man diesem Unwesen doch endlich steuern zu suchen müsse, der Gesandte aber versicherte heftig, daß die Griechen sich eher alles nehmen lassen würden als die Freiheit der Presse.

Wie komisch dies in einem Lande klingt, dessen Bewohner noch halb barbarisch sind und zum größten Teile, selbst viele seiner Häupter, noch nicht lesen und schreiben gelernt haben! Dennoch glaube ich allerdings, daß das Wiedernehmen des einmal Gegebenen jetzt seine Schwierigkeiten haben möchte, aber ob es nicht die größte Torheit war, von Hause aus ohne alle Not dies Geschenk zu erteilen, ist eine andere Frage. Ein so warmer Verehrer *des Prinzips* ich selbst bin, so kann ich doch, Griechenland in seinem jetzigen Zustande ins Auge fassend, zu frühe Gestattung einer so gefährlichen Freiheit *hier* nur für den widersinnigsten Mißgriff ansehen, ganz aus demselben Grunde, weshalb, trotz der Güte und des Nutzens eines scharf geschliffenen Messers, doch kein vernünftiger Mensch dieses einem Kinde zum beliebigen Gebrauch wird in die Hände geben wollen. Der plötzliche Übergang von jahrhundertelanger Sklaverei der Massen und unbeschränkter Despotie der Gebietenden zu einem Zustande, wie ihn das übrige gebildete (und überbildete) Europa verlangt, ja vielleicht bedarf, scheint mir hier nur die Verwirrung endlos machen zu müssen, und was das bis jetzt befolgte System dieser Art schon wirklich hervorgebracht, straft mich wahrscheinlich nicht Lügen.

Was nun die Nation selbst und ihren Charakter angeht, so darf man wohl mit Recht sagen, daß wenige Völker nach so langer Barbarei und Unterdrückung noch so viele gute Eigenschaften erhalten haben würden. Ein lebhafter scharfer Geist, Vaterlandsliebe, Tapferkeit, Mäßigkeit, Höflichkeit, Geselligkeit, Gewandtheit und *savoir faire* wird ihnen niemand absprechen können. Etwas Perfidie, etwas noch übrig gebliebener Sklavensinn, einige Tendenz zum Geiz, Interessiertheit, Unwissenheit, Unreinlichkeit und Faulheit, wo ihr Interesse noch nicht erwacht ist, nebst einer heillosen Eifersucht unter sich, selbst rücksichtsloser Rachsucht und einem sehr weiten Gewissen in betreff des Mein und Dein, welches Gut und Leben oft zugleich gefährdet, das sind ihre Schattenseiten. Im ganzen erscheinen sie jedoch immer noch ehrlicher, als erwartet werden dürfte, denn sie rauben mehr gewaltsam, als sie heimlich stehlen, was gewissermaßen als ein negatives Verdienst angesehen werden mag; und wenn sie mißtrauisch unter sich selbst und noch mehr gegen die Fremden sind (sie haben einige Ursache dazu), so wußten sie auch oft schon mutiges Vertrauen auf edle Weise zu schätzen und zu erwidern. Kriechend finde ich sie ebensowenig als hochmütig, und grausam erscheinen sie mir nur infolge so mannigfacher und tiefer Aufreizung wie durch angenommene *türkische* Sitten geworden zu sein. Mit einem solchen Volke, das außerdem so viel gesunden Mutterwitz, so viel Nationalgefühl und einen so regen Ehrgeiz mit der leichten Entbehrung fast aller Bedürfnisse verbindet, ist auch gewiß heute noch, so gut wie zu Athens und Spartas Zeiten, Großes zu erreichen möglich, wenn man nur ein neues, ihm angemessenes, seinen Eigenschaften entsprechendes Leben und Interesse in demselben hervorzurufen verstände, und ihm dann auch die gehörige Zeit ließe und die Mittel nicht vorenthielte, um zur Mündigkeit darin zu erstarken.

Es ist übrigens ein großes Unglück für das neue Griechenland und hätte auf dem an halben Maßregeln so reichen Wiener Kongreß kaum besser ausgedacht werden können: daß man auch hier nur *zur Hälfte* nahm und Thessalien und Epirus ausließ, was notwendigerweise, wenigstens zum Teil, mit dem neuen Königreich vereinigt werden mußte; denn so, wie die Grenze jetzt beschaffen ist, mit allen Ebenen im Besitz der Türken, wird es fast eine Sache der Unmöglichkeit, den durch das Meer vom übrigen Kontinent des Reichs größtenteils geschiedenen, durchaus gebirgigen Norden im Zaum zu halten und bleibende Ordnung und Ruhe darin herzustellen. Bei der Formation des neugriechischen Staates galt dasselbe, was Wallenstein dem Kaiser Ferdinand sagte: »Zwanzigtausend Mann kann ich Euer Majestät nicht schaffen, aber wohl siebzigtausend.« Ausgedehnter wäre Griechenland kompakter geworden als es jetzt ist, und daß die Türken damals gewähren mußten, was man ihnen vorschrieb – sobald man sich einmal über den Punkt der Ungerechtigkeit und Gewalt hinweggesetzt hatte – ist klar. Auch Kandia wird schwer von Griechenland entbehrt, insofern dieses letztere offenbar durch seine Natur und Lage vorzüglich zur Seemacht bestimmt ist. Ob indes den Kandioten dies sehr ersprießlich sein würde, bleibt problematischer. Wohlunterrichtete Leute versichern mich, daß Kandia unter dem Pascha von Ägypten – der freilich sein Handwerk besser als viele andere versteht – bereits in einem Zustande der Ordnung und Prosperität sich befinde, von dem der Peloponnes leider noch weit entfernt ist.

Schließlich noch eine Bemerkung über die jetzige Stimmung des griechischen Volks. Es ist erfreulich, mit welchem richtigen Takte dieses, obgleich es die fremde Herrschaft haßt, dennoch mit wahrem Enthusiasmus, von dem ich auch nicht eine Ausnahme gesehen, an dem Könige hängt und im Stillen von ihm allein die einstige Abhilfe aller Not erwartet. Auch im übrigen kann man sagen, daß die Nation im ganzen sehr geduldig ist (denn die partiellen Insurrektionen sind stets das Werk einzelner ehrgeiziger Häuptlinge) und, nachdem sie so oft aus Scylla in Charybdis und aus Charybdis wieder in Scylla gefallen, nichts mehr als Veränderung fürchtet, und daher die große Mehrzahl, welche nicht durch persönliche egoistische Zwecke geleitet wird, selbst sich lieber mit Graf Armansperg und Herrn Frey begnügen als einem neuen Experimentator in die Hände fallen will. Möchte doch diese gute Disposition des Volkes besser benutzt werden!

Den 9ten

Heute ist Ali Paschas Tag, und ich schonte ihn um so weniger, als meine Laune nicht die angenehmste war. Ärgerlich jagte ich hügelauf und hinab, querfeldein über Stock und Stein dem Meere zu, bis ich von Ferne schon Suniums Vorgebirge unterscheiden konnte. Auf dieser Stelle erhebt sich ein felsiger Hügel, wo ich zwei einzeln stehende Marmorsäulen bemerkte, die noch von einigen andern Bautrümmern umgeben waren. Auf welcher Höhe um Athen wäre die Fernsicht nicht schön! Auch auf dieser war sie es. Ich stieg ab und legte mich, meinen Gedanken die liberalste Audienz erteilend, unter eine der Säulen nieder. Da mein Pferd sich unterdessen auch hinlänglich verschnauft hatte, lockte mich die weite, leere Ebene nach dem Pyräus zu von neuem querfeldein. Nirgends kann man bequemer auf diese Art reiten als in der Umgegend Athens, denn nirgends hindert hier ein Zaun, Graben, Hecke oder Mauer den Reiter, und alle Flüsse und Bäche, so tief und breit ihr Bett auch sein mag, sind doch so wasserleer, daß man sie fast trockenen Fußes passieren kann. Durch die grünen Saatfelder reitet man ebenso unbekümmert, niemand verhindert es, niemand verwundert sich darüber, und häufig sieht man mitten darin Pferde und Esel angebunden, die sich die junge Gerste gut schmecken lassen, ohne vertrieben zu werden. Alles, was man zu einer solchen *steeple chase* [Hindernisrennen] bedarf, ist ein Pferd mit guten Beinen, das Felsen zu klettern versteht und sicher genug ist, um auf den unabsehbaren, dicht mit hoher Heide bewachsenen und ganz mit kleinen, losen, spitzen Steinen angefüllten Ebenen festen Fußes dahin galoppieren zu können.

Ehe ich mich von meinem Schimmel trennte, stieg ich vorher noch einmal mit ihm zum Monument des Philopappus hinauf, dessen Felsenhügel heute durch viele geputzte Spaziergänger wie mit bunten Blumen geschmückt war, und machte zum Schluß dem Innern der Akropolis einen zweiten Besuch, wo ich manches Detail noch nachzuholen hatte. In dem Raum über den Propyläen sah ich eine große Menge zum Teil vortrefflicher, während der neuen Arbeiten aufgefundener Fragmente, die man unter Schluß hält. Je mehr man bei ihrer genaueren Beobachtung innewird, mit welcher Liebe und hohen Vollendung, mit welchem allgemein veredelten Geschmack und Kunstsinn auch die unbedeutendsten Nebensachen von den Alten behandelt wurden, je mehr muß man, ohne alle Affektation und Nachbeterei, über eine Zeit staunen, von der wir uns in ihrer Pracht und völlig erschöpfenden Ausfüllung der Kunst gewiß keine ganz genügende Vorstellung mehr zu machen imstande sind. Ich stieg heute zum erstenmal in die Gruben hinab, wo nun bereits die eine Ecke des Parthenons bis auf den Grund seiner Basis freigemacht worden ist. Hier kann man erst die wohltuende Schönheit der Verhältnisse des Tempels ganz beurteilen, die jede neue Betrachtung immer reizender hervorhebt. Die Aufgabe war bei dem Bau um so schwieriger, als offenbar ein doppelter Zweck dabei beabsichtigt ward, der Effekt in der Nähe und auch der des Ganzen von unten aus der Stadt und der Umgegend gesehen. Der letzte war, meines Erachtens, der am schwersten zu berechnende und doch der am glücklichsten, ja auf wahrhaft wunderbare Weise erreichte – denn von jedem Fernpunkt ist die Grazie dieses Tempels und das Imposante seiner Säulenreihen von unnachahmlicher Wirkung, während man, dicht davorstehend, beim ersten Anblick jetzt wegen der größtenteils noch bestehenden Verschüttung der Basis eher etwas Schweres in den Verhältnissen zu finden, namentlich die Säulen für zu kurz gegen ihren Umfang zu halten versucht wird. Dies ändert sich jedoch sogleich in der auffallendsten Weise, wenn man in die Vertiefung niedersteigt, wo man bereits einen Teil der Basis freigegraben hat, und nun erst den Tempel in seinen ursprünglichen Verhältnissen sieht, wo augenblicklich die Säulen in die wohltuendste Harmonie mit dem Ganzen treten. Obgleich nun, wie gesagt, auf den andern drei Seiten durch die dort noch total verborgene Basis eine leichte Entstellung des Gebäudes stattfindet, so trägt doch die dadurch hervorgebrachte etwas störende Schwere der Architektur immer nur den Stempel der Gediegenheit und Stärke, kommt aber keineswegs jener verhältnislosen Plumpheit im entferntesten nahe, welche die modernen Nachahmungen dorischer Tempel so oft, namentlich in Frankreich und England, widerlich verunstaltet.

Den 12ten

Gestern fingen die großen griechischen Osterfeierlichkeiten damit an, daß ein Bild des Herrn Christus unter Begleitung einer brennende Lichter tragenden, zahlreichen Volksmenge um Mitternacht begraben wurde, während die Militärmusik den Totenmarsch aus Paers Oper »Achilles und Briseis« dazu spielte. Heute ließ man um dieselbe Zeit der Nacht und mit noch mehr brennenden Lichtern das begrabene Bild wieder auferstehen, wozu diesmal eine Polonaise von Rossini akkompagnierte. Vor der Metropolitankirche der heiligen Irene, ein Gebäude von sehr kleinen Dimensionen, war eine hölzerne Tribüne aufgeschlagen, wie die Zahnärzte sie ehemals auf den deutschen Jahrmärkten zu etablieren pflegten. Hier erschien indes auf diesem kahlen und durch nichts dekorierten Brettergerüste – niemand Geringeres als der König selbst, begleitet von seinem kleinen Hofstaat in Gala, nebst zwei fremden Gesandten, dem russischen und dem preußischen, die einzigen bei der Zeremonie gegenwärtigen, ferner dem Despoten (Erzbischof) von Athen und mehreren anderen Geistlichen *in pontificialibus*, die verschiedene religiöse Zeremonien verrichteten. Seine Majestät, nachdem sie die dargereichte Bibel geküßt, geruhten alles dies entblößten Hauptes, mit einer langen Wachskerze in der Hand, drei Viertelstunden lang stehend, abzuwarten, ein Beispiel, dem natürlich alle anderen Anwesenden ebenfalls folgen mußten. Dasselbe wiederholte sich nachher in der Kirche, abermals zwei Stunden lang, und war draußen die *Kälte* empfindlich gewesen, so war es drinnen die *Hitze* nicht minder. In der kleinen wohlerleuchteten Kirche hatte man seitwärts einen Baldachin errichtet, unter dem der König allein stand. Seine Wachskerze – nach türkischer Art in Form eines Peitschenstiels schmal zulaufend – war über drei Fuß lang, so daß sie ganz geeignet schien, alle Gesänge, Niederwerfungen, Hin- und Herlaufen nebst allen anderen, den Laien so unbegreiflichen Manövers der Priester auszudauern, ohne daß Seine Majestät befürchten durften, sich die Finger zu verbrennen. Der arme, junge König hielt dabei so gute Kontenance als Louis Philipp, wenn dieser in einem Tage fünfzigtausendmal den Hut abnimmt und nebenbei zwanzigtausend *poignets de main* [Händedruck] austeilt. Besser hatten es die anwesenden Damen, die auf ihrer Tribüne ganz bequem ruhten, durch eine Bretterwand geschieden von den zum Stehen verurteilten Männern.

Der Despot war mit prächtigen Gewändern bekleidet, und sein weißes, unter einer Art Krone, wie die Karls des Großen geformt, herabhängendes Haupt- und Barthaar war so reichlich und voll, daß es der Mähne eines Schimmels glich. Auch sein Erzbischofstab oder Szepter hatte eine eigentümliche Form und endete gleichfalls in eine Krone. Den Gesang fand ich durchgängig in arabischer Manier, ganz ähnliche Melodien, und die Töne mehr durch die Nase als durch die Kehle dringend.

Ich kann mich nicht rühmen, das Ende der Zeremonie abgewartet zu haben, denn nach einer Stunde des genossenen Dampfbades glaubte ich, *sans y être obligé*, das Äußerste geleistet zu haben, und drängte mich glücklich durch die nicht allzu andächtige Menge, um mich bei der Fürstin Dimitri von der kirchlichen Fatigue mit einer Tasse Tee zu erfrischen. Es verdient bemerkt zu werden, daß das Haus dieser Dame einer der wenigen Orte in Athen ist, wo man wirklichen *souchong* richtig zubereitet und nicht bloß gelbgefärbtes Wasser erhält, überdies aber die Götter selbst kein lieblich freundlicheres Wesen zur Nektarspenderin gehabt haben können als die jugendlich reizende Fürstin Sophie, wenn sie lachend und scherzend hinter ihrem Teetische sitzt.

Den 13ten

Sonst pflegten die Weiber Athens an dem auf den heutigen Tag fallenden griechischen Osterfeiertage um den Theseustempel herzutanzen, doch mit der europäischen Kultur scheint dies aufgehört zu haben; denn als ich mich hinbegab, fand ich zwar viele geschmückte Leute um den Tempel versammelt, die sich dort auf verschiedene Weise belustigten; tanzende Weiber konnte ich aber nirgends darunter bemerken. Die meisten waren im Gegenteil so unbeweglich als der Felsen an der Pnyx, den man seiner seltsamen Form wegen die Dame von Athen nennt, oder die zwischen den eingerissenen Hütten neben dem Tempel weiß hervorragende Karyatiden, die in Schlangenschweifen enden; sie wurden erst in neuerer Zeit entdeckt, und bis jetzt hat niemand mit Wahrscheinlichkeit angeben können, was ihre Bestimmung war, oder welchem Monumente sie angehört haben mögen. Sie sind, obgleich antik, doch nur mittelmäßig gearbeitet, so wie die daneben stehenden zwei Postamente, welche noch halb in den Mauern stecken, wo man wahrscheinlich bei gänzlicher Demolierung des eingerissenen Häuserhaufens noch mehr auffinden wird, was dann vielleicht weitere Aufklärung gibt. Ich setzte mich, entfernt von dem bunten Menschenhaufen, mitten unter den Ruinen auf einen Stein, betrachtete bald den Theseustempel mit seiner belebten Umgebung in der Weite, bald die einsamen Schutthaufen, in der Nähe um mich her getürmt, bald die Felsen der Akropolis, hoch oben über mir, wo besonders jener antike Teil der Festungsmauer meine Blicke auf sich zog, den die Griechen nach der Zerstörung durch die Perser schleunig wieder aufbauten, und in der Eile eine Reihe Säulenstücke wie Orgelpfeifen nebeneinander mit einfugten, – ein ebenso historisch denkwürdiges als sich seltsam ausnehmendes Denkmal.

Fast kam es mir wie ein Märchen vor, als mir, während dieser mannigfachen Erinnerungen, beifiel, daß es nun schon hohe Zeit geworden sei, mich anzukleiden, um bei einem Sohne des Hauses Wittelsbach zu speisen, der jetzt König der Athener sei! Wen mag, wenn wieder einige tausend Jahre verflossen sind, ein neuer Reisender an seiner Stelle finden? – und doch schaut auch dann noch vielleicht die Säulenmauer aus dem Perserkriege auf alles dies, wie heute, still und ruhig nieder.

Das Diner im Palais, nur wenig zahlreich an Gästen, war vielleicht eben deshalb um desto unterhaltender, und der jugendliche König verschmähte nicht, sich als den liebenswürdigsten Wirt zu zeigen. Abgerechnet die Personen vom Dienst, beschränkte sich die Zahl der Eingeladenen, außer mir, nur auf den Kriegsminister (General Schmalz) und den baierischen Gesandten. Der erste erzählte viel Interessantes über die neuesten Kriegsvorfälle in Rumelien, von wo jetzt die günstigsten Nachrichten eintreffen, was um so erfreulicher ist, da früher nicht immer durch ihre Treue sich empfehlende griechische Chefs jetzt mit dem wärmsten Eifer für den König dort befehligen. Eine Depesche des General Grivas lautete in lakonischer und kräftiger Kürze folgendermaßen: »Wir schlugen den Feind und machten achtzig Gefangene, die ich durch die Wellen des angeschwollenen Acheleus – zur Hölle sendete« (das heißt der General ließ sie im Acheleus ersäufen).

Grivas, welcher übrigens in Athen für den ersten Elegant und den größten Stutzer der Armee passiert, während der Revolutionszeit aber sich zugleich als einen der grausamsten, gefürchtetsten und der Regierung gefährlichsten Häuptlinge zeigte, hatte auch einen Sack Köpfe eingeschickt, und es ist leider wahr, daß nur so, auf die alte türkische Manier, es diesmal schnell und leicht gelungen ist, fast ohne alle Benutzung baierisch-griechischer Truppen, der Revolte in wenig Wochen ein Ende zu machen. Man muß gestehen, daß dergleichen neben der Freiheit der Presse und dem europäischen Liberalismus sich sonderbar ausnimmt!

Von dem Reste des Monats vermag ich nichts weiter zu berichten. Meine Gemütsstimmung verlangte eine Zeitlang Einsamkeit und Zurückgezogenheit; erst mit dem Beginn des Frühlings kam mir wieder Mut und einige Lust, mich von neuem unter die Menschen zu mischen.

Den 1sten Mai

Wahrlich, wenn ich mit mir selbst unzufrieden bin und mit der großen Mangelhaftigkeit meiner Tugend, – die Welt, finde ich, fällt in das entgegengesetzte Extrem, – sie wird zu tugendhaft. Da aber alle Extreme gefährlich sind, könnten am Ende auch die Menschen selbst an der Tugend zu Grunde gehen. Welche Zeit! Ein bereits begonnener ewiger Friede, *»the radiant splendours of majestic peace«*, wie der Dichter sagt (denn wird noch wo Krieg geführt, so ist es ja nur angeblich im Frieden und inkognito); die Aufhebung der Staatslotterien; das Verbot der Hasardspiele; das Verdammen leichtfertiger Schriften und Bilder; der große Erfolg der Mäßigkeitsvereine; die Anhäufung der

Sparkassen bei den gemeinen Ständen; eine heilige Allianz auf den Thronen; laut verlangte Redlichkeit, selbst in der Politik und Diplomatie! – wohin soll das die Menschen führen? Wir werden am Ende noch *wirkliche* Christen, nicht nur dem Namen nach, sondern in der Tat. Des Teufels Großmutter fing schon an, ängstlich zu werden, aber Mephistopheles tröstete sie mit einer scheußlichen Grimasse: *»Soyez tranquille, ma bonne mère«*, sagte er (denn der Teufel spricht gern französisch), *»le diable n'y perdra rien!«*

Diese Betrachtung wurde mir eingegeben, als ich eben zu einer großen Assemblee bei dem Grafen Armansperg gehen wollte und mir lächelnd dachte, wie alle die erwähnten tugendhaften Zustände auf das jungfräuliche Land, in dem ich mich jetzt befinde, noch so gar nicht passen wollen! Vor dem allgemeinen Frieden ist man hier hinlänglich durch die Insurgenten und Räuber gesichert; an das Projekt einer Staatslotterie dachte noch niemand, aus Besorgnis, keine Lose abzusetzen; leichtfertige Bücher und Bilder kann man nicht verdammen, weil es in der Literatur außer dem Sauveur und seinen wenigen Konsorten, die sich unbequem genug machen, und in der Kunst außer einigen Heiligenbildern, nebst dem Porträt Seiner Majestät des Königs, überhaupt keine Schriften und Kunstwerke gibt; die Mäßigkeitsvereine betreffend, so bildet hier die ganze Nation schon den größten dieser Art, der mir je vorgekommen ist, und wenn man sie Jahr aus Jahr ein von Zwiebeln, schlechtem Brot und mit Harz versetztem Krätzer leben sieht, möchte man fast auf den Gedanken kommen, daß ein *Unmäßigkeitsverein* hier großen Nutzen stiften würde. Aus einem ähnlichen Grunde sind auch Sparkassen hier unanwendbar, weil niemand Geld hat, oder wo die Ausnahme von der Regel einmal stattfindet, es jeder sogleich vergräbt.

Die heutige Assemblee zeichnete sich vor den früheren dadurch aus, daß der türkische Gesandte, in der abenteuerlichen Kleidung neuerer osmanischer Zivilisation, in einem lederfarbenen Überrock mit einem darüber geschnallten, langen, graden Degen – zum erstenmal hier öffentlich erschien, nachdem er vor einigen Tagen seinen feierlichen Einzug, vom Nomarchen und der Gassenjugend begleitet, in Athen gehalten hatte. Der König war, wie immer, höchst artig gegen jedermann, beglückte mehrere junge Damen dadurch, daß er sie zum Tanze aufzog, und unterhielt sich auch mit mir eine halbe Stunde sehr angelegentlich über Landschaftsgärtnerei, ein Gegenstand, über den Seine Majestät mit ebensoviel Sinn als Geschmack zu sprechen wußte. Eine angenehme Bekanntschaft für mich war die des Fürsten Michael Suzzo, griechischen Ambassadeurs in Petersburg und früheren Hospodars der Wallachei; nachher ließ ein kleiner Zirkel interessanter Männer, die sich in ein Seitenzimmer zurückgezogen hatten, mich verschiedene unterrichtende Gespräche über die hiesige Politik vernehmen, welche ich jedoch wiederzuerzählen dermalen nicht für gut finde.

Den 5ten Mai

Die Leser sind so häufig genötigt worden, Bemerkungen über meinen geliebten Hund Francis zu vernehmen, daß sie es vielleicht mit Vergnügen hören werden, wie ich mich endlich entschlossen, mich von ihm zu trennen und ihn über Meer und Land der Dame zuzusenden, für die ich ihn ursprünglich bestimmt hatte. Dies war ein schweres Opfer, den kleinen, muntern Spielgefährten vielleicht nie wieder zu sehen, der mich seit Malta kaum je einige Stunden bei Tag noch Nacht verlassen hatte. Doch die Furcht der Reisegefahren für das harmlose und etwas delikate Wesen bewogen mich zur Resignation. Leider mußte ich ihm auch, da er allein schwer den Weg nach dem Königreich Preußen aufgefunden haben würde, einen Reisemarschall mitgeben. Ich konnte ihn niemand anvertrauen als dem mit ihm fast ebenso genau als ich liierten Lorenzo, der also heute, nebst zwei Schildkröten nur von der Größe eines Ottotalers und einem Koffer mit Antiken gefüllt, nach Patras zur Einschiffung mit Francis abgegangen ist und mich so mit meinem Kummer ganz allein zurückläßt.

Zerstreuung zu suchen setzte ich mich wie gewöhnlich zu Roß und ritt mit dem österreichischen Gesandtschaftssekretär, Herrn Kleinmayer, zur Besteigung des Hymettus aus. In einem Ravin ohne Weg hatten wir uns etwas von der beabsichtigten Richtung verirrt, als wir einen Reiter auf fahlem Pferde vor uns erblickten. Wir folgten ihm, und bei der jählingen Wendung um einen Felsen präsentierte sich uns ein überraschendes Schauspiel. Es war ein griechisches Begräbnis im Freien. Die unbedeckte Leiche ward eben in die Grube hinabgelassen, der Priester verrichtete seine Zeremonien, und die Menge stand wehklagend umher, Sägespäne und Asche auf den toten Körper streuend. Nach diesem guten Omen (denn es bringt Glück, Leichen zu begegnen, besonders wenn es, wie hier der Fall war, auf der rechten Seite stattfindet) vertieften wir uns in eine breite, schauerlich gestaltete Felsenschlucht. Immer in der Hoffnung, später eine gangbarere Straße aufzufinden, kletterten wir fort und fort, über eine gute Stunde lang, auf den spitzen Felsblöcken hin, die eine ehemalige Flut hier im Grunde übereinandergehäuft und die Zeit so mit Dornen überzogen hatte, daß wir uns nur mit großer Mühe hindurchzudrängen vermochten. So gelangten wir endlich, zwischen immer höher hinanstrebenden und enger zusammentretenden Felswänden, dicht unter dem höchsten Gipfel des Hymettus, in eine Art Rotunde, die herrlich mit verschiedenem Buschwerk überhangen war. Da sie aber nirgends einen Ausgang gestattete, so gab sie uns leider die unangenehme Gewißheit, daß wir, ohne unser Ziel erreicht zu haben, um nach Hause zu kommen, gerade denselben beschwerlichen Weg wieder zurücklegen müßten, den wir hergekommen waren. Wir trösteten uns zwar mit den originellen Aussichten, welche sich beim Herabsteigen durch die verschiedenen Wendungen des Defilees auf einzelne entfernte Gegenstände eröffneten und auf das mannigfaltigste abwechselten, verloren aber so viel Zeit auf dieser Tour, daß ich bald darüber eine Audienz bei Seiner Majestät versäumt hätte, die den Wunsch geäußert, ein neuerlich erschienenes Gartenwerk zu sehen, das ich zufällig bei mir habe. – Ich muß dem Verfasser zu der Aufmerksamkeit gratulieren, mit der der König es mehrere Stunden lang, ich kann nicht sagen durchsah, sondern wahrhaft studierte. Die gründlichste Forschung in Wissenschaft wie Kunst ist in der Tat ein Charakterzug dieses wißbegierigen Fürsten.

Den 7ten Mai

Diesen Morgen besuchte mich mein geehrter Freund, Kapitän Austin, Kommandant der Medea, um mir den amerikanischen Missionar, Herrn Hill, vorzustellen, der mich einlud, sein Erziehungsinstitut und die damit verbundene Kinderschule zu besuchen. Das Treiben der Missionare ist in der Regel nicht sehr nach meinem Geschmack, doch hier fand ich einen Mann und eine Anstalt, welche mir beide die größte Verehrung abgedrungen haben. Der Nutzen und die Wohltat, welche aus den Bestrebungen dieser vortrefflichen Familie (denn Madame Hill ist dafür reichlich ebensoviel als ihrem Manne zu danken) dem jungen Griechenland zuteil wurden, sind wichtiger und belohnenswerter als das ganze Leben und Wirken von fünfzig Stück gewöhnlichen Ministern.

Die Anstalt enthält sich aller religiösen Einwirkungen und sucht nur den Armen und Verwahrlosten Mittel zum Unterhalt durch Unterricht, gute Sitten und Rechtlichkeit einzuflößen. Im Hause des Herrn Hill selbst werden einige zwanzig griechische junge Mädchen zu Lehrerinnen erzogen, denn da das weibliche Geschlecht hier besonders auf einer tiefen Stufe der Kultur steht, so glaubte Herr Hill auf dessen Veredlung am meisten hinwirken zu müssen. Diese Mädchen lehren in der Kinderschule und sollen nach und nach in verschiedenen ähnlichen Etablissements über das ganze Land verbreitet werden, wozu auch schon ein schwacher Anfang gemacht worden ist; doppelt erfreulich, da das Gouvernement bis jetzt für die Erziehung noch so wenig zu tun Muße fand. Einige hundert Kinder beider Geschlechter besuchen die Schule und werden nur im reinlichen Zustande ihrer Person und Kleidung angenommen. Das Lokal ist ein großer Saal, an dessen Ende die Schüler amphitheatralisch sitzen. Vor ihnen steht die Lehrerin, auf der einen Seite neben sich die bekannte Vorrichtung, an der mit Holzkugeln gerechnet wird, auf der andern ein Relief Europas, dessen Vertiefungen, Meer, Flüsse, Seen darstellend, mit Wasser angefüllt werden, und ein sehr einfaches und ingeniöses Planetarium von amerikanischer Erfindung. Die Absicht hierbei ist, sämtliche Gegenstände sozusagen durch Sehen und Fühlen desto dauernder in den jungen Geist zu bringen. In anderen Stuben befinden sich etwas ältere Mädchen als die Schulkinder, welche den ganzen Tag, mit Arbeiten verschiedener Art beschäftigt, hier verweilen, weshalb jede derselben ihr frugales Mahl in einem Körbchen mitbringen muß. Dies bestand bei den meisten aus nichts als Brot, nur bei wenigen fand sich eine leichte Zugabe der wohlfeilsten Art Schafkäse; denn es sind ganz arme Kinder, die hier den unentgeltlichen Unterricht finden und durch den Verkauf der Arbeit, die sie anfertigen, sich und oft auch ihrer Familie dürftig das Leben fristen. Alle waren anständig gekleidet, sahen gesund aus und schienen heiter. Den rührendsten Eindruck auf mich machte die Abteilung der früher ganz Brotlosen, ohne Schutz und Familie, die Herr Hill, im äußersten Stande der Roheit, von der Straßenbettelei mildtätig aufgegriffen hat, und die jetzt gebildete, vernünftige Wesen geworden sind, welche sich mit dem Erlernten wohl nähren, damit unabhängig und glücklich leben und teilweise von der tiefsten Unwissenheit zu so ausgezeichneter Geschicklichkeit übergegangen sind, daß man die Produkte ihres Fleißes schon bis nach London und Paris verkauft hat. Man kann fast mit Sicherheit annehmen, daß alle diese frohsinnigen und arbeitsamen Geschöpfe, denen hier kaum eine Versuchung mehr nahet, ohne die ihnen gewordene Wohltat im Pfuhle des Lasters und Elends früher oder später unausbleiblich untergegangen sein würden, und mit Ehrfurcht sieht man die dankbaren Blicke, die sie ihrem Vater und Retter zollen, wenn er, sie freundlich ermunternd, in ihrer Mitte erscheint. Das nenne ich ins Werk gesetztes Christentum, und das erwirbt auch den Himmel schon auf Erden!

Seine Majestät der König hatte die Gnade gehabt, mir zu erlauben, ein Andenken von der Akropolis mit mir zu nehmen, und ich besuchte sie heute daher zum letzten Male, um mir von dem liebenswürdigen, aber strengen Wächter dieser Schätze, dem Dr. Roß, die Realisierung des Königlichen Versprechens auszubitten. Doch konnte ich von seiner allzugenauen Gewissenhaftigkeit nichts erlangen als: einen noch mit lebhaften Farben prangenden, gebrannten Stirnziegel, der älter als das Parthenon ist und neben ihm in einer tiefen Grube mit mehreren andern gefunden wurde, so daß es scheint, der Tempel, den diese Ziegel krönten, sei früher zum Behuf der Errichtung des Parthenons eingerissen, sein Marmor verwendet, die gebrannten Verzierungen aber, als für den neueren Bau unbrauchbar, weggeworfen worden; ferner einen ebenfalls gemalten kleinen Kopf aus derselben Ton-Masse; eine antike Bleifeder; einen kleinen Hund von Bronze (zum Ersatz meines armen Francis); das abgebrochene Stück einer bemalten Vase mit der Eule der Minerva und ein Stück penthelischen Marmor des Parthenons. Noch denselben Abend hatte ich Gelegenheit, auf einem Ball beim Grafen Armansperg dem Könige meine frischeste Dankbarkeit für sein Geschenk zu bezeigen und mich zugleich bei ihm zu beurlauben, da die Abreise Seiner Majestät nach Baiern auf den Montag bestimmt war.

Den 8ten Mai

Die Umgebung des Pyräus war mir bisher nur unvollkommen bekannt worden, und ich benutzte daher den heutigen leidlichen Tag – denn der echte griechische Himmel will sich noch immer nicht einfinden –, um mit meinem gütigen Freunde, Herrn Gropius, eine Exkursion dorthin zu unternehmen. Wir besichtigten zuerst im Olivenhain den Tumulus der Antiope (im Griechischen »Antiopi« ausgesprochen), welcher zwischen den zwei Mauern stand, die Athen mit dem Pyräus verbanden. Fauvel hat ihn geöffnet, aber nichts darin gefunden, wahrscheinlich aus dem Grunde, weil er hier, wie in Marathon, nicht tief genug gegraben. In dieser Hinsicht wäre überhaupt für jeden, der Geld und Zeit darauf zu verwenden hat, noch eine gar große Nachlese in Griechenland übrig. Nicht weit davon steht in der Plaine das Monument des Karaiskaky, im vorigen Jahre dem gegen die Türken gebliebenen Helden nebst seinen übrigen gefallenen Gefährten gesetzt. Das historische Interesse dieses Grabmals ist lebendig, in der Dauer wird aber der Tumulus der Antiope es wahrscheinlich noch lange überleben. Es gibt vielleicht keine zweckmäßigere Art Monumente als die Tumuli, um mit gehörigen Kosten das Andenken einer großen Tat den fernesten Zeiten zu überliefern, und es ist zu verwundern, daß man sie in neueren Zeiten so selten angewendet hat.

Als wir dem Hafen entlang hinritten, dessen umschließende Mauern und Turmreste noch vor wenigen Jahren fast ganz zusammenhängend sichtbar waren, sahen wir mit Schmerz die Mannschaft mehrerer Boote beschäftigt, Steine davon zu andern Zwecken loszureißen, und vielleicht wird bald das leere Grab des

Themistokles, über dessen unbedecktem Steinsarge das Meer mit einförmigem Brausen seine Wellen schlägt und dann wie in Ehrfurcht wieder zurückzieht, ein gleiches Schicksal treffen.

Wir standen hier dem Schauplatz der Schlacht von Salamis gegenüber, deren Interesse seltsam dadurch vermehrt wird, daß es (wie ein deutscher Historiker sagt) an demselben für Griechenland so verhängnisvollen Tage der tragischen Muse gefiel, alle ihre drei Lieblinge in einer vorbildenden Generation zu versammeln: der kühne Aeschylus half als Jüngling siegen, der blühende Sophokles tanzte als Knabe um die Trophäen, und Euripides ward während des Sieges auf Salamis geboren.

Dicht neben des Themistokles (supponiertem) Steinsarge hat man, gleich der Parodie des Trauerspiels, aus antiken Quadern ein Grabmal für einen englischen Clergyman in der Form eines Wasserbehälters errichtet, dem ehrlichen Manne aber wenig damit genutzt, da sich jeder nur mit Achselzucken an diesem Platze davon wegwendet. Es ist das leibhaftige Bild hausbackener, gemeiner Prosa, gegenüber der schönen Fiktion des Dichters – aber auch hier hat diese Prosa wenigstens den Vorteil palpabler Realität, während ihr nobler Gegensatz wahrscheinlich nur der Einbildungskraft angehört.

Mit mehr Teilnahme erblickt man gegenüber, auf Salamis öder Höhe, das Grab einer liebenswürdigen Frau weiß in der Sonne erglänzen, einer Frau, welcher Fremde und Einheimische den Zoll der Tränen in innigster Vereinigung widmeten: Luise Armansperg, Fürstin Michael Kantakuzenos, ein selten vollkommenes Geschöpf, schön in irdischer Erscheinung, schöner an Geist und Seele, das, in der Blüte der Jahre, Athens mörderisches Fieber oder, wie einige behaupten, die Pest hier hinraffte.

Diese Gegend ward auch in neuerer Zeit durch die Kämpfe der Revolution schwer heimgesucht, die jedoch zuletzt eine große Apathie bei Freund und Feind hervorgebracht hatten. So erzählte mir Herr Gropius, daß er einmal auf dem Felsenvorsprung, nahe dem antiken Turm, an welchem die Kette befestigt war, die den Pyräus schloß, mehrere Tage lang über fünfhundert Packsättel mit einem Teil ihrer Ladung frei daliegen sah, welche die Griechen bei übereilter Einschiffung, um nur ihre Maultiere zu retten, hier zurückgelassen hatten, ohne daß die Türken, von Mangel anderer Art gequält, Notiz von der Beute nahmen.

Kurz nachher kamen wir bei der neuen Douane vorbei, die halb fertig liegen geblieben ist, weil sie vor dem so viel nötigeren Lazarett angefangen wurde, dessen Platz gegenüber bestimmt war, und nun die Fonds zu beiden Gebäuden nicht zuzureichen scheinen. Man sieht hier eine antike Wasserleitung, die sich vor andern ihrer Art dadurch auszeichnet, daß sie in gewissen Distanzen durch mit Sand gefüllte Bassins unterbrochen wird, um das Wasser zu klären. Wir beschlossen unsere Tour mit einem Besuch auf der Medea. Sobald man uns gewahr ward, schickte der Kapitän mit gewohnter Artigkeit sein Boot, und wir wurden mit fröhlicher Musik unter dem bunten Zelte empfangen, das auf dem Verdeck errichtet ist. Die ganze Einrichtung für den König, der auf diesem Schiffe nach Ankona reisen soll, ist ebenso geschmackvoll als reich, und interessant zu sehen, wie geschickt man den engen Raum dennoch zu aller möglichen Bequemlichkeit zu benutzen gewußt hat. Man zeigte uns die vom Könige von Baiern zurückgelassenen Geschenke, würdig des Königs und des kunstreichen Münchens; nur fand ich, daß die Miniaturporträts auf den Tabatieren dem gemütlichen Fürsten nicht hinlängliche Gerechtigkeit widerfahren ließen.

Den 14ten Mai

Endlich ist mein Wunsch erfüllt worden, ein kleines Erdbeben zu erleben. Zwölf Minuten vor neun Uhr abends, als ich eben in meiner leichtgebauten Behausung mit Herrn von Werthheim, einem griechischen Genie-Offizier, der lange in Brasilien gedient, wo er Adjutant des Kriegsministers war, und viel Merkwürdiges in diesem Lande erlebt hat, bei Tische saß, fing plötzlich Tisch und Sofa und Wand zu schwanken an, so daß ein arabischer Spruch, den ich auf Pappe geklebt an der Wand über mir aufgehangen hatte, herabfiel und das darüber befestigte Bild des Königs von Baiern mit der Unterschrift: »Ich möchte kein unumschränkter Monarch sein!« wie ein Perpendikel sich auf und ab bewegte. Es blieb indes bei diesem einen Stoß, der ungefähr eine halbe Minute dauerte und, obgleich er ziemlich stark war, kann ich nicht sagen, daß er irgendeinen besondern Effekt auf mich gemacht hätte. Der Moment seines Eintritts war insofern komisch, als mir Herr von Werthheim eben die Parodie eines Ritterschauspiels aus dem Wiener Kasperle vorlas und wir gerade an die Stelle gekommen waren, wo unter dem Gekrach des Donners ein Einsiedler aus der Höhle tritt und die Heldin des Stücks, welche, von ihrem Geliebten entführt, durch den Wald eilt, mit den Worten aufhält: »Wo willst Du hin, Pflichtvergessene?« »Laß mich, Grobian!« erwidert entrüstet die

Prinzessin. »Gott!« ruft der Einsiedler entsetzt, »ich bin erkannt – stirb, Unglücklicher!« und stößt sich den Dolch ins Herz.

Hier trat das Erdbeben ein.

Den 15ten Mai

Es blieb mir in der Nähe Athens nun nichts mehr zu explorieren übrig als die früher verfehlte Aussicht vom Gipfel des Hymettus. Die Sonne schien hell, es war ziemlich warm, und Herr von Kleinmayer, jetzt vom rechten Weg besser unterrichtet, willigte ein, mich noch einmal zu begleiten. Unter so guten Auspizien eilte ich, mich schon um elf Uhr früh mit ihm auf den Weg zu machen. Wir fanden das Kloster Seriani, die freundliche, schattige Oasis, ganz von lilafarbenen Blumen umblüht, die der Feldrose gleichen und weit umher die Erde dicht bedeckten. Der einzige Mönch, der hier haust, zeichnet sich sehr vor seinen übrigen, mir bekannt gewordenen Brüdern in Griechenland aus und war in sorgfältiger Kleidung und polierten Manieren so elegant als ein weiland französischer Abbé. Er zeigte uns mit vieler Bereitwilligkeit die bunt bemalte kleine Kirche mit vier antiken Säulen, präsentierte uns einer unter den Feigenbäumen des Hofes gelagerten Gesellschaft blumenbekränzter griechischer Damen und reichte uns frische Milch dar, in die er Rosenblätter warf. Nach der genommenen Erfrischung baten wir um einen Boten für den Rest des Weges und erhielten deren zwei, die ihn beide nicht kannten, sich mehrmals unter fortwährendem Geschrei heftig deshalb stritten und, der eine rechts, der andere links weisend, alles anwandten, uns jeder auf seine Seite zu ziehen. Wir folgten nach eigenem Ermessen, und trotz bedeutender Schwierigkeiten wie der wiederholten Versicherung der

Führer, daß man den Hymettus nur zu Fuße erklimmen könne, gelang es uns doch auf unsern treuen Rossen, ohne abzusteigen, die kleine Steinpyramide, welche auf dem höchsten Punkte des Berges errichtet worden ist, glücklich zu erreichen.

Es gehört zu den Sonderbarkeiten, die mir oft begegnen, daß ich zur Besteigung eines Berges, die ich *der Aussicht* wegen unternahm, ohne es zu ahnen, den Tag einer *Sonnenfinsternis* gewählt hatte, die auch nur wenige Minuten, nachdem wir oben angekommen waren, pflichtmäßig begann. Doch was der Klarheit abging, ersetzte die Seltsamkeit des Schauspiels. Einige Teile der Landschaft, besonders die Bergkessel nach dem Pentelikon zu, zeigten sich schwarz, wie in Nacht getaucht; andere Stellen hoben sich einzeln mit einem desto glänzenderen Lichte hervor, da die Sonnenfinsternis nicht total war, und prachtvoll erschien besonders unter den jähen Abhängen nach Süden die weite Ebene von Messogia, deren frischgepflügte rotschimmernde Äcker, grüne Fruchtfelder und liebliche Olivenwäldchen, welche fast alle Dörfer umgeben, in den dämmernden Schein der Eklipse gehüllt, einen wunderbaren Anblick gewährten. Darüberhin unterschied man trotz der Dämmerung deutlich alle Inseln des Archipelagus von Hydra bis Negropont und auch die Gebirgszüge auf der Landseite schnitten hinlänglich ihre blauen Ränder am fahlen Himmel ab, ungeachtet des transparenten Schleiers, der die ganze Atmosphäre umschloß. Eine sehr hübsche Zugabe zu dem Gemälde war der Umstand, daß während dieser Zeit der Portland, Sir Edmunds Fregatte, mit vollen Segeln rasch vor dem Winde dahin gleitend in den Hafen des Pyräus einlief. Durch eine optische Täuschung erschien das

Schiff riesengroß und kaum der Hafen geräumig genug, das fliegende Ungetüm aufnehmen zu können. Doch eine halbe Stunde war noch nicht verflossen, als die schwellenden Segel verschwanden und das nackte Fahrzeug nicht bemerkbarer als seine übrigen Kameraden sich unter dem Haufen der andern verlor. Einen fast ähnlichen Effekt verursachten die beiden großen Pappeln der Villa Poussin, die beinahe mehr Raum einzunehmen schienen als die Akropolis und ihre gigantischen Schatten weit über die ganze Ebene hinstreckten. Die Sonnenfinsternis, welche, wie ich nachher erfuhr, die hiesigen Astronomen für zwei Uhr vorhergesagt hatten, trat erst eine Stunde später ein und dauerte bis gegen sechs Uhr.

SIEBENTES KAPITEL

Der Autor setzt seine Reise als fahrender Ritter weiter fort und betritt während selbiger viel klassischen Boden

Ich entschloß mich schnell. Nach zwölf Stunden war alles abgetan, was die unerläßliche Höflichkeit, diese europäische Zuchtrute, verlangt, um so leichter, da der größte Teil meiner Bekannten schon vor mir das jetzt fieberverpestete Athen geflohen; meine Effekten hatten die mit Ungeduld angetriebenen Diener bis gegen Abend gepackt; die Hälfte ward zur See voraus dirigiert, die andere auf sechs Maultiere geladen, und vor fünf Uhr früh am nächsten Morgen eilte ich schon der Karawane voraus. Ich überstieg die Berge, und vor mir lagen, hinter den Ruinen eines Klosters, an den Steintrümmern des Tempels der Venus, die Meerseen von Eleusis, glatt wie blendende Eisspiegel; nicht die kleinste Welle kräuselte ihre Oberfläche.

Das jetzige Dorf Lepsina steht leider auf demselben Platze, wo einst die heiligen Tempel prangten, welche Alarich zuletzt zerstörte, daher auch so wenig mehr von ihren Trümmern übrig ist und dies wenige später noch durch des Dorfes Hütten überbaut wurde. Da ich überdem ganz allein war, konnte ich mich mit niemand verständigen und keinem der im Sonntagsstaat versammelten Bauern begreiflich machen, daß ich einen Führer zu den Altertümern wünsche. Einige polygonische Mauern, einige Säulenfragmente, eine sehr dicke Tempelwand, von der man glaubt, daß sie einen geheimen Gang verbarg, und eine venezianische Turmruine auf antiken Fundamenten war alles, was ich auffinden konnte. Einige tausend Schritte von der Stadt stehen auf dem Hügel Mágula, hoch über alten Steinbrüchen, die Reste eines viereckigen Gebäudes, das antik zu sein scheint. Ein schönes Mädchen, schwere Last tragend und dürftig in Lumpen gehüllt, wies mich dahin zurecht. Es fiel mir auf, ihre Züge einem erst kürzlich gefundenen Basrelief, das ich bei meinem letzten Besuche der Akropolis sah, so ähnlich zu finden, als habe der Künstler ihr Porträt beabsichtigt. So pflanzt sich doch, trotz aller Vermischung, der ursprüngliche Typus einzeln noch durch Jahrhunderte fort.

Nicht weit von hier, zur Linken, ist eine Höhle, die man sich gefällt zum Aufenthalte des Prokrustes zu machen, der an dieser Stelle die Reisenden in der Furt des Kephissus überfallen haben soll, um sie in sein ominöses Bett zu spannen.

Der Weg führte nun durch eine kleine Ebene, welche man für diejenige halten mag, in welcher Ceres zuerst Korn in Griechenland säete, weil zwischen der von Thria und Eleusis sich keine andere befindet. Die Quelle Anthios, oder die blumenreiche, sprudelt hier, doch ihre Blumen, wenn noch welche um sie blühen, waren schon durch die Hitze der letzten Tage vertrocknet.

Bald darauf sieht man einen Tumulus und beginnt den Berg Kerráta zu ersteigen, einen Arm des Kytherons, der in zwei Felsenhörner endigt. Steil hinab durch Kiefernwaldung kletternd, erreicht man die Ebene von Mégara, worauf die Straße sich eine geraume Zeit anmutig durch Strauchholz und wilde Ölbäume hinzieht; auf dem entgegenstehenden Ufer der Insel Salamis erblickt man ein sich malerisch darstellendes Kloster, darüber einige Reste antiker Mauern.

Mégara, welches kompakt auf einem Hügel zusammengebaut und, ohne Dächer, von weitem mehr einem zackigen Felsen als einer Stadt gleicht, hat eine sehr günstige Lage. Es bedeckt zwei Höhen, auf denen einst die Zitadellen Kária und die des Alkathous standen, mitten in einer fruchtbaren Plaine am Meer, und die Ebene wie der Wasserspiegel sind fast auf allen Seiten von schön geformten und hohen Bergen umgeben. Weithin erstreckt sich nördlich der Kytheron längs der farbigen Fluren, und gegen Westen das Gebirge, welches den Mégara eigentümlichen Muschelmarmor liefert, aus dem ein großer Teil der Stadt aufgebaut ist, und dessen auch die Alten schon erwähnen. Ein venezianisches Schloß präsentiert sich stattlich auf einem isolierten Hügel am Seegestade, wo sonst das alte Nicäa stand, welches mit Mégara durch Mauern, wie Athen mit dem Pyräus, zusammenhing. Eigentümlich geformte kleine Inseln umzingeln es gleich großen versteinerten Schiffen. An diesen Inseln landete Minos Flotte, als er im Kriege gegen Nisus Mégara belagerte. Das alte Mégara war besonders reich an Kunstwerken der größten Meister. Unter andern befanden sich in einem Tempel der Venus, außer ihrem Bilde von Elfenbein und Gold, die Statue der Pitho (Überredung) und der Parégoros (Anlockung), beide von Praxiteles; daneben ein Eros, Hymenäos und Pothos (Gott der Liebe, des Verlangens und der Sehnsucht), sämtlich von der Hand des Skopas, – eine schöne Zusammenstellung des ganzen Reiches der Liebe! – Iphigenia liegt in Mégara begraben, und Euklid lehrte hier.

Ich ward von dem Eparchen, Herrn Theodor Koïdan, einem Griechen aus Thessalonich, der geläufig französisch sprach, sehr verbindlich empfangen, und durch seine Vermittlung wurde mir schnell eine, nach hiesigem Maßstab wenigstens, bequeme Wohnung eingeräumt. Hier stellte sich mir bald darauf der Unterförster von Mégara vor, der durch einen seltsamen Zufall früher sieben Jahre auf meinen Gütern gedient hatte, dann Leibjäger bei dem Großfürsten Konstantin in Polen gewesen war und nun sein Leben in Mégara zu beschließen gedenkt, obgleich immer noch mit Heimweh sich nach den weiten Wäldern Polens und der Lausitz sehnend, welche allerdings, diese baumlosen Berge bedeckend, eine sehr erwünschte Zugabe sein würden.

Die Witterung hat endlich ein für Griechenland dezentes Ansehen angenommen, und der heutige Abend war entzückend schön. Es ist auch endlich Zeit, denn wir schreiben den 22sten Mai! Ich stieg mit dem Eparchen nach der östlichen Zitadelle hinauf, wo noch die Reste eines venezianischen Turmes stehen, und deren weite Plattform, die jetzt ganz wüst liegt und für ein Geringes zu erstehen sein würde, für Gesundheit der Lage, Nähe der Hauptstadt, Überfluß an Wasser, Schönheit der Aussicht, einer der einladendsten Ansiedelungsplätze in Griechenland für einen genügsamen Privatmann sein dürfte. Von antiken Überresten sieht man hier oben nur noch einen Teil der kyklopischen Befestigungsmauer, die sich früher um den ganzen Berg zog; ich weiß jedoch nicht, ob sie mit zu der gehört, an der Apollo und Alkathous vereint arbeiteten. Weiter unten befinden sich die Ruinen eines der Stadttore, an dessen herabgestürztem Architrav die Spuren einer Inschrift sichtbar sind, und nicht fern davon zeigte mir der Eparch einen weitläuftigten und großen, teilweise gut erhaltenen Mosaikboden nebst einer kürzlich ausgegrabenen, bis auf den Kopf und die Arme ziemlich intakten, schön drapierten Statue aus der blühenden Zeit der Kunst. Sie war schon eingepackt, um nach Athen abzugehen, ward aber zu meinen Gunsten noch einmal entblößt. Ich bemerkte vor dem Hause ein aus alten Quadern aufgemauertes Piedestal und erfuhr auf Befragen, daß es errichtet wurde, um Capo d'Istrias Statue darauf zu setzen, welche die Stadt wohl nun für immer wird entbehren müssen; das Piedestal aber kann sie einstweilen noch für den Grafen Armansperg aufheben.

Es war Sonntag, die ganze Stadt in Putz und auf den Straßen. Bis zum Einbruch der Nacht saß ich sinnend und zerstreut auf meinem Balkon und warf von Zeit zu Zeit meine Blicke auf die von mehr als hundert weiß und schwarz gekleideten Weibern auf dem freien Platze unter mir aufgeführten Nationaltänze, die noch immer einige Ähnlichkeit mit den von Homer beschriebenen haben. Abgeteilte Banden von zwanzig, die sich an den Händen hielten, wurden immer von *einem* Manne als Vortänzer angeführt. Die zusammenhängenden Reihen glichen so vielen Schlangen, die sich durcheinander wanden, und die Tänzerinnen akkompagnierten zugleich selbst ihre Evolutionen durch Absingen Liebe atmender Lieder.

Ehe ich Mégara verlasse, will ich im Vorbeigehen noch erwähnen, daß das mächtige Byzanz eine dorische Kolonie von Mégara ist.

Korinth, den 23sten Mai 1836

Ich stand wieder um vier Uhr auf, konnte aber erst um sieben meine schwer zu traktierende Maultiergesellschaft in Marsch bringen. In Athen hatte ich meine früheren Leute sämtlich verabschiedet, und meine Reisegesellschaft besteht nun aus folgendem Personal: Herrn Emil, meinem Sekretär, einem jungen

Mann, der einige Jahre im griechischen Militär gedient hat und der Sprache des Landes leidlich mächtig ist; meinem Kammerdiener Ackermann, früher ebenfalls lange Militär, in den letzten Jahren Kammerdiener des Grafen Armansperg, aus dessen Dienste ihn das Fieber vertrieb; drittens einem griechischen Koch, mit Namen Janni Adammaki, der in der Revolution gefochten und auch eine Zeitlang auf seine eigene Hand Pirat gewesen ist.

Der Landweg von Mégara nach Korinth ist voll Schönheiten der ersten Ordnung, größtenteils zwischen bewaldeten Felsen dicht am saronischen Golf hinführend, der, von dunkeln Bergwänden eingeschlossen, einem großen Landsee voller Inseln gleicht. Oft reitet man über tiefen Schlünden hin, aus denen das Meer hellgrün und durchsichtig hinaufschimmert, sein Saphirglanz nur unterbrochen durch rosenfarbene Blöcke, die von den Bergen hineingestürzt sind. Die Kakiskala (üble Treppe) ist eine nicht ganz gefahrlose Passage, auf der schon mehrere Unglücksfälle stattfanden; überdies scheuen die Pferde leicht vor dem hohlen Brausen der See in den senkrechten Abgründen unten und den jählingen Windstößen oben, die aus den Felsenschlünden unerwartet hervordringen. Von einem solchen umgeworfen, würde man schnell in der Tiefe ankommen, da die skironischen Felsen so glatt wie poliert sind. Noch jetzt nennt man diesen Stoßwind, den auch die Seefahrer an der Küste fürchten, Skiron, und wahrscheinlich gab er Gelegenheit zu der Fabel vom Räuber Skiron, der die Wanderer hier ins Meer hinabwarf, so daß Theseus Besiegung des Skiron sich vielleicht auf eine bloße Verbesserung der Straße und passend angebrachte Schutzmauern beschränkte. In der

Nähe des jetzigen Weges befinden sich die sonderbarsten Felsenformationen, besonders zieht eine Bildung dieser Art, die einem geschlossenen kolossalen Tore gleicht, die Augen auf sich, so wunderbar an den höchsten Gipfel des Geranion, wo einst ein Tempel des Jupiters stand, gelehnt, so natürlich wie kunstreiches Mauerwerk zusammengefügt, so regelmäßig und schön geformt, daß man darauf schwören möchte, hier müsse von einem alten Heroen oder Zauberer ein unschätzbarer Hort verschlossen worden sein, und dem gehöre er, der das magische Tor zu sprengen vermöge.

Auch die Plaine bis Kalamáki, dem alten Port Schoenus, bietet eine reizende Landschaft, nicht ganz ohne Bäume, und reich mit Mastix und Myrtensträuchern bewachsen. In Kalamáki, wo man immer allerlei Leute in dem Bakáli (gemeine Schenke) zu origineller Konversation versammelt findet, ruhte ich mich eine Stunde aus. Ein Bavareso, oder, wie die Griechen spottend sagen, Barbareso (baierischer Soldat im griechischen Dienst), ferner ein junger deutscher Edelmann von guter Familie, der seinen Eltern davongelaufen und jetzt hier Jägerbursche ist, und ein alter Italiener teilten mein Frühstück. Der Barbareso jammerte über Mangel an baierischem Bier und über schlechtes Leben; der verunglückte Edelmann bot mir zwei junge Wölfe an, die er erst gestern der getöteten Mutter abgenommen hatte; der Italiener aber bekam eine Anwandlung von Heimweh, als ich ihm ein Stück Salami, aus echtem Bologneser Eselsfleisch gefertigt, überreichen ließ. Sobald ich mich wieder zu Pferde gesetzt hatte, begleiteten mich das Vivat und die Segenswünsche des Kleeblatts, denn alle drei hatten dem Krassy gleich tapfer zugesprochen; ich aber galoppierte auf gutem Wege am Diolkus über den Isthmus hin. Hier ist eine Stelle, die ich ihrem ganzen Ansehen nach für den von Nero begonnenen Durchstich halten würde, wenn nicht bessere Autoritäten diesen auf der andern Seite, vom Korinthischen Busen aus, auffinden wollten. Vielleicht ließ der Kaiser auch von beiden Seiten zugleich anfangen, denn er hatte das Projekt mit großem Eifer, und sogar selbst den Spaten bei der Ausführung, ergriffen, als Vindex Rebellion ihn schleunig von dannen rief, und man nun allerlei fabelhafte Ereignisse als den Grund der verlassenen Arbeit angab.

Die Maulesel, welche eine Stunde vor mir abgegangen waren, hatte ich schon längst überholt; ich ritt nun, in Korinth angelangt, zum Hause des Eparchen, um mir selbst Quartier zu machen. Er war nicht gegenwärtig, seine hübsche junge Frau stand aber, mit einem ungeheuern Perspektive bewaffnet, auf dem Balkon, wahrscheinlich um dem Erwarteten entgegen zu sehen. Auf Vorzeigung eines Zirkularschreibens vom Grafen Armansperg an die Behörden des Peloponnes, das wirklich überall, wie das Wort *»Eldendokani«*, wirkt, war sogleich alles bereitwillig, sich meinen Wünschen zu fügen. Ich warf der Dame des Perspektivs eine ehrerbietige Kußhand zu und wandte mich, während man die Logisangelegenheiten besorgte, bei noch ziemlich hoch stehender Sonne zur Ersteigung der Akrokorinth. Von der Stadt aus bietet diese nichts als einen hohen runden Felsen mit wenigen Mauern gekrönt dar, weil man sie hier nur am auslaufenden Ende sieht, aber im höchsten Grade überraschend ist der Anblick, wenn man die Höhe, welche ihrer östlichen, breiten Seite gegenüberliegt, erreicht hat. Diese wilden, mit Mauern durchwirkten, auf- und absteigenden schroffen Felsen,

Nauplia (zu Seite 221)

welche man jetzt vor sich hat, dieser Wald von Zinnen, die Türme in der Höhe und die offenen, verfallenen Gittertore in der Tiefe, seitwärts noch ein isolierter Kegel mit einer hohen Warte auf seinem spitzen Gipfel, das Ganze mit einzelnen Massen roter, blauer und gelber Blumen, die in vollen Sträußen aus den Felsenspalten dringen, reich und malerisch überblüht, machen in ihrem Verein eine zauberische Wirkung. Meine guten Türkengäule kletterten, ungeachtet des schon zurückgelegten zehnstündigen Marsches, auf kürzestem Wege alle Felsentreppen wie mit Flügeln hinan, als stammten sie vom Pegasus selbst ab, den Minerva hier dem Bellerophon gab und in eigener Person zuzureiten geruhte. Sie brachten mich bald nach dem höchsten Punkt der Akrokorinth, von wo die Aussicht mit Recht zu den berühmtesten in Griechenland gezählt wird. Hier stand einst ein Tempel der Venus mit den Statuen der Sonne und der Liebe, jetzt verfällt darauf eine türkische Moschee. Gegen Süd und West sieht man ein Chaos dunkler Bergkuppen, schön abwechselnd mit zerrissenen, grell weiß schimmernden Erdspalten und Schluchten; nach Nord und Ost den korinthischen und saronischen Golf mit dem Isthmus dazwischen, auf beiden Seiten von unabsehbaren Bergzügen eingefaßt, und in dem klaren Wasserspiegel die herrlich gruppierten Inseln des ägäischen Meeres mit den seltsam gestalteten Krangiä und ihren Gefährtinnen in scheinbarer Nähe. Zu seinen Füßen erblickt man eine grüne wohlangebaute Ebene mit den beiden alten Häfen der meerbeherrschenden Stadt, Lechäum und Khenkrejä, nach Neptuns Söhnen so benannt; am Saume des noch aus der Revolution halbzerstörten Korinths der neueren Zeit erheben sich über dessen dürftigen Hütten

Mykene vom Atreusgrab aus gesehen (zu Seite 224)

noch die sieben Säulen des ehrwürdigen Tempels Apollos (nach einigen der Juno, nach andern der Diana), deren schwerer, fast ägyptischer Typus sogleich ihr hohes Alter verrät. Zuletzt erschien mir in dämmernder Weite auch wieder, obgleich zehn deutsche Meilen in gerader Richtung von hier entfernt, die liebe Akropolis von Athen, die ich jetzt mit wehmütigen Gefühlen, vielleicht zum letztenmal, betrachtete.

Man kann in alten und neuen Schriftstellern hinlänglich die Pracht des ehemaligen Korinthos nachlesen, seine barbarische, erste Zerstörung, während der es Polybius selbst mit ansah, wie die römischen Soldaten die kostbarsten Gemälde zerrissen, um sich zum Würfelspiel darauf niederzusetzen, – ein Beispiel, hinter dem wahrscheinlich die Soldaten Alarichs und Mohammed des Zweiten nicht zurückgeblieben sind. Ich will von dem allen hier nichts abschreiben, doch der schönen Mythe muß ich gedenken, nach der Neptun und die Sonne lange um den Besitz der korinthischen Landschaft stritten, bis endlich der Riese Briareus zum Schiedsrichter erwählt ward, der dann den Isthmus dem Neptun, die Akrokorinth aber der Sonne zusprach, welche sie später der Venus überließ. Wer sieht nicht ein, daß diese Sage aus der ältesten Zeit jener großen Überflutung herstammen muß, wo das schwarze Meer seine Ufer durchbrach, den Archipelagus bildete und einen Teil des griechischen Festlandes überschwemmte. Neptun verschlang das Land, doch die Felsenzinnen Akrokorinths konnte er nicht erreichen, *sie* blieben der Sonne, dem strahlenden Helios, und als die *Menschen* sich wieder darauf ansiedelten, wie natürlich und schön, daß sie von allen Göttern zuerst der Venus huldigten!

Die Mauern Korinths waren wegen ihrer Stärke und Höhe berühmt, und durchliefen mit den Befestigungen der Zitadelle eine Länge von hundertfünfzehn Stadien. Von all dem Glanze der Tempel und Monumente jeder Art, die sie einschlossen, ist, die wenigen Säulen des Apollotempels ausgenommen, nichts erhalten worden und an ihrer Stelle jetzt nur das elende, eingeäscherte Dorf vorhanden, wo ich nicht einmal Nägel, um eine Kiste mit Antiquitäten zu schließen, bekommen konnte, und wo ich in dem besten Hause des Orts mich vor Wanzen und Flöhen kaum zu retten weiß. Bewohnten wirkliche Barbaren dieses Land, so wäre solches nicht auffallend, aber bei der gesellschaftlichen Weltbildung, die ich unter dem hiesigen Mittelstande (nur die Künste des Lesens und Schreibens abgerechnet) oft mehr als in Europa antreffe, bleiben mir diese krassen Vernachlässigungen aller Reinlichkeit und Bequemlichkeit immer rätselhaft. Der Armut kann man es durchaus nicht beimessen, denn, obgleich hier nur wenige reich an Geld sind, weil die Betriebskapitale noch fehlen, so bemerkt man doch im Ganzen mehr Überfluß an Produkten, als man erwartet. Der Grieche verbirgt aber jede Wohlhabenheit und vergräbt lieber sein weniges Geld oder setzt es in Pretiosen um, als daß er es zu einem etwas raffinierteren Lebensgenuß verwendete. Dies ist freilich die natürliche Folge der bisherigen Unsicherheit des Eigentums, und Gewohnheiten brauchen Jahrhunderte, ehe sie sich verlieren, wenn auch das Motiv, durch das sie zuerst entstanden, längst verschwunden ist.

Das Beste in dem jetzigen Korinth ist das Wasser, und die schon im Altertum berühmte Pyrene hat ihr Kristall ungetrübt bewahrt, seit des Pegasus Huf sie aus der Erde Adern schlug. Damals muß auch Akrokorinth eine formidable Feste gewesen sein; seit der neueren Kriegskunst ist sie von geringerer Bedeutung geworden, weil sie von den westlichen Bergen leicht bestrichen werden kann. Auch würde ihre Instandsetzung große, noch lange hier unerschwingliche Kosten und überdies eine sehr starke Garnison verlangen, um sie gegen eine reguläre Belagerungsarmee irgend verteidigungsfähig zu machen.

Den 24sten Mai

Um zehn Uhr machte ich mich nach Sykion auf den Weg. Die Straße führt durchgängig in der Plaine fort bis zum Asopus, einem für Griechenland ziemlich bedeutenden Strom, der selbst jetzt noch reichlich floß. Über ihn führt eine gegen vierzig Fuß emporsteigende Steinbrücke, deren breite Geländermauern wir ganz mit schwarzen Ziegen garniert fanden, die sich dort behaglich sonnten. Gleich darauf steigt man in einer Schlucht nach dem Dorfe Basilika hinauf, das auf dem höchst eigentümlich geformten Hügel liegt, wo einst das alte Sykion stand. In einem Dreieck, das über eineinhalb Stunden im Umfang mißt und sich bis gegen fünfhundert Fuß erhebt, ist diese Höhe rund umher schroff, und an manchen Stellen fast senkrecht von den Fluten oder einem Erdbeben abgerissen worden. An zwei Seiten wird sie von weiten Ebenen, an den beiden andern von Schwindel erregenden Schluchten begrenzt, die den Charakter der größten Wildheit tragen. Von dem südlichsten Punkte gegen das Gebirge zu ist vor allem der Anblick hochromantisch. Hier sieht man einen quer vorliegenden Bergrücken so gewaltsam durchbrochen, daß seine Felsenwand, an deren Fuß sich der Fluß in der Tiefe noch durchdrängt, wörtlich wie mit der Axt abgehauen erscheint. Auf dem Plateau, von dem man diese Aussicht hat, stand Sykions Akropolis, von der noch einige Ruinen zeugen. An der Senkung derselben Höhe, nach der entgegengesetzten Seite hin, befindet sich das Theater, von dem sich der ganze Halbkreis, einige Stufen und zwei ohne Zement gewölbte Vomitorien nebst den Grundmauern der Scena erhalten haben. Wenn man auf dem obern Rande des Theaters steht, gruppieren sich auf imposante Weise der Parnaß, der Helikon und Kytheron, der Oneja mit dem schwarzen Kap, Akrokorinth und die Gipfel des Nordgebirges Moreas im Kreise rund umher. Nur Bäume mangeln überall diesen malerischen Formen, diesen schön gefärbten Bergen; wo sich jedoch hie und da in den Tälern einige noch erhalten hatten, glänzten sie im saftigsten Grün, zum Beweise, daß nicht die Natur sie versagt, sondern nur der Mangel an Kultur und die Verheerungen des Krieges sie so selten gemacht haben.

Dicht neben dem Theater sieht man das Stadion, das, da der Hügel, in dem es eingelassen ist, nicht ausreichte, durch einen Anbau verlängert wurde, den eine hohe polygonische Mauer schließt, welches dem Ganzen noch jetzt ein sehr stattliches Ansehen gibt. Beide Ruinen sind ohne Zweifel dieselben, welche Pausanias bereits als halb zerstört beschreibt. Die übrigen Trümmer von verschiedenen Befestigungsmauern, einem weitläuftigen römischen Hause aus Backsteinen und den schwachen Resten einiger Tempel, wie der Agora, sind nur noch von geringer Bedeutung. Früher führten von dem Berge zwei lange Mauern durch die Ebene bis ans Meer und schlossen dort den später erbauten Hauptteil der Stadt ein, die, durch ihren Handel blühend, so nahe bei dem mächtigen Korinth dennoch ihre Wichtigkeit zu behaupten wußte. Nach ihrer Eroberung durch Demetrius, Sohn des Antigonus, zerstörte dieser die Stadt am Meere und verlegte sie ganz auf die Höhe; doch schon zu Pausanias und Strabos Zeiten war auch diese in großem Verfall. Jetzt ist nur noch der elende Häuserhaufen an ihrer Stelle, wo wir bei dem Papa, in einer kleinen Stube mit durchsichtigem Dache, ein kurzes Unterkommen suchten. Man brachte mir dort verschiedene Antiken zum Verkauf, die hier sehr häufig gefunden werden, forderte aber so unverhältnismäßig hohe Preise dafür, daß ich ihre Akquisition aufgab, obgleich eine in Stein geschnittene Diana, das genaue Ebenbild der bekannten Statue in Rom, mich sehr tentierte. Bei der großen Armut der hiesigen Bewohner war es mir nicht wenig auffallend, kleine Mädchen zu sehen, deren rote Mützen, wie ein Schuppenpanzer, über und über mit türkischen, griechischen und spanischen Münzen so reich besetzt waren, daß sie mehrere Pfund wogen und wohl jede an fünf- bis sechshundert Franken wert sein mochten. Man sagte mir, dies sei ihr Heiratsgut, das sich bis zum Moment der Hochzeit fortwährend vermehre; eine sehr bequeme Mode für die Freier, die dergestalt bei ihrer Werbung über den wichtigsten Punkt nie in Ungewißheit zu bleiben brauchen. Auch hier, wie im übrigen Lande, schien unter den gemeinen Griechen der krasseste Aberglaube zu herrschen. Die Papas haben natürlich bei solchen Dispositionen des Volks großen Einfluß auf dasselbe, doch sind sie nicht so beliebt wie zum Beispiel die Mönche in Spanien; und oft hört man die Bauern mit lebhaftem Mienenspiel sagen: »Unsere Religion ist heilig, aber unsere Papas sind nur

Schufte.« Sie bleiben aber dennoch unentbehrlich als Ablaßverkäufer, den sie denn auch für alle Sünden, selbst Mord und Totschlag, stets willig gewähren, nur darf es kein Verbrechen gegen das Fasten oder die Religionszeremonien sein, wo Verzeihung nur schwer erlangt wird. Die Geschichte lehrt uns leider, daß bisher viele Religionen in ihrer Verkehrtheit die rationelle Entwicklung des Menschengeschlechts mehr verhindert als befördert haben, und für die Griechen ist fast mit Gewißheit vorauszusehen, daß, wenn ihre Mönche und Feiertage nicht reformiert werden, sie nie weder ihre Faulheit noch Immoralität los werden können.

Wir brauchten acht Stunden zu dieser Ausflucht, die das schönste Wetter begünstigte. – Bei meiner Rückkehr erhielt ich den Besuch der Autoritäten und Archonten der Stadt, von denen mehrere geläufig französisch und italienisch sprachen und ihr großes Bedauern ausdrückten, daß man nicht den Isthmus zu Erbauung der Hauptstadt des neuen Königreichs erwählt habe, worin ich ihnen vollkommen beistimmte, denn allerdings scheint diese Lage fast alle möglichen Vorteile zu vereinen, und hinsichtlich der Fieber kann sie wenigstens nicht schlimmer als Athen befunden werden. Größere Kultur des Bodens würde aber auch diese bald vertreiben.

Den 25sten Mai

Der heutige Tag ward den Ruinen des Isthmus gewidmet, dem Poseidonium, in dessen Nähe die isthmischen Spiele gefeiert wurden, und den alten Befestigungsmauern, die eine zusammenhängende, von vielen Türmen flankierte Linie von Port Schoenus bis

Lechäum gebildet zu haben scheinen. Von allem ist nur wenig mehr übrig.

Auf dem halben Wege nach Hexamília, einem Dorf und Vorwerk, sahen wir die Reste eines römischen oder vielleicht byzantinischen Gebäudes in verschiedenen artigen Dessins aus gebrannten Ziegeln aufgebaut, neben dem sich früher ein weitläuftiges Souterrain in guter Erhaltung befand. Dem Besitzer des Feldes hatte es aber erst seit wenigen Tagen beliebt, dies Souterrain mit Steinen und Erde auszufüllen, worüber der mich begleitende Eparch, welcher diese Antiquität schon vorher sehr gerühmt, nicht wenig betroffen schien. Unfern von hier existieren auch noch die nicht unbedeutenden Ruinen eines großen in den Boden eingelassenen Amphitheaters, zu dessen Stufen die natürlichen Felsen mit benutzt wurden.

Nachdem wir den Tempel des Neptun, Stadion, Theater und so weiter, von denen, wie gesagt, nur zweifelhafte Grundmauern und einige Steinhaufen heute noch zeugen, pflichtschuldigst besucht hatten, durchritten wir eine stundenlange Blöße, um zu einer Mühle zu gelangen, bei welcher man erst gestern einen weitläuftigen Begräbnisplatz aufgefunden hatte. Die von unseren Pferden zerstampften Kräuter, als Salbei, Rosmarin, Thymian, Pfefferminz und so weiter verbreiteten einen so starken Geruch, daß man Kopfweh davon bekam und mir der im Anfang angenehme Duft zuletzt fast unerträglich ward. Als wir auf der Stelle, die wir suchten, angekommen waren, fanden wir schon sechs bis sieben Gräber aufgedeckt und eröffnet. Es waren zierliche Truhen, von glattem, weißem Stein zusammengefügt und mit einer gleichen Platte bedeckt. Inwendig fanden sich viele Vasen und andere kleine

Gefäße, in bunten Dessins mit Tieren, Blumen und Arabesken bemalt, von einer gebrannten Masse, die im Bruch eine grünliche Farbe hatte. Mehrere dieser Geschirre befanden sich schon in zerbrochenem Zustande mit der Asche und dem Sand im Grabe gemischt, andere waren dagegen vollkommen erhalten. Dem Gesetze nach müssen alle dergleichen Gegenstände jetzt sogleich von den Landleuten der Behörde angezeigt und dem Gouvernement abgeliefert werden; allein Gesetze haben, nebst allen ihren übrigen guten und schlechten Eigenschaften, auch die, stets nur halb befolgt zu werden, – und so fand ich später Gelegenheit, mir einige der hübschesten Exemplare, ich gestehe es, gewissermaßen *per nefas*, wiewohl für mein gutes Geld, zuzueignen.

Wir richteten unsern Weg nun nach den pittoresken, modernen Ruinen des einst sehr prachtvollen Palastes Nurid Beys, welcher fast ein Dritteil des kultivierten Landes im Peloponnes sein Eigentum nannte, bis er mit seiner ganzen Familie ein Opfer der Revolution ward und sein früheres Glück sogar mit dem Leben büßen mußte. In den Gärten dicht unter den weitläuftigen, noch unaufgeräumten Trümmern des Schlosses befindet sich die Quelle der Venus, eine von allerlei aquatischen Pflanzen überzogene hohe Grotte, von deren Decke unaufhörlich Wasser niedertropft, während durch die Felsenwand selbst eine reiche Quelle auf den Boden herabströmt und in einem Bette wilder Blumen weiter fließt. Der türkische Besitzer hatte diese günstigen Umstände zur Bildung einer sehr artigen Gartenanlage benutzt. Ein weiter Balkon mit bunten Kiosks an beiden Seiten zog sich vor der Grotte hin, wo Nurid Bey unter dem Dufte der Orangen und in der Kühle der tröpfelnden Wasser dem Genuß des *dolce far niente* oblag und sich über die Talschlucht hin der herrlichen Aussicht auf den Golf erfreute, welche ihm die wohlgewählte Lage seiner Residenz darbot. Noch ist die Steintreppe vorhanden, welche im Zickzack von Nurids Wohnung nach der Quelle herabführt; ein darüber hervorragender Turm enthielt die schönen Bewohnerinnen seines Harems, an deren Stelle sich heute in den schwarzen Fensterhöhlen nur ein Paar große Eidechsen sonnten.

Nauplia, den 27sten Mai 1836

Am andern Morgen, wo ich nach Nauplia aufzubrechen beabsichtigte, hielten uns, wie gewöhnlich, die nie endenden Streitigkeiten mit den Maultiertreibern mehrere Stunden über die festgesetzte Zeit auf. Dies ist eine unerträgliche Rasse Menschen in Griechenland. Man mag noch so viele Tiere nehmen und die Ladung noch so unbedeutend einrichten, immer wollen sie etwas davon abwerfen und auch zum schon akkordierten Preise noch etwas hinzu erzwingen. Oft kann man mit ihnen, wie mit den Neapolitanern, nur durch Tätlichkeiten zum Ende kommen. Zwei Maultiere in Afrika trugen jederzeit so viel für mich als hier vier und waren auch von besserer Qualität, aber dennoch ihr Preis dreimal geringer. Als zuletzt mit vieler Mühe Janni, als Eskorte des Gepäcks, mit diesem die Straße nach Nauplia eingeschlagen hatte, setzte auch ich mich mit Emil und Ackermann zu Pferde, um Neméa, welches anderthalb Stunden rechts vom Wege abliegt, noch vorher zu besehen.

Sobald man die korinthische Plaine verlassen hat, bietet die Straße, durch ziemlich kahle Sandhügel hinführend, bis zu der Gegend, wo das alte Kleonä stand, nur wenig Interesse dar. Hier ist ein Gendarmerie-Piquet stationiert, wovon einer, in zerrissenen Strümpfen und Pantoffeln, ohne Waffen noch Halsbinde, in seiner Schlafjacke heraus kam und sehr jammerte, als ich ihm bedeutete, er müsse mit uns reiten, um mir den Weg nach Neméa zu zeigen. Auf seine Bitte gestattete ich ihm jedoch, sich durch einen Bauern vertreten zu lassen, dem nun eine lange Flinte auf die Schulter gelegt wurde, worauf er, den Hirtenstab in der andern Hand, vor uns her trottierte. Die Mündung der unglücklichen Flinte blieb dabei fast immer direkt auf einen aus unserer Gesellschaft gerichtet, und ungeachtet aller Ermahnungen fiel sie, nach kurzer Erhebung, immer wieder in die waagerechte Lage auf seine Schulter zurück. Was jedoch die Gefahr sehr verminderte, auf diese Weise von unserer Eskorte totgeschossen zu werden, war die begründete Vermutung, daß selbst bei dem besten Willen die fünf Ellen lange, verrostete Waffe nie losgegangen sein würde. Wir kamen bald in eine rauhe Felsengegend, wo sich mehrere Höhlen zeigten, von denen man eine für die Wohnung des nemeïschen Löwen ausgibt, obgleich Diodorus und Pausanias diese an die andere Seite des Tretus verlegen, was denn den Altertumsforschern die beste Gelegenheit gibt, sich um die Fabel der Fabel nach Belieben zu streiten. Nach einem schönen Überblick der ganzen Bergkette von Artemisium wandten wir uns jähling rechts, wo von einer türkischen Fontäne aus das enge, von kahlen Hügeln melancholisch umschlossene Tal von Neméa zuerst sichtbar wird. Mitten im Kornfelde gewahrten wir den weiten Trümmerhaufen und die seit Chandlers Zeit noch immer aufrecht darin stehenden drei schlanken Säulen des Jupitertempels.

Wir ritten nach griechischer Mode quer durch die schwankenden Halme eines Kornfeldes darauf zu und richteten, nachdem wir abgestiegen waren und alles hinlänglich besichtigt hatten, auf einem der umherliegenden runden Marmorblöcke, im wohltuenden Schatten der Säulen, unser von Korinth mitgenommenes Frühstück an. Zwei Hirten, nachlässig über einen Mauerrest gelehnt, waren während desselben unsere aufmerksamen Zuschauer und nach seiner Beendigung sehr dankbare Abnehmer des Übriggebliebenen.

So wie die Säulen des Apollotempels in Korinth die kürzesten Exemplare ältester dorischer Baukunst sind, so zeigen die hiesigen, obwohl fast aus gleicher Epoche, das entgegengesetzte Extrem der Schlankheit. Ihre Höhe beträgt den sechsfachen Durchmesser, die der Säulen in Korinth nur den vierfachen. Es ist immer eigentümlich, wie Leake mit Recht bemerkt, daß diese beiden äußersten Extreme dorischen Stils, im ganzen Bereiche Griechenlands, so nahe aneinander geraten sind. Bekanntlich war Neméa – bei welchem Spiele von gleicher Heiligkeit, wie bei Olympia, Delphi und auf dem Isthmus gefeiert wurden, was so viel zu Erhaltung des Nationalsinnes bei dem griechischen Volke beitrug, – keine eigentliche Stadt, sondern nur ein heiliger Hain mit Tempeln, Theater, Stadion und so weiter. Von dem letzteren findet man nur noch geringe Spuren an der türkischen Fontäne. Ein anderer Steinhaufen ist der Überrest einer aus antiken Fragmenten erbauten Kirche, von der Chandler sagt, daß sie durch einen in ihrer Mitte aufgewachsenen, uralten Birnbaum ganz beschattet werde, welches Leake bestätigt. Der Baum steht noch, ist aber ein Feigenbaum, dessen Wurzeln das ganze Gebäude wie ein Netz durchzogen haben.

Ich hoffe, daß diese wichtige Berichtigung den gelehrten Leser ganz mit mir aussöhnen wird, wenn er im übrigen so vieles gleich Wichtige übergangen findet. Um indes nicht gar zu ungelehrt zu erscheinen, will ich wenigstens noch anführen, daß die nemeïschen Spiele füneraire waren, bei denen die Richter in schwarzen Gewändern erschienen und die Belohnung der Sieger nur in einer Krone von – Petersilie bestand, die am Fuße der Adrastejischen Quelle wuchs. Die Petersilie wächst nicht mehr hier, aber das füneraire Ansehen des Ganzen kann nicht ausdrucksvoller gewünscht werden.

Die Sonne war schon bedeutend vom Zenit herabgesunken, als die kornreiche Argolide, mit Argos und seinem Schloß in der Mitte, östlich der Palamides mit Nauplia, und des Meeres weiter Spiegel dahinter, sich vor uns ausbreiteten. Bald darauf erblickten wir links an den rauhen Bergen die kyklopischen Mauern der Feste Agamemnons. Da, wo die letzten Hügel in die Ebene auslaufen, liegt ein Dorf, hier nahmen wir einen Führer, damit er uns, mit Reisigbündeln versehen, nach dem Schatzhause des Atreus zu geleite, was von den Einwohnern die Gruft Agamemnons genannt wird. Wir mußten noch ziemlich lange und steil hinansteigen, ehe wir dies Monument erreichten, nach meinem Gefühl, wenn es ein Grabmal ist, woran ich nicht zweifle, das imponierendste, welches ich je gesehen. In einer rauhen, kahlen Felsengegend, deren Spitzen über tiefe Abgründe emporstreben, steht man plötzlich vor einem kolossalen Tore, das in einen dieser Hügel hineinführt. In dem vertieften Weg vor demselben, der zwanzig Fuß breit ist, wird das Erdreich durch zwei hohe Mauern gehalten, deren riesige Steinblöcke nun schon über dreitausend Jahre den Umwälzungen der

Zeit widerstanden haben; von den grünen Basaltsäulen am Tore aber, welche in ihrem Stil der Architektur von Persepolis geglichen haben sollen, ist nichts mehr vorhanden. Man tritt jetzt in einen geräumigen Gang von reichlich zwanzig Fuß Länge, nicht viel minderer Höhe und einer Breite von zwölf Fuß, dessen Decke aus *einer* enormen Steinmasse besteht, welche die Länge und Breite des Ganges noch um einige Fuß überragt. Die angezündeten Reiser erleuchteten schon hell mit ihren roten Flammen den trichterförmigen Dom des Hauptgemachs, welches ungefähr fünfzig Fuß Diameter an seiner Basis und eine gleiche Höhe hat. Es ist aus vierzig Reihen horizontal übereinander liegender Steinblöcke, die schräg hinansteigen und oben in eine Spitze, gleich einem Zelte, auslaufen, konstruiert, ohne eine weitere Öffnung zu haben als ein dreieckiges Fenster über dem Tore. Rechts führt eine niedrige Türe, aus drei Steinen geformt, in ein anderes bedeutend kleineres und rund gewölbtes viereckiges Felsengemach, das mit einer Art Stuck überzogen zu sein scheint; in der Mitte ragt ein roher Steinblock aus der Erde, unter dem die Sage die Reste des Atriden ruhen läßt. Man sieht im Innern noch einige Fragmente von metallenen Nägeln mitten in den Steinen der Mauer, welche der Vermutung Raum gegeben haben, daß früher das Innere durchaus mit Metallplatten bekleidet war, wie denn überhaupt eine große Vollendung und Pracht der Arbeit bei dem Ganzen noch immer sichtbar ist.

Auf dem halben Wege von hier nach der Akropolis oder Burg Agamemnons bemerkt man noch Überreste eines andern Gebäudes derselben Art, das gewaltsam zerstört wurde. Die Einwohner nennen es Agamemnons Bad. Höchst merkwürdig ist der Eingang der

Feste durch das sogenannte Löwentor, zu dem ein von zwei kyklopischen Mauern eingefaßter dreißig Fuß langer und zwanzig Fuß breiter Raum führt. Das Tor ist in ägyptischer Weise oben bedeutend schmaler als nach unten und die Hälfte desselben verschüttet. Es wird von einem großen dreieckigen Stein, aus demselben schon erwähnten grünlichen Basalt, gekrönt, auf dem sich ein sehr flaches Basrelief befindet, das in der Mitte eine verzierte Säule darstellt, an welcher zwei Löwen, wie Wappenhalter, sich aufbäumen. Leider fehlt der obere Teil des Steins, welcher die Köpfe der Löwen und wahrscheinlich irgendeinen auf der Säule stehenden Gegenstand enthielt, der vielleicht größeres Licht über die Bedeutung des Ganzen verbreitet haben würde. Wer übrigens die beschriebenen Gegenstände selbst gesehen, kann an dem außerordentlich hohen Alter derselben unmöglich zweifeln. Sie tragen in allem zu deutlich diesen Stempel und zeichnen sich zu auffallend und fremdartig von allen andern hellenischen Altertümern in Griechenland aus. Ich erklomm mit einiger Mühe die herabgefallenen Mauern, zuerst bis zur Area, dem Gerichts- und Marktplatz vor den Propyläen, wohin Sophokles die erste Szene seiner Elektra verlegt, und endlich bis zum obersten Plateau, wo sich drei noch ganz gut erhaltene Zisternen oder Kornkammern befinden, und umging dann die sehr deutlich zu verfolgenden Wälle der Zitadelle, deren ganze Ausdehnung zirka zwölf- bis fünfzehnhundert Fuß betragen mag. An der entgegengesetzten Seite fand ich noch ein anderes wohlerhaltenes kleineres Tor in einer der Mauern, von großen Blöcken zusammengefügt, wo auch die Spuren einer Treppe noch sichtbar sind, die mich nach dem Bette des jetzt leeren Bergbachs hinabführte. Indem ich hier von außen nach meinen Pferden am Löwentore wieder zurückkehrte, gewann ich zugleich eine neue, besonders pittoreske Ansicht der Feste und ihrer gigantischen Mauern von der Ost- und Nordseite. Von der Stadt selbst und ihren »Himmels-Mauern«, wie sie Homer nennt, ist fast nichts mehr übrig, und von der perseïschen Quelle ebenfalls keine Spur mehr aufzufinden. Seltsam aber ist es, daß Strabo auch die eben beschriebenen Ruinen nicht gekannt zu haben scheint, denn er erklärt: von ganz Mykenae sei nichts mehr vorhanden.

Der noch zwei gute Stunden betragende Weg von hier nach Nauplia führt fortwährend durch wohlangebaute Felder, und, nachdem man die neue, sich in sehr schlechtem Zustande befindende Kunststraße von Argos erreicht hat, bei einer Musterwirtschaft vorbei, welche das Gouvernement hier angelegt und der Obhut des als Schriftsteller über Brasilien bekannten Hauptmanns Weech anvertraut hat. Die genaue Besichtigung Mykenaes hatte mich so sehr verspätet, daß ich kaum noch vor Torschluß, um acht Uhr, in der Stadt ankam; denn nach dem beliebten Militärspiel unserer Zeit wird auch Nauplia mitten im Frieden so behandelt, als befinde sich das ganze Land in Empörung oder eine türkische Armee in der Nähe. Natürlich muß der Verkehr unter der unnützen Strenge dieser Maßregel (früher wurden die Tore sogar um sechs Uhr geschlossen) außerordentlich leiden, und ich selbst fühlte die Folgen sehr empfindlich, indem ich aus diesem Grunde in dem großen Hotel, wo jetzt selten Fremde einkehren und die Wirte daher keine Vorräte halten, nichts mehr zu essen bekommen konnte.

Nauplia hat den griechischen Anstrich schon fast

Epidauros (zu Seite 226)

ganz verloren und gleicht mit den vielen Soldaten nach deutschem Schnitt und in den Farben Baierns ganz einer Garnisonstadt dieses Landes. Es ist überdies der Hauptwaffenplatz des Königreichs mit einem großen Arsenal, hat gute makadamisierte Straßen, eine schöne Bai, einen Kranz blauer Berge rund um die fruchtbare Ebene und dicht über sich den romantischen Palamid, die stolzeste Festung der großartigen Venezianer, die Nauplia zu ihrer Hauptstadt in der Morea erwählt hatten. An der Meerseite sieht man die zweite niedere Festung Itz-Kalé, und im Hafen das vom Wasser umschlossene kleine Felsenfort Burdzi, auf dem, wie auf der Höhe des Palamid, die griechische Flagge weht.

Da ich im Lauf des zweiten Tages meines hiesigen Aufenthalts (heute also) viele Briefe zu schreiben und einige Visiten zu machen hatte, so blieb mir gegen Abend nur noch eben Zeit übrig, die Kirche zu besuchen, an deren Pforte Capo d'Istria seinen Tod fand. Einige Stellen in der Mauer zeigen noch die Spuren der Kugeln, welche die Soldaten der Eskorte auf die Mörder abschossen.

Den 29sten Mai

Ich nahm meine Richtung quer über die Berge nach dem gegen zwei Stunden entfernten Porte Leone, einem malerisch gelegenen Hafen an der Ostküste des Peloponnes, wo sich die Reste eines venezianischen Schlosses in der Ebene mitten in einem üppigen Korinthenfelde befinden und auf einsamen Meerfelsen ein hoher Turm mit weitumfassender Aussicht die Gegend beherrscht. Von hier führt auf dem sandigen Meeresufer und später über groteske Felsen hinweg ein sehr anmutiger Fußsteig nach einem neuerbauten Flecken, dessen reichbebuschte Gärten sich hoch an den Bergen

Das alte Tyrinth bei Nauplia (zu Seite 226)

hinaufziehen. Viele schroffe Inseln in der See, zum Teil mit alten verfallenen Festungswerken durchzogen, die mannigfachen Wellenlinien der Küste nach Epidauros hin und die originell gestalteten Berggipfel in der Nähe, deren Steinformationen den Stämmen verknorpelter Bäume gleichen, der starre Ernst und die wilde Majestät dieser Natur lassen einen tiefen Eindruck zurück. Mich nun in das Innere des Gebirges wendend, blieb ich ungefähr eine Stunde in kahlen Steinlabyrinthen befangen, bis ich an der andern Seite am Palamid wieder hinabkam, wo sich die Ebene von Argos, in der hellsten Tagessonne erglänzend, von neuem vor mir öffnete. Besonders eigentümlich erschienen von diesem Punkte aus die einzelnen, gleich Inseln aus den wogenden Kornfluren emporsteigenden, rund geformten Felsen, unter welchen die kyklopischen Mauern des alten Tyrinth den hervorstechendsten Gegenstand bilden. Der Tag war heiß, doch kühlt im Peloponnes fast immer ein frischer Wind die Temperatur, was im Sommer zu den Annehmlichkeiten des Landes gehört, im Winter aber, wie ich hinlänglich erfahren, eine sehr unangenehme Zugabe ist.

Ich hatte kaum Zeit, meine flüchtige Mahlzeit einzunehmen, als schon der Stadtkommandant bei mir erschien, um mich zur nähern Besichtigung des Palamids abzuholen.

Um die ermüdende Treppe zu vermeiden, die von der Stadt hinaufführt, ritten wir auf einem Umwege über den Berg auf der entgegengesetzten Seite in die Festung ein. Ihre Konstruktion ist merkwürdig, und einige ihrer Werke stehen noch auf antiken Mauern, so wie der ganze Name Palamidi, der offenbar von Palamedes abstammt, bis in das graueste Altertum hinab hier von jeher einen befestigten Platz voraussetzen läßt. Das Innere besteht aus drei Cavalieren oder hohen Redouten, die ganz voneinander getrennt und jede mit einer äußeren und inneren Mauer umschlossen sind, so daß jede einzeln noch verteidigt werden kann, wenn die anderen schon genommen sind. Der äußere Wall nach der Seeseite zu ist ziemlich niedrig und hier die schwächste Seite der Festung, zugleich aber bietet er die schönste Aussicht, über die mit Kaktus bedeckte Felsenwand, auf die vorspringende Landzunge von Itz-Kalé mit dem östlichen Meer, seinen Inseln und in die See heraustretenden Vorgebirgen, das Ganze herrlich hervorgehoben und wie in Rahmen gefaßt durch die gotische Architektur der verschiedenartigen Fortifikationen in der Nähe, über die eine hohe Palme (nach Graf Pechios poetischem Ausdruck) wie die Wappenfahne des Klimas emporragt.

Als wir auf dem Rückwege die sehr ermüdende, in vielen Wendungen herabführende Treppe niederstiegen, begegnete uns der griechische Kommandant des Palamids, der, nachdem er mit uns einige Worte gewechselt, noch einmal umkehrte, um mir, wie einer Dame, ein Blumen-Bouquet zu überreichen, eine Galanterie, die mir sonderbar von einem Festungs-Kommandanten vorkam, aber mit zu den griechischen Gebräuchen gehört.

Argos, den 30sten Mai 1836

Der Oberst Kalergi, einer der Häuptlinge und reichsten Gutsbesitzer des Landes, ein fein gebildeter Mann, der ganz Europa durchreist und merkwürdige Fata während des Krieges erlebt hat, lud mich schon in Athen ein, ihn in Argos zu besuchen, daher ich mich heute zu ihm in diese Stadt begab, von hier aus nur ein kurzer Weg von kaum zwei Stunden. Ich besichtigte unterwegs die merkwürdigen Trümmer der uralten Akropolis Tyrinths. Die kyklopischen Mauern um den Hügel, welche mitunter bis vierundzwanzig Fuß Dicke haben und sechzig Fuß hoch gewesen sein sollen, sind größtenteils von der ältesten Art, das heißt große Steinmassen unregelmäßig übereinandergetürmt und die Zwischenräume mit kleineren Steinen ausgefüllt, einige Stellen auch, nach wahrscheinlich späterer Weise, polygonisch aufgeführt, nämlich in scharf bearbeiteten, genau auf einander passenden Polygonen in verschiedenen Formen und ebenfalls ohne Zement kunstreich zusammengefügt – doch muß ich bemerken, daß ich weder hier noch auf der Akropolis von Mykenae in den Mauern Steinmassen von so großer Dimension fand als in dem phönizischen Tempel zu Gozo.

Man hat seit einiger Zeit die Vermutung aufgestellt, daß die Kyklopen, von denen schon die Alten keine bestimmte Auskunft mehr geben konnten, keineswegs eine in Griechenland angesiedelte Kolonie, sondern eine architektonische Verbrüderung, wie die ursprünglichen Freimaurer, waren, welche man kommen ließ, um große Bauten nach ihrer geheimen Wissenschaft auszuführen. Die Phönizier, die Pelasger haben kyklopisch gebaut, und die Kelten auch, so daß man annehmen könnte, die Druiden seien die letzten Kyklopen gewesen, und selbst die Freimaurer (denen wir ohne Zweifel die sogenannte gotische Baukunst verdanken) nur Fortsetzung von beiden.

Es ist interessant, diese Riesenfestungswerke aus der ältesten Schule, die schon lange vor Homer erbaut wurden, mit den allmählichen Gradationen unserer Fortschritte in der Befestigungskunst zu vergleichen, doch dies Kapitel würde mich zu weit führen und meinen Lesern wahrscheinlich zu trocken erscheinen, daher ich sie sogleich in meines Wirtes gastliches Haus in Argos einführe, wo uns, außer ihm und seiner jungen Gemahlin, ein hochgebauter, doch von Alter und Strapazen schon etwas gekrümmter Held der alten Garde Napoleons, Hauptmann Chardon de la Barre, Offizier der Ehrenlegion, ferner ein schöner jüngerer Franzose und Philhellene, Rittmeister Sedage, und ein schwarzgelockter Italiener, der Gendarmerie-Mirarch Morandi, welcher eine wichtige Rolle in der italienischen Revolution spielte und dem Gehängtwerden nur auf wahrhaft wunderbare Weise in Modena entging – gemeinschaftlich empfingen. Es ist ein ganz besonderes Ding um einen Krieger der alten Garde Napoleons, er kommt einem vor wie der Überrest einer ausgestorbenen Rasse, eines vorübergegangenen Heldengeschlechts, und man blickt auf den alten Feind mit Bedauern und scheuer Ehrfurcht; denn wie die Bergspitzen auch nach dem Untergang der Sonne noch von ihrem Gold erleuchtet werden, so scheint auf dem Antlitz dieser Braven noch immer ein Strahl aus dem Stern Napoleons zu glänzen.

Oberst Kalergis Haus ist außerhalb Athen vielleicht das einzige, einem Eingeborenen angehörige, auf dem griechischen Festlande, wo man europäischen Komfort antrifft, daher uns der Tag in materiellen wie geistigen Genüssen auf das Angenehmste hinging.

Argos selbst ist nur ein sehr kümmerlicher Ort dem äußeren Ansehen nach, doch soll ziemlich viel Wohlhabenheit darin herrschen. Es ist eine wahre Satire auf alle diese kleinen Nester mit erhabenen Namen, wenn man in der Mitte ihres Elends den Pausanias oder Strabo in die Hand nimmt und die Unzahl der Tempel und Kunstwerke nachliest, welche sie alle einst so reichlich schmückten. Übrigens stehen die weit zerstreuten schmutzigen Hütten von Argos ziemlich auf demselben Flecke wie die alte Stadt, und auch von der sogenannten Larissa auf dem Berge sind die alten Umfangsmauern noch zu erkennen; aber von dem berühmten Tempel des Apollo Lykejus, ursprünglich von Danaus gestiftet, des Jupiters Nemejus mit seinem Bronzebild von Lysippus, der Minerva Salpinx, vor dem sich das Grab des Epiménides befand, der Agora mit dem Monumente des Pyrrhus, auf derselben Stelle errichtet, wo sein Leib verbrannt wurde, dem Tempel der Ceres, wo der rastlose König seinen letzten Atem aushauchte und sein gefürchtetes Schild über dem Tore aufgehangen ward, – von allen diesen und hundert andern Denkwürdigkeiten gibt es nicht mehr eine Spur. Nur einige Mauern der weltberühmten Akropolis, auf denen, und wahrscheinlich in fast gleicher Ausdehnung, das neue, nun auch zerstörte Schloß erbaut ward, ein Teil des Theaters, das im Felsen ausgehauen war, und die Reste eines römischen Gebäudes darunter, sind das einzige, was Argos von Überbleibseln des Altertums noch aufzuweisen hat.

Ich ritt abends mit dem Oberst nach der Akropolis hinauf, um von dort die Sonne untergehen zu sehen. An einem Felsenabhang auf der Mitte des Berges hängt, gleich einem Schwalbenneste, ein kleines Kloster, das jetzt unbewohnt ist und nur an gewissen Festtagen noch zu religiösen Feierlichkeiten benutzt wird. Man sieht daselbst die Fundamente einer alten Kirche, von der die Einwohner mit Stolz rühmen, daß in ihr der Apostel Paulus gepredigt habe. Ob er von hier auch an die Korinther geschrieben, um sich den schlechten Weg nach ihrer Stadt zu ersparen, ist mir aus der Kirchengeschichte nicht gegenwärtig.

Wir ließen unsere Pferde im Schloßhof weiden und durchkletterten dann die Trümmer verschiedener Jahrhunderte im Detail. Einige der polygonischen Mauern bieten ein besonders akkurates und schönes Spezimen dieser Gattung dar, und das Ganze bildet eine malerische und weitläuftige Ruine. Von der Aussicht hatte ich mehr erwartet und fand, daß sie der von den Höhen Nauplias nicht gleichkommt. Noch immer sah man mehrere der höheren Berge reichlich mit Schnee gestreift.

Wir nahmen von hier die kürzeste Richtung nach dem Theater hinab, das in seinem kompletten Zustande an zwanzigtausend Menschen faßte. Capo d'Istria benutzte es einmal zu einer Nationalversammlung, von welcher Zeit her man noch den inneren Raum im Grunde planiert sieht, auf welchem damals Gerüste errichtet waren, welche die Vornehmeren einnahmen, während das Volk auf den im Fels eingehauenen antiken Stufen plaziert wurde. Das Ganze mit Teppichen, Fahnen, Lauben und Blumengirlanden dekoriert, soll einen schönen Anblick gewährt haben. Neben dem Theater sieht man andere, geradlaufende Stufen in dem Felsen angebracht, die zu einem abgesonderten Zwecke gedient haben müssen. Das römische Gebäude, quervor im Tal gelegen, hat mehrere ganz moderne kleine Fensterreihen, wie ich sie in römischen Ruinen bisher nie so gesehen, weshalb ich auch versucht bin zu glauben, daß es eher aus byzantinischer Zeit herstammen möchte.

Die kleine Kirche über dem Theater, auf der Stelle des Tempels der Venus, mit dem schönen Rest eines

Säulen-Kapitäls des ältesten korinthischen Stils, wie der geheime Gang, der zu den Betrügereien der Priester diente, sind nicht mehr vorhanden und im letzten Kriege gänzlich zerstört worden.

Den 31sten Mai

Heute morgen führte mich mein Wirt, halb in seiner Droschke, halb zu Fuß, nach dem Heräum, dem einst so berühmten Tempel der Juno, ungefähr anderthalb Stunden von Argos entfernt.

Auch hier befinden sich eine große Menge kyklopischer Mauern aus älterer Zeit als der Tempel selbst, der im neunten Jahr des peloponnesischen Krieges, also 423 Jahre vor Christus, durch die Nachlässigkeit einer Priesterin abbrannte, worauf später Eupolemus von Argos den neuen Tempel errichtete, den Pausanias beschreibt. Unter hundert andern Statuen war hier auch eine des Orestes, und das hochgefeierte chryselephantinische Bild der Juno von Polykleitos. Die Göttin ruhte auf einem Thron, in der einen Hand eine Granate, in der andern einen Szepter haltend, auf dem ein Kuckuck saß; auf ihrer Krone waren die Horen und die Grazien abgebildet. Neben ihr stand eine Hebe aus Elfenbein und Gold, ein silberner Altar mit Figuren, welche die Hochzeit des Herkules und der Hebe darstellten, und ein goldener Pfau mit Juwelen geschmückt, nebst vielen anderen Schätzen ähnlicher Art. Es existiert noch eine ziemlich ansehnliche Mauer des Unterteils des Tempels von eigentümlicher Konstruktion. Sie besteht aus großen horizontalen Quadern, in gewöhnlicher Art aufeinandergelegt, aber ihre vier Ecken überall abgearbeitet, woraus sich in jeder Linie der Quaderabteilungen eine Reihe regelmäßiger viereckiger Öffnungen bildet, deren Zweck nicht wohl zu begreifen ist.

Tripolitza, den 1sten Juni 1836

Nachdem ich den herzlichsten Abschied von meinem gastfreien Wirt genommen und die Karawane vorausgeschickt, folgte ich ihr um sieben Uhr früh. Eine halbe Stunde von Argos passierten wir den Erásinos, der, nachdem er eine geraume Zeit unterirdisch geströmt, hier mit reicher Wasserfülle und in mehreren Armen kristallrein über grüne Wassermoose gleitet, wo er nahe der Straße verschiedene Mühlen treibt. Unterhalb derselben, eine Stunde entfernt, lag der lernäische See, der jetzt nur noch ein Sumpf ist. Dagegen befindet sich an seiner Stelle ein Tümpel von unergründlicher Tiefe. Engländer haben kürzlich ein Senkblei von zweihundert Yards hinabgelassen, ohne Grund finden zu können, und es ist interessant, daß schon Nero vergeblich eine ähnliche Untersuchung anstellen ließ.

In dem Khan von Aglado-campo, der über einem freundlichen Tale erbaut ist, machten wir Mittag. Eine Stunde hinter dem Khan passiert man im Gebirge Parthenion einen sehr schwierigen, lang ansteigenden und engen, aber auch sehr romantischen Paß, wo erst vor vierzehn Tagen der Major Kalogerópulos und ein Wachtmeister von Räubern angefallen wurden, aber resolut mit ihren guten Pferden durchbrachen, ohne von den ihnen nachgesandten Schüssen getroffen zu werden.

Die Ebene von Tripolitza, in welche ich nun hinabstieg, liegt so hoch (neunzehnhundert Fuß über dem Meeresspiegel), daß sie ein völlig deutsches Klima hat. Zum erstenmal sah ich hier wieder seit langer Zeit dichten frischen Hütungsrasen, mit weißem Klee und tausend kleinen Blumengeschöpfen angefüllt, die, wenn es nicht wirkliche Gänseblümchen waren, ihnen wenigstens wie Zwillingsschwestern ähnlich sahen. Meine Richtung seitwärts von der Straße durch die Felder nehmend, fand ich die Fußsteige überall mit blühenden Hecken eingefaßt, und lauter alte Bekannte bildeten die bunten Reihen. Das jungfräuliche Pfingströslein, die liberale Brombeere, die reizbare Brennessel, der offizinelle Holunder, der pikante Weißdorn – alles durchwirkt mit vielfarbigen Wicken, blauen Glockenblumen und glührotem Mohn, grüßte und flüsterte und beugte sich nieder zu mir, ja einige wollten mich gar nicht mehr ziehen lassen und hielten mich fest an meinem afrikanischen Mantel. Ich aber konnte nicht weilen, denn eine dunkle Macht treibt mich ja fort von Ort zu Ort! Ade, ade! schön Röschen fein, rief ich in weher Trauer, und riß mich los vom schönen Bild und seinen Dornen. Da lagen schwarz, in Schutt verfallen, Tegéas Trümmer vor und neben mir. In ihrer Mitte erhob sich die neuere Ruine einer byzantinischen Kirche mit sechs kleinen Kuppeln und viel weiten, klaffenden Öffnungen in den verfallenen Mauern, die größtenteils aus Fragmenten alter Baukunst, hie und da mit einem Stück Basrelief vermischt, aufgeführt wurden. Nach kurzer Rast, denn wenig war zu sehen, ritt ich durch hohe Gerstenähren, die bis über den Sattel meines Pferdes schlugen und in denen freudig die deutsche Kornblume wucherte, dem Dorfe Piali zu, an dessen Saum einst der als das prachtvollste Gebäude im Peloponnes geschilderte Tempel der Athene Alea stand. Er war aus allen drei Ordnungen der griechischen Baukunst zusammengesetzt, unten dorisch, darüber korinthisch und der oberste Stock jonisch. Vor einiger Zeit sollen noch

Säulenstücke davon vorhanden gewesen sein, jetzt ist nichts mehr als wenige Grundmauern übrig. Doch hat man verschiedene interessante Gegenstände an derselben Stelle aufgefunden. Ein alter Bettler führte mich in einen Bauernhof am Ende des Dorfs, wo zwei sehr merkwürdige Basreliefs lagen, das eine einen Löwen in natürlicher Größe, das andere in verjüngtem Maßstabe den Gott Pan darstellend, der, an einen Baum gelehnt, auf der Flöte bläst und einen stehenden Widder zu seinen Füßen hat; beide im ältesten Stil; den Löwen fand ich denen Mykenaes sehr ähnlich.

Mit einbrechender Nacht erreichte ich erst das zur Geburtstagsfeier und Thronbesteigung des Königs mit Reisig und Blumen geschmückte Tripolitza, eben als die Illumination begann. Auf dem Dache eines Balkons war König Ottos Kupferstich aufgestellt, von einem Lorbeerkranz umgeben und von zwei riesigen Kerzen beschienen; unter ihm aber drehten sich drei bunte Lampenkreise fortwährend in verschiedenen Richtungen, was mir auffiel und als eine politische Anspielung hätte gelten können, wodurch aber ihr Lichteffekt sehr vermehrt wurde.

Die hiesigen Feierlichkeiten zur Verherrlichung des königlichen Geburtstages schienen freiwillig und mit Herzlichkeit unternommen worden zu sein. Dagegen fand ich es in Argos sehr unpassend, daß schon am Tage vorher ein Ausrufer durch alle Straßen ging, der bei namhaft gemachter Geldstrafe alles Arbeiten am Festtage des Königs verbot.

Den 8ten

Ich habe, wie man aus dem Datum sieht, eine verlängerte Station hier gemacht, um in Ruhe der Schreiberei obliegen zu können. Den Tag nach meiner Ankunft lud mich mein Gönner Dimitri Plaputas Koliopulos zu einem großen hellenischen Gastmahl bei sich ein.

Noch immer erinnern die hiesigen Sitten etwas an die Odyssee und Iliade. Hammel in verschiedener Gestalt spielen eine Hauptrolle dabei, und der Wein wird sehr reichlich getrunken, doch ohne Wasser. Frau und Töchter (aber nur die verheirateten) nahmen Teil an dem Mahl und bedienten zugleich gelegentlich die Gäste, so wie auch ihre Männer, Offiziere der Tetrarchen des Koliopulos. Die Töchter waren hübsch mit braunem, glattem Teint, doch entstellte sie ihre Tracht, da ihr Busen, jede Brust einzeln in ein besonderes Säckchen gewickelt, so vollkommen zwei über die Schultern gehangenen Schrotbeuteln glich, daß ich einigemal bei dem Anblick große Mühe hatte, mir das Lachen zu verbeißen. Der Wirt ermüdete nicht im Ausbringen unzähliger Gesundheiten, wobei er manchmal, als besondere Freundschaftsbezeigung, etwas aus seinem Glase in das des Gefeierten schüttete, auch häufig meinem Sekretär, der neben ihm saß, ein ausgesuchtes Stück Fleisch von seinem eigenen Teller gab. Er kannte ihn noch vom Palamid her, wo Herr Emil, während Koliopolus Arrests, eine kurze Zeit lang Artillerie-Kommandant gewesen war. Ich saß zwischen Madame Koliopolus und der jungen Frau des Mirarchen der Gendarmerie, die halb türkisch, halb europäisch gekleidet war und gleich allen übrigen Damen Wein und Speisen nicht mindere Gerechtigkeit widerfahren ließ als die Männer. Auch sie beglückte den neben ihr sitzenden Nomarchen häufig mit einem Bissen, den sie auf seinen Teller legte, wogegen dieser galant auf dem ihrigen die schwierigsten Stücke mit seinem Besteck tranchierte. Alle waren dabei heiter, ungezwungen und voll natürlicher Höflichkeit, die wahrlich die geschliffenen Formen unserer Konvenienz weit besser ersetzt. Wir tafelten lange, und als nach Tische Pfeifen und Kaffee in ein anderes Zimmer gebracht worden waren, führten die Männer in dem auf einer Seite offenen Vorsaal, der die freie Aussicht auf die Berge gewährte, einen charakteristischen Nationaltanz aus. Phalanxoffiziere und Diener waren alle durcheinandergemischt, sich sämtlich bei der Hand haltend, und einer führte immer abwechselnd den Tanz an, wobei ihm jedesmal ein Tuch, das er dann vielfach um sich schwang, in die Hand gegeben wurde. Im Anfang führt dieser Vortänzer die Runde moderat und mit nicht ungraziösen Bewegungen an, doch bald nach den ersten Touren ergreift ihn der Enthusiasmus, er schleudert die Schuhe von sich und beginnt nun in Strümpfen oder barfuß die wunderbarsten Darstellungen, bald wie ein Reptil hinkriechend, bald wie ein Löwe sich auf seine Beute stürzend, während die übrigen ihn fortwährend mit ihrem Gesang begleiten. Ich bin überzeugt, die alten Helden Homers haben in der Wirklichkeit nicht viel anders getrunken, getanzt und gesungen.

Tripolitza, das auch durch seine spitz zulaufenden Ziegeldächer, die der viele Winterschnee hier nötig macht, an unser Vaterland erinnert, zählte früher an fünfzigtausend Einwohner, wovon die *Griechen* bei der Eroberung der Stadt im Jahr 1821 über die Hälfte niedermachten. Später ließ Ibrahim Tripolitza bis auf das Tor, durch das er eingezogen war, von Grund aus verbrennen, und das Ganze bietet daher noch jetzt mehr Schutthaufen als Häuser dar, welche von ungefähr sechstausend Seelen bewohnt werden. Es war in der Türkenzeit die Hauptstadt Moreas und bedeutet durch seinen Namen (Dreistadt) gewissermaßen die Vereinigung der drei alten Städte: Tegéa, Pallantium und Mantinéa, aus deren Überbleibseln es wahrscheinlich auch auferbaut ward. Die Stadt war sehr wohlhabend und wird es wieder werden, wenn der Handel steigt, da in ihrer reichen Ebene Viehzucht und Ackerbau blühen.

Am vierten Tage meines hiesigen Aufenthalts ritt ich, von einem Lanciers-Piquet und dem Lieutenant von Bose begleitet, einem Sachsen und Enkel des allen Dresdenern so bekannten sogenannten dicken Bose – beiläufig gesagt, einem der genialsten Menschen, die ich je gekannt – nach dem zwei Stunden entfernten Mantinéa. Ungefähr auf halbem Wege, bei einem Vorgebirge, das weit in die Ebene heraustritt und hinter dem das Tal von Mantinéa beginnt, ein Ort, der Graná genannt wird, fand im letzten Kriege ein bedeutendes Gefecht statt, in dem über tausend Türken bei einer ohne Erfolg versuchten Erstürmung der dasigen griechischen Verschanzungen blieben. Weiterhin kamen wir durch weitläuftige Wiesen, auf denen zahlreiche Herden weideten; doch auch hier sieht man sich überall vergeblich nach hohen Bäumen um. In der ganzen Ebene von Tripolitza steht, so viel mir bekannt geworden ist, nur *eine* alte und hohe Pappel nicht weit von der Stadt. Auf den Bergen bemerkt man ein altertümliches Kloster, in dessen Nähe einige Fichten zerstreut sind, im fernen Innern des Gebirges aber erblickt man ganze zusammenhängende Wälder von dieser Holzart. Als ein lächerliches *Quid pro quo* muß ich es erwähnen, daß ich bald darauf eine Herde Schafe von graugelblicher Farbe, die sich auf die ungewöhnlichste Weise in langen Reihen über- und nebeneinandergelagert und gegen die Sonnenhitze zusammengekauert hatte, wozu sie auch nicht die mindeste Bewegung machte, in der Ferne für die Ruinen von Mantinéa hielt, welche letztere denn in der Tat, als ich bei ihnen anlangte, nicht sehr verschieden davon aussahen; denn nur wenig von ihnen ist übrig, was über drei Fuß aus der Erde hervorträte. In dieser Höhe sind aber die ganzen Befestigungsmauern ununterbrochen erhalten, welche in einem elliptischen Kreise um die alte Stadt liefen. Zwischen ihnen erheben sich höher die Fundamente von hundertachtzehn teils viereckigen, teils runden Türmen und zehn Toren. Die Mauern sind zum Teil noch polygonisch, doch meistens schon von horizontal übereinander gelegten Steinen aufgeführt; auch die Spuren der Gräben, die um die Stadt gingen, sind nicht nur genau zu verfolgen, sondern an vielen Orten noch mit sumpfigem Wasser angefüllt. Im Inneren des Kreises, der jetzt mit Feld bebaut ist, existieren die Reste eines Theaters und verschiedene andere Schutthaufen früherer Gebäude. Die Bauern finden beim Pflügen hier häufig Antiken verschiedener Art, doch konnte ich mir in den wenigen Hütten, die umher zerstreut sind, heute nichts verschaffen. Mantinéa liegt (wie auch Tegéa) ganz in der Plaine, die hier in der Nähe durch einen isolierten hohen Hügel scheinbar geschlossen wird, obgleich sie sich hinter ihm noch weiter verbreitet. Auf der Spitze dieser Höhe stehen die von den Türken zerstörten Reste des Dorfes Gurtzúli und die Rudera einer Kapelle, bei der sich vier alte immergrüne Eichen erhalten haben.

Von dem Berge konnte man die Form der Ruinen

Mantinéas am besten übersehen, welche ungefähr den dritten Teil einer deutschen Meile im Umfange messen mögen, und bei denen die fast überall ganz gleiche Höhe der noch existierenden Mauern, als habe man sie regelmäßig gerade nur so weit abtragen wollen, allerdings als ein schwer zu erklärender Umstand erscheint. Man fabelt zwar, ein spartanischer König habe einen tiefen Graben um die Stadt gezogen und dann, den Fluß Ophis hineinleitend, die Wälle, welche nur im Grunde von Werkstücken, oben aber von Ziegeln konstruiert gewesen, durch die Gewalt des Wassers umgeworfen – diese Geschichte ermangelt aber aller historischen Beglaubigung und überdies aller Wahrscheinlichkeit.

Hadrian tat sehr viel für Mantinéa, weil sein Liebling Antinous aus einer Kolonie dieser Stadt gebürtig war. Er ließ diesem auch einen Tempel daselbst erbauen, wo jährlich Zeremonien ihm zu Ehren gehalten wurden, so wie alle fünf Jahre Spiele in dem Stadion; allerdings ein sonderbarer Heiliger! Im Tempel der Juno waren drei Statuen von Praxiteles. Jetzt ist die stolze Stadt, sonst eines der Augen Arkadiens genannt, das Besitztum weniger Bauern und trägt den Namen Palaeopolis.

Beim Nachhausegehen kam ich über den Markt, wo ich, wie schon öfters an anderen Orten, nicht umhin konnte, die elegant antiken Formen der ausgestellten Töpferwaren zu bewundern. Wie seltsam sich doch Gebräuche durch die bloße Macht der Gewohnheit Jahrtausende lang fortpflanzen! Dies rohe und verwahrloste Griechenvolk, wie auch die Araber, erhielten fortwährend die Formen der Schönheit in ihren gemeinsten Haushaltsgefäßen, während wir, so lange zivilisiert, uns so erhaben über jene dünkend, kaum imstande sind, in den kostspieligsten Fabriken des Luxus, mühsam und meistens ungeschickt, nach detaillierten Zeichnungen unserer Künstler, Ähnliches hervorzubringen, was hier jeder Töpfer aus uralter Überlieferung nicht anders kennt. Man erinnere sich, als Gegensatz, nur der wahrhaft barbarischen Formen unserer irdenen Flaschen, Krüge, Schüsseln, Lampen, Tassen und so weiter für den alltäglichen Gebrauch!

Khan von Wurliá im Gebirge, den 10ten Juni 1836

Bei schönem und warmem Wetter verließen wir endlich nach vierwöchentlichem Aufenthalt das zerstörte Tripolitza. Koliopulos mit einem Dutzend seiner Phalanxoffiziere, meistens seine Verwandte, gab mir eine halbe Stunde weit das Geleit, und bestand beim Abschied darauf, daß zwei dieser Offiziere, von denen der eine italienisch sprach, mir als fernere Eskorte bis Sparta dienen sollten. Die nachfolgenden Maultiere wurden durch vier Gendarmen zu Fuß, die gleich gelernten Läufern besser als die Pferde aushalten, beschützt. Ohne Eskorte im Innern des Peloponnes zu reisen, ist jetzt fast unmöglich, weil nicht nur viele der Bewohner Räubereien verüben, sondern selbst hie und da förmliche Banden sich gebildet haben, um von diesem Handwerk zu leben.

Auf der Höhe fortreitend, näherten wir uns jetzt wieder der fruchtbaren Ebene von Tegéa, dessen in der Ferne kohlschwarz erscheinende Kirchenruine schön von ihrer hellgrünen Umgebung abstach; rechts bemerkten wir auf einem Felsen einen zerstörten türkischen Flecken, die erste Ansiedelung der Türken, bevor sie Tripolitza erbauten. Eine halbe Stunde später stiegen wir in einer Schlucht, die ganz mit einer seltsam geformten rötlichen Blume bedeckt war, welche eine sehr giftige Art Wolfsmilch trägt, zu dem Saranta potamos hinab, der sich hier unterirdisch in den Berg verliert und erst zwischen Tegéa und Megalopolis, mehrere Meilen von hier entfernt, wieder zum Vorschein kommt. Dies ist einer der Zuflüsse des Alpheus, und das Tal, welches er in unaufhörlichen Windungen durchströmt, markierte sonst die Grenze zwischen dem Tegeischen und Lakedämonischen Gebiet. Wir durchkreuzten ihn wohl zehnmal, und zwar oft ganze Strekken in seinem seichten Wasser, zuweilen von rauhen Felsen eng umschlossen hinreitend, bis wir ein freundliches Bergtal erreichten, wo, von vielen Platanen und wilden Birnbäumen umgeben, der kleine Khan von Krya Vrissi steht, ohngefähr an derselben Stelle, die einst Phyláke eingenommen haben muß, in dessen Nähe die Flüsse Alpheus und Symbola entsprangen. Wir hatten schon seit geraumer Zeit dem Khan mit Ungeduld entgegengesehen, denn ein heftiges Gewitter, das uns sozusagen im Flusse mit einem zweiten Flusse aus den Wolken überfiel, hatte uns bis auf die Haut durchnäßt. Nichts dergleichen an dem hellen Morgen erwartend, waren wir leider nur gegen die Sonne gerüstet und hatten allen Schutz gegen den Regen bei dem Gepäck zurückgelassen, so daß uns nichts übrig blieb, als uns, so gut als tunlich, am Feuer zu trocknen. Die Griechen, welche ihre Mantelsäcke mit sich führten, machten alle eine frische Toilette, denn wegen der Fieber ist ein solches kaltes Bad hier gefährlich. Auch wir entledigten uns so vieler Kleidungsstücke als wir konnten, die eine recht hübsche Frau nebst ihren zwei artigen kleinen Kindern, mit großer Geduld und vieler Geschicklichkeit, zum Trocknen wie einen Braten über der Flamme drehten, so daß ich jeden Augenblick befürchtete, sie in Feuer aufgehen zu sehen.

Da wir ein langes und bedenkliches Defilee zu passieren hatten, welches an mehreren Stellen so eng zusammentritt, daß nur Raum für einen Reiter hinter dem andern bleibt, so bestanden Koliopulos Offiziere darauf, hier, wo eine Gendarmerie-Station ist, noch vier dieser Läufer mit uns zu nehmen, lustiges Volk, die sich unterwegs fortwährend mit dem Fangen von Feldmäusen, Schießen kleiner Vögel und allerlei andern Leibesübungen unter Lachen und Singen nebenbei ergötzten. Wir aber faßten uns in Geduld, denn ein neues Gewitter, das bald den ganzen Himmel überzog und in einen Landplatzregen ausartete, der fast bis zur Nacht fortdauerte, hatte bald alle Bemühungen der hilfreichen Khanfamilie im eigentlichsten Sinne des Worts zu Wasser gemacht. Desto anmutiger ward mit jedem Schritte die Gegend und überraschte mich besonders durch ihren Baumreichtum, den ich so lange entbehrt hatte. Ich sah, ganz verwundert, wieder weite Berglehnen mit malerisch darauf zerstreuten Gruppen von Kastanien und Eichen bewachsen, abwechselnd mit den lieblichsten Gebüschen hoher Arbutus- und Mastixsträucher gemischt. Die Ebenen der Täler, durch welche der Weg hinführte, waren meistens dicht mit unserm Farrenkraut bedeckt, voll wilder Birnbäume und reich an Wasser, was eine Menge Bergnachtigallen und Finken hergezogen hatte, die trotz des Regens auf das emsigste vor uns her flöteten. In noch höherem Grade entfalteten sich die Reize der Gegend, als wir den schlimmen Paß und den Khan von Krevátos, von dem man das Dorf Aráchova am Abhang des Berges Málevó erblickt, hinter uns hatten. Von hier bis zu unserm Nachtlager glaubte man in einem *pleasure ground* [Rasengrund] zu reiten. Krause Hügel, in deren dichten *shrubberies* [Gebüsch] man den Perückenstrauch, die kleine gefüllte weiße Rose, mehrere gelbblühende Cytisusarten, den Judasbaum, jetzt alle Äste durch seine braunroten Schoten niedergebogen, baumartige Myrten, viele Sorten hoher Eriken und eine Menge anderer Ziersträucher und immergrüner Pflanzen bemerkte; an ihrem Fuß blumenreiche Weiden mit Gruppen alter Bäume geschmückt, Bergbäche in der Tiefe, die unter den Felsenwänden der rosenrote Oleander einfaßte, hie und da von einem vollen Strauß goldgelben Ginsters durchleuchtet; in der Ferne die noch mit Schnee durchfurchten Gipfel des dunkeln Taygetos, so weit sie in der Höhe sichtbar wurden, und bis zu ihrem Fuß hinab von einzelnen Wolkenballen umwogt; das Ganze endlich noch durch die Musik vieler Sänger des Waldes und durch zahlreiche Herden belebt, gewährte, selbst bei der ungünstigen Regen-Witterung, ein entzückendes Schauspiel. Demungeachtet aber verlangte auch der physische Mensch sein Recht, und die roten Ziegeldächer des Khans von Wurliá wurden daher um sieben Uhr abends von uns mit noch größerem Frohlocken begrüßt, als früh die berauchte Hütte von Krya Vrissi.

Mistra, den 11ten Juni 1836

Je mehr wir uns dem herrlichen Tale von Sparta näherten, je gigantischer die prachtvolle Gebirgsreihe des Taygetos, wenngleich meistens, doch nicht immer, in Nebel gehüllt, sich vor uns auftürmte, je bezaubernder ward der Anblick nach allen Seiten unserer Umgebung. Ohne Zweifel ist der Gedanke an die spartanische Suppe daran schuld, daß nicht nur ich, sondern auch viele andere sich Sparta immer als ernst und öde dachten; es ist aber zugleich die lachendste und grandioseste Gegend Griechenlands. Die Ebene voll freundlicher Dörfer, unter denen südlich auf isolierten Hügeln die Ruinen des alten Sparta und die eben fertig gewordenen Häuser des neuen hervortreten, ist wie ein Fruchtgarten mit Oliven- und Maulbeerbäumen, längs des Laufes des Eurotas mit hohen Pappeln und Platanen, reich gefüllt; schroff aus ihr empor steigt die Vorbergkette des Taygetos, wunderlich in einzelne Kegel geformt, deren Zwischenräume in der Nähe Mistras von dem großen Erdbeben, 800 *a. Ch.*, bis auf den Grund zerborsten, schauerliche Abgründe bilden, durch die jetzt reißende Bergwasser ihren Weg sich bahnen. Hoch auf einer dieser halbabgerissenen konischen Spitzen stehen die Türme und gezackten Mauern eines venezianischen Schlosses, und den ganzen Berg bedecken amphitheatralisch die Ruinen der mittelalterigen Stadt Misythera. Am Fuß des Berges bis jenseits der Schlucht, und dann noch einen andern kleinen Hügel bedeckend, erstrecken sich die Häuser des ebenfalls halb zerstörten neueren Mistra. Rechts und links sieht man an den Bergen hängend die roten Dächer der Dörfer Tripia, Wársova, Lankastra, Bordónia und Ghiergitza. Auf den andern Seiten umschließt das Tal zuerst gegen Süden die niedrigere Hügelkette, welche die Maina von der Landschaft Mistra scheidet, gegen Südost das hohe Gebirge von Malvasia, im Osten der Málevó und Menelajum, im Norden die Berge von Tripolitza. Wir fanden den

Eurotas so angeschwollen, daß wir einen Umweg nehmen mußten, um in der wildesten Felsengegend die turmhohe Brücke zu erreichen, welche hier ohnfern einer Mühle darüber hinführt. Der Fluß ist an dieser Stelle eingeengt und ziemlich tief. Die Phalanxoffiziere erzählten uns, daß vorige Woche diese einsame Mühle von Räubern ausgeplündert worden sei, hier eine alltägliche Geschichte. Wir betraten nun das Tal, wo die Einwohner eben mit dem Köpfen und Entlauben der Maulbeerbäume beschäftigt waren, was allerdings dem Ansehen der Landschaft einigen Abbruch tut. Überall saßen Männer, Weiber und Kinder in den Kronen der Bäume und erfrischten sich mit den reifen Früchten, ehe sie die Äste herabwarfen.

Bisher war unser Weg in südlicher Richtung den Fluß entlang gegangen, jetzt wandten wir uns rechts in eine Hügelreihe und folgten dem engen Bette eines Bergbachs, wo baumhohe Oleander in der glänzendsten Blüte so dicht zusammentraten, als wollten sie uns mit ihren feuerroten Federbüschen gänzlich die Straße versperren. Selbst der schmale Fußsteig war mit rosigen Blüten bedeckt, welche wahrscheinlich die Schloßen des Morgens herabgeschlagen hatten. Hier durchschneiden die Reste einer antiken Wasserleitung die Schlucht, aus der man bald darauf hinaustritt und nun auf überraschende Weise das imposante Amphitheater des Taygetos dicht vor sich sieht. Wenig Minuten später erreicht man auf einem schmalen Steindamm, von blühenden Hecken überwölbt, die ersten Häuser von Mistra. Die ganze Gegend erschien mir, als sei es die Schweiz in einer südlichen Auflage.

Mistra, den 17ten Juni 1836

Wenn die Zeit mir nicht zu kostbar wäre, hier würde ich Monate verweilen und jeden Tag neue Naturschönheiten bewundern können. So mußte ich mich nur auf das Ausgezeichnetste beschränken und habe dabei die vergangene Woche paradiesisch verlebt, wozu die außerordentliche Herzlichkeit aller derer, mit denen ich hier in Berührung kam, wie selbst der Landleute – unter denen sich das Gerücht verbreitet hat, daß ich mich hier ansiedeln wollte, und die mir ihre Freude darüber bei meinen verschiedenen Ausflügen auf eine wahrhaft rührende Weise an den Tag legten – gewiß viel beitragen mußte.

Da man sich hier für Geld wenig verschaffen kann, so machte mir am andern Morgen der Nomarch ein sehr willkommenes Geschenk mit einem jungen Kalbe, einem Hasen und einem Pfund frisch in dem nächsten Dorfe gemachter Butter, alles seltene Delikatessen hierzulande. Nachdem der halbe Tag in Gegenvisiten hingegangen war, bot sich der Doktor, ein schöner, junger Mann, der seine Studien in Europa gemacht hat und vielseitige Bildung besitzt, gefällig an, mich nach Tripia zu begleiten, wo mitten in den Bergen die größte Zypresse in Griechenland steht. Es ist eine weibliche, deren Äste sich wie die der Zeder weit ausbreiten; während die männliche Zypresse pyramidenförmig wächst. Ich muß sagen, daß nach allem, was mir bisher im Peloponnes vorgekommen ist, ich hier nie eine Gegend von so außerordentlicher Frische, so viel Reichtum und Mannigfaltigkeit der Vegetation zu finden gehofft haben würde. Ohne diese Frische und ohne hohe Bäume fehlt aber, auch bei der höchsten Schönheit und Erhabenheit der Formen (die hier so häufig sind), einer Landschaft immer ihr lieblichster Reiz. Selbst die Wunder der Beleuchtung können nur in der Ferne diesen Mangel durch eine magische Täuschung ersetzen. Hier nun vereinigte sich vollständig eins mit dem andern, und selbst in den schönsten Teilen Italiens sah ich nichts, was alle Ansprüche mehr zu befriedigen fähig gewesen wäre.

Am Abhang der Berge fortziehend, kamen wir bald in die Waldregion, deren Anmut anschaulich zu machen ich nur die verschiedenen Bäume und Sträucher zu benennen brauche, aus denen sie besteht. Nußbäume, Platanen, Kastanien, unsere gewöhnlichen und immergrüne Eichen, Buchen, Fichten, Zypressen und Sadebäume, Äpfel-, Birnen-, Feigen-, Oliven-, Pfirsich- und Maulbeerbäume; als Unterbusch blühende Granaten, Rosen, Hasenkraut, Mastix, Arbutus, blütenreiche Dornensträuche aller Art; an den vielen Bächen Oleander, reich gemischt mit gelben Lilien, Königskerzen, blauen Winden und anderen Blumen, – alles dies und hundert Pflanzen mehr füllten in der überraschendsten Mischung dies reizende Dichterparadies. Den Boden deckte meistens auch noch jetzt grüner Rasen oder hohes Farrenkraut, und Efeu im üppigsten Wuchs überhing die Felsenwände, hinter denen die ganz nahen Gipfel des Taygetos über siebentausend Fuß hoch – die höchsten noch mit Schnee bedeckt, andere fast gänzlich von einem Mantel schwarzer Tannen umhüllt – in die Wolken stiegen und den Anblick der Sonne den Bewohnern dieses Waldes schon einige Stunden lang entzogen haben, wann in der unten hingebreiteten Ebene noch der Abend nicht begann. Von unerschöpflicher Mannigfaltigkeit sind auf der andern Seite die Aussichten nach dem weiten

Fruchttal Lakedämons mit den Ruinen Spartas und den endlosen Gebirgswogen hinter ihnen und rund umher. Auf einem der vorteilhaftesten Punkte über dem schroffen Abhang eines reißenden Wassers steht der vorhin erwähnte Riesenbaum, unter dessen dachartig sich breitenden Ästen eine Gesellschaft von hundert Personen hinlänglichen Raum und Schatten finden würde. Die Türken, welche viel Sinn für Naturschönheit besitzen, haben den Platz darunter geebnet und mit Mauern eingefaßt, so daß er noch jetzt häufig als Belustigungsort für die Einwohner von Mistra dient.

Ich bemerkte von hier einen sich isoliert aus dem Walde erhebenden Bergkegel, auf dessen Spitze eine Kirche, wie gewöhnlich von einer Gruppe immergrüner Eichen umgeben, stand, und bezeigte meinen Wunsch, ihn zu ersteigen. Sogleich boten einige Landleute aus den einzeln zerstreut umherliegenden Häusern sich bereitwillig an, uns dahin zu führen, freilich auf Ziegensteigen, aber Menschen und Pferde sind hier nichts anderes gewohnt. Die Aussicht von der Plattform dieser Kirche (Agios Giorgios) bot den Kulminationspunkt des Tages, und da keine mir bekannt gewordene Reisebeschreibung im Peloponnes ihrer erwähnt, ermahne ich jeden nach mir Kommenden, sich einen Genuß nicht entgehen zu lassen, der seiner Erinnerung nie wieder entschwinden wird. Der Beschreibung enthalte ich mich, um nicht zu ermüden, und bezeichne unter hundert ergreifenden Schönheiten in der Nähe und Ferne nur den eigentümlichen Eindruck, den das ganz einem italienischen gleichende Dorf Tripia mit seinen Orangengärten in der Tiefe macht, gelehnt an einen seitwärts liegenden Bergabhang von wenigstens achthundert Fuß Höhe und viertausend Fuß Breite, der von oben bis unten terrassenartig und so dicht wie ein Teppich mit regelmäßigen Reihen blaugrüner, im frischesten Wuchse stehender Ölbäume bedeckt ist. Unmittelbar über diese schließt sich eine gleich undurchdringliche Fichtenwand des Taygetos an, oben erst in der Wolkenregion in nackte, starre Felsen auslaufend.

Ich konnte mich kaum von so vielen Herrlichkeiten losreißen, die immer eine tiefe Rührung und Dankbarkeit in mir hervorrufen, dafür, daß es mir gestattet ward, die Schönheit der Natur mit so reger Empfänglichkeit zu genießen, – wir wollten aber noch auf dem Rückweg das Felsennest der Venezianer besuchen, um von dort die Sonne untergehen zu sehen, mußten also scheiden. Der neue Weg, den wir jetzt einschlugen, führte, etwas höher an den Bergen hin, noch durch nächtlichere Waldpartien, wo es oft schwer ward, sich durch die über uns ein dunkles Laubdach bildenden Büsche durchzuarbeiten, bis man den von seinem Fuße bis an den Gipfel mit düstern Ruinen durchzogenen Schloßberg ganz nahe vor sich sieht. Vom Palast des Proveditore waren nur die hohlen Fensterreihen sichtbar, die zerbröckelten Mauern verdeckte gänzlich eine grüne Wand von Efeu und wildem Wein. In der Regel hält man das Schloß auf der Spitze des Berges für Pferde nicht zugänglich; die Trägheit war aber bei mir größer als die Besorgnis, und es gelang mir, auch den höchsten Punkt zu erreichen, ohne abzusteigen, obgleich es mir diesmal fast übel bekommen wäre, da mein zu lebhaftes Tier auf einer der schlimmsten Stellen von einem Steine abglitschte, und sehr wenig fehlte, daß es nicht in die Stadt hinabgestürzt wäre, deren Dächer am Fuße eines formidabeln Präzipisses gerade unter uns lagen. So schön die Aussicht vom Schlosse ist, kann sie doch mit der von der Kirche Agio Giorgio keinen Vergleich aushalten, und selbst die romantischen Trümmer, welche den Berg bedecken, erscheinen mehr zu ihrem Vorteil von dort in der Ferne gesehen, als hier in unmittelbarer Nähe. Nur die Einsicht in die mystische abgeschiedene Stadt der Venezianer, die fast den ganzen nördlichen und östlichen Abhang des Berges einnimmt und in allen diesen Ruinen keinen einzigen Bewohner mehr beherbergt, wie auch weiterhin der Blick auf das neue Mistra an des Felsens Fuß im tiefen Abgrunde hingebreitet, haben etwas so Pittoreskes, daß dem Ganzen dadurch wenigstens ein sehr eigentümlicher Stempel aufgedrückt wird. Noch origineller ist beim Hinabsteigen auf der andern Seite der beschwerliche Durchgang durch den stupenden Felsenriß des Pandeleimónas. Dieser bildet ein, den wildesten Alpengegenden vollkommen ähnliches Gemälde, nur mit dem Unterschiede, daß hier von unten bis oben aus den dunkeln Felsenspalten, gleich auf schwarzem Grund gestickten Blumenbouquets, einzelne kleine Oleander- und Granatensträucher hervordringen, die (so glücklich für mich) eben in der vollsten Blüte stehen und in dieser heterogenen Umgebung, dieser malerischen Verteilung, bald von Wasserfällen überstürzt, bald hoch über unsern Häuptern sich im Winde wiegend, einen Natureffekt hervorbrachten, der mir vollkommen neu war.

Meine Reisemenagerie hat einen kostbaren Zuwachs erhalten. Der Mirarch Petimesas, Bruder des bekannten Häuptlings, dessen sich meine Leser vielleicht noch aus Kalávrita erinnern werden, schenkte mir eine Hündin von so besonderem Aussehen, daß man sie füglich als einem ganz neuen Genus angehörig klassifizieren könnte. Sie hat die silbergraue, schwarz und gelb gefleckte Farbe der Hyäne, die Gestalt eines Dachses und zwei stets gespitzte Ohren von vier Zoll Länge, wird interessant *à force de laideur* [Übermaß an Häßlichkeit] und heißt – Aphroditi. Petritti und Schaïn haben die neue Gesellschafterin mit großen Freudensprüngen begrüßt, doch ist in der Zukunft Streit unter ihnen zu befürchten, wenn Aphroditis Herz zu wärmeren Regungen übergehen sollte, als ihr jungfräuliches Sträuben bis jetzt noch verraten will.

Um drei Uhr Nachmittag begannen wir am andern Tage die projektierte Landpartie nach Sklavochóry, welches man für das alte Amyklae hält, obgleich wahrscheinlich mit Unrecht, da sowohl Pausanias als Polybius Angaben über diese Stadt vermuten lassen, daß sie Sparta und dem Eurotas viel näher gelegen haben müsse. Meine Begleiter waren der Tetrarch mit vier seiner Klephten, die zu Fuß voranliefen, Major Petimesas, der Doktor und Herr Fengaras, ein hiesiger Advokat von Einfluß, der zugleich gut französisch spricht. Unser heutiger Weg führte uns nur in der Ebene umher und bot dennoch die größte Abwechselung. Im Anfang ritten wir durch wohlbestandene Ölpflanzungen und Maulbeerplantagen, bis wir in die Nähe des Dorfes Giovanni kamen, wo die Vegetation am luxuriösesten im Tale treibt, aber die Luft ungesund sein soll. Ein außerordentlicher Überfluß an Wasser hüllt hier alles in das glänzendste Grün und gibt den Bäumen einen kolossalen Wuchs. Ich sah Feigenbäume von der Größe fünfzigjähriger Linden und Platanen von einer solchen Dichtheit der Blätter, daß sie gewiß weit besser als alle Hausdächer in Griechenland den Regen abhalten müssen. Dies Dorf kann ein mit Mauern durchkreuzter und mit einzelnen Häusern besetzter Orangen- und Zitronenhain genannt werden, hie und da mit höheren Waldbäumen gemischt und von vielen Bächen durchrieselt, welche die geringe Sorgfalt ersetzen, die auf die Kultur verwandt ist. Eine halbe Stunde hinter St. Giovanni, oder richtiger Agios Jannis, liegt in der lieblichsten Umgebung ein massives Haus, dem ein Steinaquädukt reichliches Wasser zuführt. Ich war verwundert, mehrere seiner Bewohner, als wir vorbeiritten, herauslaufen zu sehen, um den Griechen meiner Begleitung in großen blechernen Dosen Prisen anzubieten, bis ich erfuhr, daß der romantische Ort – eine Schnupftabaksfabrik sei. Die Griechen sind aber beinahe ebenso große Liebhaber vom Schnupftabak als die Araber in der Barbarei. –

Wir betraten jetzt einen etwas weniger lachenden und sehr steinigen Anger, wo ein starker Geruch mehrere offizinelle Pflanzen verriet, deren Qualitäten uns der Oberst erklärte und sehr anpries. Auf den Gipfeln der vor uns liegenden Bergkette, welche Spartas Ebene von der Maina trennt, sieht man schon viele der weißen Türme, deren jedes Dorf in der Maina zu seiner Verteidigung einen aufzuweisen hat, welches dortige Insurrektionen so schwer stillen läßt. Anfang dieses Jahres machte ein bloßer Dorfhäuptling Skilakakis der Regierung, die seinen Turm zerstören wollte, soviel zu schaffen, daß ein ganzes Bataillon Nationaltruppen gegen ihn verwendet werden mußte. Er ward nach hartnäckiger Verteidigung gefangen, entfloh auf dem Transport und erfror im Schnee. Die ganze Begebenheit wurde in Athen sorgfältig verheimlicht. Sklavochóry ist im Kriege größtenteils zerstört worden, unter andern auch die Kirche verbrannt, in welcher sich mehrere interessante Altertümer befanden. Dergleichen ist jetzt nichts mehr übrig, mit einziger Ausnahme einiger umhergeworfener Säulen, wovon eine noch die Fragmente einer Inschrift zeigt. Amyklae war keine große Stadt, aber im Altertum berühmt durch einen kostbaren Thron und die darauf stehende Statue des Apollo, ein Koloß von sechzig Fuß Höhe.

Petimesas hatte uns hier beim Maire des Orts die Galanterie eines echten Klephtenmahls bereiten lassen, das charakteristisch genug war. Ein ganzer Hammel, am Holzspieße über glühender Asche gebraten, ward durch zwei Leute mitsamt dem langen Pfahl, an dem er hing, in die Stube getragen, wo wir auf Teppiche uns gelagert hatten, und dann neben uns gegen die Wand gestellt. Jetzt näherte sich ihm der vornehmste der Klephten, zog seinen Dolch und tranchierte ihn, mit einer wahrhaft bewundernswürdigen Kenntnis der Anatomie, in wenig Augenblicken, bis auch nicht mehr der kleinste Teil am Spieße haftete. Ein zweiter nahm dem ersten die Stücke ab, alles, wie sich von selbst versteht, mit dem natürlichen Werkzeug der bloßen Hände, und legte sie auf eine große hölzerne Platte zurecht; für mich ward, als Ehrenbissen, das am meisten geschätzte Schwanzstück auf einen Teller plaziert, der nebst einer Schüssel rohen Salats, ohne Salz noch andern Ingredienzien, Platz auf einem niedrigen türkischen Tische fand, den man vor uns hingesetzt hatte. Ein dritter Klephte, der den Dienst des Kellermeisters versah, schenkte aus einem bunt verzierten Bocksschlauch in große Becher sehr guten Krassy ein, dem, so wie dem Hammel, von der ganzen Gesellschaft weidlich zugesprochen wurde. Eine Menge der Dorfbewohner standen um unser Mahl her und baten, da sie gehört, ich wolle mich unter ihnen niederlassen, auf meine Gesundheit trinken zu dürfen, was ich »auf gute Nachbarschaft« erwiderte.

Zu meiner letzten Exkursion ward das alte Sparta bestimmt, und während eines heißen Nachmittags die Tour begonnen. Längs mehrerer schnellfließenden Bäche hin, unter dem Dome hoher Pappeln, deren Stämme fast durchgängig in Efeusäulen verwandelt waren, und deren Äste alle Arten von Winden und Ranken vereinten, in einer durchaus üppigen und fruchtbaren Landschaft, erreichten wir zuerst das Dorf Magúla, wo ein deutscher Architekt, Herr Baumgarten, mit seiner Familie wohnt, der von der Regierung mit dem Bau Neu-Spartas beauftragt ist. Er bewirtete uns mit einer kleinen Kollation, bei der seine schöne Tochter den Wein kredenzte, und es wäre höchst undankbar, nicht auch eines vortrefflichen germanischen Rahm-Kirschkuchens zu gedenken, dessen Verdienste wir mit Patriotismus erkannten. Der gute Baumgarten versuchte, uns zu Pferde zu begleiten, doch dieser Leibesübung ganz entwöhnt und überdies nur mit einem schwankenden Packsattel und einer Halfter statt Zaumes versehen, zog er vor, sobald wir die Tripia, einen kleinen Fluß, der in den Eurotas strömt, passiert hatten, sich ferner nur der Kraft seiner eigenen Beine zu überlassen, was sich bei der ziemlich drückenden Gewitterschwüle des Tages und bei einem Marsch, der meistens durch mannshohe Weizenähren oder ebenso lange Disteln und über Steintrümmer hinwegging, – einem russischen Schwitzbade als vollkommen äquivalent auswies. Wir hatten bis Sparta binnen einer starken Stunde schon drei Flüsse gekreuzt, den Pandeleímona, die Kyparissia und Tripia, und der vierte, größte lag jetzt vor uns, der Eurotas.

Die Überreste Spartas, das auf mehreren Hügeln erbaut war und auch einen Teil der Plaine einnahm, sind keineswegs so gering, als sie von den meisten angegeben werden, obgleich allerdings kein Gebäude davon sich, wie in Athen, zum größten Teile ganz erhalten hat.

Von den Befestigungsmauern (meist römischen) stehen noch weite Reihen, auch Trümmer der Akropolis, und die ganze Umgegend ist mit halb aus der Erde hervorragenden Grundmauern bedeckt, nicht in so großem Umfang, aber im allgemeinen Überblick sehr ähnlich den Ruinen von Karthago. Herr Fengaras führte mich nun über das *quartier noble* der Pitanaten, jetzt nur ein Steinanger, nach einem länglichen Karee, von dem man annimmt, daß hier der eigentliche Schauplatz der schwarzen Suppe gewesen sei, welche die Spartaner in Gemeinschaft verzehrten (die Syssithien). Nach dem Text des Pausanias könnte man es indes eher für das Boonéta (ein für Rinder gekaufter Ort) halten, an der Straße Aphétae, durch welche die Freier der Penelope zum Wettlauf eingelassen wurden, in dem bekanntlich Ulysses siegte. Nahe dabei ist die Agora, wo die kolossale Statue Spartas und die prächtige Perserhalle standen, die letztere mit Standbildern der berühmtesten Perser, unter andern des Mardonius und der Königin Artemisia, die sich bei Salamis auszeichnete, beide auf den Säulen gleich Trophäen aufgestellt. Die Lage dieser Agora wird durch vier hier noch befindliche Pfeiler mit Inschriften fast außer Zweifel gesetzt, da sie sämtlich, einzelnen Personen zu Ehren, von der Stadt hier aufgerichtet wurden. Wir lasen eine dieser Inskriptionen, welche für *Posthumius Memmius* den Dank der Einwohner ausspricht. Nach dem Eurotas zu hinabsteigend, sieht man die Reste des Neptuntempels und einen noch ziemlich gut erhaltenen Zirkus, wahrscheinlich den kleinsten, den es gibt, denn er hat nur einige dreißig Fuß im Durchmesser und wird daher vom Professor Roß für ein Tor gehalten.

Ich übergehe die unbedeutenderen Rudera alter Tempel und Heroums, von denen eines der Kyniska gewidmet war, die unter allen Frauen in Griechenland zuerst Pferde hielt und, sie selbst leitend, in den olympischen Spielen damit siegte, – um sogleich des großen und schönen Theaters, von vierhundertfünfzig Fuß Diameter, zu gedenken, eines der größten im Peloponnes, das auf der Westseite eine herrliche Aussicht beherrscht, mit dem Taygetos in seiner dunkeln Majestät gerade vor sich. Die Stufen sind größtenteils weggeholt worden, indem die Ruinen von Sparta lange der ganzen Umgegend als der bequemste Steinbruch dienten. Ehe wir noch dahin gelangten, fiel mir auf einem der Hügel eine hohe Mauer auf, in der eine der horizontalen Steinreihen aus lauter Säulenstücken bestand, und auch mehrere der andern eingemauerten Steine interessante Skulpturen und Inschriften enthielten. Daneben steht ein Gebäude, dessen zwei Türen kaum noch aus der durch die Zeit angehäuften Erde herausschauen, so daß Nachgrabungen hier vielleicht lohnen würden. Das Besuchen der Ruinen Spartas ist beschwerlich, denn nie sah ich einen Ort, wo die höchsten und stachlichsten Disteln so wucherten; es sind echt spartanische Disteln!

Kommt man vom Theater wieder in die Plaine hinab, so werden die Blicke vor allem von den, zum Teil noch hohe Mauern mit Fensteröffnungen zeigenden, Resten eines großen Palastes auf sich gezogen, welche die Landleute das Schloß der Helena nennen. Es ist in der Tat einiges für die Wahrscheinlichkeit anzuführen, daß auf dieser Stelle die Wohnung des Menelaus gestanden habe, was sich noch dadurch bekräftigt, daß die machthabenden Griechen, seit den ältesten Zeiten, und selbst die Türken später noch, immer gern ihren Sitz wieder auf dem der alten Herrscher aufzuschlagen suchten. Zur Unterstützung dieser Behauptung führte Herr Fengaras mehrere Beispiele als noch jetzt vorhanden an, unter andern das Schloß des türkischen Woiwoden in Argos, der sich selbst rühmte, auf der uralten Burg des Adrast zu wohnen. So durften wir wohl auch annehmen, daß wir hier wirklich, zwischen Disteln und Brennesseln, denselben Boden betreten, wo einst, auf ihrem Purpurlager ruhend, die schöne Helena den göttlichen Alexandros besser nach ihrem Geschmack fand als den grämlichen Ehemann. Denn so ging es, und geht es noch heute! – ich aber, ermutigt durch des großen Chateaubriand Beispiel, der, auf Spartas Ruinen angekommen, so laut er schreien konnte: »Leonidas!« rief, flüsterte dem Zephir zu: »Süße Helena!«, wobei ich jedoch aufrichtig gestehen will, daß das Andenken einer modernen Schönheit dieses Namens dem klassischen Enthusiasmus für die alte nachteilig war.

Nicht fern von diesem Palast sind Anzeichen der Rennbahn, jetzt ein schöner grüner Platz mit weithin schattenden Platanen und einer Quelle des frischesten Wassers. An dem einen Ende desselben stehen die neuesten Ruinen eines großen türkischen Turms auf antiken Grundmauern.

Wir nahmen den Heimweg über Paróri auf dem anmutigsten Fußsteige, wo sich mit der Fülle der Bäume und blühenden Büschen noch herrliche Gruppen zehn Fuß hohen, apfelgrünen Schilfes mischten. Eine aus alten Fragmenten erbaute kleine Kirche der heiligen Irene steht rechts des Weges, in der man eine halb eingemauerte Statue und eine Inschrift bemerkt, zu Ehren eines Pankratiasten. Der Gesang der Nachtigallen und eines andern Sängers, den man hier den grauen Kanarienvogel nennt, begleitete uns fortwährend, bis wir Paróri erreichten. Hier befindet sich ein auf zwei Seiten von Felsen umschlossener Platanenplatz mit mehreren gefaßten Quellen. In dem Portal der einen sieht man zwei eingemauerte Tafeln, die eine griechisch, einen Katalog verschiedener Namen enthaltend, die andere türkisch. Paróri, ganz aus Lustgärten bestehend, wurde sonst nur von Türken bewohnt, und kein Grieche durfte es bei Todesstrafe betreten. Noch existieren die Spuren mehrerer Vorrichtungen, welche die Muselmänner hier zum angenehmen Genuß der schönen Natur gemacht, und die man nachher törichterweise zerstört hat. Unter andern war über dem kleinen Fluß von Paróri, der hier durch einen zweiten Felsenriß aus der Vormauer des Taygetos dringt, ein Steinbalkon erbaut, mit einer geräumigen Plattform darauf, einem Springbrunnen in der Mitte, und das Ganze überschattet von einem großen Nußbaume. Dies ist noch in seiner Zerstörung ein heimliches, liebliches Plätzchen, dem unmittelbar gegenüber sich der in die Wolken steigende Felsen erhebt, von welchem, der Sache nach, die alten Spartaner ihre mißgestalteten Kinder in das Bette des Bergbachs hinabstürzten.

Den 18ten

Unwohlsein verhinderte mich heute, mein Haus zu verlassen, denn in etwas muß man schon dem hiesigen Klima seinen Tribut bezahlen!

Den 19ten

Da ich mich wieder besser befand, wünschte ich noch, die vom Professor Roß untersuchten Ruinen von Menelajum zu sehen, und ritt daher mit Herrn Fengaras und meinem Sekretär nachmittags dahin. Wir durchkreuzten die trümmerbedeckten Hügel Spartas noch einmal, und später den Eurotas da, wo noch die Reste der alten Brücke stehen, und erreichten in ungefähr drittehalb Stunden, von Mistra aus gerechnet, die steile Bergspitze, auf der die Tempelruine von Menelajum sich befindet. Einer Sage nach soll sich unter dem Tempel ein Schatzhaus, wie das des Atreus zu Mykenae, befinden, was genauere Untersuchungen feststellen müssen. Die drei oder vier Hügel, welche mit dem, dessen Spitze der Tempel krönt, in Verbindung stehen, so wie dieser selbst, sind auf eine gefällige und ungezwungene Weise noch jetzt dergestalt terrassiert, daß man fast ehemalige Kunstgärten hier vermuten möchte, durch die dann wahrscheinlich ein bequemer Weg nach dem Tempel hinaufführte. Die Aussicht auf das Tal von Sparta von dieser, den früher von mir genommenen Aussichtspunkten ganz entgegengesetzten Seite mit der Kette des Taygetos in vollständigster Ausdehnung vor uns, und den Eurotas in mäandrischen Krümmungen zu unsern Füßen, war von ergreifender Wirkung und mir zum letzten Abschied von dieser so erinnerungsreichen Gegend doppelt willkommen. Der ehemalige Platanistas (was die Engländer den Teegarten der Spartaner nennen würden) nimmt sich noch immer mit einer zahlreichen Gruppe hundert Fuß hoher Pappeln und den fruchtbarsten Fluren darum her sehr stattlich aus und kann unmöglich verkannt werden, da seine Lage unter Menelajum ganz genau und entsprechend von Pausanias angegeben wird. Um jetzt auch den von Doktor Roß entdeckten Stein aufzusuchen, mußten wir eine Viertelstunde höchst beschwerlich zu Fuß klettern, was sich nachher doch nur schlecht lohnte, da wir den Stein (halb Würfel, halb Säule) von den Berggewässern so mit Erde bedeckt fanden, daß kaum noch eine kleine Ecke davon sichtbar blieb, an der wir von den gerühmten Tierskulpturen nichts mehr entdecken konnten.

Auf dem Rückweg, den ich querfeldein in gerader Richtung nahm, und dadurch eine ganze Stunde abkürzte, besah ich eine in dem Felsen dicht hinter Mistra befindliche Quelle in zum Teil antiker Fassung und von graziös komponierten Hautreliefs geschmückt. Diese stellen drei Knaben vor, die eine schwere Fruchtgirlande halten, welche sich tief zwischen jedem derselben niedersenkt. In jeder Senkung sitzt ein Greif und darunter stehen Hunde, auf denen die Girlande ruht. Die Knaben sehen verwegen und üppig aus, die Tiere sehr demütig, und das Ganze ist vortrefflich erhalten. Das Wasser der Quelle gehört zu dem vorzüglichsten in Griechenland. Auch nahm ich sogleich eine ganze Tonne davon mit mir nach Hause.

Den 20sten Juni

Um nichts in und bei Mistra ungesehen zu lassen, erstieg ich gegen Abend den Gipfel des steilen Felsens, von dem, wie ich bereits gemeldet, die armen Krüppel der Spartaner den Salto mortale hinab machen mußten.

Die Aussicht bietet eine wahre Schauerszene von mehreren an tausend Fuß niedersinkenden Abgründen dar, mit grün und rosenrotem Boden von dicht blühendem Oleander, gleich einem mit Blut besprengten Bette in der Tiefe. Nur durch die schmale Öffnung der seitwärts stehenden Felsen, in deren einem sich oben eine weite Höhle wölbt, sieht man in der Ferne, kleinen Kartenhäusern gleich, das Dorf Parόri mit seinen roten Dächern und saftigen Gärten, wie Elysium über den Tartarus, herüberwinken.

Die laue, transparente Nacht ward vom früh aufgehenden Monde verklärt, und ich beschloß, in seinem Dämmerlicht noch einmal der Venezianer Geisterstadt zu durchstreifen. Es war eine Szene voll unaussprechlicher Erregung! Wohl eine Stunde lang, durch Schutt und Dornen auf- und abkletternd, irrte ich einsam in dem nächtlichen Ruinenlabyrinth umher, welches, in romantischer Hinsicht wenigstens, die antiken Reste Spartas weit übertrifft und überhaupt wenig seinesgleichen finden wird. Nur von längst abgeschiedenen Wesen umschwebt, durch süße Schauer phantastischer Gebilde im Innersten bewegt, suchte ich endlich einen Ruhepunkt unter den verlassenen Säulenhallen des alten Frauenklosters, zwischen denen das schon in Nebelschleier gehüllte Tal sich nur noch undeutlich einrahmte. Die morschen Türen standen offen, und der glanzvoll schimmernde Mond verbreitete Helle genug, um im Inneren noch einige Figuren auf Goldgrund zu unterscheiden, während feuchter Moder, der alle Wände überzog, die übrigen Freskobilder fast sämtlich verwischt hatte. Sechs schöne Säulen, teils aus Alabaster, teils aus buntem Marmor, von verschiedenartigen, wenig auf sie passenden Kapitälen gekrönt, stützten das Schiff der kleinen Kirche. Sie ist, wie das ganze Kloster, unter den griechischen Kaisern halb im byzantinischen, halb im maurischen Geschmack erbaut worden und zeigt von außen noch mehrere bunte Farben glacierter Ziegel in zierlich zusammengestellten Mustern. Ein so geschmückter Turm mit Spitzbogen, mehreren Säulen-Etagen und reich geschmückten dreifachen Fensteröffnungen darüber steht noch fast ganz. Ich erklomm ihn mit einiger Mühe bis zum Glockenhause, von wo die frühere Disposition eines großen Teils der alten Stadt, der Waffenplatz, die Paläste der vornehmsten Behörden, einige krenelierte Türme und so weiter bequem zu überschauen waren. Alle diese Etablissements der Venezianer in Morea erwecken ein wahres Staunen durch ihre Großartigkeit. Wie unerschöpflich muß der Reichtum jener Königin des adriatischen Meeres damals gewesen sein, um ihr zu erlauben, so enorme Summen auf eine entfernte Eroberung zu verwenden, die zu jeder Epoche nur wenig davon wiederbezahlt haben kann!

ACHTES KAPITEL

Besteigung des Taygetos und Zug durch die Maina

Puli-Vrisi (Quelle des Berghuhns),
den 21sten Juni 1836 abends

Die Temperatur war endlich so geworden, wie ich sie liebe, das heißt achtundzwanzig bis dreißig Grad Réaumur im Schatten, und genau um Mittag – welches aber hier noch nicht, wie in den zivilisierten Städten Athen und Tunis, ein Kanonenschuß statt der fehlenden Turmuhr anzeigt – machte ich mich zur Besteigung des Taygetos auf den Weg. Oberst Jatrakos hatte mir seinen Sohn, den Kapitän Giorgi, mit zwei Phalanxoffizieren und zwei Palikaren, von denen einer der letztern ein zum Christentum übergegangener Ägypter ist, zur Begleitung mitgegeben; außerdem dienten uns vier unberittene Gendarmen und der Dimarch eines Dorfes am Fuße des Taygetos mit zehn Milizsoldaten zur Bedeckung.

Wir kamen bei den Ruinen von Briseä vorüber, die ein mit Steinen bedecktes Feld anzeigt, nebst einigen unbedeutenden Mauern auf einem kleinen Hügel daneben, und langten in drittehalb Stunden im Wohnort des uns begleitenden Dimarchen, dem Dorfe Xerokambi, an, das an der Hügelkette gegen die Maina zu mit seinen einzeln zerstreuten Häusern anmutig in der Mitte eines Olivenwaldes liegt. Man setzte uns hier mehrere ländliche Erfrischungen vor, unter andern sehr guten, nicht razinierten Wein von ganz rosenroter Farbe. Als ich von diesem, der uns in einer großen Tasse aus buntem Milchglase präsentiert wurde, trinken wollte, fuhr einer der Gegenwärtigen voll griechischer Natürlichkeit mit den Fingern hinein, um eine kleine fast unsichtbare Fliege herauszufischen, indem er mir versicherte, daß man sich sehr in acht nehmen müsse, hier Insekten im Getränk zu verschlucken, da einige dieser kleinen Tiere giftig seien und die heftigsten Koliken erregten.

Nachdem ich das Gros meines Gepäckes nach dem Schlosse des Kapitän Giorgi, der es unter den hiesigen Klephten nicht recht sicher glaubte, auf der Straße nach Marathonisi mit einem meiner Leute und einem Teil der Eskorte vorausgeschickt, auch zur spätern Bergbesteigung die nötigen Maultiere gemietet hatte, bestiegen wir wieder unsere Rosse und wandten uns erwartungsvoll, aus der Plaine längs der reißenden Razina, einer engen Schlucht des Gebirges zu. Hier aber umschloß uns schon in wenigen Minuten eine so bezaubernde Gegend, daß ich nicht weiß, wo ich Worte hernehmen soll, um sie genügend zu beschreiben. Wenn man jede Erhabenheit der Schweiz in einem Treibhause voll blühender ausländischer Gewächse zeigen könnte, würde der Effekt ein ähnlicher sein, und doch in Masse und Frische der Vegetation, in glänzendem Grün aller Nuancen, wie in blendender Farbenpracht der mannigfaltigsten Blumen und Blüten, vom Dufte aromatischer Gerüche jeder Art geschwängert, weit dahinten zurückbleiben. Kein dürres Fleckchen war hier bemerkbar; die Berge sah man bis zum Gipfel dicht wie ein goldenes Vlies in hellschimmernde Locken gehüllt, und selbst die höchsten Felsen erschienen farbig, mit wunderbaren perpendikulären Bandstreifen oder marmorierten Adern ebenso seltsam gezeichnet, als die Felsen eigentümlich geformt waren, bald spitze Pyramiden, bald tiefe und weite Höhlen, bald brillenartige Öffnungen darbietend, durch welche die entfernten

Gegenstände wie durch ein Perspektiv gesehen sich ausnahmen. Das Wuchern des Pflanzenwuchses ging oft in einen wahren Mutwillen der Natur über, so daß die breitblätterige Platane die Rosen des Oleanders zu tragen schien, und aus den vollen Federbüschen der blühenden Kastanien Granaten sich durchdrängten, deren feurige Blumen von Kränzen dunkelblauer Winden umschlungen waren. Eine solche Stelle, deren Originalität und Pracht nichts übertreffen kann, befand sich in der Nähe einer Verschanzung aus dem Revolutionskriege, welche die Einwohner Katáphi nannten. Die Feste selbst trug viel zur romantischen Wirkung des Ganzen bei, hoch oben wie ein Adlernest vor dem schwarzen Hintergrunde einer tiefen Höhle hängend, wo sie allen Bemühungen der Ägypter widerstand, welche vergeblich diesen Paß zu forcieren suchten. Einer der Milizsoldaten, ein schöner schwarzbärtiger Lakonier, in reicherem Anzuge als die übrigen, der hier mitgefochten, hielt mein Pferd mit charakteristischer Gestikulation an, um mir, die Augen noch von der Erinnerung glänzend, die Details dieser Begebenheit mitzuteilen.

Nach zwei Stunden, die einen fortdauernden Genuß gewährten, der Monate der Mühseligkeit aufwiegt, erreichten wir, allerdings auf etwas mißlichen Wegen, das elegante und in hohem Grade malerisch gelegene Klephtendorf Kúmusta, meistens von Leuten bewohnt, die uns allein ebenso sicher ausgeplündert haben würden, als sie uns jetzt in Begleitung zweier Häuptlinge ihres Landstrichs mit der freundlichsten Ergebenheit entgegenkamen. Hier rasteten wir unter einigen turmhohen Platanen, von Felsen umgeben, aus welchen eine gefaßte Quelle in sieben Röhren springt und in ein großes ausgehauenes Becken fließt, an dem wir unsere Pferde tränkten. Ich benutzte diese Zeit, um im Dorfe etwas umherzusteigen, war aber kaum zwanzig Schritte gegangen, als Kapitän Giorgi mir mit seinen Palikaren eiligst folgte, weil er, wie er sagte, mich hier nicht aus den Augen lassen dürfe. Die Sorgfalt dieser Leute, wenn sie einmal etwas aus freien Stücken unternommen, ist wahrhaft exemplarisch zu nennen, und auch ein Zug, den die Griechen, wie manches andere, mit den Arabern gemein haben. Der Spaziergang war sehr belohnend, besonders die Ersteigung eines Felsens, der in Form einer Krone – auf welcher die kleine Kirche gleichsam als Kreuz dient – das Dorf in seiner Mitte überragt. Man sah von hier, nach der westlichen Seite gewandt, über einem Kastanienwald das Bergkloster Golas, an die kahlen, grauen Steinkegel des Taygetos gelehnt, daneben viele schwarze Fichtentäler, und dicht unter den Wolken die höchste Schneekuppe des heiligen Elias, die wir am nächsten Morgen zu betreten hoffen. Auf der linken entgegengesetzten Seite überschaut man einen Teil der Talschlucht, durch die wir eben gekommen, und hinter ihr zwischen himmelanstrebenden Felsenzinnen die Fortsetzung der Ebene von Mistra, geschlossen vom Bergzug des Málevó.

Der Dimarch trieb vorwärts, denn wir hatten nicht mehr als noch zwei Stunden Tag vor uns, und sollten noch die höchsten Hirtenzelte an der Quelle des Berghuhns erreichen, die ungefähr zweitausendfünfhundert Fuß tief unter dem Gipfel Agios Elias entspringt. Hinter Kúmusta wird nun mit jedem Schritt das Land rauher und wilder, und bald erblickt man nichts mehr als Felsen, Pinien oder Tannen, durch die man den gefährlichen Weg mühsam suchen muß. Einmal, als wir an der Höhe eines Abhangs hinzogen, versammelte sich auf einem tiefer liegenden Plateau eine ganze Kompanie Hirtenhunde, um uns mit unmächtiger Wut und widerwärtigem Lärm anzubellen, doch Menschen ließen sich nirgends blicken. Wir übersahen die Vorberge des Taygetos jetzt hinlänglich, um hinter ihnen eine Ansicht des Meeres zu gewinnen, wo auf der blauen Flut Cytherens Insel, wie von Flor umhüllt, im Schlafe ruhte. Der Pinienwald, welcher uns hier oben umgab, war nicht sehr dicht, bestand aber aus uralten Bäumen, deren Stämme, oft von Hirtenfeuern schwarz verkohlt und ausgehöhlt, die Dicke unserer stärksten Kiefern erreichten und an Umfang der Äste unsern größten Eichen nicht nachstanden. Leider ward das Wetter mit der Dämmerung sehr dunstig, und als wir bei schon aufgegangenem Monde das Ziel der Tagesfahrt erreichten, fanden wir die Schlucht von Puli-Vrisi mit grauen Nebeln angefüllt, die ein heftiger und eiskalter Wind nicht zu zerteilen vermochte. Die Hirten zündeten ein großes Feuer an, um das sich die ganze Gesellschaft, teils auf Teppichen, teils auf der nackten Erde, unter eine Pinie lagerte, deren Laubdach neunzig Fuß im Durchmesser maß. Nichts konnte einer Räuberbande ähnlicher sehen (und mehr als zur Hälfte war es vielleicht auch nichts anders) als dieser Biwak mit den verschiedensten Figuren, Trachten und Sitten, jeder bewaffnet auf seinem Mantel liegend, während der Bocksschlauch mit Wein die Runde machte und ein ganzer Hammel an roten Flammen schmorte, deren Dampfwolken und Aschenfunken der Wind nicht selten wie einen Feuerregen über uns und unsere geladene Gewehre hinwegwirbelte.

Nach beendetem Mahle ward aus dem Schulterblattknochen des gebratenen Hammels gewahrsagt, worein die Griechen den festesten Glauben setzen. Man hält den transparenten Knochen gegen die Flamme wie einen Lichtschirm und untersucht die verschiedenen Figuren, die sich in Rot und Schwarz auf ihm abzeichnen. Die eine, stärkere Seite bedeutet immer die eigene, die entgegengesetzte die feindliche Partei, und aus gewissen Stellungen der Figuren, nebst andern, mir unbekannten, geheimnisvollen Anzeichen erkennt man die bevorstehende Zukunft. Das Resultat schien heute günstig ausgefallen zu sein, denn Zufriedenheit zeigte sich auf allen vom Wein und Feuer geröteten Gesichtern, und jeder suchte endlich den Schlaf mit Gedanken, die nur ihm und Gott bekannt waren.

Festes Schloß Gurzúna, den 22sten Juni

Man weckte uns schon um ein Uhr, um den weiten Weg vor dem Aufgang der Sonne, der vom Gipfel aus betrachtet werden sollte, bis dahin noch zurücklegen zu können. Nur wenige haben diesen Gipfel bestiegen, und viele sind vor dem Ziel zurückgekehrt, da die Erklimmung desselben im höchsten Grade beschwerlich und an manchen Stellen gefährlich ist, oben auch fast immer ein eiskalter Wind herrscht, der heute zu einem förmlichen Sturme angewachsen war. Demungeachtet zähle ich unter meinen Vorgängern zwei berühmte Namen, die mit dieser Expedition militärische Zwecke verbanden. Der erste ist kein Geringerer als Ibrahim Pascha, der den Berg von der Maina aus bestieg, um einen genauen Überblick der ganzen Gegend zu gewinnen; der zweite ist der griechische Generallieutenant Church, oder Stratikos Georgio, wie ihn die Griechen nennen.

Man pflegt von Puli-Vrisi an, oder wenigstens in kurzer Entfernung davon, zu Fuß weiter zu steigen, da aber unsere Maultiere sehr gut waren, wollte ich versuchen, mich noch so weit als möglich ihrer zu bedienen, obgleich die Art dieses Reitens hier nicht die angenehmste ist. Man sitzt hoch über dem Tiere auf einem mit Teppichen belegten Packsattel, der durch nichts als einen Strick um den Leib des Maulesels befestigt wird; andere zwei Stricke dienen als Bügel, und die ganze Vorrichtung ist so schwankend, daß man sich mit größter Vorsicht in der Balance erhalten muß, um nicht mit umgedrehtem Sattel herabzufallen. Das Tier hat keinen Zaum, sondern wird an einer um die Nase gebundenen Leine von einem Führer geleitet, während ein anderer, um es anzutreiben, hinterher geht. Es war noch völlig dunkel, als wir aufbrachen, und blieb fast eine Stunde so, in der ich, aller Ermahnungen und Weigerungen der Führer ungeachtet, meinen luftigen Sitz nicht verließ, bis an einer grade aufsteigenden Felsenwand alle Möglichkeit des Reitens aufhörte. Ich muß aufrichtig bekennen, daß die Dunkelheit viel zu diesem Wagstück beitrug, denn als wir bei Tage wieder auf demselben Wege zu Fuß hinabstiegen, traute ich kaum meinen eigenen Augen und würde, wenn ich es nicht selbst erlebt, die Ausführung eines solchen Rittes für eine Fabel gehalten haben, auch hatte man Not genug, die Tiere nachher nur leer hinabzubringen.

Seit Afrika des anhaltenden Fußgehens fast ganz entwöhnt, ward mir das Klimmen in der ersten halben Stunde äußerst peinlich, doch nach und nach kam ich wieder in den alten Gang. Wir gelangten jetzt an ein fast senkrecht absteigendes hart gefrornes Schneefeld, in das die Führer Fußstapfen schlugen, in welche sorgfältig tretend, wir übrigen hinübergehen sollten. Bewunderungswürdig war die Unermüdlichkeit der Gendarmen und Milizsoldaten, die mit dem Anstand Tanzender die schwierigsten Klippen hinansprangen, und, obgleich von Schweiß triefend, doch nie die mindeste Müdigkeit dabei verrieten. Ich selbst brauchte oft die Stütze ihrer Hände, ehe ich dem heiligen Elias – dem Erben und Nachfolger des Helios – auf seinem Steinthrone meine Devotion bezeigen konnte, wo ich mir, vor Kälte schauernd, jetzt sehnlich etwas von der feurigen Wolke wünschte, auf der der Prophet einst gen Himmel fuhr. Die Bergkuppe läuft in eine regelmäßige konische Spitze aus, auf der man einen viereckigen, losen Wall von dem umherliegenden Felsgerölle aufgeführt hat. Während ich mich hier, doch in etwas vor dem unleidlichen Wintersturme geschützt, in zwei Mäntel gewickelt niedersetzte und mein Perspektiv befestigen ließ, vergnügten sich meine militärischen Begleiter damit, zuerst ihre Flinten abzufeuern, dann Schneekugeln in der Hand zu formen, von denen jeder drei bis vier, gleich so viel Bechern Gefrornes, zu sich nahm und das Eis mit den Zähnen knirschend zerbiß, wie manche Leute mit Zucker zu tun pflegen; endlich legten sie sich selbst, zu noch besserer Abkühlung, sämtlich auf den Schnee hin und luden dort von neuem ihre Gewehre. Man sieht, die Natur gewöhnt sich an alles, aber so abgehärtete Soldaten scheinen mir unbezahlbar.

Obgleich kaum eine einzige Wolke sich am Himmel zeigte, war die Witterung doch nicht günstig, denn ein dicker bläulicher Dunst umhüllte alle fernen Gegenstände. Von der ungeheuern Aussicht, die sich hier an klaren Tagen (welche jedoch zu den höchsten Seltenheiten gehören) über einen ganzen Teil der Erde, bis in die Gegenden von Smyrna und selbst Konstantinopel, bis Malta, Sizilien und die jonischen Inseln, ausbreiten soll, sah ich nur wenig. Kaum konnte ich, wie einen undeutlichen Nebel, Kandia erkennen; von den jonischen Inseln zeigte sich, außer dem nahen Cerigo, keine Spur, die Berge Rumeliens selbst waren nur schwach sichtbar, und vom Archipelagus entdeckte ich allein, über die Landzunge hinweg, Poros und ein Stück von Aegina, weil auf diese gerade der Sonne Strahlen trafen. Dagegen gewahrte man allerdings den größten Teil des Peloponnes, besonders die Maina, Lakonien und Messenien mit den Festungen von Koron und Modon, gleich einer sauber gezeichneten Landkarte unter sich, zur willkommensten und vollständigsten Orientierung. Immer noch war diese Aussicht von hohem Interesse – doch lange nicht das, was sie sein konnte, wenn Elias gewollt hätte! Die beste Zeit zur Ersteigung des Taygetos mag vielleicht Ende Oktober oder Anfang November kurz vor oder nach Regenwetter sein, wo die gewaltige Sonne nicht mehr so viel Dünste aus den Tälern emporzieht. Ich bezweifle, daß im Sommer je der Überblick allumfassend sei. Nach der französischen Messung ist der Gipfel des heiligen Elias zweitausenddreihundertneunzig Meter, also etwas über siebentausend Fuß hoch, fünfzig Fuß höher als der Kyllene am Styx im Gebirge Khelmos, nach dem Taygetos der höchste Berg in der Morea, wie man auch von hier deutlich gewahr ward. Wir hatten zur Ersteigung des Agios Elias von der Ebene aus vier Stunden zu Pferde, eine zu Maulesel und anderthalb zu Fuß gebraucht; der Rückmarsch bis Puli-Vrisi zu Fuß erforderte etwas über zwei Stunden, und ich glaube, daß ich nie in meinem Leben ermüdeter gewesen bin, als bei meiner Ankunft daselbst. Man sollte meinen, Athen habe als Capua auf mich gewirkt, denn als ich durch den Genuß einiger Kübel Milch nur den unauslöschlichen Durst in etwas gestillt, verschlief ich den halben Tag wie tot unter der großen Pinie, bis um drei Uhr Kapitän Giorgi, der auf halbem Wege umgekehrt war, weil er sich zu erschöpft fühlte, mich weckte und dringend bat, aufzustehen, da noch eine weite und beschwerliche Tour bis zu seinem Schlosse zurückzulegen sei.

Neue Anstrengung anderer Art bricht zuweilen die Müdigkeit. So ging es auch mir, und die entzückenden Gegenden, durch die wir ritten, gaben bald Geist und Körper die nötige Frische zurück. Bis zur Platanenquelle in Kúmusta verfolgten wir die frühere Straße, von hier an aber eine neue, bergauf, bergab, am steilen Ufer wilder Bergbäche, durch Schluchten mit schwarzen Felswänden eingefaßt, aber fast immer auch umbuscht, umschattet und umblüht von der reichsten Vegetation, in der nur die Dornen und Stacheln zu viel waren, welche sich im permanenten kleinen Kriege mit unsern Kleidungsstücken befanden. Die Dörfer, deren wir mehrere antrafen, haben in ihrer Bauart, die weit weniger schlecht ist als in den ebeneren Gegenden des Peloponnes, ganz die Häuserform und das malerische Ansehen der italienischen, und viele Aussichten wurden durch ihr stufenweises Emporsteigen an den Berglehnen höchst anziehend gemacht; doch den Kulminationspunkt dieses lieblichen Spazierritts gewährte ein Kastanienwald, der dem Kloster Golas angehört, *christianikon topos*, wie Kapitän Giorgi sagte; denn die Türken und die Geistlichen besaßen sonst allein allen

Grund und Boden in Griechenland. An die Stelle der ersten ist jetzt der König getreten, daher des Gouvernements unermeßlicher Reichtum an Land, den es bis jetzt so wenig zu realisieren verstanden hat.

Auf dem höchsten Bergrücken, den dieser Wald bedeckt, angekommen, von dem die ehrwürdigen Bäume dichtgeschlossen in einen tiefen Kessel hinabsteigen, bietet sich ein Überblick des Taygetosgebirges, mit Elias Throne gerade in der Mitte, dar, den keine der bisher gehabten Ansichten desselben an Schönheit und Majestät erreicht. Der kolossale Berg erscheint hier so jähling und ohne alle Unterbrechung aus der Tiefe der Schlucht bis zum Gipfel emporsteigend, als sei er von doppelter Höhe, und entfaltet dabei – fast symmetrisch auf beiden Seiten von nahen Felsen eingefaßt und durch den Vorgrund der herrlichsten Bäume mit einzeln herausragenden Steinkuppen gehoben – eine solche Pracht und Anmut der Formen, daß ich nie mehr bedauerte, kein Maler zu sein, um in der zauberischen Abendbeleuchtung, die uns umstrahlte, ein Bild festzuhalten, von dem die arme, zu ewigen Wiederholungen gezwungene Sprache durchaus keinen Begriff geben kann. Wir waren kaum hundert Schritte weiter durch ein ganz vom Walde umschlossenes Weizenfeld geritten, als wir, höchst überrascht, auf der andern Seite des schmalen Bergrückens, über einem zweiten Walde, diesmal aber gemischten Holzes, unter dem die Eiche dominierte, den Meergolf von Marathonisi zwischen Kap Matapan und Kap Malia, einen Teil der Maina und das letzte Ende der Ebene Lakoniens mit dem sich hinter ihr lagernden Gebirge von Monemvasia vor uns liegen sahen.

Auf diesem Punkte – mit dem Doppelblick in zwei

verschiedene Welten, hier auf den sich über grünem Teppich in die Wolken verlierenden Riesenberge, dort auf die blaue, die Wolken in der Tiefe widerspiegelnde Meeresfläche – möchte ich Griechenlands Hauptstadt sehen, wenn man bei Wahl der Lage einer solchen nur die Schönheit berücksichtigen dürfte! Dann würden Reisende (von welchen vielleicht noch keiner diesen Fleck auffand, weil weder eine Landstraße dahin führt noch antike Ruinen sich daselbst befinden) eine andere Idee von griechischer Natur mit sich hinwegnehmen, als sie sich in den verbrannten Fluren Athens, in der baumlosen Ebene von Patras und unter den kahlen Bergen der Argolide träumen können.

Auch das Dorf Goránus, das wir nach einer halben Stunde erreichten, und wo ein Schloß des Obersten Jatrakos, Bruders des Tetrarchen, steht, dem Ibrahim ebenfalls hart zusetzte, ist sehr vorteilhaft gelegen. Vom Taygetos, der überall von dieser Seite sich weit grandioser als von Mistra aus präsentiert, noch aus der Ferne überragt, und mit seinen regelmäßig gereihten Häusern, gleich den Steinstufen eines Amphitheaters zum Flusse niedersteigend, auf allen Seiten von Busch umgeben und mit malerischen Ruinen venezianischer Schlösser geschmückt, gab dieser Ort uns, als letztes Bild in der bunten Galerie dieses Tages, noch zum Abschied eine der schönsten Erinnerungen mit auf den Weg. Denn von hier an wird nun die Gegend öder, die hohen Bäume verlieren sich nach und nach, nur niedriges, immergrünes Strauchwerk und Heidekräuter bedecken die Hügel; in den tiefen Schluchten allein sieht man noch zuweilen einige von Hainen umgebene Wohnungen, und zerstörte Türme trauern auf den Bergspitzen. Aus einem dieser Täler stieg jedoch ein wundersam gestalteter kahler Felsen auf, der durch seine Form an den märchenhaften Kraken erinnerte und dazu auch vorn am Kopfe mit einer runden schwarzen Höhle versehen war, die sein großes Auge schauderhaft täuschend darstellte. Dies drohende Auge blickte unverwandt nach einer baumlosen, grünen Bergebene, auf der wir bald darauf die niedrigen Türmchen und die langen Schießscharten von Kapitän Giorgis festem Schlosse gewahr wurden. Hier empfing uns, im Sonntagsschmuck und reichem Geschmeide, die junge Hauswirtin, eine sylphidenartige Gestalt mit blonden Haaren und blauen Augen, eine Tochter Petro Beys und die reizendste Griechin, die ich bis jetzt noch gesehen.

Marathonisi, den 24sten Juni

Es fiel uns auf, in Lakonien und der Maina weit mehr Schönheit bei dem weiblichen Geschlechte anzutreffen als im übrigen Griechenland, soweit wir es bis jetzt bereisten, was abermals noch heute den Ausdruck Homers rechtfertigt, der Lakonien »das schönweibige« nennt. Auch ist die Tracht in der Maina von der des übrigen Peloponnes verschieden, die Fustanellen der Männer verschwinden, und die arabischen weiten Hosen nehmen ihre Stelle ein, so daß nur die Bernus und die abrasierten Haare fehlen, um die Mainoten in ihrem Ansehen ganz identisch mit den Afrikanern zu machen, von denen sie die braune Hautfarbe und einen guten Teil ihres natürlichen Anstandes schon besitzen.

Kapitän Giorgi zeigte sich als der sorgfältigste und erfahrenste Eskortenführer, den wir wünschen konnten. Bei jeder bedenklichen Passage versäumte er nie, alle möglichen militärischen Vorsichtsmaßregeln anzuordnen, und nahm gewöhnlich selbst seinen Platz an einer dominierenden Stelle, von wo er alles überblicken konnte, und die er nicht eher verließ, bis keine Gefahr mehr zu besorgen war. Oft sahen wir ihn von fern große Haufen von Landleuten, die sich, verwundert über unsern langen Zug, zusammenrottiert hatten, eifrig harangieren [feierliche Reden halten], und sein Wort schien überall von Bedeutung zu sein. Er und sein Diener sahen dabei abenteuerlich genug aus, da sie sich beide, zum Schutz gegen die Sonne, weit abstehende Kränze von Farrenkraut um den Fes gewickelt hatten, was besonders dem dicken Ägypter mit seiner tonnenartigen Fustanelle ganz das Ansehen eines Silens gab. Eröffnet ward die Karawane durch meine drei Hunde, denen mein Palikar, sehr elegant in roten, goldgestickten Sammet mit weißem Unterzeug gekleidet, folgte. Hinter diesem gingen zwei Gendarmen und sechs beladene Maultiere, von ihren Treibern geführt, welche letztere die Zeltstangen wie Lanzen aufrecht in der Hand trugen; dann erblickte man, sich mit wichtiger Miene und einem großen Schnurrbarte hoch auf seinem Küchenthrone brüstend, die Hauptperson der Kavalkade – meinen Koch Janni, rundum von den Insignien seiner Herrschaft, als Bratspieß, Kasserolle, Viktualien und so weiter umgeben. An diesen schloß sich unmittelbar meine Wenigkeit an; hinter mir mein Sekretär und die andern zwei Gendarmen; diesen folgte, einem Kürassier ähnlich gekleidet und bewaffnet, der lange Ackermann, stets in halb griechischer, halb deutscher Konversation mit seinem wiehernden und zu Unfug bereiten Karagus begriffen. Die Arriergarde und Seitenpatrouillen bildeten der Kapitän Giorgi, sein berittener Phalanxoffizier und die übrigen Palikaren seines Gefolges zu Fuß.

Marathonisi, das wir erst mit Untergang der Sonne erreichten, ist der Sitz eines Eparchen und Hauptort der Maina, gleicht aber nur einem Fischerdorfe. Es steht auf der Stelle des alten Migonium, wo Paris und Helena landeten, gegenüber der Steininsel Kranae, und an den kahlen Felsen Kúmaro (ehemals Larysium) gelehnt. Wir fanden, als eine besondere Galanterie, am Tore die ganze, aus etwa zwanzig Mann bestehende Milizgarnison in Parade aufgestellt, und auch die ganze Bevölkerung der Stadt schien sich versammelt zu haben, um unsern Einzug zu verherrlichen. Nach den gewöhnlichen Bekomplimentierungen wies man mir ein sehr gutes Haus bei einem reichen Kaufmann, einem Enkel Zamet Beys, an, wo ich mich aller, vernünftigerweise hier zu erwartenden, Bequemlichkeiten erfreute.

Nur eine Viertelstunde von Marathonisi entfernt befinden sich, über ein kleines Tal zerstreut, das ein jetzt fast wasserloser Fluß durchströmt, die Ruinen von Gythion (heute Paliopolis, die alte Stadt genannt), aus deren Steinen Marathonisi größtenteils aufgebaut wurde, weshalb auch nur sehr wenig mehr davon übrig ist. Das Theater, wo Leake noch viele Marmorstufen sah, ist jetzt kaum mehr zu erkennen und über und über mit Wein bebaut; auch von den übrigen Gebäuden, deren Grundmauern sich zum Teil weit hinaus ins flache Meer erstrecken, ist die frühere Bestimmung nicht mehr wohl auszumitteln, mit einziger Ausnahme der Agora, welche die Inschrift auf einem Steine noch bezeichnet. Am Berge Larysium sieht man, ungefähr fünfhundert Schritte von den Ruinen abgelegen, einen im Felsen ausgehauenen Sitz, nach der von Pausanias gegebenen Beschreibung vielleicht der Stein Argos, wo Orestes, als er sich darauf gesetzt hatte, von seinem

Wahnsinn befreit wurde. Es ist sonderbar, wie sich andere wertvollere Dinge im Laufe der Zeit durch bloße Nachlässigkeit ganz verlieren und in Vergessenheit geraten. So ist der berühmte Marmorbruch bei Krokeae, dessen buntes Produkt in Rom außerordentlich hoch geschätzt wurde, noch nicht wieder aufgefunden worden, und ebenso unbekannt ist jetzt jene Art Schaltier, welches man in großer Menge an den Ufern der Maina fing, und das einen Purpur lieferte, der an Güte nur dem von Tyrus nachstand. Ich bemerkte außerdem an dem erwähnten Berge eine andere antike Arbeit, die mir zum bloßen Behuf eines Steinbruchs zu regelmäßig erschien und wahrscheinlich zu irgendeinem besondern Zwecke gedient haben muß. Es ist ein in den Felsen gehauenes und glatt abgearbeitetes halbes Quadrat von zwanzig Fuß Länge und gleicher Höhe, bei einer Tiefe von acht Fuß; ein drei Fuß breiter Steinsitz läuft zusammenhängend um alle drei Seiten und gewährt einen angenehmen Ruhepunkt in dem kühlen Raume.

Liméni, den 26sten Juni

Nach zwei Ruhetagen, die ich infolge der angreifenden Taygetostour wirklich sehr nötig hatte, setzte ich meine Reise am fünfundzwanzigsten früh nach Liméni fort, um dort der Familie Mavromichalis einen Besuch zu machen. Wir durchschnitten das Tal von Pássava, wo ich zum erstenmal in Griechenland jene stahlblaue Distelart wieder antraf, welche, wie eine Koralle geformt, in der Gegend des Sauwan so häufig ist und mir daher eine angenehme Erinnerung an jenen, mir immer wie im Märchenschein der Tausend und einen Nacht vorschwebenden Berg gewährte. Hier fand bei der letzten Insurrektion zwischen Baiern und Mainoten ein bedeutendes Treffen in der Nähe des Dorfes Petrovúni statt, in welchem die deutschen Truppen im Nachteil blieben. Das in Trümmern verfallene Schloß von Pássava enthält einige hellenische Mauern, welche, da auch im übrigen die Bezeichnung der Lage zutrifft, die Vermutung begründen, daß hier das alte Las gestanden, dessen Homer erwähnt, und das zur trojanischen Expedition auch sein Kontingent stellte.

Obgleich die Täler, durch welche unser Weg führte, gut angebaut und die umschließenden Hügel durchgängig mit locker stehenden Velanidi-Eichen besetzt waren, hatte die Gegend im übrigen doch etwas Vertrocknetes, bis wir wieder die nach dem Kap Matapan gradatim niedriger auslaufende Kette des Taygetos betraten. Hier trafen wir auf eine reizende Stelle zu kurzer Rast. In einem wahren Walde von Oleander, der sich längs des Flusses Longáda wohl eine Stunde weit erstreckt, erhebt sich vor einem kleinen Wasserbecken eine alte Eiche, unter der umhergeworfene Steinblöcke mehrere natürliche Sitze bilden. Nahe gegenüber steht ein silberfarbener krauser Felsen, an dem hie und da noch einzelne Oleanderbüsche emporsteigen, um eine schwarze Höhle mit ihren Blüten zu bekränzen; rechts sieht man am Ende der Schlucht auf spitzem Hügel ein verfallenes Schloß und das umbuschte Dorf im Hintergrunde an die höheren Berge gelehnt; links zeigt sich in größerer Ferne die dunkle, abgerissene Felsenwand über Liméni, auf welcher die Kapelle des heiligen Elias nicht viel größer als ein Maulwurfshaufen erscheint.

In der Nähe von Liméni, das an einer schmalen Meerbucht liegt, wird das Land, bei sonst imposanten Formen, schauerlich kahl; es sind, mit einziger Ausnahme der Eliaswand, nicht reine Felsen, sondern vielmehr Felsenberge mit Schutt bedeckt, sanft abgerundet und wie mit Besen gekehrt, ohne die mindeste Spur von Vegetation. Nur wo Dörfer an den Abgründen, zuweilen über den Wolken, hängen, umgeben diese wenigen Häuser hie und da einige Bäume, dem Steinboden mühsam abgerungen.

Den Tag hatte ich zu einer Exkursion nach Zimova benutzt, die Hauptstadt der Eparchie, wohin von dieser Seite ein beinahe unpraktikabler Weg führt, und deren Lage etwas so furchterregend Desolates hat, daß ich mir keinen schrecklicheren, deshalb aber auch als Strafe passenderen, Ort des Exils denken kann. Obgleich jedes Feld mit lose aufgeschichteten Mauern umgeben ist, welche von den innerhalb ausgesprengten Felsen aufgeführt sind, so erscheint doch der ganze Feldbau hier nur wie eine Satire; denn kaum wird man seine schwache Spur zwischen den die ganze Hochebene bedeckenden Steinblöcken gewahr, die überall, ich möchte sagen, üppig dicht aus den Feldern hervorwachsen. Die Berge umher sind von der früher beschriebenen Qualität, glatt, einförmig, völlig kahl; und auf dem Meere selbst lag weit und breit ein dicker trüber Dunst, der neidisch kaum das Wasser sichtbar werden ließ. Die einzigen Gegenstände, welche noch einige Abwechselung in dem melancholischen Gemälde hervorbrachten, waren die schroff abgerissenen Küsten von *Capo grosso* und verschiedene jener hie und da zerstreuten Türme, deren die Maina einst über tausend gezählt haben soll.

NEUNTES KAPITEL

Des Autors weitere Reiseabenteuer zu Lande und zur See

Koron, den 27sten Juni abends

Da die in Liméni stationierte königliche Kanonierschaluppe Tombasis durch die Güte des Nomarchen von Lakonien und Maina zu meiner Disposition gestellt worden war, so schiffte ich mich nach einem letzten heitern Abschiedsmahle, bei dem hellsten Mondschein und in einer köstlich warmen Nacht, nach Kypárissas ein, dem alten Tyndarum, wo sich noch einige Spuren von Altertümern vorfinden, und in welcher Gegend Lykurg sich eine Zeitlang aufhielt, als er, von Sparta vertrieben, umherreiste, um seine berühmten Gesetze auszuarbeiten. Auch beim alten Kap Taenarum wollte ich ans Land steigen, um die Höhle aufzusuchen, durch die Herkules den Cerberus aus der Hölle schleppte, aber der Himmel ersparte mir diese Mühe.

Karagus und Ali Pascha gingen währenddem unter Ackermanns Obhut zu Lande nach Navarin ab. Diese armen treuen Tiere, welche fast das Unmögliche auf dieser Reise geleistet haben, sahen seit Mistra keinen Stall mehr, noch fanden sie selbst im Freien ein weiches Lager, sondern mußten, nach der Fatigue des Tages, immer auf Steinen oder Felsen biwakieren, so daß sich keines seit dieser Zeit vielleicht anders als im Meerbade niedergelegt hat – und dennoch waren sie immer munter und bereit zur Erfüllung ihrer Pflicht, ja Karagus sogar noch zu etwas mehr, infolgedessen er sich in Liméni von der schlechten Befestigung auf dem Steinpflaster des offenen Hofes losriß und, die Felsen hinaufkletternd, die Keuschheit mehrerer harmlos hier weidenden Maultiere in dringende Gefahr setzte.

Es war da oben geschrieben, wie Diderot sagt, daß ich des Anblicks der Antiquitäten Kypárissas nicht teilhaftig werden sollte, denn nachdem wir zwölf Stunden vergebens im Golfe umhergekreuzt, wobei ich mich fortwährend auf dem Verdeck aufhielt, obgleich mein Mantel vom Nachttau am Morgen so naß geworden war, als habe es geregnet – erhob sich nach dem toten Calme [Windstille] ein zwar nicht heftiger, aber völlig konträrer Wind, der die Möglichkeit, Kypárissas zu erreichen, auf ganz ungewisse Zeit hinausschob. Ich gab es daher lieber ganz auf und ließ mit dem günstigen Winde nach Koron steuern, eine angenehme Fahrt quer durch den Golf, die wir in drei Stunden zurücklegten. Dies hieß wörtlich den Mantel nach dem Winde hängen, eine beliebte und heilsame Regel zu Wasser wie zu Lande. Ich kam sehr stolz in Koron an, in fünfzehn Stunden nicht seekrank geworden zu sein. Als uns der Hafenkapitän empfing, überraschte er mich durch seine Anrede in unserer Muttersprache; er hatte diese erlernt, weil er früher in fremden Diensten gestanden und unter andern, wie er sagte, »*als Russe* in Deutschland gefochten«.

Koron, mit seinen venezianischen Festungswerken, auf denen noch überall der geflügelte Löwe prangt, und zwischen welchen sich auch noch ein paar türkische Minaretts erhalten haben, steigt malerisch über dem Meere empor, von fruchtbaren, mit Ölbäumen bepflanzten Hügeln umgeben und gegen Süden von den hohen Bergen des Kap Gallo, ehemals Akrítas, gegen Norden von den noch höheren Gipfeln bei Petalídi überragt. Die Festung ist jetzt gänzlich demontiert, und der Kommandant derselben befehligt nur fünfzehn Mann. Er bewohnt mit seinen Soldaten das Haus des einstigen Bey, das wir als eine Merkwürdigkeit besahen, da dessen Zimmer vielfach bemalt, vergoldet und mit Schnitzwerk geziert sind. Ein Saal enthält Ansichten von Konstantinopel, über denen der Halbmond noch an der Decke glänzt, – eine Pièce, die jetzt dem Tambour zur Wohnung eingeräumt war. Das Haus fängt bereits an, sehr baufällig zu werden, und es ist schade, daß man es so verfallen läßt, um so mehr, da seine Lage und die Aussicht von seinem bunten Balkon sehr anziehend sind, außerdem aber Koron den Ruf hat, einer der gesundesten Orte in Griechenland zu sein.

Modon, den 28sten Juni

Wie gestern, embarkierte ich mich bei Lunas magischem Dämmerschein; wie gestern aber auch regte sich, sobald wir den Hafen verlassen, kein Lüftchen mehr auf den versilberten Wellen, und statt der zwei Stunden, in denen man uns die Überfahrt nach Modon prophezeit, erreichten wir es erst am andern Tage um drei Uhr nachmittags, nachdem wir abermals fünfzehn Stunden auf die langweiligste Weise an den dürren Küsten umherlaviert waren. Modon, dessen Festungswerke gleichfalls von den Venezianern herrühren, war jahrelang das Hauptquartier der Ägypter und nachher der Franzosen, ohne daß jedoch der Ort, welcher höchst ärmlich und elend ist, nach einer vorübergehenden größeren Belebtheit irgend bleibend dadurch gewonnen zu haben scheint. Die Festung ist mit ungefähr fünfzig Geschützen armiert, worunter zehn Mörser, und, besonders nach der Landseite zu, ziemlich stark. Neben der größten Batterie ist das Wohnhaus des Kommandanten, Oberstlieutenant Abatti, der mir dieselben Zimmer einräumte, in denen früher Ibrahim und nachher Marschall Maison wohnten. Man hat von hier eine recht freundliche Aussicht auf das landeinwärts sich ziehende fruchtbare Tal, an dessen gegenüberliegender Seite Ibrahim mehrere Redouten errichten ließ, um den nächtlichen Überfällen der Griechen erfolgreicher zu begegnen. Zu der Türkenzeit war das Tal ganz mit Gärten und Bäumen angefüllt, die aber jetzt fast alle verschwunden sind. Als ich abends einen Spaziergang nach einem achteckigen Turme im Meer, der mit der Festung verbunden ist und sich sehr pittoresk ausnimmt, gemacht hatte und dann die Wälle umging, bemerkte ich, daß viele Mauern prachtvoll mit dem Kapernstrauch überhangen waren, der bei glänzend grünen Blättern zahlreiche, der Passionsblume an Größe und Schönheit ähnliche, weiße Blüten mit langen, violetten Staubfädenbüscheln trägt und von mir nie vorher in europäischen Gewächshäusern blühend angetroffen wurde. Die Blume hat überdem einen sanften Vanillengeruch, der meine Stube durch ein selbstgesammeltes Bouquet bis in die Nacht hinein parfümierte. Bei dieser Gelegenheit muß ich einer artigen Sitte erwähnen, die ich im Innern des Peloponnes überall finde. Sowie man in ein Haus als Gast einzieht, wird man immer zum Willkommen, entweder durch ein Kind oder durch die Frau des Hauses, mit einem Strauß ausgesuchter Blumen, jetzt gewöhnlich Nelken, beschenkt, und alle Morgen wiederholt sich diese Galanterie.

Navarin, den 3ten Juli 1836

Der Anblick der Bai von Navarin hat schon an sich etwas Großartiges, was natürlich durch das historische Interesse doppelt auf den Beschauer wirken muß. In der alten Welt war bereits dieser Erdfleck berühmt durch die Niederlage und Gefangennehmung der Spartaner auf der Insel Sphakteria, die einen Teil des Golfrandes ausmacht; in der neueren Zeit war er bestimmt, der Schauplatz einer noch merkwürdigeren Begebenheit zu sein, deren Folgen vielleicht zum größten Teile noch im Schoße der Zukunft ruhen. Gewiß dankt dieser ungeheure Hafen, in welchem alle Flotten Europas zusammen Platz finden könnten, einem Erdbeben seine jetzige Bildung, wie die inmitten der Einfahrt stehende Felsenmauer von Deliklibaba, mit ihren abgerissenen Enden und ihrer torartigen Öffnung, und auch die gleich gewaltsam abgebrochenen Formen der Insel Sphakteria, welche die Bai hier schließt, deutlich anzeigen. Diese besteht meist nur aus kahlem Stein mit niedriger Vegetation, obgleich sie ehemals mit Wald bedeckt war, aber schön erhebt sich daneben der spitze Berg von Koriphásia mit den sich weit ausdehnenden Trümmern des Schlosses Alt-Navarin auf seinem Gipfel. Noch immer rechtfertigt das niedrigere Ufer daneben den Namen der sandigen Pylos, denn viele weiße Sandhügel flitterten am Fuße des Felsens uns blendend in der Sonne entgegen; in weiterer Ferne umschließen gegen Norden Arkadiens Gebirge den Horizont, der gegen Osten durch felsige Höhen und südlich, nahe am Eingange des Hafens, vom Kegelberge, Agios Nikolaos, sehr eng zusammengezogen wird. An diese Höhen lehnt sich die Stadt Navarin, die zur Zeit der Franzosen neu im europäischen Stil aufgebaut ward und sich mit ihren weißen Häusern und roten flachen Ziegeldächern recht heiter ausnimmt. Etwas weiter südlich liegt das Fort, welches die Franzosen ebenfalls fast ganz neu konstruierten, nachdem es durch die Entzündung eines Pulvermagazins in die Luft geflogen war. Die Festung ist ihrer Lage nach nur auf volle Wirkung gegen den Hafen zu berechnet und jetzt ziemlich komplett mit fünfundachtzig Stück venezianischen und türkischen Geschützen armiert.

Am Eparchen, aus dem Hause Karadja, fand ich einen sehr gebildeten und unterrichteten Mann, und dankte seiner angenehmen Unterhaltung manche Belehrung, wobei ich auch meines alten Hauswirts erwähnen muß, der die halbe Welt bereist hatte und, in Boston reich verheiratet und etabliert, wie so viele Griechen, beim Ausbruch der Revolution der Vaterlandsliebe alles zum Opfer brachte. Es schien mir immer sehr ehrenvoll für die Griechen, daß in jener Katastrophe gerade die reichsten unter ihnen sich am meisten in Eifer, Selbstverleugnung und Uneigennützigkeit auszeichneten. Der größte Teil derselben ist jetzt kaum mehr wohlhabend, und die einzige Familie Konduriotti von Syra soll freiwillig für das Gelingen der gemeinen Sache über eine Million Taler hergegeben haben. Herr Karadja wohnte der Schlacht von Navarin, auf dem Schiffe des Kapitän Hamilton, bei, und nannte sie nicht übel einen *coup de main du bon Dieu*, weil er der festen Überzeugung lebe, daß zwar bei allen Teilnehmern Erbitterung und Lust zur Schlacht vorhanden gewesen sein möge, aber das Beginnen derselben allein durch Mißverständnisse und unerwartete Zufälle halb unwillkürlich herbeigeführt worden sei. Als die Schlacht, welche um halb drei Uhr nachmittags anfing, gegen Abend wegen Erschöpfung und nahender Dunkelheit von selbst aufhörte, wie sie gewissermaßen von selbst angefangen hatte, waren der englische und französische Admiral über das Resultat fast ebenso verlegen als die Türken, und Codrington schickte *zuerst* einen Parlamentär an den feindlichen Befehlshaber mit unter Drohungen verdeckten Vergleichsvorschlägen ab, in seinem Innern wohl noch sehr ungewiß, wie sein Gouvernement die rasche und in der Geschichte zivilisierter Völker fast beispiellose Handlung aufnehmen würde, und Graf Heyden allein konnte ohne Zweifel mit völliger Gemütsruhe die Trümmer der türkischen Seemacht auf den Gewässern umherschwimmen sehen. Der Eparch versicherte, daß nur zwei Sachen ihn während der Schlacht in lebhaftes Erstaunen gesetzt hätten, erstens: das nicht zu beschreibende wunderbare Schauspiel der vielen in die Luft fliegenden Schiffe; und zweitens: der seltsame Umstand, daß man nach einiger Zeit nicht den mindesten Lärm mehr zu hören glaubte, gerade weil das Extrem desselben die Sinne für seine Wahrnehmung gänzlich abgestumpft hatte. Man *sah* auch, außer den Explosionen, nicht viel mehr als man hörte, bloß die Feuerflammen der abgeschossenen Kanonen und zuweilen einige der höchsten Schiffwimpel in der Luft, wenn der Rauch sich zufällig teilte. Bei alledem bleibt es eine schöne Erinnerung, viel interessanter als die prosaische Gegenwart.

An einem sehr heißen Tage segelte ich mit der schneckenartigen Tombasis nach Alt-Navarin hinüber, um das Schloß nachher zu Fuß zu ersteigen. Es ist eine schöne, weitläuftige Ruine aus dem Mittelalter, an deren Besichtigung uns nicht bloß Steinhaufen und Disteln, sondern ganze Familien ungeheurer Spinnen hinderten, die sich förmlich zur Wehre setzten, wenn man ihre vielfach ausgespannten Netze zerhieb. Nach Norden fällt der Felsen fast senkrecht ab, und unter ihm breitet sich eine morastige Lagune mit sandigen

Karithena

Ufern dicht am Meere aus, wo ehemals wahrscheinlich Pylos stand; denn obgleich schon das Altertum sich in der Römer Zeit um die Lage von Pylos stritt, sind doch die Wahrscheinlichkeitsgründe zu überwiegend für die hiesige Gegend, um ihr die Ehre länger streitig zu machen, einst vom weisen Nestor beherrscht worden zu sein. Man darf annehmen, daß unter diesem der jetzige stinkende Sumpf ein wohlangebauter Landstrich war, wo dann das Ganze sich vortrefflich zur Lage einer Hauptstadt eignete. Weiterhin hat die Natur eine Art Hafen *en miniature*, wie für Liliputs, mit einer solchen Akkuratesse gebildet, daß die Rundung eines Amphitheaters nicht regelmäßiger sein könnte. Zwei kleine Felsen formieren ebenso symmetrisch den Eingang. Es ist das artigste Naturspiel von der Welt und ohne Zweifel eine Arbeit der Gnomen oder Elfen aus einer Zeit, wo die Untersuchungen unserer gelehrtesten Archäologen nicht mehr hinreichen.

In der hohen Felsenwand zwischen Burg und Lagune zeigt sich eine sehr große und merkwürdige Höhle, im Innern wie ein Dom mit seiner Kuppel gestaltet, welcher letztern selbst die offene Laterne oben nicht fehlt, durch die eben ein goldener Lichtstrahl über die schwarzen Mauern herabfiel, als wir eintraten.

Weiter unten ist noch eine zweite Höhle, vielleicht dieselbe, die sich mitten in der Stadt Pylos befand, und welche, nach Pausanias, der Ochsenstall des Neleus und Nestor war.

Da unser Führer nicht recht Bescheid wußte und uns in den beschwerlichsten Felsengewinden über eine halbe Stunde weit irreführte, ermüdete und erhitzte uns die heutige Tour ungebührlich; dazu hatte ich meinen Strohhut vergessen und glaubte, bei plötzlich

Die Ebene von Sparta (zu Seite 244)

eintretendem, höchst peinlichem Kopfschmerz, schon einen Sonnenstich davongetragen zu haben. Ich erwähne dies als Warnung für andere Reisende, da es wirklich gefährlich ist, sich der hiesigen Sonne ohne hinlängliche Kopfbedeckung anhaltend auszusetzen. Desto erfrischender und kalmierender war die Rückfahrt nach Sonnenuntergang auf dem spiegelglatten Meer, vom Kranze dunkelblauer Berge umschlossen, beim monotonen Klang der plätschernden Ruder und beim Genuß saftiger Orangen, mit denen Herrn Emils Fürsorge uns halb Verschmachtete auf das angenehmste überraschte.

Kalamáta, den 5ten Juli

Meine Absicht war früher gewesen, zu Lande hierher zu gehen, da ich aber noch einen Teil der Küste der Maina zu sehen wünschte, gab ich der faulen Canonière den Vorzug, um so mehr, da man mir um Mitternacht den Eintritt eines vorteilhaften Windes ankündigte. Doch mein gewöhnliches Seeunglück blieb sich treu, und wir hatten kaum die Felsen der Einfahrt passiert und die Bai verlassen, als die Segel herabsanken und kein Lüftchen mehr sich regte. Alles, was ich im Winter zu viel auf dem Meere gehabt, hatte ich jetzt zu wenig, und nur durch mühsames, fortgesetztes Rudern der ganzen Mannschaft gelang es uns, in zwölf Stunden *Skarda mula* (Kardamyle) zu erreichen, eine der Städte, die Agamemnon dem Achill anbot, um ihn zu bewegen, in den Kampf zurückzukehren, und bei der jetzt noch zwei in Stein gehauene antike Gräber für die der Dioskuren ausgegeben werden. In der Nähe dieses Orts sollen, nur vierzig Schritt voneinander entfernt, zwei Quellen sprudeln, von denen die eine des Nachts warm und am Tage eiskalt ist, die andere aber des

Nachts kalt und am Tage warm, so daß es den Einwohnern nie an Wasser von beliebiger Temperatur fehlen kann – ein großes Glück in Griechenland, wo es meines Wissens nur zwei Keller gibt, einen in Athen, den andern in Nauplia, und wo man auch nur in diesen beiden Städten Eis bekommen kann, so daß man folglich während des ganzen Sommers in den meisten Orten zum bloßen Genuß lauen Wassers verdammt ist – gewiß eine der empfindlichsten Entbehrungen für den Reisenden.

Ich begnügte mich mit dem Anblick Skardamulas von der See, langsam an der pittoresken Küste gen Kalamáta hinaufsteuernd, nach und nach vorüber bei Kitreis, dem Schloß des Königs Katsis, welches sonst die Residenz der Beys der Maina war, dem Schloß Zarnata, das auf konischer Spitze dem Taygetos gegenüber sich erhebt, dem freundlichen Armyró, und vielen, in dichte Olivenhaine gehüllten Dörfern, die bald am Saum des Wassers, bald am Saum der Wolken streiften. Kalamáta selbst, welches wir um sieben Uhr abends erreichten, wird der Garten des Peloponnes genannt und verdient diese Bezeichnung durch die Üppigkeit seiner grünen Umgebung, gelehnt an die tiefe und schwarze Schlucht eines Bergwassers, das die Stadt der Länge nach im Winter durchströmt, jetzt aber seine Existenz nur durch ein fünfhundert Fuß breites, leeres Kieselbett verriet.

Kalamáta zählt ungefähr zweitausend Einwohner; sein Handel blüht im Vergleich zu andern griechischen Städten, und die elegante Form einiger hoch hervorragender Häuser kündigt schon das Nahen einer neuen Zivilisation an. Der Platz, wo mich der Nomarch am Gestade unter Orangen und Oleandern empfing, und wo ein Industrieller ein artiges Kaffeehaus erbaut hat, glich einem unserer Badeorte und gab mir gleich zum Anfang eine noch vorteilhaftere Idee von der Stadt, als ich nachher in der Nähe bestätigt fand; denn die Hälfte derselben ist noch vom Kriege her in Ruinen, und ein großer Teil der stehengebliebenen Gebäude ist ebenso elend als anderwärts im Peloponnes.

Ich benutzte den Ruhetag zu Ersteigung der Venezianerburg und erfreute mich der Aussicht auf Kalamátas dicht bebuschtes Tal, die sich zwischen den Bogenöffnungen der verfallenen Türme doppelt schön präsentierte. Später nahm ich, beim Untergang der Sonne, ein Meerbad unter einer Laube von Rosen-, Lorbeer- und Myrtensträuchern. Ich hätte jedoch ein türkisches Dampfbad zwischen vier grauen Mauern sehr vorgezogen, es existieren aber keine mehr hier, seit die reinlicheren Türken gewichen.

Kloster Vurkanos am Berg Ithome, den 6ten Juli

Früh um zehn Uhr verließ ich Kalamáta mit dem Nomarchen und Mirarchen, welche so artig waren, mich bis Messene begleiten zu wollen. Wir schlugen zuerst die Straße nach Thuria ein, ein anmutiger Weg, in der Ebene zwischen Gärten und Feldern sich durchschlingend. Unsere kleine Gartenmalve wächst hier wild und mischte sich seltsam in den Hecken, welche an beiden Seiten des Hohlweges die nebenliegenden Weingärten einfassen, mit Farrenkraut, schon voll Früchte hängendem Kaktus, Brombeersträuchern und sechs Ellen hohem Schilfe – eine heterogene Zusammenstellung, die eine ganz besondere Beschaffenheit des Bodens voraussetzen läßt. Als ich dem Nomarchen meine Verwunderung darüber bezeigte, daß diese, von den Ägyptern fast immer besetzt gebliebene fruchtbare Gegend doch nur so wenig gelitten zu haben scheine, war dieser endlich billig genug, zu gestehen: daß Ibrahim strenge Zucht unter seinen Truppen gehalten, und was man von solchen Zerstörungen jetzt auf sein Konto schiebe, lediglich den Türken oder den Griechen selbst zuzurechnen sei. »Ibrahim«, sagte der Nomarch, »verdient für seine Mäßigung den Dank Griechenlands, und hätte der Sultan von Hause aus *ihn* mit Dämpfung des Aufstandes beauftragt, so würde höchst wahrscheinlich der Zweck erreicht worden sein.«

Eine Stunde von Thuria kam uns schon der avertierte Dimarch dieses Ortes in einem freundlichen Dorfe entgegen, welches durch einen Bergbach in zwei Hälften geteilt wird. Seine Bewohner lebten früher in sehr schlechtem Vernehmen miteinander, weil man das Flüßchen zur Grenze zwei verschiedener Distrikte gewählt hatte; seit man aber dieses geändert, und die Interessen gemeinsamer dadurch geworden sind, hat auch die Feindschaft aufgehört – so bestimmen Lokalität und Äußeres die Gesinnungen der Menschen im Großen wie im Kleinen. Die Ruinen von Thuria erstrecken sich wohl eine halbe Stunde weit längs eines hohen Bergrückens, von dem man die ganze Ebene Messeniens mit einigen dreißig Ortschaften und zugleich den Golf von Kalamáta übersieht. Einige Säulenfragmente, einige Kornbehälter, eine große viereckige, oben offene Zisterne und mehrere, aus sehr großen, horizontal liegenden Quadern bestehende Terrassenmauern sind alles, was man noch davon vorfindet. In einer grünen Schlucht daneben steht eine alte, jetzt auch schon verfallene, kleine byzantinische Kirche, die auf der Grundmauer eines antiken Tempels ruht.

Man hatte auf dem Plateau des vorher erwähnten Bergrückens, mitten unter den Ruinen des alten Thuria, auf sehr artige Weise einen kleinen Tempel durch Säulen von gewundenen blühenden Oleanderbüschen, über die ein Zeltdach gespannt war, errichtet, den Boden mit Teppichen belegt und Ottomanen im Halbzirkel umhergestellt. Hier gab mir der galante Nomarch ein Frühstück und kredenzte mir aus silberner Schale sehr guten Landwein.

Als wir nach zwei Stunden unsern Weg fortsetzen wollten, hatte die Sonne unsere Sättel so geglüht, daß, ohne die Fähigkeiten des heiligen Elias zu besitzen, wir sie nicht besteigen konnten. Man legte also einen Teppich von frischen Myrtenzweigen darüber, und auf diesem Emblem der Jungfrauschaft ritten wir über die Pidhima (Aris der Alten) in den Teil der messenischen Plaine ein, welcher den majestätischen Bergen Ithome und Evan gerade gegenüber liegt. Hier bot sich mir etwas ganz Neues dar: ein stundenlanger Wald, nur aus Feigenbäumen bestehend, deren Kultur eine Hauptrevenüe Messeniens ausmacht. Am Pámisus, einem ansehnlichen Fluß für Griechenland, der hier kompakt in hohen Ufern fließt, tränkten wir unsere Pferde und erreichten bald ein sehr anmutig gelegenes Dorf mit einem jener schmalen, durchsichtigen Kirchtürme aus der Venezianer Zeit, die den chinesischen Pagoden in unsern Gärten gleichen. Die Fenster der massiven Dorfhäuser, welche sich aus derselben Epoche herschreiben, sind nicht viereckig, sondern oben gewölbt, eine Form, die sich immer weit pittoresker in der Landschaft ausnimmt.

Eine halbe Stunde später passierten wir die Balyra, in die, ich weiß nicht mehr welcher Dichter – ich glaube Thamiris – zur Strafe, daß er besser als die Musen singen wollte, blind geworden, seine Lyra warf – und erstiegen nun in einem Dickicht schön blühender Sträucher den Ithome bis zum Kloster Vurkano, das in einem Zypressenhain, nahe am Gipfel, auferbaut ist, und von dessen Terrasse sich abermals eine herrliche Aussicht auf die umliegenden Bergketten, das Meer und die Ebene entfaltet. Hier wurden wir von weit ärmeren, aber weit reinlicheren und anständigeren Mönchen als in Megaspileon höchst gastfreundlich empfangen und später auch sehr gut bewirtet. Doch jetzt hatten wir noch keine Muße zu längerem Aufenthalt, und sobald ich mit den übrigen Herren meine Devotion in der Kirche verrichtet, das heilige Bild der Panaghia (Jungfrau) andächtig geküßt und mich dann etwas mit Kaffee und Pfeife erfrischt, stiegen wir wieder zu Pferde, um auf der entgegengesetzten Seite des Berges Messenes Ruinen zu besichtigen.

Wenn man die Einsattlung zwischen den Bergen Ithome und Evan erreicht hat, – deren letzterer seinen Namen durch das bei den Bacchanalien und hier von Bacchus selbst zuerst ausgerufene Wort erhalten haben soll – bemerkt man die Rudera eines Turmes am messenischen Tor von Lakonien und verfolgt deutlich die Überbleibsel der Mauer, die am Ithome hinaufführte und den auf seiner Spitze befindlichen Tempel des Jupiters auch mit einschloß. Auf dessen Fundamenten ist seitdem ein jetzt wieder verlassenes Kloster erbaut worden. Von den Resten des Stadttores steigt man nach dem Dorfe Mavromáthi hinab, neben welchem die südliche Linie der in die Tiefe niedergehenden Befestigungsmauer ebenso deutlich sichtbar bleibt als die den Ithome hinaufsteigende. Am Ende des Dorfes kommt man an eine Quelle, nach der jenes benannt ist, wörtlich: »das schwarze Auge«, denn sie springt reichlich aus einer schwarzen, antiken Mauer hervor, hinter der eine Grotte, in der Zeit des Krieges, den Einwohnern oft den sichersten Zufluchtsort gegen die Türken gewährte. Es ist die alte Klepsydra, oder Wasser des Geheimnisses, weil die Nymphen Neda und Ithome, nachdem sie das Kind Jupiter gestohlen, es hier heimlich wuschen. Von solchem geheiligten Wasser zu trinken ist beinah ebenso erhebend als die Panaghia zu küssen, und so schnell nacheinander beider Gnaden, sowohl von der noch regierenden Königin des Himmels als dem abgesetzten früheren Beherrscher desselben, teilhaftig zu werden, erschien mir als keine geringe Begünstigung; obendrein war auch das Wasser von der vortrefflichsten Qualität, so daß Seele und Körper gleiches Labsal empfingen.

Da der Stand der Sonne uns für heute nur noch wenig Raum vergönnte, so ließen wir vor der Hand die übrigen Ruinen ungesehen, um nur die Festungswerke sorgfältig betrachten zu können, von denen Pausanias sagt: »Ich habe nie die Werke der Babylonier noch die Memnonischen Mauern oder das persische Susa gesehen, aber die Orte, welche mir am besten befestigt schienen, namentlich Ambrysus in Phokis, Byzanz und Rhodus, sind in dieser Hinsicht mit Messene nicht zu vergleichen.« Pausanias sagt nicht zu viel. Selbst bei den verhältnismäßig nur noch schwachen Überresten staunt man über diesen Riesenbau, der in wenigen Jahren vollendet ward, und dessen Interesse in hohem Grade dadurch für uns gesteigert wird, daß wir wissen, er sei auf Epaminondas Anordnung und unter seiner eigenen Aufsicht vollführt worden. Eine acht bis zehn Fuß breite, bedeutende Berge auf- und absteigende Mauer, von vielen Türmen und Toren verteidigt, ist noch jetzt fast in ihrer ganzen Länge, an zwei Stunden weit, genau zu verfolgen; viele der Türme stehen noch bis aufs Dach, und das Doppeltor von Megalopolis mit einer Rotunde von zweiundsechzig Fuß Diameter dazwischen nebst seinen Außenwerken und einem Teil der nach innen führenden Straße sind ebenfalls noch größtenteils erhalten. Das Ganze ist gewiß der imposanteste Überrest antiker Befestigungsarchitektur in der Welt. Alles ward aus zierlich behauenen Steinen ohne Zement aufgeführt, die mit so wundervoller Genauigkeit aufeinandergepaßt sind, daß sie wie zusammengewachsen erscheinen; manche derselben haben fünfzehn Fuß Länge bei dritthalb Fuß Dicke und fünf Fuß Breite, und der eine Torstein nach innen mißt achtzehn Fuß in der Länge. Die Zierlichkeit des Baues ist von so auffallender Wirkung, daß ein Modell von Alabaster es nicht feiner darstellen könnte; und dennoch ist die Festigkeit desselben nicht weniger bewunderungswürdig, am meisten aber die Schnelligkeit, mit der ein solches Riesenwerk in jenem Zeitalter vollendet werden konnte. Entweder müssen die Alten ganz andere, uns unbekannte Mittel dazu besessen, oder der Gemeinsinn muß damals, im Vergleich mit dem jetzt herrschenden Egoismus, Wunder zu tun verstanden haben. Erdbeben begannen die Zerstörung, Menschen vollendeten sie; doch bleibt noch genug, das Staunen der Nachwelt zu erregen.

Obgleich kein Weg längs der Festungsmauern führt und es schon sehr spät war, bestand ich, voller Enthusiasmus für einen, alle meine Erwartungen so sehr übertreffenden Gegenstand, darauf, sie in ihrer ganzen Länge zu untersuchen. Der Anblick von den Höhen, im verherrlichenden Schein der ihrem Untergang nahen Sonne, war, wenn wir die schwierigen Punkte mühsam erreicht, immer eine neue Belohnung unserer Ausdauer; denn nicht nur die ungewöhnliche Ausdehnung der prachtvollen Ruinen – deren viereckige Türme mit den sie verbindenden Courtinen, besonders in der Nähe des großen Tores, eine Kette fester Redouten bildeten, von denen jeder einzelne Turm (von zwanzig Fuß Durchmesser) wieder eine kleine Festung für sich abgab – sondern auch die schönste, mannigfaltigste Gegend in üppigster Vegetation entzückte uns; rechts sahen wir viele Bergzüge von abwechselnder Höhe in verschiedenen Farbentinten übereinandergelagert; unter uns ein bebuschtes Tal voller Trümmer, in der Ferne das Meer und links zur Seite die bis zum Himmel steigende Felsenwand des gewaltigen Ithome – alles vereinigte sich zu einem der großartigsten Schauspiele, das Natur und Menschenwerke vereint hervorbringen können. Und selbst die Besatzung sollte dem alten Messene nicht fehlen! denn, wie aus der Erde heraufbeschworen, füllten sich mit einbrechender Abenddämmerung plötzlich die breiten Mauern mit schwarzen Figuren, funkelnden Auges und greisen Bartes – im Innern der Türme kletterten sie empor mit jugendlicher Gelenkigkeit und lugten heraus in die Gegend wie ihrer Pflicht wohl eingedenke Wachen, ja, selbst einige Töne in fremder Zunge glaubte ich zu vernehmen, weniger wohllautend jedoch als die Sprache Homers. – Wie, rief ich erstaunt, sollten dies wirklich die Schatten alter Messener sein, die von der großen Parade Napoleons in Elysium gehört, und jetzt

Epaminondas eine gleiche Ehre bereiten wollen? – aber ich sehe seltsam gewundene Hörner durch die Helme dringen – Himmel! wären die antiken tugendhaften Messenerinnen fähig gewesen . . . . .! aber nein, es ist Teufelsspuk, denn auch der Bocksfuß wird jetzt sichtbar . . . . . o Wunder! *ein* Augenblick verwandelt alles . . . . . und nur gewöhnliche Ziegenböcke meckern mir entgegen!

Arkadia, den 8ten Juli

Einen großen Teil der Nacht (denn man darf auf Reisen seine Zeit nicht verlieren) hatte ich dazu angewendet, Pausanias Geschichte des messenischen Krieges nachzulesen, doch hat der Leser keinen Auszug zu befürchten, nur beiläufig will ich bemerken, wie es mich verwundert, daß, meines Wissens, noch nie ein tragischer Dichter den zweiten Aristodemus zum Helden eines Trauerspiels wählte, der doch, wie mir scheint, einen höchst passenden und anziehenden Stoff dazu liefern müßte.

Am Morgen machte ich mich bei schönem, jetzt mit Stetigkeit aushaltenden Wetter zum zweitenmal nach den Ruinen von Messene auf, von denen mir die Zeit, wie ich schon gemeldet, gestern nur die Festungswerke zu sehen gestattet hatte. Maultiere und Bagage schickte ich auf der nächsten Straße nach Arkadia, in der Absicht, sie von Messene aus durch einen Richtweg wieder einzuholen.

Mein erstes Geschäft, in Mavromáthi wieder angekommen, war: abermals einen frischen Trunk aus der Jupitersquelle zu schöpfen, worauf wir uns links zum Tempel des Aeskulaps wandten, der, wie fast alle Bauwerke Messenes, aus sehr sorgfältig gearbeiteten großen Quadern ohne Zement aufgeführt ist, die aber bei diesem Gebäude noch das Eigentümliche haben, daß sie äußerlich halb rund und wulstartig abgearbeitet sind.

Von dem Säulengange des Tempels steht zwar nichts mehr, doch liegen noch eine Menge Bruchstücke davon umher, und der Umfang des Ganzen scheint von bedeutender Größe gewesen zu sein. Nicht weit davon fanden wir das Fragment einer kolossalen Statue, die auf einem Sessel geruht zu haben scheint, an welchem noch der Schweif einer Schlange sichtbar ist – vielleicht also ein Bild Aeskulaps selbst, welcher Supposition auch das lange Faltengewand auf der andern Seite nicht widerspricht. Hundert Schritte vom Tempel, wo, der Angabe Pausanias nach, die Agora sich befand, sprudelt aus dichtem Dornengebüsch die Quelle Arsinoe hervor, welche unterirdisch von der Klepsydra gespeist wird. Das weiter unten befindliche Stadion scheint von besonderer Eleganz gewesen zu sein, denn Hunderte von Säulenstücken sind noch auf dem Boden verstreut. Es ward am untern Ende durch einen zierlichen kleinen Tempel geschlossen, dessen Trümmer jetzt mit blühenden Sträuchern bunt überwachsen sind. Wir bemerkten hier auf einem Marmorstein das einzige Wort: Aríon.

Von dem Basrelief, eine Löwenjagd darstellend, dessen Leake erwähnt, konnten wir nichts auffinden, und wahrscheinlich hat es schon einer seiner Kompatrioten in jenes Land gebracht, wo nach und nach alle Kunstwerke hingelangen, während nur Fabrikarbeiten daraus hervorgehen. Dagegen besichtigten wir zwei große, erst durch die Franzosen, welche hier lange nachgruben, halbaufgedeckte Gräber, auf deren einem, das ohne Zweifel einen berüchtigten Nimrod birgt, außer dem Brustbilde eines gerüsteten Mannes eine Schweinsjagd dargestellt ist; zwei Hunde haben schon den noch laufenden Eber gefaßt, auf den der folgende Jäger eben im Begriff ist, seinen Pfeil abzuschießen. Das andere Grab ist mit einem Fries geziert, von dessen Skulpturen nur noch ein sehr schön gearbeiteter Ochsenkopf sichtbar ist. Es wäre der Mühe wert, diese beiden Monumente, die nur sozusagen gelüftet sind, gänzlich freizumachen, wo sich gewiß noch manches Interessante weiter zeigen würde. Nach dem Theater hinaufsteigend, stößt man auf eine große Menge anderer kleinerer Gräber nebeneinander; zwischen ihnen liegen drei sehr beschädigte Tierbilder, nämlich die zweier Löwen und eines Pferdes. Mauerüberreste und umher zerstreute Säulenstücke hören nicht auf, den Rasen zu bedecken, bis man das Theater erreicht, von dem nur noch wenige Stufen vorhanden sind. Neben ihm ist aber eine hohe Wand wohl erhalten, mit einer Tür, deren oberer Teil in einer Spitze endet, eine ziemlich seltene Konstruktion in antiker Bauart. Eine Steintreppe führt durch diese Tür in die Tiefe und ward ebenfalls von den Franzosen erst aufgefunden, doch müßte man noch weiter graben, um auszumitteln, zu welchem Zweck sie eigentlich diente. Über der Mauer, auf der höchsten Spitze des kleinen Erdhügels dahinter, steht eine kleine Kapelle aus dem Mittelalter. Das ärmliche Ziegelwerk sieht, neben den kolossalen Steinen der antiken Mauer, wie ein kindischer Versuch aus, Giganten nachzuarbeiten.

Es ist ein Hauptvorzug dieser Ruinen, daß sie bei ihrer großen Menge und Mannigfaltigkeit überall von der reichsten Vegetation, mit hohen Bäumen und lieblichem Gesträuch abwechselnd, durchwachsen sind, und die ganze Gegend, eingeschlossen von geradaufsteigenden Riesenbergen, mit dem messenischen Meergolf im Hintergrunde, zu den reizendsten im Peloponnes gehört. Noch einmal besuchten wir, ehe wir Messene ganz verließen, das nicht genug zu bewundernde Tor von Megalopolis, welches die Natur selbst sich gefallen zu haben scheint, auf die künstlerischeste Weise mit Baumgruppen zu schmücken, die zwischen seinen ungeheuern Steinen herausgewachsen sind – und verfolgten dann, am Ithome hinziehend, wo er nach dem Tale zu ausläuft, eine parkähnliche, mit alten Eichen geschmückte Schlucht, immer noch von hohen Bergwänden eingefaßt, die nach und nach kleinere Hügel und niederere Büsche ablösten, bis wir auf einer dreifachen Bogenbrücke am Amphytus, wo wieder der Oleander dominiert (welcher jedoch nie in Griechenland die Größe des afrikanischen erreicht, obgleich er hier fast noch reicher blüht), wie abgeredet mit unsern Maultieren zusammentrafen.

Wenige Minuten darauf betraten wir den fast endlos erscheinenden Eichwald, welcher sechs Stunden weit ein ausgedehntes Tal zwischen den Bergketten von Kondovúni und Lykäum mit ihren Vorbergen ausfüllt, und, an diesen hinaufsteigend, auch sie größtenteils noch bedeckt. Zuweilen umschließt er mehr oder weniger ausgedehnte offene Flächen, die teils aus Viehweide, teils aus wohlangebauten Getreidefeldern bestanden, doch trafen wir auf kein Dorf an der Straße und nur auf ein einziges erst neugebautes Haus, welches als Gendarmerie-Defensiv-Kaserne dient. In der Ferne wurden jedoch an den Bergabhängen zuweilen kleine Ortschaften und im Tale einzelne Gebäude sichtbar, sowie auf einem dicht bewachsenen Hügel eine weiland venezianische Festung, die von mehreren Stellen den herrlichsten Prospekt gewährte. Die Anmut dieser Waldreise ward von mir im vollsten Maße genossen und wirkte um so stärker, als der Anblick einer solchen Gegend ein ganz unerwarteter in Griechenland und ein vollständig heimatlicher war, obgleich ich mich selbst in Deutschland eines geschlossenen und nur aus Eichen bestehenden Waldes von solcher Ausdehnung kaum erinnere. Die Straße, welche hier vortrefflich ist und doch immer nur die Breite eines stark begangenen Fußsteiges behält, was ihrer romantischen Wirkung sehr zuträglich ist, glich meistens einem sorgfältig mit Sand bestreuten Gartenwege, und der wohltätige Schatten unter dem von der Sonne vergoldeten Laube hörte nur selten auf, wenn junges, fast undurchdringliches Dickicht die Stelle der älteren Bäume einnahm.

Der Boden des Waldes war größtenteils mit Farrenkraut, seltener mit blühendem Thymian und Heidekräutern bewachsen. An den lichteren Stellen bemerkte ich oft eine große Distelart mit schönen violetten Blumen, die ein dicker Saft erfüllte, und um von diesem zu nippen, hatten sich überall Goldkäfer von allen Farben an die Blumen gehangen, die prachtvoll, wie so viel bunte Juwelen, in der Sonne glänzten. So weiß die Natur mit den geringsten Mitteln immer neue, überraschende Effekte dem zu bereiten, der nur mit einiger Aufmerksamkeit auf sie zu achten Willens ist. Es hatte sich aber trotz allem Seelenvergnügen endlich auch leiblicher Hunger und Durst sehr nachdrücklich bei uns eingestellt, und da wir, nur von zwei Schnellfüßlern unter den Gendarmen begleitet, den Troß der übrigen Eskorte und Bagage schon stundenweit zurückgelassen hatten, fehlte es an allen Provisionen. Wir steuerten also seitwärts durch den Wald einem von fern erblickten roten Ziegeldache zu. Es war leider nur eine Mühle, die mit keinem Wohnhause verbunden ist, und wo nur an gewissen Tagen die Gemeinden hingehen, ihr Getreide zu mahlen. Ein solcher Tag war eben heute, und wir fanden ziemlich viel Mehl, aber kein Brot, noch weniger etwas anderes, ausgenommen das frische Wasser des Mühlenbachs, vor. Durch Geld und gute Worte von unserer Seite, nebst Androhung von Prügeln von Seiten der Gendarmen, bewogen wir endlich einen der anwesenden Bauern, in das nächste Dorf zu laufen, um dort *psomí*, *krassí* und *afga* (Brot, Wein und Eier) zu holen. Unterdessen setzte ich mich mit Herrn Emil unter einem Feigenbaum auf den steinernen Rand der Quelle hin, wo wir mit großer Geduld zwei Stunden auf die ersehnten Herrlichkeiten warteten, von welcher Zeit wir jedoch glücklicherweise, behaglich an den Baumstamm gelehnt, die Hälfte verschliefen. Endlich kündigte das Gebell der Hunde die Rückkehr des Boten an, aber zu unserem Schrecken kam er ohne Wein, eierlos und nur mit halbverbranntem, aschigen Brot und frisch ausgezogenen Kremídia (kleinen Zwiebeln) beladen. Es war ein echt griechisches Mahl und ward in dieser idealen Vollständigkeit von mir zum erstenmal so genossen. Dergleichen Prüfungen pflegen mir zuweilen Anwandlungen von Heimweh zu geben, und so trug mich auch jetzt die Phantasie auf meiner Väter Schloß, und ich erinnerte mich der süßen Kinderzeit, wie ich schon damals in den nahen Wald auf Entdeckungen auszog, einen kleinen Wagen, aus Weidenruten gefertigt, selbst ziehend, und hatte ich irgendein heimliches, mir unbekanntes

Kalamáta (zu Seite 290)

Plätzchen am Flusse aufgefunden, mich dort ermüdet ins Gras niederstreckte und große Freude hatte an den blauen und gelben Wassernymphen, die sich über dem Wasser schaukelten. Doch ward auch damals schon die mitgenommene Provision darüber nicht vergessen, die gewöhnlich ebenso frugal aus einem Stücke Brot und einem Flakon mit Essig, den ich mit Wasser mischte, bestand, von mir aber immer mit den Gefühlen eines zweiten Robinson Crusoe verzehrt wurde. Das große Kind spielt nur fort, wie das kleinere angefangen, und im Himmel, hoffe ich, werden wir wieder spielen!

Der Sonne feuriger Riesenball fiel wie ein brennender Vulkan in die Meerflut hinab, als wir von den letzten Hügeln zum flachen Seeufer niederstiegen, wo sich seitwärts Arkadias alte Burg und amphitheatralische Stadt im letzten Strahl des scheidenden Tagesgestirns an den schwarz bewachsenen Paraskévi lehnten.

Nach der Regel, die gebietet, nie bis morgen aufzuschieben, was man heute tun kann, benutzte ich den Umstand, daß unser Weg ziemlich nahe an der verfallenen Festung vorbeiführte, um diese noch heute genauer zu besichtigen. Die venezianischen Mauern, aus deren breiten Zinnen noch einzelne Spitzen wie Bolzen hervorstehen, sind auf den hellenischen Überresten der alten Akropolis von Kyparissia erbaut, und durch die Breschen, welche Krieg und Zeit in die halb demolierten Wälle gebrochen, rahmen sich jetzt die schönsten Landschaftsbilder ein. In einem derselben ward ich ganz nahe vor uns neun Schiffe der englischen Flotte gewahr, alle alte Bekannte von Malta, die wahrscheinlich erst heute von Zante abgesegelt waren, das sich mit Cephaloniens Berg wie eine blaue Wolke am dämmernden Horizonte hinter ihnen auftürmte.

Olympia (zu Seite 316)

Phigalía, den 9ten Juli

Die Gegend war durchaus angenehm und sehr abwechselnd. Zuerst zogen wir in so verwachsenem hohem Gebüsch, daß es sich oft minutenlang wie ein Dom über uns zusammenwölbte, am Meeresufer hin. Die Gartenmalve war hier sehr häufig, und in den gelegentlich vorkommenden Feldern blühte eine große Menge Rittersporn von mehreren Farben. An einer Stelle waren, wohl eine Viertelstunde lang, die sandigen Meerdünen mit einer unglaublichen Anzahl der schönsten Kiesel in seltsamen Gestalten überdeckt. Ich benutzte die mir bleibende Muße, um über fünfzig derselben zu sammeln, die zum Teil täuschend die Form und Farbe von Bohnen, Birnen, Mandeln und andern Früchten nachahmten und, von dem rastlos andringenden Meerschaum befeuchtet, mit allen Farbennuancen in den buntesten Mischungen spielten. Man hätte hier in einem Tage ein ganzes Steinkabinett einsammeln können.

Am Ausfluß der Neda wandten wir uns jählings rechts in das Gebirge. Pausanias sagt von ihr, daß sie von allen Flüssen des Peloponnes den gewundensten Lauf habe; ihre Ufer sind reichlich mit Platanen und dem so häufig, aber nie unwillkommen, wiederkehrenden Oleander bekränzt, die Bergwände aber mit Eichen mehrerer Arten und verschieden gefärbtem Unterbusch bekleidet. Nach zwei Stunden erstiegen wir einen sehr hohen Berg, wo im tiefen Abgrunde die Neda, eng zusammengepreßt, unter dunkeln Schatten fließt, während wir weiterhin ihren ganzen Lauf bis zum Meere frei in der schimmerndsten Klarheit mit einem Blick übersahen und erst hier des alten Autors Behauptung recht vollständig bestätigt fanden. Auf beschwerlichen

Wegen, unter wilden Felsenszenen, erreichten wir um sechs Uhr das Dorf Pavlitra, am Fuß der alten Festungswerke von Phigalía.

Andrítzena, den 11ten Juli

Die wahrscheinlich aus sehr alter Zeit herstammenden Befestigungsmauern und Reste der Stadt Phigalía, welche ungefähr den Raum einer Stunde durchlaufen, geben, gleich denen von Messene, immer noch ein anschauliches Bild griechischer Fortifikationskunst, obgleich das kalte Klima bei ihrer hohen und exponierten Lage einen großen Teil davon schon gänzlich zerstört hat. Auch uns machte sich diese kalte Gebirgsluft sehr bemerkbar, und niemand fand jetzt die Sonne mehr drückend. Die Bauart dieser Ruinen ist weit älter und in weniger vollendetem Stil als in Messene, an einigen Orten noch kyklopisch, an andern gemischt und schon mit regelmäßigen Reihen horizontaler Quadern abwechselnd, ein Stil, den Vitruv mit dem Wort *»incertum«* bezeichnet.

Nachdem uns hier nichts mehr zu sehen übrig blieb, machten wir uns, in Begleitung des Dimarchen, nach den »Colonnes«, wie die Einwohner den berühmten Tempel des Apollo Epicurius auf dem Berge Cotylium nennen, auf. Der Zuname »Epicurius« schreibt sich von dem frommen Glauben der Phigalejer her, daß Apollo sie von der Pest befreit habe. Bis hinter Dragóji, einem ansehnlichen Dorfe am Abhange des Berges, ist die Gegend ziemlich kahl, nur hie und da an den Wassern mit Platanengruppen besetzt. Später kommt man aber in einen Eichenwald, der leider seit kurzem auf sehr liederliche Weise gelichtet worden ist; man verläßt ihn nicht wieder, bis man mitten in der

Wildnis, und dreitausendvierhundert Fuß über dem Meere, plötzlich vor dem hier in einsamer Majestät thronenden Tempel steht. Der Kontrast der Umgebung mit der Pracht des Gebäudes, welches nach dem Theseus-Tempel das am besten erhaltene seiner Art in Griechenland ist, hat etwas ungemein Imposantes, und wer kann sich der Verwunderung bei dem Gedanken erwehren, daß es einer so unbedeutenden Stadt, ohne Macht, ohne Reichtum, ohne Handel von irgendeiner Bedeutung, wie Phigalía, dennoch möglich war, auf der kalten Höhe einer zwei Stunden von der Stadt entfernten Bergwüste ein Kunstwerk aufzuführen, das die Finanzen des jetzigen Beherrschers von ganz Griechenland nicht einmal gestatten würden, *nur restaurieren* zu lassen, obgleich noch sechsunddreißig Säulen davon stehen, und alle Trümmer, die das den Tempel erschütternde Erdbeben umwarf, noch ungestört daneben liegen. Es scheint, daß nur, seitdem die neuere Zivilisation alles, wenn ich mich so ausdrücken darf, in Geld übersetzt hat – nichts Großes mehr zustandekommen kann, sobald nicht im voraus die gehörigen Interessen davon gesichert sind, und infolgedessen selbst unsere wärmste heutige Frömmigkeit sich mit geschmacklosen Kirchen begnügen muß, die mehr Scheunen als Tempeln gleichen.

Die schmutziggraue Farbe des Steins, aus dem der hiesige Tempel erbaut ist, wirkt nicht vorteilhaft; überdies sind die Steine durchgängig wie geplatzt, das heißt voller kleiner horizontaler Risse, was einige ebenfalls der Wirkung des Erdbebens zuschreiben, mir aber mehr in einer schlechten Qualität des Materials selbst zu liegen scheint. Der Architekt, dem man dies Monument verdankt, war Ictinus, derselbe, welcher den Bau des Parthenons dirigierte. Der Tempel ist ein Hexastyl mit fünfzehn kannelierten Säulen an jeder Seite, wie es die dorische Ordnung mit sich bringt, das Ganze hundertzwanzig Fuß lang und achtundvierzig breit, die Säulen zwanzig Fuß hoch und dreieinhalb im Durchmesser. Von den zweiundvierzig, die der Tempel in seiner Vollständigkeit zählte, stehen noch, wie schon erwähnt, sechsunddreißig, sowie ein Pfeiler in der Cella, der nach innen zu in einer Halbsäule endigt. Von diesen Pfeilern befanden sich sechs auf jeder Seite, die vier in den Ecken schräg gestellt. Der untere Teil eines jeden ist noch auf seinem Platze, wie auch die Platten des Bodens durchgängig in ihrer alten Lage geblieben sind. Ungeachtet der Zerstörungen des Erdbebens kann man auch heute noch die außerordentliche Genauigkeit und Zierlichkeit der Arbeit bewundern, von der Pausanias rühmt, daß sie in ganz Griechenland nur im Tempel von Tegéa übertroffen worden sei. Die herabgestürzten *caissons* der Decke gleichen der besten Tischlerarbeit, und die Fugen der Säulenstücke sind an manchen Stellen kaum aufzufinden, obgleich ohne allen Zement zusammengefügt, was wahrscheinlich durch ein fortgesetztes Drehen und Abschleifen eines Blocks auf dem andern, nachdem sie schon aufgesetzt waren, bewerkstelligt wurde, wozu freilich jetzt unbekannte mechanische Vorrichtungen nötig gewesen sein müssen.

Als wir noch in dem Steinhaufen umherkletterten, fuhr unter einem umgeworfenen Säulenstück eine fast sechs Fuß lange grüne Schlange hervor, welche die Gendarmen nach kurzer Jagd fingen, ihr den Kopf abschlugen und ihr dann sogleich, noch warm, die Haut abzogen. Die Lebenskraft dieser Tiere ist so außerordentlich, daß der geschundene Körper ohne Kopf noch immer bedeutende Bewegungen und einmal sogar Miene machte, ganz wieder davon zu laufen. Der Schweif zuckte noch eine Viertelstunde nachher. Ich war nach dieser Begebenheit allein zu Pferde gestiegen, um von einer höhern Bergspitze eine bessere Totalübersicht des Tempels in einiger Entfernung zu gewinnen, wobei ich mich eine geraume Zeit aufhielt. Bei meiner Zurückkunft war ich erstaunt, keine Seele mehr vorzufinden, nur die abgezogene Schlange lag, jetzt ganz ruhig, neben mir. Ich rief nach allen Weltgegenden, doch keine Antwort erfolgte. Wie sich nachher auswies, hatte, durch ein sonderbares Mißverständnis, der Dimarch geglaubt, ich sei schon vorausgeritten, war mir nachgeeilt, und die ganze Gesellschaft ihm gefolgt – für mich, der durchaus keinen Weg und Steg hier kannte, ein sehr unangenehmer Zufall. Glücklicherweise kam ich auf den guten Gedanken, eine andere Höhe zu ersteigen, um von da aus vielleicht etwas von den mir, wie durch Zauberei, entschwundenen Gefährten zu entdecken. Der Instinkt führte mich richtig, und oben angelangt erblickte ich wirklich, obgleich schon in weiter Ferne, den Zug, wie er eben sich um eine Bergecke wand, die eine halbe Minute später mir ihn ganz entrückt haben würde. Ich kletterte nun in möglichst nächster Richtung mit meinem Pferde, so schnell es gehen wollte, den Flüchtigen nach; denn in diesen Bergen verirrt allein zurückzubleiben, wäre kein Scherz gewesen, und ich äußerte mich daher auch nicht allzusanft, als ich die abhanden gekommene Eskorte wieder eingeholt hatte. Der Dimarch war so konsterniert über den Zorn des Effendi, wie er mich nannte, daß er mir mehreremal die Hand küßte und zu demütig um Verzeihung seines Irrtums bat, um länger mit ihm zu schmollen. Ich entnahm mir aber selbst eine Lehre größerer Vorsicht für die Zukunft daraus, die in Griechenland zu den nötigsten Tugenden eines Reisenden gehört.

Wir gelangten jetzt in einen Teil des Waldes, dem noch keine Axt zu nahe gekommen war, und welcher daher auch in höchster Üppigkeit wucherte, und nach einer Stunde überraschte uns schon die Aussicht auf das von hohen Nußbäumen beschattete, ganz mit Weinbau überdeckte, lichtgrüne Tal von Andrítzena, über dem sich nach Westen und der Meerseite hin das dunkelblau gefärbte Hügelland von Olympia bis an den wolkigen Berg von Cephalonien ausbreitete, nördlich im fernen Hintergrunde durch die zackigen Spitzen des Olonos und Kyllene geschlossen. Andrítzena besteht aus drei getrennten Dörfern, alle massiv und *en amphithéâtre* an den Rebenbergen auferbaut, ein reizender Ort, wo der mächtigste Pflanzenwuchs doch keine ungesunde Luft in seinem Gefolge führt, wo eiskalte Bergquellen überall hervorsprudeln, und das Klima, weder in Hitze noch Kälte, je ein Übermaß zeigt.

Pyrgos, den 17ten Juli

Nachdem das abscheuliche Geschmeiß der Avojati mich abermals bis zehn Uhr durch ihr ewig wiederkehrendes Gezänk aufgehalten hatte, ungeachtet die Tagereise so stark war, daß ich sie nach dieser Verspätung kaum mehr zurückzulegen hoffen durfte, verließ ich endlich Andrítzena bei ungewöhnlich heißem Wetter, das heute kaum ein schwacher Luftzug kühlte.

Die Gegend blieb fortwährend schön. Von den Bergen herab erblickten wir, bald nachdem Andrítzena verschwunden, das herrliche Tal von Palúmba und den Lauf des Alpheus, dessen im Winter überschwemmtes, weißgebleichtes Kiesbett, so weit das Auge es verfolgen kann, in grellem Kontrast durch die grüne Flur sich schlängelt. O ihr Täler des Alpheus! ihr wahrhaft *arkadischen* Gefilde, obgleich ihr euch in Elea befindet, wie schön seid ihr! Hier ist wahrlich die Idylle in höchster Potenz verwirklicht. – Der mäandrische Fluß, mit silbernem Strome zwischen hohen Platanen, blau blühender Spiräa und dunkelrosigem Oleander hingleitend, die sanft gerundeten Hügel, mit Hainen und Gruppen aller Arten des verschiedensten Gehölzes geschmückt, die Ebene von fruchtbaren Fluren und weidenden Herden bedeckt, Vögel, zwitschernd auf den Zweigen, Hirsch- und Goldkäfer, schwirrend durch die Luft, bunte Schmetterlinge, mit der Biene um den Saft der Blume streitend, Schäferinnen, Schafe, Schäfer und anderes Vieh in Menge – Herz, was verlangst du mehr! Selbst der gravitätische Leake wird hier gerührt. Nach der bekannten Ansicht englischer Landschaftskünstler, daß auch die schönste Gegend *ohne Vieh* immer ihres Reizes entbehre, gerät er bei dem hier vorgefundenen arkadischen Segen dieser Art in ganz ungewohnte Ekstase und macht, in der einen Hand die Taschenuhr, um die Minuten zu zählen, in der andern den Maßstock, um die Ruinen zu messen, eine Art poetischen Hopses, der sich jedoch aus alter Gewohnheit bald wieder auf einer Zitation aus Pausanias niederläßt. Schnell verdunstet die flüchtige Anwandlung beim Anblick eines Säulenstücks, und von nun an nehmen Untersuchungen, wie die über die wahre Lage des Stalls des Oenomaus oder des Berges Typaeum oder Typhaeon, von dem nach Pausanias allen zu neugierigen Weibern (welche die Mysterien belauschen wollten) durch die ungalanten Alten der Sprung in die Tiefe angesonnen wurde – nebst andern archäologischen Spitzfindigkeiten von neuem die ganze Aufmerksamkeit des leidenschaftlichen Altertumsforschers allein wieder in Anspruch.

Ich, der in dieser Liebhaberei so weit noch nicht gekommen, muß indes, ehe ich Olympias Heiligtümer betrete –, die man mehr mit der Phantasie *unter* der Erde als mit den Augen *über* derselben zu suchen hat – noch vorher eines romantisch-schrecklichen Biwaks im Dorfe Miráka und einer großen dort gelieferten Schlacht gegen die höchst unheilige Allianz der Wanzen, Flöhe und Mücken erwähnen, in welcher wir leider auf schmähliche Weise den kürzeren zogen und viel kostbares Blut auf dem *champ de bataille* zurückließen.

Die kolossalen Bäume, unter denen ich mein Lager aufgeschlagen, hatte ich beim Schein des Feuers für Platanen gehalten und erkannte erst am Tage zu meinem Erstaunen, daß es Feigenbäume waren, von denen des einen Stamm fünfzehn Fuß im Umfange maß und die Blätter so groß waren, daß eines derselben, was ich *pour la rareté du fait* mitnehmen wollte, in ein Foliobuch kaum halb hineinging und in meinem Herbarium nur ein Vierteil davon Platz gefunden haben würde. Diese Riesen unter den Bäumen trugen keine einzige Frucht und waren mit ihren indezenten Feigenblättern vielleicht eine Mißgeburt.

Obgleich in meiner Bettfestung mich ganz sicher wähnend, erlitt ich doch in der Nacht so unbegreiflich heftige Stiche, daß ich mehreremal erschrocken und ich glaube selbst fluchend aus dem Schlafe in die Höhe fuhr und mit der ersten Lichtdämmerung am Morgen aufstehen mußte. Man denke sich meine angenehme

Überraschung, als ich auf meinem Kopfkissen eine Bevölkerung von mehreren Hunderten großer Ameisen wimmeln sehe, von denen einzelne Detachements im ganzen Bett umher patrouillierten. Die mörderischen Stiche waren nun erklärt, aber wie war das Eindringen des Feindes möglich geworden? Des Schicksals Wege sind wunderbar! Als ich mich niederlegte, fand ich mein Kopfkissen zu niedrig und verlangte, vom Bösen betört, meinen Mantelsack zur Unterlage, der am Fuße des einen Feigenbaumes plaziert worden war und in einer Seitentasche noch einige zerbrochene harte Eier nebst einem wohleingewickelten Stück Honig enthielt. Ohne Zweifel hatte die Ameisenkolonie, ohne Gewissen und Moralität, dieses fremde und süße Eigentum als gute Beute angesehen und sich schon früher in Masse darauf geworfen, als sie sich plötzlich auf meinen Befehl durch die Lüfte entführt und hierauf als kriegsgefangen zwischen vier undurchdringliche Musselinwände eingesperrt sah. Von welchem Getümmel mag hierauf die stille Nacht Zeuge gewesen sein, ja wenn, wie manche Philosophen behaupten, auch die Tiere ihre uns unverständliche Sprache haben, welche denkwürdigen Reden selbst mögen in dieser, vielleicht noch nie in der Geschichte der Ameisen vorgekommenen Lage in ihrem Kriegsrate gehalten worden sein (eine Deputiertenkammer wage ich bei einem so despotischen Volke noch nicht vorauszusetzen), und welche Helden müssen es vor allem gewesen sein, die, kühn als Freiwillige hervortretend, dem furchtbar daliegenden, vielleicht sogar schnarchenden Riesen zuerst ihre spitzen Lanzen in die Weichen stießen, daß er brüllend auffuhr wie Poliphem, und, im Dunkel um sich tappend, nicht wußte, wie ihm geschah! Für die Historie bleiben diese schönen Details verloren, nur der schaffende Dichter ahnet sie – uns genügt es, das Faktum der Nachwelt aufbewahrt zu haben. Ein erhebendes Muster aber entfaltet die Großmut des Riesen, der nicht nur der ganzen gefangenen Armee die Freiheit wiedergab, sondern selbst den Gegenstand des Kampfes, das Stück Honig, mitten in der Hauptstadt des Feindes niederlegen ließ. Lange müssen die Ameisen seiner gedenken, und leicht mag bei gut gearteten Gemütern unter denselben das edle Beispiel nicht ganz verloren gehen.

Nach dieser Tat, welche, den Lehren Zoroasters gemäß, durchaus zu den tugendhaften gehört, ward jetzt eine Tonne vor mein Bett gestellt, auf diese ein Koffer gesetzt, und auf dem durch obige Vorrichtung gewonnenen Tisch meine Toilette ausgelegt, worauf ich den wichtigen Kultus des Waschens, Kämmens, Rasierens und so weiter in Gegenwart der mich andächtig umstehenden Ortsbewohner beiderlei Geschlechts absolvierte und nach genossenem Frühstück in das Tal von Olympia niederstieg. Seit Leake hier war, der nur ein einziges Säulenstück des Jupitertempels vorfand, haben die Franzosen seinen ganzen Fußboden und die Basis fast aller seiner Säulen, die siebeneinhalb Fuß im Diameter messen, aufgedeckt. Mehrere deutsche Altertumskenner, die neuerlich hier waren, behaupten zwar, dies sei nur einer der andern im heiligen Hain befindlichen Tempel, vielleicht der der Juno, gewesen, und der des Jupiter habe im jetzigen Bette des Flusses gestanden, welche Voraussetzung sich hauptsächlich darauf gründet, daß der Fluß häufig Helme und andere Gegenstände ausspült und auch in seinem Sande nicht selten Fragmente sichtbar werden, die das Dasein von großen Gebäuden hier vermuten lassen. So war zwei Jahre lang ein herrlich gearbeiteter Sarkophag fast zur Hälfte entblößt, da ihn aber niemand erlösen wollte, bedeckt ihn jetzt wieder die Flut.

Das Tal von Olympia ist außerordentlich reizend von der Seite von Pyrgos aus gesehen, weniger von Osten aus, von wo ich herkam, weil eine zu niedrige und formlose Hügelkette es gegenüber schließt. Das angrenzende Tal von Harpinnátes übertrifft es daher an bloß landschaftlicher Schönheit. Sehr entstellt wird jetzt das Olympische besonders dadurch, daß der schöne Pinienhain, welcher den so hervorstechenden Berg Kronium beschattete, kürzlich abgeholzt wurde, und, nebst den langen Stumpfen der niedergehauenen Stämme, nur einige traurig kümmernde Samenbäume darauf stehengeblieben sind. Es ist ein unglücklicher Zufall, daß die einzigen etwas regelmäßigen Forstbenutzungen, die ich bis jetzt in der Morea antraf, beim Tempel von Phigalía und hier, sich gerade so klassische Flecke zur Verunstaltung ausgesucht haben.

Einige unbedeutende Ruinen aus Ziegeln, ein Bad Hadrians, Reste von stützenden Ufermauern am Fluß und so weiter übergehe ich, da meine Absicht nicht ist, ein archäologisches Werk zu schreiben, sondern dem Leser nur ein flüchtiges, aber treues und wo möglich nie ermüdendes Bild der Gegenden zu geben, die ich allein zu meinem *Vergnügen*, wenn auch nicht immer ohne *Mühe*, durchstreiche. Es sind Bücher genug vorhanden, die hierin dem Mangel des meinigen abhelfen können. Doch muß ich in demselben Sinne hinzusetzen, daß die Reste des Jupitertempels, welche durch ihre kolossalen Dimensionen alle übrigen Monumente Griechenlands bedeutend übertreffen, auf mich einen tiefen Eindruck machten, der, verbunden mit dem weiten Spielraum, der der Phantasie hier gelassen ist, und dem überreichen Schatze der Erinnerung an Vergangenes, ein unauslöschliches Andenken des berühmten Tales von Olympia in mir zurückgelassen haben.

Den 18ten Juli

Die Gegend um Pyrgos, obgleich nicht hochromantisch, ist doch so angenehm und fruchtbar, daß sich Ibrahim hier den Platz für ein Lustschloß ausgesucht hatte, als er noch die Hoffnung hegte, über Griechenland zu herrschen, und dies Ziel nicht mehr fern hielt. Ich machte bald die Bemerkung, daß das helle Grün der Weinfelder in der Maina, so wie auch die Kalambokifluren (eine Art türkischer Weizen) für die Landschaft in diesen heißen Klimaten, wenigstens was den Anblick aus der Ferne betrifft, den schönsten englischen Rasen vollständig ersetzen, ja in goldglänzender Farbe ihn fast noch übertreffen. Man schneidet den Weinstock mit dem Beginn des Frühjahrs dicht über der Erde ab, und die ungemein starke Vegetation hat ihn bereits im Juni in dicke Büsche verwandelt, die jetzt fast mannshoch sind und eine reiche Ernte versprechen, in ihrer ganz gleichen Höhe von fern aber so eben wie ein Boulingrin erscheinen, auf dem sich die einzeln darin stehenden, dunkler gefärbten Feigen- und Maulbeerbäume wie die bläulichen Olivengruppen herrlich ausnehmen. Wäre bei besserer Kultur die ganze Ebene um Pyrgos, statt eines nur kleinen Teils derselben um die Stadt, mit diesen Weinfeldern, die bei uns nie, weder von solcher Farbe noch in solcher Dichtigkeit zu erlangen sind, bedeckt, so kann ich mir, die grünen Fluren vom Indigo des Meers und von dem duftigen, violetten Gebirge umschlossen, kaum eine den Augen wohltuendere Landschaft im Stile der englischen *cottage ornée* denken.

Wir setzten unsern Weg in der Abendkühle bis zu den von wohlhabenden Bauern bewohnten Bergdörfern Koliri und Barbazéna fort. Das letztere ist in einem engen, von steilen Hügeln eingefaßten Tal gelegen und von so luxuriösem Pflanzenwuchs umgeben, daß ich es mit einem riesenhaften Blumenstrauß vergleichen möchte, der in einem Krater ruht. Die blaue Spiräa, dieser prächtige Zierstrauch, treibt hier fast fußlange Blumen, aber selbst die bei uns so dürftigen Brombeeren mit rosenfarbener Blüte und sich schon schwarz färbenden Früchten werden hier zu schmükkenden, undurchdringlichen *shrubberies*, das elegante breitblätterige Schilf erreicht Baumhöhe, und viele der größeren Bäume, von umrankendem Weine überzogen, trugen Trauben bis auf die höchsten Spitzen ihrer Krone. Ein merkwürdiger Feigenbaum stand an dem Fußsteige, unter dessen Dom wir uns mühsam durchdrängten, denn er bildete, nach allen Seiten seine Äste bis auf die Erde niederbreitend, eine den Sonnenstrahlen ganz unzugängliche Laube von mehr als zwanzig Fuß Länge, durch die der Weg nur vermöge zwei schmaler Ausschnitte führte. Es war Sonntag, und wir fanden alle Einwohner geputzt unter einer alten Kastanie versammelt, mit Weinkrügen antiker Form auf dem Boden vor sie hingestellt, lachend und scherzend, viele mit Laubkränzen geschmückt, was das ländliche Bild auf das Freundlichste belebte.

Indem ich jetzt den griechischen Kontinent verlasse, würden es manche vielleicht für angemessen halten, daß ich noch etwas Allgemeines darüber hinzufügte –

warum aber *in nuce* wiederholen, was der aufmerksame Leser hinlänglich aus der vorhergehenden, vielleicht oft zu detaillierten Beschreibung ersehen kann? Ich reihe daher dem Gesagten nur noch folgenden speziellen Rat für Reisende in diesem Lande an:

Wer stark genug konstituiert ist, um täglich zehn bis zwölf Stunden zu Pferde, auf Maultieren oder zu Fuß ohne Unbequemlichkeit zurückzulegen und der glühendsten Hitze, wie den unangenehmsten Wirkungen der Kälte zu widerstehen – denn schon Goethe sagt: »Bei uns *sieht* man die Kälte nur, in den südlichen Ländern *fühlt* man sie«; wer ferner weder die Gefahr halsbrecherischer Wege noch gelegentlicher Räuberanfälle scheut; wer unempfindlich gegen den Aufenthalt in Wohnungen ohne Fenster mit durchsichtigem Dache ist und Myriaden von Wanzen, Läusen, Flöhen und Moskitos sich mit philosophischer Geduld hinzugeben vermag; wer zufrieden ist, zuweilen nur Brot und Zwiebeln nebst lauem Wasser und geharztem Wein zur Nahrung und zum Getränk zu erhalten; wer Gestank und Schmutz nur mit chemischem Auge betrachtet, das in diesen Dingen nichts als Naturstoffe gleich anderen sieht; wer allem diesem gewachsen ist und nichts dawider hat, obige Zustände dreimal teurer als europäische Bequemlichkeiten zu bezahlen – dem rate ich mit gutem Gewissen die Reise durch Griechenland an, und ein solcher darf allenfalls den Titel meines Buches in Griechische *Freuden* umwandeln; denn er wird viel Genuß, Unterrichtung und kräftigende Abhärtung hier finden. Sein einziges moralisches Leiden möchte in dem Gefühle bestehen, das Lord Byron ausrufen ließ: »Griechenland ist ein schöner Leichnam!« Ich meine die Trauer darüber, daß man bis jetzt diesem herrlichen Lande, diesem hochbegabten Volke, selbst mit allen angewandten modernen europäischen Experimenten, noch immer kein neues organisches Leben einzuhauchen verstanden hat.

ZEHNTES KAPITEL

Der Autor ergibt sich nach so vielen harten Entbehrungen von neuem dem Wohlleben auf des jonischen Meeres glücklichen Inseln und greift dabei in seinem Übermut den Antiquaren noch kühner als in Marathon ins Handwerk

ZANTE

Die Handelsschiffe der Griechen bieten dasselbe Leiden wie ihre Wohnungen dar: Unreinlichkeit, Ungeziefer und Mangel. Auf dem kleinen Segelboot, das ich für die kurze Distanz bis Zante, kaum vier deutsche Meilen, mit zehn Colonaten bezahlen mußte, war man so wenig von dem Luxus des Kochens unterrichtet, daß gar kein Feuer auf demselben gemacht werden konnte, und ich mein Feuerzeug auspacken lassen mußte, um meine Zigarre anzustecken. Es ist durchgängig ein elendes Fortkommen mit diesen Fahrzeugen. In Katákulo, einem einsamen Zollhause an der sandigen Düne, saß ich im Mondschein bis ein Uhr nach Mitternacht, den günstigen *Land*wind zu erwarten. Dann ward mit diesem erst bis Kap Klarénza, von Zante rechts, hinaufgesteuert, um von dort mit einem neuen *See*winde, der sich vormittags zu erheben pflegt, links wieder hinabzusegeln und so zuletzt endlich mit List nach Zante zu kommen. Dennoch blieb den Ruderern das beste zu tun übrig. Nach zwölf endlosen Stunden an dem Sanitätsgebäude auf Zante angelangt, ließ man unser Schneckenschiff noch andere vier Stunden warten, bis der Doktor zu erscheinen beliebte, um den nötigen Formalitäten zu genügen. Nach allen diesen durchgegangenen Geduldsproben erhielten wir endlich die ersehnte Pratika und durften ans Land steigen. Das Benehmen der Zantiotischen Beamten war sehr artig und versüßte dadurch in etwas ihre unnötige Langsamkeit. Bis jetzt hatte ich aber noch nichts hier gefunden, was den stolzen Namen der *fior di Levante* gerechtfertigt hätte; nur eine ziemlich unansehnliche Stadt mit grauen, monotonen Dächern, ohne irgendein auffallendes Gebäude in ihrem Bereich; ganz unmalerische, in gerader Linie fortlaufende Festungswälle auf der Höhe; mehr kahle Berge als bebuschte hinter denselben, und auch die letzteren nicht üppig; eine sengende Atmosphäre; nicht allzu reinliche Straßen für eine englische Kolonie und eine ziemlich schmutzige Bevölkerung – das war der erste Eindruck, der freilich, besonders wenn man, wie ich, dabei Malta zum Vergleich in Gedanken hat, nichts weniger als vorteilhaft ist. Aber die Stimmung wird bald anders, wenn man das Innere der Insel betritt. In Malta ist die *Stadt* alles, hier das *Land;* und in beiden Besitzungen wird man schnell gewahr, welche kräftigere Hand daselbst die Zügel führt.

Eine wahre Freude gewährte es mir, die englische Flotte hier wieder anzutreffen, und mein erstes Geschäft, nachdem ich ein wenig Toilette gemacht, war, dem liebenswürdigen Admiral auf der Caledonia und den andern Befehlshabern meiner Bekanntschaft Besuche zu machen. Kapitän Dacres ließ mich nicht wieder fort, und nach zwei Monat langen Entbehrungen aller Art war die luxuriöse Bewirtung auf dem Edinburgh in der Tat sehr willkommen. Wer hätte aber geglaubt, daß in Zante, einer durch die Engländer zivilisierten Stadt, weder Eis noch ein Bad irgendeiner Art, außer im Meere, zu finden sei! Hier hat der Zivilregent seine Schuldigkeit schwer vernachlässigt, und es tut mir wahrlich in mehr als einer Hinsicht leid, dieses Fleckens in der Administration Zantes erwähnen zu müssen. Übrigens fürchte der Leser keine neuen gastronomischen Abhandlungen. Es sei genug, zu sagen, daß sich die Gastfreiheit und zuvorkommende Güte der anwesenden Engländer auch hier nicht für mich verleugnete und ich ihnen eine sehr angenehme Episode, einen förmlichen Ausschnitt aus dem Kanevas der griechischen Leiden, in Zante verdanke.

Von den Schiffen hatte ich Gelegenheit, den Halbzirkel der Insel, wie er sich von der See aus, von Osten herkommend, präsentiert, während aller Tageszeiten und zuletzt auch auf der Rückkehr bei Mondschein zu betrachten, wobei ich die eigentümliche Bemerkung machte, daß er bei der sonst alles verschönernden Morgen- und Abendbeleuchtung sich bei weitem am unvorteilhaftesten, am Mittag und nach Mittag unendlich besser, am schönsten aber in der fast tageshellen Mondnacht ausnahm. Die Formen der Berge, welche eine große Menge vulkanische Spitzen bilden und in der Nachmittagssonne schon dunkel erschienen, was ihnen das kahle Ansehen bei der zu hellen Morgenbeleuchtung nahm, machten einen um so günstigeren Effekt, als die daran gelehnten weißen Gebäude glänzend dagegen abstachen, und im Mondschein steigerte sich alles dies, von den einzelnen funkelnden Lichtern der Stadt gehoben, noch mehr. Ich bin überzeugt, daß jedem, wie mir, nach Maßgabe dieser verschiedenen Tageszeiten seiner Ankunft auch ein ganz verschiedenes Bild von Zantes erstem Anblick zurückbleiben muß. Wie viel kommt aber in allen Verhältnissen auf die erste Erscheinung an! Sie allein bestimmt oft für immer das sich der Einbildungskraft einprägende Gemälde wie die Richtung unserer folgenden Beurteilung, und so machte mir die Natur in ihrer stummen Sprache wieder eine wichtige Lebensregel mit Eindringlichkeit anschaulich, von deren Beobachtung oder Nichtbeobachtung oft das ganze Schicksal eines Menschen abhängen mag.

Mein erster Ritt im Innern der Insel gewährte mir einen großen Genuß, und der Zufall brachte mich sogleich auf einen Punkt, den ich auf meinen spätern Exkursionen nirgends übertroffen fand. Es ist eine Olivenpflanzung rechts der Stadt, dem Grafen Mania zugehörig, an den ich einen Empfehlungsbrief mitgebracht hatte, und dessen freundschaftlichen Empfang ich nicht genug rühmen kann.

Der Eindruck, den diese wundervolle Gegend auf mich machte, war von besonderer Art. Sie glich in nichts dem, was ich bisher gefunden, und ich ward lebhaft von dem Gedanken ergriffen, daß, wenn ein Leidender, ein Unglücklicher hier von einem tiefen Schlaf erwachte, er leicht glauben könnte, schon gestorben zu sein und die Gefilde der Seligen vor sich zu sehen, wo ein ewiger Friede herrscht, im milden Genuß alles dessen, was Natur und Kultur für den Zweck einer glücklichen Existenz hervorzubringen imstande sind. Es ist nicht der Charakter der Pracht, noch des romantisch Ungeheuern oder gewaltsam Ergreifenden – es ist die himmlische Ruhe, die lyrische Form und der Überfluß eines vollendeten Wohlseins, welche diese Gegenden charakterisieren und in der Seele des Beschauers die süßeste Befriedigung zurücklassen. Die Bilder der innigen altdeutschen Maler sind so, wenn sie das Paradies darzustellen versuchten; auf sie verweise ich, weil meine Worte zu schwach sind. Denn was kann ich sagen, als daß ich ein weites Tal vor mir sah, rundum von hohen, mannigfaltig geschmückten Bergen sanfter Formen eingefaßt, an dessen Ende in schmalem Zwischenraume blaue Wellen sichtbar wurden, die um einen runden, im Meere isolierten Felsen spielten. Dies Tal, so weit das Auge es zu überblicken vermochte, erschien wie *ein* zusammenhängender hellgrüner Weingarten mit dunkeln Fruchtbaum-Gruppen lieblich abwechselnd; die Berge waren größtenteils auf das dichteste mit Zypressen, Olivenwaldung und Orangenhainen bedeckt; Klöster und Schlösser thronten auf ihren Gipfeln, und ihre Abhänge, wie das Tal, wurden von Tausenden freundlicher Landhäuser belebt, die sozusagen einer auf das Land gezogenen Stadt glichen, wo Wald und Häuser, Baumgruppen und Gärten alle in ein großes Ganze ohne genau zu ermittelnden Anfang noch Ende verschmolzen.

Ich habe mich mit dem Leser auf einen so vertrauten Fuß gestellt, daß er alle Dinge um und an mir, wenn er sie seiner Aufmerksamkeit wert halten will, fast ebensogut kennen mag als ich selbst, und so ist es ihm denn auch bekannt, daß ich stets ein paar vortreffliche Pistolen mit mir führe, die ich schon viele Jahre besitze, und die mir sehr am Herzen liegen. An dem Kasten, der sie beherbergt, wie an einer der Pistolen selbst, war eine Kleinigkeit zu reparieren, weshalb ich meinem griechischen Pagen befahl, sie zu diesem Behuf zu einem Büchsenmacher zu tragen. Dies geschah, und da die Gewehre noch geladen waren, es aber polizeiwidrig gewesen wäre, sie innerhalb der Stadt abzufeuern, so teilte Dimitri dem Meister dies mit und nahm zu größerer Sicherheit, wie er versicherte, auch noch selbst die Zündhütchen ab, ehe er den Laden verließ. Kaum ist er weg, so wird der Büchsenmacher von jemand abgerufen und folgt diesem, indem er meine Pistolen einstweilen auf den Ladentisch legt. Ein Kind von elf Jahren tritt herzu, fängt, des Meisters Abwesenheit benutzend, mit ihnen zu spielen an und drückt dabei unwillkürlich die eine Pistole los. Es muß wahrscheinlich der großen Hitze zugeschrieben werden, daß sich auch ohne Kapsel das Pulver entzünden konnte – wobei die Waffe eine so unglückliche Richtung nahm, daß die Kugel über die Straße hinüber einem zweiundsiebzigjährigen Manne, der am offenen Fenster auf seinem Lehnstuhl eingeschlafen war, durch den Schädel fuhr und ihn auf der Stelle tot niederstreckte. Die Zusammenstellung ist gewiß seltsam. Ein Fremder muß auf einige Tage herkommen, damit durch seine beschädigte Waffe ein harmloses Kind einen uralten Greis totschieße! Es spuken da entweder Geister, die sich mit uns einen grausamen Spaß machen, oder die blinde Naturnotwendigkeit waltet. Kurz, der alte Herr war tot, der Büchsenmacher mit dem Kinde wurde festgenommen, und meine Pistolen wanderten ins Tribunal, wo ihr beharrliches Verweilen mich zwang, statt weniger Tage mehrere Wochen in Zante zuzubringen.

Für mich, der, wie Voltaire, alle Genres liebt, *hors le genre ennuyeux* [Langweilige], war diese Abwechselung in gesellschaftlicher Hinsicht in Zante doppelt angenehm. Vorige Woche brachte ich einen ganzen Tag auf der Flotte zu, frühstückte zuerst mit dem mir so freundlich gesinnten Offizierscorps des Linienschiffes Edinburgh, sah dann die tägliche Revue und das Fechten der Matrosen mit Säbeln und Piken auf seinem Verdeck mit an, wohnte nachher den Schießübungen bei, wo auf fünfhundert Yards nach einer Art Tonne mit Achtzehn- und Zweiunddreißigpfündern trotz der

Bewegung des Schiffes zum Erstaunen genau geschossen ward, und wobei einer der Achtzehnpfünder in vierundfünfzig Sekunden dreimal geladen und abgefeuert wurde, wie ich mich, mit der Uhr in der Hand dabei stehend, selbst überzeugte. Das Schiffsartilleriewesen hat in der neuesten Zeit eine außerordentliche Vervollkommnung erhalten, auch sind die Offiziere der Meinung, daß bei einem neuen Seekriege jeder ernstliche Kampf zwischen zwei großen Schiffen in zehn Minuten entschieden sein müsse, da Mittel, Geschicklichkeit, sie anzuwenden, und Art der Taktik alle weit mörderischer geworden sind, als sie es früher waren.

Später machte ich meine Tournee auf den andern Seekolossen; überall gleiche Gediegenheit, Ordnung und minuziöse Reinlichkeit, gleichen Überfluß und gleich gebildete, ausgezeichnete Gesellschaft findend, ein glänzender Verein, der bei der englischen Marine immer von neuem jeden Ausländer in Erstaunen und Bewunderung versetzen muß. Hier sind die Engländer noch groß und haben in der Totalität noch keinen Rival, der sich mit ihnen messen könnte.

Auf dem Flaggschiff beim Admiral zu Mittag speisend, wo ich einen französischen Seekapitän fand, dessen eben angekommene Korvette wie ein Delphin unter den Walfischen inmitten der englischen Flotte Anker geworfen hatte, schloß mein Tag, und ein junger Midshipman mit acht Matrosen, die, mit taktmäßigem Ruderschlage sich regelmäßig rück- und vorwärts beugend, gleich den Wirbeln einer Seeschlange durch die Fluten glitten, brachten mich in der goldenen Mondnacht erst spät nach meiner bescheidenen Wohnung zurück.

Ich schildere einen zweiten Tag, oder vielmehr

ein dreifaches Tagkleeblatt von ganz anderer Physiognomie.

Die gefälligen Brüder Grafen Mania, zwei sehr gute und flüchtige Reiter, kommen mit der Morgensonne, mich zu einem Spazierritt auf der Insel abzuholen. Ein arabisches Roß mit weißen seidenen Mähnen wird mir zuteil, und dahin galoppieren wir auf der schönsten Kunststraße, erreichen bald die Höhe mit bezaubernder Aussicht, zu der der imposante Kranz der Flotte, unbeweglich, wie auf dem Meergrund festgenagelt, tief unter uns den reichsten Beitrag liefert, und steigen dann auf der andern Seite in das goldgrüne Weintal hinab, wo in den lachenden, lieblichen Fluren kein Quadratschuh unbenutzt geblieben ist. Ein Frühstück muß schon wieder dabei sein, aber wir pflücken diesmal die auserlesenen Früchte selbst dazu an Bäumen und Sträuchern in der eleganten Villa der Grafen; und hyazinthfarbener Nektar von Zante, in unterirdischer Brunnenquelle gekühlt, kräftigt uns gegen die Hitze, während er noch um einige Grade unsere heitere Laune vermehrt. So setzen wir unsern Weg fort in immer gleich reizender, reich begabter Gegend, bald zwischen hohen Aloehecken hinreitend, welche die Korinthenfelder beschützen und ihre baumhohen Blütenstengel gleich Lanzen gen Himmel strecken, bald in die Schatten eines dunkeln Olivenwaldes aufgenommen, dessen Boden wir schon sorgfältig gelockert und für Wintergras und Frucht bereitet finden. Unaufhörlich kommen wir an zierlichen Villen, stolzen Schlössern, reinlichen Bauernhäusern vorbei, zuweilen mit enger zusammentretenden Dörfern zur Seite, die, in grünen Terrassen von der Bergkette niedersteigend, die Hand uns freundlich zu bieten scheinen – bis nach einigen Stunden die breite Kiesstraße sich allmählich verengt und in einen rauhen, zuletzt beschwerlichen Steinweg übergeht. Doch hört die Kultur deshalb nicht auf, nur die nackten Felsen widerstehen ihr, und selbst das sumpfige abgeschlossene Kesseltal am Meer, das wir jetzt betreten, ist mit hohem malerischem Schilf und Kalamboki, zum Teil selbst mit Wein bebaut. Ein Umweg führt uns am Meeresstrand auf bunten, lockern Kieseln um den Sumpf herum, eine kurze Strecke geht es in Wald und immergrünen Sträuchern fort, der enge Fußsteig wendet sich jähling rechts in ein Weinfeld, und – wir stehen vor den berühmten Naphtha- oder Pechquellen, wo die Natur in ihrer geheimnisvollen Werkstatt dem Menschen die Arbeit erspart; denn das Pech, welches sie in ihren Reservoirs hier zu Tage bringt, wird gleich anderem sofort verbraucht und leistet auch in den meisten Fällen dieselben Dienste. Sonderbar ist es, daß das Quellwasser, an dessen Boden dies Pech in der Tiefe weniger Zolle herauftritt, obgleich es auch oben mit einer fetten, in allen Farben des Regenbogens spielenden Haut bedeckt ist, sobald man diese nur entfernt, sehr frisch und angenehm schmeckt.

Es war Zeit, an den Rückweg zu denken, denn Graf Lunzi erwartete uns mit einer Gesellschaft in seinem Schloß Sarrakína. Als wir in Sarrakína ankamen, das zwischen Gips- und Selenitfelsen, die wie Glas in der Sonne funkeln, inmitten weiter Gärten und Terrassen liegt, fanden wir Schmuck und Nettigkeit in jedem hier billig zu erwartenden Grade auf das Anmutigste vereinigt. Die Gesellschaft, welche bis auf einen einzigen, hier schon seit zwanzig Jahren ansässigen Engländer nur aus Eingeborenen und allein aus Männern bestand, zeigte eine so ausdauernde und herzliche Zuvorkommenheit für mich, war so unterhaltend, heiter und gesprächig, daß der Abend mich überraschte, ehe ich der Stunden Lauf bemerkt hatte. Etwas mochte auch die lange Galerie zantiotischer Weine aller Farben hierzu beigetragen haben, die uns Graf Hermann bei Tisch vorführte.

Am nächsten Morgen zeigten mir meine gütigen Freunde die Gemäldesammlung des Grafen *de Roma*. Graf Lunzis elegante Equipage holte uns hier ab, um uns bis in das nächste Dorf vor dem Kloster *St. Giovanni di Pódromos* zu bringen, eine der angenehmsten Touren voller Abwechselung, welche die Insel darbietet, überdies auf der vortrefflichsten Straße, die, der Beschaffenheit des Terrains natürlich folgend, in gefälligen Windungen sich ihre Bahn durch ein Meer von Grün bricht, von dem sie überall umschlossen wird, und das selbst an den nackten Felsketten zur Seite noch bis zur Hälfte hinansteigt, wo es in scharf abgegrenzter gerader Linie plötzlich aufhört, ein Umstand, der diesen Ansichten etwas Eigentümliches gibt.

Eine Stunde vor dem Kloster endet die Kunststraße, und man muß den Rest des Weges zu Pferde zurücklegen. Es war kalt geworden und stürmisch, so daß wir eine Zeitlang in einem Bauernhaus Schutz suchten und dort Kaffee zur Erwärmung tranken; denn bei der starken Hitze, die jetzt herrscht, wird die geringste Erkältung der Luft sogleich äußerst empfindlich. Die große Wohlhabenheit der hiesigen Landleute hat in kurzer Zeit einen ganz andern Grad der Kultur und Lebensweise bei ihnen hervorgebracht, als ihre Brüder in der Morea kennen. Dem Hause, in das wir getreten, fehlte es weder an Fenstern noch Stubendecken, noch

Möbeln, noch selbst Kupferstichen an den Wänden. Eine reinlich gekleidete junge Frau bewirtete uns mit Wein, weißem Brot und Kaffee, alles in wohlgeputztem Geschirr aufgetragen; dabei ward unser Besuch wie eine erzeigte Ehre aufgenommen und uns zum Abschied noch ein zierlicher Blumenstrauß überreicht.

Ich ritt mit Graf Hermann den andern voraus, und, in lebhaftem Gespräch begriffen, verfehlten wir den Weg, als die Nacht einbrach, und wir, in Felsen an der öden Meeresküste eingeklemmt, nicht mehr wußten, nach welcher Seite wir uns wenden sollten. Man hatte indes schon vom Kloster aus einige Knaben nach uns ausgesandt, von denen wir jetzt den einen laut rufen hörten. Unterdes war der Mond aufgegangen, und bald erblickten wir in seinem Strahl den runden, hohen Turm und die weiß schimmernden Arkaden des Klosters von Pódromos, zugleich das Läuten der gastlichen Glocken vernehmend, die zu unserem Empfang weithin durch die stille Nacht ertönten.

Ein Greis in schwarzer Kleidung, mit langem, weißem Bart, der Abt, empfing uns mit zweien seiner Mönche und einigen, Windlichter tragenden Dienern am Portal und führte uns eine steinerne Freitreppe hinan in nette und äußerst reinliche Zimmer. Diese sind allein für Fremde bestimmt, da die Gastfreiheit, welche jedem Ankömmling drei Tage lang hier gewährt werden muß, der Hauptzweck bei Gründung der Anstalt war, und so auch vom englischen Gouvernement respektiert wird, welches nur eine genauere Kontrolle dabei eingeführt und die Mönche für ihre Person selbst auf eine bestimmte Pension gesetzt hat. Nach den ersten Begrüßungen bezeigte ich meinen Wunsch, in die Kirche zu gehen, um der Panaghia wie gewöhnlich meinen Respekt zu bezeigen, wobei sich der komische Umstand in einem Kloster ereignete, daß man den Schlüssel zur Kirche nicht finden konnte und nach langem Warten an der Tür wir den Besuch schon aufgeben wollten, als endlich das verlegte Instrument noch glücklich entdeckt wurde.

Eine reizende Promenade im Mondschein folgte, während der wir die nahen Felsen erstiegen, auf deren Gipfel ein kleines Belvedere erbaut ist. Das malerische Kloster, wie in Silber getrieben, zu unsern Füßen, das dunkle Waldgewand, von dem es eingeschlossen ist, das noch vom vorübergegangenen Sturm erregte Meer und Cephaloniens hoher Berg, fünftausend Fuß hoch, gerade vor uns senkrecht daraus emporsteigend, die blendende Mondscheibe und die funkelnden Sterne am tiefblauen Himmel – man hätte die ganze Nacht hier zubringen mögen! Auf dem Rückweg zeigte uns der begleitende Mönch einen merkwürdigen Baum vom Geschlecht der Myrte, dessen Alter kaum berechnet werden kann, da er, in der Regel nur Strauchhöhe erreichend, hier zu einer solchen Größe und Ausdehnung gelangt ist, daß um seinen dicken Stamm her, den eine Steinbank umgibt, gewiß fünfzig Personen ein schützendes Laubdach finden könnten, undurchdringlich für Regen wie Sonnenstrahlen, jetzt aber nur schwarze Nacht um sich verbreitend.

Die heiligen Väter bewirteten uns aufs beste, und süß war unser Schlaf in dieser Stätte des Friedens.

Der Morgen des dritten Tages, der das verheißene Kleeblatt schließt, fand uns auf dem Meer in einer wohlbedeckten Gondel, nach dem sogenannten »Greasewell« schiffend. Die Kalkfelsen an dieser Küste sind größtenteils unterminiert und atmen einen starken

Schwefelduft aus. Am auffallendsten wird dieser in einer runden Bucht mit steil ansteigenden Wänden, die einem oben offenen, großen Saale gleicht, und in dessen Hintergrunde sich die Grotte befindet, welche das Ziel unserer Fahrt war. Wir mußten das Zelt von unserer Gondel abnehmen und uns glatt auf den Boden legen, um in die Höhle einfahren zu können, da bei dem hohen Stande des Meeres ihre zackige Wölbung fast bis auf das Wasser herabhing. Desto schöner ward dadurch die Beleuchtung in ihrem Innern, und der magische blau und grüne Schein, in den getaucht die Stalaktiten an der Decke ihre verschiedenen Formen nach und nach vor uns enthüllten, wie wir langsam aus einer Abteilung in die andere vordrangen, glich einer künstlichen Theatervorrichtung. Im Innern der Grotte entspringt der Greasewell, dessen Wasser schäumt und sprudelt und Stücke einer weißen Materie auswirft, die vollkommen der Seife ähnlich ist, aber schnell in der Hand zergeht, ohne einen Geruch zurückzulassen. Das Wasser ist bedeutend kälter als das der See umher und weniger salzig von Geschmack. Chemisch untersucht ist die Quelle, so viel ich erfahren konnte, noch nicht worden, was sie doch verdiente. Hundert Schritte davon ist noch eine andere Grotte von leichterem Akzeß, die wir zierlich von der Natur selbst mit Farrenkraut austapeziert fanden. Diese haben sich die wilden Tauben zum Brütort ausgesucht, deren wir mehrere verscheuchten.

Es blieben uns nun noch die Salinen zu sehen übrig, nach welchen wir sogleich von hier aus steuerten, obgleich die Distanz zur See ziemlich weit ist, was uns Gelegenheit zu einer anmutigen Siesta gab. Auch dieser Teil der Exkursion bot uns ein sehr anmutiges

Schauspiel dar. Man denke sich ein ebenes scharf gezeichnetes Viereck von einer halben Stunde Umfang, auf einer Seite vom Meere begrenzt, auf der andern an die Bergkette gelehnt, an der zwei Dörfer hinaufsteigend ein grün durchflochtenes Amphitheater bilden, die übrigen zwei Seiten aber dicht von Weinfeldern und Olivenhainen eingeschlossen sind. Dieser weite Platz gleicht einem Schachbrett von regelmäßig abwechselnden, rot und weißen Feldern, von denen die letzteren das von der Sonne ausgezogene Salz enthalten und wie Perlmutter schillern; die ersteren sind flache Reservoirs von gleicher Größe, in welche das Seewasser zuerst hineingelassen wird, ehe es in die zweiten Behälter kommt; diese nun sind fast durchgängig mit einer niedrigen, dunkelroten Schmarotzerpflanze überzogen, welche eine prächtige Wirkung hervorbringt, und deren Wurzel überdies, wenn die Pflanze noch jung ist, eßbar sein soll. Wo in den Salzbehältern das Wasser schon ganz verdunstet war, glich das Salz vollkommen dem Eise, und das in kleinen Körben daneben stehende, schon getrocknete und pulverisierte war weiß wie Schnee. Das Ganze soll sehr einträglich sein und ist eine Unternehmung verschiedener Privaten; denn hier schläft die Industrie *nicht* wie in Griechenland. Die Engländer haben sie zu erwecken verstanden und beschützen sie, ohne sie auf der andern Seite, wie zum Beispiel so häufig bei uns, durch zu vieles Regieren von neuem zu lähmen.

Nachdem wir ins Kloster zurückgekehrt und dort ein frühes Mittagsmahl eingenommen, bei dem ich zum erstenmal Korinthenwein trank, der Feuer und Farbe der böhmischen Granaten hat, machten wir noch einen Spaziergang in den lieblichen Gebüschen, welche, auf weißen Kreidefelsen dicht zusammengedrängt, die nahen Höhen bedecken. Viele dieser Felsenblöcke dienen zugleich zu verborgenen Bienenstöcken. Sie werden zu diesem Behuf gesprengt und ausgehöhlt, dann die obern Stücke mit Mörtel wieder aufgesetzt und eine kleine Öffnung für die Bienen gelassen, die diese bald mit ihrem Honig füllen, den ich besser als den des Hymettus fand.

Erst mit dem Beginn der Abendkühle traten wir unsern Rückweg an. Die Schönheit der Beleuchtung, die sanfte Frische der Natur, die unendliche Mannigfaltigkeit der Gegenstände, die Bequemlichkeit und Schnelle, mit der man durch alle diese Bilder geführt wird, geben den Spazierfahrten auf dieser gesegneten Insel einen unbeschreiblichen Reiz, vielleicht doppelt von mir empfunden wegen des Kontrastes mit der nächsten Vergangenheit. Nicht daß mir auch dort hoher Genuß gefehlt hätte, er war nur anderer Art; meine Empfindung glich der wollüstigen Ruhe nach angenehmer, aber oft zu angestrengter Arbeit.

In Graf Lunzis hellerleuchtetem, elegant möbliertem Hause in Zante empfing uns ein zahlreicher, dort zum Konzert versammelter Zirkel. Obgleich nur Dilettanti spielten und sangen, mit einziger Ausnahme zweier von der Winteroper noch hier zurückgebliebenen Künstler, war doch die Ausführung über meine Erwartung, und überdies die ungezwungene Freiheit des Tons, die hier herrschte, von allen kleinstädtischen Formen ebenso entfernt als von jeder Prätention. Dadurch ward mir etwas gewährt, was ich gar selten zu finden imstande bin, nämlich eine große Gesellschaft, in der ich mich bis zum Ende angenehm unterhielt, ohne mich geniert oder gelangweilt zu fühlen, noch den ängstlichen Wunsch in mir aufsteigen zu sehen, mich doch so bald als möglich mit guter Manier aus dem Staube machen zu können.

Zu bemerken ist noch in archäologischer Hinsicht, daß man im sechzehnten Jahrhundert einen Sarkophag in Zante gefunden und Gott weiß wohin geschafft hat, aus dessen Inschrift man folgern will, er habe Ciceros Asche enthalten, die man nach der Massacre in der formianischen Villa hierhergebracht. Die Inschrift lautete:

M. T. CICERO. HAVE. ET. TV. TERTIA. ANTONIA.

Außerdem sieht man in der Kirche des Dorfes Melinado noch einige Fragmente antiker Granitsäulen von geringer Bedeutung. Interessanter ist der Berg Skopo, wo einst ein berühmter Tempel der Diana stand und sich ein heiliger Hain befand. Wohl möglich, daß einige der uralten Olivenbäume neben dem Kloster sich noch aus dieser Zeit herschreiben. Der Weg von Zante nach Skopo ist reizend, aber sehr schlecht. Links des Klosters, das auf der Spitze des Berges erbaut ist, erhebt sich noch ein wunderlich gestalteter isolierter Felsen, von dem ich, über einer der schönsten Aussichten, welche die Insel darbietet, die Sonne in einem dunkelroten Feuermeere untergehen sah, was hier zu den Seltenheiten gehört, wo in der Regel das bunte Farbenspiel, welches Auf- und Untergang dieses Gestirns in unseren Klimaten begleitet, ganz wegfällt. Das Kloster ist Eigentum der Familie Logotheti und eine Art Lehen, was an die Krone zurückfallen würde, wenn kein Mitglied dieser Familie mehr da wäre, um als Abt zu fungieren. Der jetzige ist ein Lebemann und in beständiger Fehde mit den oberen kirchlichen Behörden begriffen, denen er zuweilen sehr belustigende

Streiche spielen soll, da sie ihn als Eigentümer des Klosters weniger als andere in ihrer Gewalt haben. Auch hier herrscht übrigens das Gesetz einer dreitägigen Gastfreiheit, und der Abt, weit entfernt, es zu schmälern, soll im Gegenteil seiner Obern Unzufriedenheit oft dadurch erregen, daß er es zu weit ausdehnt, ohne ihre Kontrolle zu dulden.

Ich brachte einen sehr lustigen Abend hier zu und möchte nicht darauf schwören, daß, außer den Bäumen in Dianens Hain, auch manchmal noch Nymphen darin umgehen, natürlich keusche, wie sich hier in doppelter Hinsicht von selbst versteht. Dimitri, der mich allein hierher begleitet hatte, wollte eine solche Erscheinung gesehen haben, was er mir auf originelle Weise deutlich machte, denn wir verstehen uns nun durch Worte und Zeichen mit Leichtigkeit. Der komische Knabe ist wie mein Schatten und behauptet mit griechischer Gefühlswärme, es sei ihm nur wohl in meiner Nähe.

CEPHALONIA

Meine Natur muß in den südlichen Klimaten eine bedeutende Veränderung erlitten haben, denn obgleich der heftigste Wind unser kleines Schiff dreizehn Stunden umherwarf, schlief ich doch währenddem vortrefflich auf den Planken des Verdecks, Dimitri zu meinen Füßen gelagert, und erwachte ohne alle Spuren von Seekrankheit, gesund und munter wie ein Fisch, als die kahlen, rötlichen Felsen, unten mit hellgrünem Saume eingefaßt, welche die schöne Reede von Argostoli umschließen, vor uns emporstiegen. Diese Stadt, mit einem netten Kai, ist kleiner und unansehnlicher, aber reinlicher als Zante.

Was mich betrifft, so werde ich von einem besonders

ungünstigen Schicksal in den jonischen Inseln verfolgt, denn wie ich in Zante wegen des *»untoward event«* des unwillkürlichen Losgehens meiner Pistole wochenlang über meine Zeit zurückgehalten wurde, so jetzt hier auf fast noch schlimmere Weise. Das Unglück wollte nämlich, daß man wenige Tage nach meiner Ankunft einen großen Ballen Wolle am Ufer fand, von dem es ungewiß war, ob er nicht vom türkischen Gebiete komme, weshalb Cephalonien sogleich in Quarantäne gesetzt wurde. Solange diese nun dauert, was bis jetzt noch ganz ungewiß ist, muß ich mich in Geduld schicken.

Gleich am ersten Tage nach meiner Ankunft machte ich mit dem Residenten, dem Major Steevens und Herrn Coïdan eine Exkursion auf der Insel. Der Hauptzweck derselben war, das Landhaus zu besuchen, in dem Lord Byron mit Graf Gamba, und anfänglich auch Trelawney, beinahe vier Monate lang wohnte, ehe er nach Missolunghi ging, und wo er sich damals noch so wohl befand, daß niemand eine Ahnung seines nahen Todes hatte, welcher übrigens auch hier allgemein nur fehlerhafter Behandlung des Patienten zugeschrieben wird; denn wenn bei den hiesigen Fiebern ein Aderlaß im Anfang heilt, so tötet er sicher, wenn er zu spät appliziert wird. Die Unterlassungs- wie die positive Sünde wurden beide an Lord Byron verübt.

Das unscheinbare Haus, in dem Childe Harold seine letzten Mußestunden verlebte, ist klein und ärmlich, liegt aber in einer bezaubernd schönen Gegend, fast auf der höchsten Terrasse des Dorfes Metaxa, über grünen Gründen, die Insel Zante mit dem isolierten Meerfelsen, auf dem einst ein Tempel des Jupiter stand, vor sich und den schneegestreiften, mit Fichten gekrönten Aenos zur Seite. Des Dichters Lieblingsplatz war eine Windmühle tiefer unten am Meere, eine halbe Stunde entfernt, die wir besuchten. Sie liegt mitten in Weinfeldern, durch die eine reizende Promenade führt, von uralten Ölbäumen beschattet, deren barock geformte Stämme oft an zwanzig Fuß Umfang messen. Der Blick von hier auf die lange Reihe grüner Höhen, mit tausend weißen Häusern besäet, hinter denen der schwarze Riesenberg der Insel majestätisch emporsteigt, ist prachtvoll. Auf diesem Fleck saß Byron fast täglich mehrere Stunden, um neue Schöpfungen seines Geistes zu meditieren, die uns der Tod geraubt hat. Die alte Madame, der das Haus gehört, in dem der Lord wohnte, ergoß sich in großen Lobsprüchen seiner Güte und Affabilität, rühmte, wie er immer mit allem wohl zufrieden gewesen wäre und selbst gestattet habe, daß in seinem Schlafzimmer die Lampe, welche vor dem Bilde des heiligen Georg noch jetzt hängt, jede Nacht habe angezündet werden dürfen, weil es des Hauses Sitte so mit sich gebracht.

Er schrieb und arbeitete in seinem Schlafzimmer, scheint aber hier nur wenig produziert zu haben. Dies wenige, unter andern einen Aufsatz, betitelt »Diomed«, sowie mehrere höchst interessante Briefe der Gräfin Guiccioli und andere Papiere gab er einem, noch jetzt sich als Chef der Sanitätsanstalten hier befindenden jungen Manne, Doktor Muir, für den er viele Neigung zeigte. Niemand kann sie mehr rechtfertigen, und ich wünschte mir Glück, noch an demselben Abende beim Gouverneur die Bekanntschaft dieses Mannes zu machen, gegen den Lord Byron sich fortgesetzt offener und zutraulicher als gegen viele gezeigt hat.

Byrons Sonderbarkeiten zeigten sich übrigens auch während seines hiesigen Aufenthalts zur Genüge. So fand zum Beispiel der erste Besuch, den er Herrn Muir in der Stadt machte, um elf Uhr in der Nacht während eines furchtbaren Gewitters und Sturmes statt, und obgleich dies Wetter die ganze Nacht anhielt, ließ sich der Lord doch nicht abhalten, nach einer Stunde, die er in *high spirits* verplauderte, wieder nach Hause zu reiten. Graf Gamba klagte häufig bitter über die Unegalität seiner Laune und versicherte, nach Mitternacht würde sie manchmal ganz unerträglich, auch habe der Stand des Mondes sichtlichen Einfluß auf ihn. Wahre Genies sind notwendig immer ein wenig närrisch – sie wären sonst zu sehr gegen die Alltagsmenschen im Vorteil.

Nach einigen Tagen Aufenthalts in Argostoli machte ich mich zur Besteigung des schwarzen Berges *(black mountain)* auf den Weg. Die Benennung ist jetzt nicht mehr passend, denn von dem unermeßlichen Fichtenwalde, der ihn sonst mit schwarzer Farbe überzog, sind nur noch kleine Teile übrig. Ein furchtbarer Waldbrand, der des Nachts die ganze Insel wie Tagesschein erhellte, und dessen Flammenreiser bis nach Zante vom Sturm getragen worden sein sollen, verheerte vor vierzig Jahren diese schönen Bestände, und mehrere sind ihm seitdem gefolgt; ja seit drei Tagen wütet ein ähnliches Feuer bei den Ruinen der alten Stadt Samos, das noch heute nicht gelöscht ist und außer dem niederen Holz bereits viertausend alte Stämme Bauholz vernichtet hat. Das Feuer wird meistens absichtlich von den Hirten angelegt, aus demselben Grunde wie in der Morea, nur um ihrem Vieh im nächsten Jahre bessere Weide dadurch zu verschaffen, und greift dann weiter um sich, als es soll. Durch neue Pflanzungen einen solchen Schaden zu ersetzen, ist aber wegen der Ziegen unmöglich, die keine aufkommen lassen und nicht nur jede Befriedung, sondern selbst alte Bäume erklettern. Die hiesigen müssen noch gefährlicher als andere sein, wenn Aelians Behauptung wahr ist, daß die cephalonischen Ziegen sechs Monate des Jahres ohne Wasser zu leben imstande sind. Dem Gebirge fehlt es in der Tat ganz an Wasser, und dennoch fand ich Ziegenherden bis auf seinen Gipfel. Diese Tiere sind eine wahre Kalamität für jedes Land, wo sie zu zahlreich geworden sind und die Vegetation einiger Nachhilfe bedarf.

Die Kunststraße, welche nach dem Aenos führt, durchschneidet zuerst, auf einem über tausend Fuß langen Damme aus Quadern aufgebaut, dessen Oberfläche mit Kies bestreut ist, das Meer. Ungefähr in der Mitte des Dammes steht eine Pyramide, als Monument dem Residenten du Bosset errichtet. Gegenüber liegt eine mit hohem Schilf umgebene Gartenpflanzung von reizender Frische, und ich habe schon der kahlen Steinberge darüber erwähnt, die so schön mit dem tiefen Schwarzblau des schmalen Meerarmes kontrastieren, nur durch den hellgrünen Vegetationsstreif der Gärten geschieden. Man wendet sich nun rechts die Anhöhe hinan und kommt, bald wieder auf der andern Seite niedersteigend, in ein weites Tal, dessen umgebende Berge bis auf ihre höchsten Spitzen mit Korinthenfeldern bedeckt sind. Man sprengt, wie in Malta, selbst die Felsen zu diesem Behuf, und überall sieht man aus den Weinblättern und Trauben turmartige runde Steinhaufen sich erheben, die der Erdboden der Industrie hat überliefern müssen. Auf einigen der ansehnlichsten unter diesen hatte man jetzt temporäre Lauben von Reisig errichtet, die Wächtern zum Obdach dienten, denn die Zeit der Weinlese ist schon vor der Tür, obgleich wir die Mitte des Augusts noch nicht erreicht haben. Nach einigen Stunden hat man die gegenüberstehenden Berge überstiegen und gelangt in ein neues noch ausgedehnteres Tal mit mehreren zierlichen Dörfern und einem Kloster am Fuß des schwarzen Berges, der hier in seiner ganzen Höhe von mehr als fünftausend Fuß ohne Absatz steil emporsteigt. An einem seiner Vorsprünge geht zwischen zwei tiefen Schluchten jener merkwürdige Zickzack in die Höhe, zu dessen Ersteigung man zwei Stunden braucht, und der bis zu einer höchst romantisch gelegenen Jagdhütte im Tannenwalde führt, wo jetzt Kapitän Stuart, der Ingenieurchef der Insel, residiert und auch mir Obdach daselbst für diese Nacht angeboten hatte. Ich fand außerdem noch den Paymaster der Rifles gegenwärtig, der vorige Woche von der, damals geländerlosen, jetzt aber gut geschützten Freitreppe der Hütte herabgefallen war und sich stark beschädigt hatte, doch jetzt schon wieder auf dem Wege der Besserung befand. Die Luft war hier kühl und himmlisch; der Duft der Weißtannen erfüllte mich mit süßen Heimwehgefühlen, und die Anstrengung der langen Tour mit inbrünstiger Erwartung einer soliden Mahlzeit, welche die englischen Einsiedler auch nicht ermangelten mir vorzusetzen; denn Engländer vergessen ihren Komfort in jeder Lage des Lebens ebensowenig als wir unser Hemde, der allersicherste Beweis einer längern und weit vorausgeeilten Kultur. Die Engländer sind der wahre Weltadel, und ihre Ladendiener aristokratischer gewöhnt als unsere Prinzen. Der Himmel segne sie um dieser Tugend willen und bewahre sie vor O'Connel, damit es so bleibe.

Nachdem wir bescheidener, nur bei Claret und Biskuits, bis tief in die Nacht alle Register der Konversation ausgezogen, schlief ich *quasi* in freier Luft unter dem Reisigdach und begann um acht Uhr früh mit einem Führer und seinem Maulesel, der gestern meine Sachen hergebracht und heute die Ehre hatte, mich selbst zu tragen, allein die Reise nach dem Gipfel.

Es sind deren eigentlich vier, einer nach dem andern in der Reihe sich folgend, und jeder nur immer etwas höher den letzten überragend. Der Weg führt teils durch dunkeln Wald, teils durch Brandstellen, teils an kahlen Felsen hin, ist nicht sehr beschwerlich, und die verschiedenen Aussichten auf die von hier aus so nah erscheinenden Inseln Zante, Ithaka, Atako und Sancta Maura, auf den Golf von Lepanto, die Städte Missolunghi und Patras wie auf die langen Bergreihen nebst den zackigen Küsten von Epirus und Morea sind schön, aber leider herrschte trotz der klaren Sonne wieder jener abscheuliche Sommerdunst in der Atmosphäre vor, der alles mit grauen Schleiern überzieht.

Altertümer betreffend, bietet Cephalonien ungleich mehr als Zante dar. Von den vier alten Städten der Insel, Samos, Palä, Pronos und Kranea sind durchgängig mehr oder weniger bedeutende Überreste erhalten. Auf die erste, die, wie man glaubt, zu Ulysses Königreich mitgehörte, werde ich später zurückkommen, der letzten widmete ich einen Nachmittag der vergangenen Woche.

Die Befestigungsmauern dieser ansehnlichen Stadt sind fast in ihrem ganzen Umfang, in der Ausdehnung von beinahe anderthalb Stunden, über Berg und Tal genau zu erkennen und zu umgehen, aber – gestiefelt und gespornt, wie ich leider war, bei sengender Hitze und dem beschwerlichsten Wege durch Dornen, spitze Steine und Felsblöcke, – verwünschte ich mehr als einmal meine klassische Neugier. Das Fleisch ward schwach, aber der Geist blieb willig, und nach vollbrachtem Werk gereute mich die Mühe nicht mehr. Ein Teil der Mauern ist in der ältesten kyklopischen Manier; der in der zweiten, die besser durch polygonische bezeichnet wird, enthält nicht nur eine endlose Masse ungeheurer Steine, sondern ist auch hinsichtlich der Akkuratesse und mehr als gewöhnlich seltsam ausgeschnittenen Form dieser Massen sehr merkwürdig, besonders in der Gegend des großen Tores, welche den nördlichen Eingang nebst einem Vorsprung mit Türmen bildete. In weiterer Verfolgung der Stadtmauer von hier aus findet man noch mehrere, zum Teil acht bis zehn Fuß hohe Turmruinen von fast gleich großen Steinen errichtet, diese aber regelmäßig horizontal übereinandergelegt, weshalb ich vermute, daß die Türme aus einer spätern Zeit als die Mauern selbst sind. Von der Zitadelle ist nichts mehr übrig als einige zusammengeworfene Steinhaufen; im Tal nach Argostoli zu fanden sich wohlerhaltene Grundmauern von Gebäuden, die man leider größtenteils wegholte, um sie zum Bau des neuen, so geschmacklosen Justizpalastes zu verwenden. Wenn also die Formen dieses monströsen Gebäudes nicht antik sind, so sind es wenigstens die Steine. Nach manchem vergossenen Schweißtropfen setzte ich mich hier wieder zu Pferde, um die eine halbe Stunde weiter entfernten Felsengräber zu besuchen, die nicht ohne Interesse sind, obgleich sie längst geplündert wurden. Das größte bildet eine hohe und weitläuftige Kammer, in die eine viereckige Türe führt; die innern Steinsärge sind zerstört, und auf der Felsenwand daneben bemerkt man eine durch die Zeit fast verwischte Inschrift.

Die Landschaft war durch die beginnende Weinlese belebt und überall sah man Leute beschäftigt, mit Kuhmist und Wasser eine Art Tenne auf dem vorher planierten Erdboden zu formieren, auf der, wenn sie trocken ist, die Trauben ausgebreitet werden. Die blaue und rote Farbe der winzig kleinen Beeren mit den herausstehenden grünen Stielen, so wie die Dichtheit, in der die Trauben liegen, gibt, in einiger Distanz betrachtet, das Bild des geschmackvollsten Teppichs, und ich möchte das Dessin als ein ganz neues den Fabrikanten anempfehlen. Wenn die Trauben auf diese Weise acht bis zehn Tage an der Sonne gelegen, werden sie locker mit der Hand gerieben, wovon die Körner herausgehen. Dann tut man sie in große Schwingensiebe und schüttelt sie auf dieselbe Art, wie man das Getreide reinigt, bei welcher Operation die etwa noch übrigen Körner, Staub und anderer Unrat durchfallen und der Wind die Stiele fortführt. Nach dieser Operation werden sie sogleich in Fässer gepackt und sind zum Verschiffen fertig. Es gibt kaum eine Art Bodenbenutzung, die geringere Mühe verursachte und zugleich einträglicher wäre; wenige möchten auch eine Landschaft so sehr verschönern, die unser Feldbau gewöhnlich verunstaltet.

Am neunzehnten, obgleich ein Freitag, wollte ich dennoch, mich über allen Aberglauben hinwegsetzend, Cephalonien verlassen; als ich aber den Abend vorher im Marseiller Kalender las, daß eben dieser Neunzehnte auch der einzige gefährliche Tag im Monat August des Jahres 1836 sei – ging ich in mich, und blieb, die Götter nicht zu versuchen, bis zum Zwanzigsten.

Um sechs Uhr früh waren die Maultiere beladen, und ein heiterer, frischer Morgen sah mich auf dem Wege nach Samos Ruinen. Doch wählte ich nicht den kürzesten, gewiß aber den schönsten, den die Insel darbietet, und obgleich die Reise nichts weniger als glücklich zu nennen war, so bleibt mir doch jetzt nur eine angenehme Erinnerung davon zurück. Man wird im Leben dies oft bemerken, daß man an Ungemach und Not mit Vergnügen, an Wohlleben und bloßen Sinnengenuß mit halbem Ekel zurückdenkt, und befinde ich mich in der ersten dieser beiden Situationen, so dient mir die erwähnte Betrachtung stets schon im voraus als Trost – allerdings nach Eulenspiegels Vorbild.

Nachdem ich das reiche Tal östlich der Stadt durchritten (meine Effekten und Leute hatte ich auf der geraden Straße zur Einschiffung abgeschickt), erstieg ich zuerst den Berg, auf welchem die venezianische Stadt und das Kastell San Giorgio stehen, beide jetzt halb eingefallen und in der ärmlichsten Verfassung, obgleich dies sonst die Hauptstadt der Insel war, in der, um die Stadt emporzubringen, das wunderliche Gesetz galt, daß niemand dem cephalonischen Adel angehören konnte, der nicht ein Haus in San Giorgio besaß. Durch solche tyrannische Mittel wußten die Venezianer manches zu erzwingen und möglich zu machen, was heute als unausführbar erscheint. Die neuere Zeit brachte indes andere Ansichten mit sich, und das adelige San Giorgio ward zur Ruine. Die Aussicht von den eingestürzten Mauern des Forts umfaßt auf drei Seiten den bestbebauten Teil der Insel, während auf der vierten in drohender Nähe der schwarze Berg, wie eine schroffe Wand, zwischen Himmel und Erde steht, und das Auge nichts mehr als seine dunkeln Riesenschatten und tiefen Felsenspalten gewahren läßt. Eine Menge bettelnder Jugend verfolgte mich wie ein Insektenschwarm, so lange ich mich in dem gespenstischen Orte befand, und die Beharrlichen verließen mich nicht eher, als bis ich den Fuß des Berges erreicht und ihnen dort mehrere Kupferpfennige in Masse zugeworfen hatte. Von nun an schlug ich die sogenannte *strada nuova* ein, welche fortwährend am Saume des *black mountain*, sechzehn englische Meilen weit, und gradatim, aber nur äußerst wenig steigend, durch mehrere Dörfer von elegantem Ansehen bis an das östliche Ende der Insel führt, wo sie sich jähling in das innere Gebirge wendet. Die Dörfer haben das Ungewöhnliche, daß die Glockentürme der Kirchen wegen der häufigen Erdbeben separat von den Kirchen, einige Schritte davon entfernt, aufgebaut sind und in ihrer wunderlich platten Form, die bei einer Breite von zwölf Fuß kaum zwei Fuß Dicke hat, nur Turm-Silhouetten präsentieren. Übrigens sind die verschiedenen Aussichten, welche dieser Weg gewährt, voller Reiz und Mannigfaltigkeit, indem die fruchtbaren Täler oft mit steinigen Wildnissen abwechseln; immer sichtbar aber bleiben die Insel Zante und der weite Spiegel des Meeres.

In der Nähe eines der bedeutendsten Flecken, wo ein Bergbach über große Felsblöcke im Winter herabströmt, der jetzt aber ganz wasserleer war, wandelte mich eine unwiderstehliche Neigung zu einem sehr übeln Dinge, nämlich zum Stehlen, an. Ich sagte, daß die Neigung *unwiderstehlich* war, folglich stieg ich vom Pferde, band es an einen Baum und bemächtigte mich zweier großen Weintrauben am Wege, so idealisch schön, so dunkelblau mit mattem Duft umzogen, so erfrischend schon durch ihren bloßen Anblick bei der drückenden Hitze, daß die Versuchung zu groß war. Ich unterlag ihr daher mit wahrem Vergnügen und selbst ohne Gewissensbisse, weil die Folgen mir keine Furcht einflößten. O menschliche Moral, wie gebrechlich bist du!

Ich hatte jetzt zwanzig englische Meilen zurückgelegt, und fünfe mehr brachten mich, bei dem Schauplatz des letzten Waldbrandes vorbei, der einen ganzen weiten Bergabhang wie mit dunkelvioletter Farbe überzogen hatte, nach Pronos. Der Abend war aber schon zu weit vorgerückt, um die alten kyklopischen Mauern noch zu besehen, die sich überdem alle so ähnlich sind, daß es fast lächerlich wird, ihnen zu wiederholten Malen so viel Zeit und Mühe zu widmen. Ich befand mich an des Meeres Rand, etwas ungewiß, welchen Weg ich einschlagen sollte, und erblickte unter mir einen barocken Felsen, auf dessen Spitze man einen anmutigen Platz, mit immergrünen Sträuchern umgeben, geebnet hatte, und an dessen Fuß ein Fischerhaus stand, vor welchem mehrere Barken angebunden waren. Hier unterhielten sich rauchend drei oder vier Leute, die dem gemeinen Stande anzugehören schienen. Ich frug von oben herab, ob einer von ihnen italienisch verstehe? Sie blickten zu mir auf, und der mir zunächst Stehende antwortete in der Affirmative. Ich wünsche, fuhr ich fort, einen Führer, der mich nach dem Landhause des Herrn Capigi im Tal von Herakléa (an den ich ein Empfehlungsschreiben von Argostoli mit mir hatte) bringen kann. Ich bemerkte, daß die Leute unten lachten und einige Worte griechisch miteinander wechselten, worauf der, welcher mir geantwortet, herauf rief: *er* wolle mich führen. Bald darauf kam er auch mit seinem Alpstock angestiegen, ein jovialer Mann in seinen besten Jahren, der, mir winkend, ihm zu folgen, rüstig voranschritt und mir während des Weges häufig gute Notizen über die Gegenstände erteilte, welche die hier höchst romantische Gegend darbot.

Durch einen Felsenriß, unter den Überresten des alten Pronos, das immer noch hoch über uns auf seinem Bergkamm thronte, wandten wir uns jetzt, im fast trockenen Bette eines Waldstroms, links vom Meere ab in das liebliche Tal von Herakléa, und dann in einem Dickicht von jungen Platanenschößlingen und blühendem Oleander fortwandernd, erreichten wir nach einer halben Stunde ein stattliches Landhaus, an dessen Tor mich mein Führer herzlich willkommen hieß – denn er selbst war Herr Capigi. Ich eilte nun, nicht ohne hinzugefügte Entschuldigung, meinen Empfehlungsbrief abzugeben, den der freundliche Mann mit der Versicherung empfing, daß er ganz unnötig sei, jeder Reisende, der ihn mit seinem Besuche beehre, sei stets willkommen und ihm eine freudige Erscheinung, immer freilich, fügte er hinzu, in der Voraussetzung, daß der Gast mit dem fürlieb nehmen wolle, was sein einfaches Haus darbiete, welches nie aus seinem gewohnten ländlichen Gleise weiche.

Ich blieb bis zum andern Morgen hier und glaube, selten einen praktischeren Lebensweisen und einen froheren, glücklicheren Sterblichen gesehen zu haben als diesen Gentleman, der seine ländliche Einsamkeit fast nie verläßt, sich ihr aber auch ganz und nicht mit geringer Liebe widmet. Er ist sehr wohlhabend, passiert für den geschicktesten Ökonomen der Insel, hat eine brave Frau, fünf hübsche Kinder, und rings um ihn blühen und gedeihen die Früchte seines Fleißes.

Seine Liebhaberei sind die Tiere, deren er von allen Arten um sich hat, und alle gezähmt wie im Paradiese. Am merkwürdigsten unter diesen Tieren war mir ein großer langwolliger Schöps, der gleich einem Hühnerhunde dressiert war, aber nur seinem Herrn diesen blinden Gehorsam zollte, gegen alle übrigen dagegen sehr gern die stoßende Stellung annahm. Sein Hauptgeschäft besteht darin – die Gänse zu hüten, die ihm, wie Herr Capigi versicherte, mit großer Leidenschaftlichkeit zugetan sind. Ich glaubte dies um so eher, da schon Leibniz von einer Gans berichtet, die aus unerwiderter Liebe für einen Haushund am freiwilligen Hungertode starb. Des Nachts schläft der Schöps mitten unter seinen Anvertrauten im Hofe, mit der Morgensonne führt er sie auf die Weide, und nachdem er ihrem Bade im Bache beigewohnt, bringt er sie des Mittags wieder nach Hause, wo er sie einige Stunden verläßt, um das Mittagsmahl seines Herrn zu teilen. Hier langt er nicht nur von allen Gerichten mit zu, sondern nimmt auch eine recht ansehnliche Portion Wein zu sich. Um vier Uhr steigt Tassi – so heißt der seltsame Favorit – seiner Pflicht eingedenk abermals die Treppe hinab und treibt die Gänse von neuem hinaus, bis der Sonne Untergang seinem Tagewerk ein Ende macht, und er sich, wie schon gemeldet, im Hofe zur Ruhe legt, nachdem er vorher nur noch eine kurze Visite beim Abendessen im Hause abgestattet hat.

In der Nacht hatten Wolken den Himmel ganz umzogen und drohten mit Regen, was in dieser Jahreszeit ebenso ungewöhnlich als ruinös für das Trocknen der Korinthen ist, welche in diesem Zustande durchaus keine Nässe vertragen können. Nur die reichsten Gutsbesitzer sind aber imstande, sie mit hölzernen portativen Dächern zuzudecken und so den Regen von ihnen abzuhalten.

Es sah immer zweideutiger mit der Witterung aus, als ich mich um acht Uhr früh, nach dem herzlichsten Abschied von meinem gastfreien Wirt, mit einem Führer auf den Weg nach Samos machte, das noch vier gute Stunden von Herrn Capigis Villa entfernt ist. Das Tal wird hier sehr eng und schroff; der Weg führt längs eines Baches, der auch in der jetzigen Jahreszeit noch reichlich strömte, wie denn überhaupt der Überfluß an Wasser der Hauptgrund der größeren Fruchtbarkeit und des weit üppigeren Ansehens des Tales von Heraklėa ist, als das Gebirge umher sonst darbietet.

Es dauerte nicht lange, so befanden wir uns, nach Verlassung des Tales allmählich immer höher steigend, in einer greulichen Steinwüste ohne Baum und Strauch; der Wind warf mich fast vom Pferde, und eine Dunkelheit trat ein, als sei der Mittag Mitternacht geworden. Jetzt begann der Donner zu rollen, und einzelne Blitze zeigten an, daß bereits zwei Gewitter im Anzuge waren, um uns in die Mitte zu nehmen. »Es wird viel Wasser geben«, sagte mein Führer, »wenn wir nicht vorher die Mühle erreichen können.« *Imbros, imbros, Adelphe!* rief ich ihm zu, aber wir hatten die *strada nuova* verlassen, und die spitzen Steine des kaum sichtbaren Fußsteiges gestatten auch mit dem besten Willen keine große Eile. In diesem Moment erleuchtete das wilde Schauspiel ein Blitz, der mit majestätischem Krachen gerade auf den Gipfel des höchsten Berges vor uns in rotem Zickzack niederfuhr. Der Anblick war so imposant, als habe Jupiter selbst den Feuerkeil geschleudert, aber mit diesem stürzte nun auch die angekündigte Wassermasse in solchen Strömen nieder, daß man, unter einem regulären Wasserfall stehend, nicht vollständiger hätte gebadet werden können. Ein Verweilen in der Mühle, die wir nach einigen Minuten seitwärts liegen sahen, wäre nun unnütz gewesen, da das Übel bereits geschehen war, und all mein Streben war nur dahin gerichtet, Samos zu erreichen, was ich jedoch erst nach zwei Stunden unter fortwährendem Regen bewerkstelligen konnte. Als wir in die grüne Plaine hinabstiegen, die ganz mit Korinthenfeldern überzogen ist, war es eine traurige Szene, die Menge weinender und wehklagender Menschen zu sehen, deren ganze Jahreseinnahme zugrunde ging, und die, soviel sie konnten, noch davon zu retten suchten, indem sie die ausgebreiteten Trauben, die am wenigsten gelitten, wieder zusammenrafften, um sie in Körbe zu füllen. Der Schaden dieses Regentages, welcher sich über die ganze Insel erstreckte, beträgt gewiß Hunderttausende, und seit vielen Jahren betraf, wie man sagte, Cephalonien kein ähnliches Unglück.

Da in Samos, einem bloßen Fischerdörfchen, kein Unterkommen zu finden war, auch die Luft höchst ungesund ist, beschloß ich, so schleunig als möglich mich nach Ithaka einzuschiffen, um dies noch vor Einbruch der Nacht zu erreichen. Nur flüchtig konnte ich die Ruinen der alten Stadt Samos und ihre Gräber besichtigen, in denen Herr Pelika so viel merkwürdige Gegenstände fand, unter andern das Gerippe einer Frau mit einem eleganten Halsband, Ohrringen und einer Krone aus goldenen Myrtenblättern auf dem Knochenhaupt, alles in vollkommenster Erhaltung. Von Samos Mauern steht noch viel mehr, als in Kranea übrig geblieben ist, und an einem der schönsten Fragmente sieht man deutlich den gewaltigen Stoß, den hier die Mauer von einer Kriegsmaschine erlitt, welche einen Teil derselben einbrach.

Das Boot, in dem ich mich embarkierte, war so klein, daß nur mit großer Mühe meine Effekten darin Platz fanden und die Last es fast bis zum Niveau des Meeres hinabdrückte. Glücklicherweise war jedoch dieses, trotz des Regens, der in wahren Aprilschauern immer noch wiederkehrte, sehr ruhig, da sich der Wind gänzlich gelegt hatte. In drei Stunden ruderten wir gemächlich hinüber, bald in Nebelschleier eingehüllt, bald unter einem Guß, bald von der Sonne in kurzen Zwischenräumen stechend beschienen; einmal wölbte sich ein prächtiger Regenbogen wie eine Brücke von Cephaloniens äußerster Landspitze bis auf Ulysses Burg auf der Felsenspitze über Aïtó.

ITHAKA

Nach unserer Landung beim Zollhause waren noch anderthalb Stunden zu Maulesel zurückzulegen, ehe wir in Vathi, der Hauptstadt der Insel, anlangten. Dies ist ein äußerst anmutiger Weg. Gleich Cephalonien ist auch Ithaka durch der Engländer Sorgfalt mit den schönsten Straßen durchzogen worden, und hier kann man beinahe sagen, daß das ganze Eiland nicht so viel wert ist, als diese Straßen gekostet haben müssen. Sie sind größtenteils nach dem Meere zu durch hohe Mauern geschützt und vortrefflich unterhalten. Da die Mondnacht heller war, als der Tag gewesen, so verlor ich, ungeachtet der späten Stunde, nichts von der prächtigen Aussicht, welche durch die tiefen und schmalen Einschnitte der See, welche Ithaka eigentümlich sind und Vathis Hafen zu einem der vorzüglichsten im

Mittelmeer machen, so originell wird. Die Stadt, deren weißgetünchte Häuser, in einem Halbzirkel vereinigt, amphitheatralisch den großen Wasserkessel umgeben, erscheint durch diese Lage weit ansehnlicher als sie wirklich ist, und der Bergkranz um sie her, auf dessen Spitzen mehrere turmartige Windmühlen und einige kleine Forts stehen, vermehrt das Imposante des Anblicks. Mitten im Hafen erhebt sich ein viereckiges Gebäude aus den Wellen, das Lazarett, welches den Ruf hat, das am besten eingerichtete der jonischen Inseln zu sein.

Cicero hat wohl Recht, zu sagen: »daß Ulysses sein Königreich nicht deswegen liebte, weil es groß, sondern weil es sein war« – denn selbst ein Diminutiv-Souverän des Deutschen Bundes würde es noch zu winzig für sich finden. Obgleich überall sehr steinig, wäre es doch eines besseren Anbaues fähig, wenn Menschen und Ziegen hier in einem umgekehrten Verhältnisse stünden. Wie es jetzt ist, hat Ithaka nur achttausend Einwohner, aber zwanzigtausend Ziegen, welche nur geringe Kultur zulassen.

Bei meiner Besichtigung der verschiedenen Merkwürdigkeiten der Insel glaubte ich nichts Besseres tun zu können, als Ulysses selbst zu folgen, mit Homers Gedicht in der Hand. Diesem wollen ja einige Ithaka sogar als Geburtsort anweisen, und sehr genau gekannt muß er es wenigstens haben, wie noch heute seine Beschreibung der Lokalitäten auf das Überraschendste dartut.

Ich war also, am Meeresufer stehend, da, wo Dexias Bucht, sonst nach dem alten Seemann Forkino benannt, in das Land eindringt – in Gedanken gegenwärtig, als Ulysses schlafend, mitsamt seinem Bette, das, wie noch jetzt in diesen Ländern üblich, aus einem Teppich bestand, auf die sandige Küste von den Phäaken gezogen wird, welche seine Schätze neben ihn hinstellen. Ich sehe ihn erwachen, der sein Vaterland nicht wiedererkennt, höre ihn dann inbrünstig Zeus anflehen, und als ihm Minerva in Gestalt eines Fischerknaben erscheint, dieser mit gewohnter List sogleich eine schnell erfundene Fabel erzählen, bis die erhabene Göttin Minerva mit den leuchtenden Augen sich zu erkennen gibt und ihm lächelnd seinen Mangel an Wahrhaftigkeit vorwirft, mit dem er selbst den unsterblichen Göttern etwas weiszumachen versuche.

Ich begleite nun beide nach der Grotte der Najaden, wo die hilfreiche Pallas mit angreift, um Ulysses Schätze zu verbergen und mit einem großen Steine den schmalen Eingang der Höhle zudeckt. Der Eingang dieses weiten unterirdischen Raumes ist eine Felsenspalte, genau gegen Norden gelegen und von Dornen überhangen, bei der man, ohne sie schon zu kennen, gewiß unbemerkt vorübergehen würde. Nur mühsam zwängt man sich hindurch, weshalb es Minerva leicht werden mußte, sie mit einem einzigen Stein gänzlich zu verdecken, um so mehr, da man der Göttin schon etwas übermenschliche Kräfte zuschreiben darf. Sowie man durch die Spalte eingedrungen ist, bietet sich sogleich eine geräumige Wölbung, und wenn man einige Schritte hinabsteigt, ein prachtvoller Dom mit kunstreicher gestalteten Stalaktiten dar, als ich noch irgendwo gesehen, welche im Bruche, beim Scheine der Fackel, wie Silber und Edelsteine erglänzen. Sie nehmen eine Menge Formen an; die auffallendsten aber bestehen in einer Profusion langer Draperien, die von der Decke bis zum Boden herabhängen und an vielen Orten dem

Faltenwurf antiker Gewänder an den schönsten Statuen nichts nachgeben. Mehrere kleinere Gemächer folgen, und niemand kennt das Ende der Höhle, die also sehr wohl, irgendwo, sich wieder zum Meere senken mag, wo *»den Menschen unsichtbar* die ewigen Götter eingehen«. Auch die tropfenden Wasser fehlen nicht, und wir empfanden sie auf ziemlich unangenehme Weise; zugleich entdeckten wir im obern Teile Spuren, daß noch jetzt wilde Bienen »hier ihren süßen Honig bereiten«.

Auf der andern Seite desselben Hügels, in dem sich diese Höhle befindet, ist ein Felsenstück zu einem riesenmäßigen Sarkophag ausgehauen worden, der durch leidige Schatzgräber sehr beschädigt wurde und Gells Forschungen entging. Eine seiner Wände ist abgebrochen, und vom Deckel liegen die Bruchstücke umher. Man unterscheidet noch deutlich, daß zwei Figuren, eine männliche, mit einer Löwenhaut bekleidete, und eine weibliche, von der nur noch ein Fuß mit einem Teile des Gewandes übrig sind, darauf abgebildet waren. Der Stil der Skulptur verrät das höchste Alter und die Kindheit der Kunst. Am Fuß des Sarkophags hätten wir beinahe eine frische Leiche zum Hineinlegen erhalten. Mein mit starken Eisen beschlagenes Maultier schlug seinen Führer, einen schon bejahrten, aber athletisch gebauten Mann zweimal so heftig vor die Brust, daß wir glaubten, sie müßte zerschmettert sein. Der kräftige Mann, obgleich er sichtlich blässer wurde, schwankte indes kaum, und nie werde ich die tragikomische, theatralische Würde seiner Stellung und den langen, vernichtenden Blick vergessen, den er, nach Atem ringend, seinem Tiere zuwarf, und dann einige Worte des unbändigsten Zornes herausstöhnte, die mir der Doktor nachher folgendermaßen übersetzte: »Wie, Verruchter, das mir? Ha, Untier! du hast noch wenigstens zehn Jahre zu leben, und jeden Abend und jeden Morgen sollst du dich an die Schläge erinnern, die du mir soeben zu geben gewagt hast! Sei vermaledeit und verflucht mit deiner ganzen Familie!« Nachdem er mit Mühe und heiserer Stimme diese Anrede vollendet hatte, von welcher der Esel, ruhig grasend, wenig erschüttert zu sein schien, bekam er einen heftigen Stickanfall, der uns besorgt für sein Leben machte. In Ermangelung des Wassers und aller ärztlichen Hilfe riß ich ihm die Kleider auf und übergoß ihn mit dem ganzen Inhalt meiner Feldflasche, wobei ich seine Brust schon ganz mit Blut unterlaufen fand, doch siegte die eiserne Natur des abgehärteten Insulaners schnell über alles, und in wenigen Minuten war er schon imstande, mit uns langsam den Rückweg anzutreten. Doch sprach er nichts mehr, weder zu uns noch zu seinem Maultier. Nur zuweilen warf er von neuem einen furchtbaren Blick auf das letztere, von einer krampfhaft geballten Faust begleitet, wozu er dumpf nur das einzige, aber inhaltschwere Wort murmelte: »Warte!«

Ich folgte am nächsten Tage von neuem Ulysses durch schwierige Pfade, über kahle Höhen und längs schroffer Abgründe hin zu dem Landhause auf der Felswand Korax, über der Quelle Arethusa. Hier hielt der treue Hirt Eumaeos die Wache über die fetten Herden und wehrte mit Steinwürfen die wachsamen Hunde von dem in Bettlergestalt erscheinenden Könige ab, wie noch heutzutage dem Reisenden in Griechenland täglich geschieht; denn die Sitten dieses Landes haben sich wenig geändert. Daß sie mit den unsrigen kontrastieren, ist wahr, in mancher Hinsicht jedoch mehr scheinbar als wesentlich. Man lacht zum Beispiel darüber, daß der Schweinhirt Eumaeos zugleich der Vertraute des Königs und eine wichtige Person bei Hofe ist. Wir brauchen aber nur die Schweine in Pferde zu verwandeln, so haben wir in deren Oberaufseher auch nur unsern Oberstallmeister, den jeder Potentat, ohne zu derogieren, sich zum Vertrauten erwählen darf. In Ithaka nun gab es wahrscheinlich keine Pferde, weil kein Weg zum Gehen für sie da war; das Schwein also, mit allen seinen vortrefflichen Eigenschaften, die wir erkennen und es doch gering achten, ward von den konsequenten Alten geehrt und hatte in dem steinigen Ithaka ohne Zweifel seinen Rang weit vor dem Pferde.

Ist man einmal in diese Ansicht eingegangen, so bedarf es für uns titelverehrende Deutsche nur noch, daß der nächste Übersetzer der Odyssee statt der uns zu einfach klingenden Benennung »Sauhirt« den braven Eumaeos als »Oberschweinemeister« oder »Obersauherr« anführt, um fast einen ebenso ehrfurchtsvollen und legitimen Respekt in uns zu erwecken, als wenn von unsern eigenen Oberstallmeistern oder Oberkammerherren die Rede ist.

Man sieht, im tiefsten Grunde ist die Sitte nicht verschieden, nur Form und Ausdruck sind es.

Homers Beschreibung der Gegend an dieser Stelle stimmt übrigens mit der Wirklichkeit ziemlich überein, und die Lage des Hauses ist für den Zweck der Aufsicht auf die Herden, mit der einzigen Quelle auf dieser Seite der Insel, so günstig, daß auch jetzt wieder genau an dem bezeichneten Orte ein kleines Hirtenhaus steht. Die Felsenhöhlen, in welche, als Ulysses sich niedergelegt, Eumaeos die Schweine verschiedenen

Alters einsperrt, sind gleichfalls noch vorhanden und schauen romantisch unter alten Feigenbäumen hervor. Demungeachtet drängten sich mir über das Ganze schon hier einige Zweifel auf, deren ich bald ausführlicher gedenken werde.

Während wir von dem guten, aber sehr sparsamen Wasser der Quelle tranken, welche die Eingeborenen Pegáda nennen und Gell für die Arethusa erklärt, setzten wir uns auf einem Steinvorsprung nieder, wo Herr Fiori vor einigen Jahren mit Lord Byron und einer heitern Gesellschaft aus Vathi gefrühstückt und der Sänger Childe Harolds, dem größeren Sänger der Odyssee zu Ehren, seinen Becher, mit dunkelrotem Wein aus Ithaka gefüllt, feierlich geleert hatte. Durch die enge, reich bewachsene Schlucht sieht man die Insel Oxies und hinter ihr den sechstausend Fuß hohen Bumisto an Akarnaniens Küsten emporsteigen, alles übrige verbergen die steilen Felsenmauern rechts, links und im Rücken, wo sich von der Wand des Korax im Winter ein Wasserfall herabstürzt.

Es ist aber Zeit, uns nun zum supponierten Palast des Königs selbst zu wenden, wo die frechen Freier schwelgten und der Tag der Rache sie so furchtbar ereilte. Gewiß entnahm jener griechische Weise, der den Ausspruch tat: »Es ist noch ein langer Weg vom Rand des Bechers bis zum Munde!« diesen Gedanken aus Homers so bildlich schöner Schilderung dieses Gastmahls, und namentlich des sterbenden Antinous, dem, als er eben im Begriff ist, die goldene Tasse, mit köstlichem Wein gefüllt, zum Munde zu führen, Ulysses Pfeil die Kehle durchschneidet, so daß sein hervorstürzendes Blut sich mit dem Weine in seiner Hand und der Speise auf seinem Teller mischt, bis alles zusammen mit dem Leichnam in grauser Verwirrung zu Boden stürzt.

Den Schauplatz dieser Szene verlegt man, ebenfalls nach Gells Autorität, auf die Spitze des Berges über Aïtó, der ganz mit den Trümmern kyklopischer Mauern bedeckt ist, wo also jedenfalls eine bedeutende Stadt mit ihrer Akropolis gestanden haben muß, und dessen Erklimmung, da kein Weg hinaufführt, und die Höhe fast perpendikulär ansteigt, zu den ermüdendsten und schwierigsten Partien gehört, deren man sich unterziehen kann. Es ist charakteristisch, daß die Engländer, welche die ganze Insel mit den kostspieligsten und in der Tat zum Teil ganz unnützen Straßen durchzogen haben, zu Ulysses Burg, einem der interessantesten Punkte in der Welt, nicht einmal einen elenden Fußsteig machen ließen, so daß seit den fünfundzwanzig Jahren, in denen sie Herren der Insel sind, noch immer die reisenden Damen, gleich Maultieren, durch mehrere Führer an Stricken heraufgezogen werden müssen, und mancher alte Antiquar sehnsüchtig unten stehen zu bleiben gezwungen ist, weil die physischen Kräfte es ihm versagen, das Heiligtum zu erklettern. Ein dicker Franzose fiel bei dem Versuch vor einiger Zeit von einem der kyklopischen Steinhaufen herab und mußte sechs Wochen in Vathi zubringen, ehe er seine zermalmten Glieder wieder gebrauchen konnte. Gell hat, schnell fertig, den ganzen Plan der Stadt und des Palastes mit solcher Genauigkeit geliefert, daß man selbst den Ort darauf sehen kann, von wo Ulysses die Freier erschoß – ich muß indes zu meiner Schmach gestehen, daß ich außer der großen Terrasse und den beiden Zisternen auch nicht eine der vielen Gebäudelinien mit Sicherheit ausfindig machen konnte, die sein

Plan darbietet. Vielleicht war meine Einbildungskraft zu sehr durch die enorme Hitze und die übermäßige Anstrengung des Kletterns erschöpft, so daß ich mich sogar der ketzerischen Meinung hingab, Ulysses habe unmöglich einen so unbequemen Platz bewohnen können und ohne Zweifel seinen Palast, wenn nicht ganz wo anders, doch gewiß weit tiefer unten am Berge gehabt. Noch mehr bestärkte mich darin der kleine Umfang des Plateaus, wo dieser Palast gestanden haben soll, und die große Entfernung des Brunnens, aus dem nach Homer die Weiber täglich das nötige Wasser holten, was, da derselbe sich ganz unten am Berge befindet, eine furchtbare tägliche Fatigue für die armen Weiber hätte abgeben müssen.

Um die übrigen Altertümer Ithakas zu sehen und mich mit der Lage der ganzen Insel aufs genaueste bekannt zu machen, unternahm ich eine Tour von drei Tagen Dauer, deren Ausbeute für mich ebenso genußreich als in verschiedener Hinsicht überraschend war.

Wir folgten der schönen und romantischen neuen Straße bis Lefka, einem auf hundert Terrassen am steilen Abhang des Nerito liegenden Dorfe, das ein Wald der schönsten Ölbäume und Karoubiers umgibt, und das, ungeachtet seiner Felsen, starken Wein- und Flachsbau treibt. Hier, vermutet Gell, »sei Laertes ländliche Besitzung gewesen«, wo der Alte emsig im Fruchtgarten beschäftigt war, als sich ihm der so lange verlorene Sohn zu erkennen gab, und beide der glücklichen Wiederkehr den süßen Zoll der Tränen weihten. Man ist hier dem weit hingestreckten Cephalonien so nahe, daß man am stillen Morgen den Gesang der Hirten von dort herüber ertönen hört, und das schattige Plätzchen unter einem hohen Birnbaume, von wo wir die Insel beschauten, mit Samos Berg in der Ferne, aus welcher Stadt allein vierundzwanzig Freier der Penelope kamen, und dann eine Stunde im Genuß des *dolce far niente* verbrachten, war gar idyllisch und lieblich. Auch weiterhin blieb der Weg anmutig, obgleich er hinter Lefka, wo die Kunststraße aufhört, sehr schlecht wird, bis man Polis Bucht und dichte Weinfluren erreicht. Mitten aus diesen sieht man einige römische Ruinen hervorragen, und seitwärts am Berge zeigen sich noch einige geringe Spuren kyklopischer Mauern.

Man durchschneidet jetzt die Insel in einem geräumigen Tale, welches bei weitem der fruchtbarste und lachendste, auch am meisten mit Bäumen bewachsene Teil des ganzen Eilandes ist. Die Korinthenernte war im besten Gange, die Felder wimmelten von Menschen, und die Bäume hingen voll Früchte. In der Mitte des Tals, am Abhang eines Vorhügels des Bergrückens Aragulia, liegen, unter hohen Bäumen versteckt, ziemlich weite Ruinen kyklopischer Mauern mit dem Rest eines kleinen Gebäudes in etwas neuerer nur halb polygonischer Bauart, zu dem mehrere antike, in den Felsen gehauene Stufen führen. Man nennt dies die Schule Homers. In der Nähe, etwas tiefer, befindet sich eine Quelle, Melainudros genannt, und in derselben Gegend stand die spätere römische Hauptstadt der Insel, Alalcomenä, von der jedoch wenig mehr übrig zu sein scheint. Eine halbe Stunde brachte uns, in immer gleich freundlicher Natur, nach dem Kloster Archangelo, von dem sich die Aussicht auf die Bai von Aphalis und die sie einschließenden Bergzungen von Phigalía und des schroff abfallenden Aragulia eröffnet. Hinter der Bai erblickt man in seiner ganzen Länge Sancta Maura. Das Kloster schien völlig verlassen, und während der zweiten Ruhestation, die wir hier machten, denn die Hitze war gewaltig, sahen wir keine menschliche Seele in unserer Nähe.

Desto lebendiger wurde es, als wir uns auf schattigem Fußwege einer Gruppe Landhäuser näherten, die zu dem (wegen der früheren häufigen Überfälle der Türken) hoch am Berge erbauten Dorfe Oxoaï gehören, aber viel tiefer nur auf einem niedrigen Abhange über dem Meere liegen. Hier war unser heutiges Ziel, und schon kam uns der gastfreie Wirt entgegen, Signor Vangelio Vreto, an den mich sein Schwager, Herr Fiori, empfohlen hatte. Es war ein alter jovialer Herr, der in Ithaka das Amt eines Richters bekleidet, aber, so viel seine Zeit es erlaubt, auf seinem ganz einfachen, aber höchst reizenden Landsitze lebt, und gerade diese echt ländliche Einfachheit schien auch mir entzückend. Nichts mehr fand sich in der Tat hier vor, als was bei uns für das Haus eines wohlhabenden Bauern angesprochen werden würde, aber hohe Weinlauben voll reifer herabhängender Trauben umschlossen es auf zwei seiner Seiten, darunter zogen sich Terrassen bis zum Meer hinab, mit hohen, fruchtbedeckten Feigen-, Oliven-, Johannisbrot- und verschiedenen Sorten anderer Obstbäume besetzt, deren Kronen der Wohnung fortwährend schattige Frische gewährten, und zwischen deren Laub sich die schöne und umfassende Aussicht in die mannigfaltigsten Bilder teilte. Das eine dieser letztern zeigte uns ganz nahe gegenüber den Schauplatz von Sapphos berühmtem Sprunge. Deutlich konnte ich mit dem Perspektive an Leukadias äußerster Südspitze den jähling abgerissenen, weiß in der Sonne schimmernden Vorsprung entdecken, von dem die Sängerin der Liebe – aus ähnlichen Motiven wie die, welche die früher schon zitierte Gans des Herrn Professor Leibniz beseelten, oder vielmehr entseelten – sich in die salzigen Wellen stürzte. Hoch ist die Klippe eben nicht, aber, nach des Herrn Doktor Clarke naiver Bemerkung, hinlänglich für den Gebrauch, welchen in alter Zeit Liebhaber davon zu machen pflegten. Die Reste eines Tempels des Apoll stehen nicht weit davon entfernt, und da mir mein Glas alles Wesentliche so deutlich zeigte, Leukadien aber sonst nichts Sehenswertes darbietet, so ersparte ich mir die Reise dahin, welche mir noch vier Tage mehr gekostet haben würde, und die Zeit; die Zeit fängt leider an, mir immer kostbarer zu werden! –

Meiner herrlichen Weinlaube aber (denn so lange ich darunter verweilte, gehörte sie ja mir) werde ich lange eingedenk sein, und wäre ich nicht zum Umherirren des Ewigen Juden bestimmt, ich hätte in diesem friedlich süßen Aufenthalt den Rest meines Lebens verbringen mögen. Fast den ganzen Tag und einen großen Teil der wundervollen Mondnacht saß ich auf der Steinbank vor der Türe und schaute durch die vom Zephir sanft geschaukelten Weinranken und das zitternde Laub der Bäume bald auf den Hintergrund schwarzer Berge, um die Bucht gelagert, deren zackige Linien am Himmel auf- und abstiegen, bald auf die grellweißen Felsen Leukadiens, begrenzt von indigoblauer Meeresflut und purpurner Abendröte. – Schöne Erinnerung – bleibe mir treu, und möge mein Sinn nie kalt für solche Gefühle werden!

Es hatte sich mir während eines ausgedehnten Spaziergangs am Tage eine ganz neue archäologische Hypothese hier aufgedrungen, die der Gegend um mich her noch eine weit größere klassische Bedeutung gab, und ich will sie zur Beurteilung gelehrterer Kenner, als ich bin, meinen Lesern nicht vorenthalten.

Folgendes sind die jedenfalls der Beachtung werten Umstände.

Es befindet sich nämlich hier in der Nähe eine Felsenwand, die seit undenklichen Zeiten den Namen Korax unter den Landleuten führt, was mir zuerst auffiel, und bei weiterer Besichtigung fand ich, daß nicht nur Homers Beschreibungen vollkommen ebenso gut und besser auf die hiesige Gegend als auf jene passen, wo Gell den Ulysses landen läßt, sondern mehrere, wie mir scheint, höchst wichtige Gründe stattfinden, welche die Überzeugung in mir hervorriefen: daß der Dichter die Bai von Aphalis und keineswegs die von Dexia als Ulysses Landungsplatz im Auge gehabt, daß also hier der echte Felsen Korax und die wahre Quelle Arethusa zu suchen sind, hier Eumaeos Wohnung gestanden haben muß, und daß es selbst zweifelhaft gemacht werden könnte, ob Ulysses Palast, statt bei Aïtó, nicht vielmehr auf dem Berge bei Polis gestanden habe. Hier die Gründe.

Es wird allgemein angenommen, daß mit dem Lande der Phäaken das jetzige Korfu gemeint sei, und alle Wahrscheinlichkeit ist auch dafür. Was für einen Grund konnten nun die Phäaken haben, welche jubeln, als sie die Insel erblicken, und deren einziger Zweck es war, den Ulysses so schleunig als möglich in Ithaka zu landen – weshalb sie ihn auch schlafend aus dem Schiffe ziehen und gleich wieder heimsegeln – was, sag ich, konnte sie vermögen, vorher noch einen weiten Umweg *um mehr als die halbe Insel* zu machen, da schon im Moment, wo sie die Insel erreichten, die geschützte und einsame Bai von Aphalis gerade vor ihnen lag?

Von einer Grotte großen Umfangs, die seitdem eingestürzt, sind die Reste genau in der von Homer angegebenen Lage gleichfalls vorhanden, und etwas weiter unten befindet sich noch eine zweite. Den Felsen Korax und die Quelle Arethusa betreffend, sind aber die Belege für meine Meinung noch überführender. Die sich lang hindehnende Felsenwand mit mehreren Höhlen ist, obgleich auch nur rauhe Pfade dahin leiten, doch weit zugänglicher und weniger hoch und schroff, als die von Gell bezeichnete, dessen Autorität alle übrigen seitdem nachgebetet haben; sie liegt in der reichsten, fruchtbarsten Gegend der Insel, wogegen die andere in der sterilsten, steinigsten sich befindet und nur wenig des Anbaus fähiges Land um sich hat, weshalb auch nur Ziegen jetzt dort zu sehen sind. Eumaeos aber beaufsichtigte Herden aller Art in großer Menge, was notwendig nahe Weiden voraussetzt. Am Fuße des Felsens, den die Einwohner noch jetzt Korax nennen, entspringt nun eine *unerschöpfliche* Quelle, deren Akzeß von allen Seiten der leichteste und deren Wasser unübertreffbar köstlich ist, so daß sie auch jetzt noch allen Umwohnern zum Wasserholen, zum Waschen und allen Herden zur Tränke dient, während Gells Arethusa in einem Felsenkessel liegt, zu dem man nur höchst mühsam hinunterklettern kann, was sich zum täglichen Tränken der Herden gewiß auf das schlechteste eignet. Ferner ist sie so *wasserarm*, daß sie für die zahllosen Herden, welche uns als Ulysses Hauptreichtum geschildert werden, nie hinreichen konnte, so daß die gefährliche tägliche Promenade, um zu ihr zu gelangen, sehr bald unnütz hätte werden müssen. Wenn Herrscher Privatbesitzungen in ihrem Lande haben, pflegen diese auch in der Regel an den fruchtbarsten, nicht an den sterilsten Orten zu finden zu sein, und die Beschaffenheit des Bodens beweist, daß hier vor viertausend Jahren notwendig dasselbe Verhältnis wie heute stattgefunden haben muß, da öde Felsen sich nicht wohl in fruchtbare Fluren und diese nicht in Felsen verwandeln können. Ich halte mich also überzeugt, daß, wenn auch Ulysses Palast über Aïtó, dem alten Ithaka, lag, doch Eumaeos Haus und seine Herden sich, allen Umständen nach, hier unter Oxoaï befunden haben müssen. Telemachs veränderte Route, die er, durch den mit ihm schiffenden Seher bewogen, einschlägt, um den ihm auflauernden Freiern zu entgehen, gibt ein anderes schlagendes Argument für meine Meinung ab.

Die Freier lauerten auf ihn, in einer Bucht der Insel Asteris verborgen. Daß diese Insel, allen Gründen der Lokalität nach, und weil es da, wo sie sich befinden mußte, gar keine wirkliche Insel gibt, nichts anderes sein kann als die mit dem übrigen Cephalonien nur lose zusammenhängende *Halbinsel* (welche Konformation die Alten fast immer so gut wie ein ganz vom Meere umflossenes Eiland durch den Namen Insel bezeichnen) mit dem Vorgebirge Cheliä, die sich gegen Ithaka hin östlich von der Stadt Samos erstreckt, hat Gell selbst vollkommen genügend erwiesen.

Gells Arethusa ist aber dieser Halbinsel äußerst nahe und man hat diesen Teil der Ufer Ithakas von Asteris aus fast noch im Auge; jedenfalls war ein spähender Feind in solcher Nähe sehr gefährlich. Dennoch landet Telemach bei der Quelle Arethusa. Wäre nun diese wirklich dort zu suchen, wo sie Gell hinverlegt, so konnte er nichts Unpassenderes tun und würde für sein Verborgenbleiben durchaus keine Wahrscheinlichkeit gewonnen haben. War aber die Quelle Arethusa in der Gegend der Bai Aphalis, wie ich voraussetze, so gestaltet sich die Sache ganz anders. Denn indem Telemach, jetzt völlig aus dem Gesichtskreis der im Hinterhalt liegenden Freier entfernt, um Ithaka herumsegelte und auf der andern nördlichen Seite der Insel in der Bai Aphalis landete, erfüllte er den von ihm beabsichtigten Zweck auf das Vollständigste, und die Freier *erfuhren auch in der Tat nichts von seiner Ankunft*, als bis er wieder im Palaste erschien.

Indes auch die Lage des königlichen Schlosses könnte bezweifelt werden. Einige Gründe habe ich schon angegeben. Ein anderer ist, daß, nach allen Äußerungen Homers zu schließen, die Hauptstadt Ithakas, aus der mehrere der Freier Penelopens kamen, und mit deren Bewohnern Ulysses nach dem Tode der Freier sogar ein Gefecht besteht, nur sehr locker unter seiner Botmäßigkeit gestanden zu haben scheint, und daher auch nicht ausgemacht ist, daß sein Palast in dieser Stadt selbst gelegen habe. Die Menge der Überreste alter Bauwerke in Aïtó, ein deutlich zu verfolgender Teil der Stadtmauer wie die Reste der Akropolis lassen allerdings mit Sicherheit annehmen, daß hier eine Hauptstadt der Insel stand, ob aber Ulysses nicht eine andere Stadt bewohnte, die seinen Palast umgab und sich in der günstigsten Lage zu seinen Privatbesitzungen befand, ist keineswegs ebenso klar. Die Überreste bei der Schule Homers tragen den Stempel desselben Altertums wie die in Aïtó, und was waren sie in jener Zeit? Niemand weiß es, Homer erwähnt nichts darüber, und es wäre gar nicht unmöglich, daß hier Ulysses Palast zu suchen sei – obgleich ich für diese Ansicht keine Lanze brechen will. Desto überzeugter bin ich von dem übrigen und könnte selbst noch mehr nicht unwichtige Details zur Bekräftigung jener, von den gewöhnlichen Annahmen so abweichenden, Ansicht anführen. Das Gesagte ist jedoch schon hinlänglich, und überdies will ich nicht zu weit aus meiner Sphäre treten, die dergleichen Untersuchungen nur zur Abwechselung für eigenes Vergnügen anstellt und keineswegs vollständig zu approfondieren verlangt. Genug ist erwähnt, um diejenigen aufmerksam zu machen, die es der Mühe wert halten, die Sache genauer zu verfolgen.

Wenn der erste Tag meiner Exkursion anmutig und leicht verging, so war der zweite, sobald ich das lachende Tal von Oxoaï verlassen, sein vollständigster Gegensatz. Einen abscheulicheren Weg, kaum passierbar und nie, auch nur zehn Schritte weit, leidlich, eine trostlos traurigere Steingegend, der nur eiserner Fleiß hie und da einzelne Fleckchen zum Weinbau abgerungen, sah ich selbst in der Maina nicht, wenn es dort auch manche gefährlichere Passagen gibt, die aber gewöhnlich nur von kurzer Dauer sind. Die einzigen der Erwähnung werten Gegenstände, die mir während dieser Tour aufstießen, waren in dem elenden Dorfe Anoaï vorhanden, zwei seltsame kolossale Steine, von denen es ungewiß bleibt, ob die Natur oder Menschen sie formten. Der eine, welcher an zwanzig Fuß hoch ist, steht auf einem niedrigen, ausgeschweiften Postament und hat die Form eines kannelierten Eies oder einer Frucht; der andere, den das Volk Herakles nennt, erscheint wie der Torso einer roh gearbeiteten Statue.

Da wir spät ausgeritten waren, so dunkelte es schon, als wir auf halber Höhe des Nerito, des höchsten Berges der Insel, im Kloster Kathará ankamen, um hier unser Nachtlager zu nehmen. Nur ein einziger Pater bewohnt es, der abwesend war; eine alte Frau bereitete unser elendes Quartier und bedauerte, daß sie zwar Hühner, ein Lamm und alles, was sonst zur Küche nötig sei, habe, aber leider keinen Tropfen Wasser, um es herzurichten, da der Mann, der dies täglich zwei Stunden weit hole, heute ausgeblieben sei. In dieser lächerlichen Situation war nichts anderes zu tun, als unsern Führer abzusenden, um den Wasserträger zu ersetzen, was indes die Folge hatte, daß wir uns erst um ein Uhr nach Mitternacht zu Tische setzen konnten und daher die Zeit *vorher* zum Schlafen benutzten.

Nach dem Kaffee und dem letzten Tschibuk stieg ich allein zu Pferde, um noch vor Aufgang der Sonne mit dem vormarschierenden Führer den Gipfel des Nerito zu erreiten. Als aber mein an sich schlechter und jetzt übermüdeter Gaul zweimal gestürzt war und beim letztenmal, mit allen vieren auf den glatten Steinen liegend, kaum mehr in die Höhe gebracht werden konnte, mußte ich die fernere Kavalkade aufgeben und setzte, das Tier an einen Arbutusstrauch anbindend, meinen Weg zu Fuße fort, was bei der Frische des Morgens nicht allzubeschwerlich war.

Obgleich der Nerito an zweitausend Fuß niedriger ist als der *black mountain* in Cephalonien, so fand ich doch das Panorama von seinem Gipfel der günstigen Lage wegen umfassender, und diese Aussicht, zu der ich einen etwas helleren Horizont als gewöhnlich hatte, wirklich alle überwundene Mühe reich belohnend. Der Umkreis beginnt südlich mit dem *monte Scopo* auf Zante, zieht sich von da über das Meer nach Kap Chiarenza und verfolgt nun die Ufer Moreas, am Golf von Lepanto vorüber, der Küste Akarnaniens entlang, dann längs eines Teils von Epirus bis nach Korfu, worauf einige Zeit nur die endlose Fläche des Meeres sichtbar bleibt, und dann mit Cephaloniens schwarzem Berge der Kreis sich wieder schließt. Über die Ufer Akarnaniens hin erkennt man, neben dem imposanten Bumisto in der Ferne, deutlich den Parnaß, und über den Küsten von Epirus die mattblauen Berge von Janina, an die sich wie ein Nebelstreifen die Pinduskette anschließt. Innerhalb des Kreises zählt man, die kleinen Echinaden mitgerechnet, wohl an dreißig verschiedene Inseln von den mannigfaltigsten Gestaltungen, und die barocken Formen von Ithaka selbst, mit den weißglänzenden Häusern seiner Hauptstadt und jenem merkwürdigen Bassin, das die Insel fast in ihrer ganzen Breite durchschneidet und seitwärts mehrere Äste nicht viel weniger tief ins Land hineintreibt, was dadurch fast die Figur einer Spinne erhält – bilden nicht den uninteressantesten Teil des Gemäldes unmittelbar zu des Beschauers Füßen.

NACHWORT DES HERAUSGEBERS

»Auch ich in Arkadien!« Dieses Motto setzt Goethe an den Anfang seiner »Italienischen Reise«. Damit gibt er dem Leser einen Schlüssel zum Verständnis des Werkes in die Hand. Die Landschaft Italiens gewinnt – so sagt das Motto – in der Erfahrung Goethes arkadische Züge. Schon die Dichter der Antike hatten Arkadien, das Bergland inmitten des Peloponnes, zu einer Art von Urlandschaft stilisiert, in welcher sich Mensch und Natur in vollkommener Einheit und unzerstörbarem Gleichgewicht befinden. Diese Einheit, dieses Gleichgewicht war verloren gegangen: der moderne Mensch mußte auf eigene Faust sein Arkadien suchen und finden. Goethe gelingt dies, analog zu griechischen Verhältnissen, in Italien, wobei fraglos die Imagination die Realität einfärbt, ja im Sinne einer genau fixierten Erfahrungsbereitschaft und -erwartung vorprägt. Als Goethe nach Süden aufbrach, hoffte er nicht nur – er *wußte*, daß er dort sein »Arkadien« finden würde. Sein Vor-Urteil setzte den Erfolg außer Zweifel. Auch Fürst Pückler-Muskau findet »sein« Arkadien. Aber ein Vor-Urteil ist dabei nicht im Spiel. Im Gegenteil: kaum ein Autor des 19. Jahrhunderts war von Vorurteilen freier als er. Als Pückler im Höhlenkloster Megaspileon eingeschneit ist, notiert er, daß er nun mit Recht ausrufen könne: »Auch ich bin in Arkadien gewesen!« Nie werde er künftig Schnee und Schmutz sehen können, ohne dabei fröstelnd an Arkadien denken zu müssen.

Auch dieses Zitat kann uns als Schlüssel für das gesamte Werk dienen. Es ist offenkundig, daß Pückler sein Reisetagebuch als Gegenstück zu Reisetagebüchern vom Typus der »Italienischen Reise« konzipiert hat. Er reist nicht – wie Goethe – mit einer bestimmten Erwartung, die er durch seine Erfahrung bestätigt sehen möchte. Er sucht nicht, um zu finden, sondern findet vielmehr, was er nie gesucht hat – hier: ein ganz und gar nicht bukolisches, ursprungnahes, harmoniegesättigtes Arkadien, sondern eine Gegend von dissonanter und deprimierender Trostlosigkeit. Für Goethe ist ein geträumtes Arkadien die Brille, durch die er (und mit ihm sein Leser) klassische Landschaften sieht; bei Pückler hat Arkadien die Funktion, alle »klassischen« Illusionen gründlich zu zerstören. Art und Maß der investierten Ironie verschärfen dabei den Blick. Der Fürst ruft »mit Schillers Worten« aus: »Auch ich bin in Arkadien gewesen!« Das Zitat stimmt aber nicht: bei Schiller steht nicht »bin gewesen«, sondern »war geboren«. Der Hieb gilt dem idealisierenden Klassizismus Winckelmanns und Weimars. Mögen Goethe und Schiller davon schwärmen, in Arkadien »geboren« zu sein (Selbststilisierung des Dichters zum Menschen schlechthin), er, Pückler, ist dort »gewesen« – und eben darin liegt der ganze Unterschied. Schneegestöber, Regengüsse, Schmutz allerwegen: das ist die »arkadische« Wirklichkeit. Pücklers Ironie beschränkt sich nicht auf diese existentiell-atmosphärische Korrektur; eine geographisch-administrative Pointe kommt hinzu, um die Desillusionierung perfekt zu machen. In einer (im Text dieser Ausgabe nicht mitabgedruckten) Anmerkung sagt Pückler: »Jetzt ist zwar Megaspileon zu Achaja geschlagen, doch ehemals gehörte dieser Teil des Gebirges noch mit zu Arkadien.« Die Urlandschaft ist von Landvermessern und Ministerialbeschlüssen abhängig; nicht nur das geträumte, auch das wirkliche Arkadien kann aufgehoben werden. Eindeutiger läßt sich eine antiklassische Position nicht beziehen.

Wir tun also gut daran, uns davor zu hüten, Pücklers griechische Reise als unreflektierten Bericht eines erlebnishungrigen Abenteurers zu lesen. So vorurteilsfrei das Bild Griechenlands, das uns Pückler liefert, auch ist – nirgends verleugnet sich die Individualität des Verfassers. Das Reisetagebuch – und hier berührt sich Pückler mit Goethe – spiegelt nicht nur die Landschaft, sondern auch den Menschen, der diese Landschaft (im direkten wie im übertragenen Wortsinne) »erfährt«. Die Literarisierung des Tagebuchs, auch des Reisetagebuchs, die im späten 18. Jahrhundert, etwa bei Georg Forster, beginnt und im 19. Jahrhundert, von Goethe bis zu Pückler und über diesen hinaus, weitergeführt wird, fördert dieses Verfahren. Nirgends ist es, wie man vermuten könnte, einfach so, daß der Mensch das Subjekt und die Landschaft das Objekt des Reisetagebuchs ist. Die Subjekt-Objekt-Beziehung ist vielmehr beliebig umkehrbar. Eine wechselseitige Erhellung findet statt. Dabei kann die Landschaft zum Subjekt, das sogar eine eigene »Sprache« besitzt, werden, der Mensch dagegen zum Objekt, zum Teil der Landschaft, gleich Fels, Baum und Strauch. Das ist nur möglich, weil der Autor in seinem Verhältnis zur Landschaft die gesamte Skala von äußerster Fremdheit bis zu innigster Anverwandlung zu durchlaufen vermag. Zwischen Distanz und Identifikation gibt es vielerlei Spielarten und Mischungsverhältnisse. Pücklers griechisches Reisetagebuch beweist es auf Schritt und Tritt.

Für Pückler ist wichtig, daß er seine Werke durchweg pseudonym, fast anonym publizierte. Auch das Titelblatt der Originalausgabe des »Südöstlichen Bildersaals« nennt keinen Verfasser, sondern trägt nur den Vermerk »Herausgegeben vom Verfasser der Briefe eines Verstorbenen«, weist also zurück auf Pücklers Erstlingswerk, die englischen Reisebriefe, deren Autor angeblich ein namenloser »Verstorbener« war. Nicht daß der Fürst besonders ängstlich das Geheimnis seiner Autorschaft wahrte; im Gegenteil: auch das vorliegende Werk beweist – im Gespräch Pücklers mit den beiden Königen aus dem Hause Wittelsbach –, daß er es genoß, »durchschaut« zu werden, um auf diese Weise Lob bescheiden ablehnen und zugleich kindlich-begierig einsaugen zu können. Die spezifische Anonymität Pücklers muß andere Gründe haben. Der Autor tritt zurück, zurück in sein höchst öffentlich gepflegtes Geheimnis, um dem Leser ein zwangloseres Partizipieren an seinen Erfahrungen zu ermöglichen. So wird das Mit-Reisen zur uneingeschränkten Lust. Autor und Leser sind wechselweise Körper und Schatten. Darin liegt wohl auch der außerordentliche Erfolg begründet, den Pückler als Schriftsteller zu Lebzeiten einzuheimsen vermochte.

Nicht nur mit lebhaftestem Interesse für seine sich verbergende und eben dadurch enthüllende Individualität durfte Pückler rechnen, als er sein Reisetagebuch 1840 veröffentlichte. Auch der Gegenstand des Tagebuchs, Griechenland, interessierte das liberale und breitgestreute Lesepublikum des Vormärz aufs brennendste. Seit dem Beginn des griechischen Freiheitskampfes im Jahre 1821 war die Anteilnahme an den Schicksalen dieses Landes und dieses Volkes allgemein.

Die ersten Versuche der Griechen, die türkische Fremdherrschaft abzuschütteln, waren noch in Erinnerung oder wurden in die Erinnerung zurückgerufen: der durch die Entsendung einer russischen Hilfsflotte ausgelöste Aufstand der Mainoten im Jahre 1770, der von den Türken mit einer so unerhörten Grausamkeit niedergeschlagen wurde, daß noch Pückler, zwei Menschenalter später die Maina durchziehend, die emotionalen Nachwirkungen fast erdbebengleich spürte; die Agitation von Rhigas Velestinlis, der, vor seiner Einreise nach Griechenland verraten, 1798 in Belgrad hingerichtet wurde – gescheiterte Hoffnungen also, die schließlich 1814 zur Gründung einer Geheimgesellschaft, der Hetärie, führten, die sich die Befreiung Griechenlands aus eigener Kraft zum Ziel gesetzt hatte. Aber eigene Kraft und fremde Hilfe bedingen einander auch in der Folge in kaum entwirrbarem Maße. Im Februar 1821 marschiert Fürst Alexander Ypsilanti mit seiner Befreiungsarmee in Griechenland ein. Das ist der zündende Funken. Im März bricht in und um Patras, Pücklers erster Reisestation, der Aufstand aus und verbreitet sich rasch über ganz Griechenland. Europa wird von der philhellenischen Bewegung erfaßt. Man wetteifert in ideeller und materieller Unterstützung des um seine politische Existenz kämpfenden Volkes. Wilhelm Müller verdient sich als lyrischer Propagandist den Ehrennamen »Griechen-Müller«, Lord Byron reist sogar in Person nach Griechenland und stellt dort eine eigene Truppe auf, um aktiv in den Freiheitskampf eingreifen zu können. In Pücklers Tagebuch schwingt die tiefe Erschütterung nach, die ganz Europa beim plötzlichen Tode Lord Byrons am 19. April 1824 erfaßte.

Die europäischen Großmächte, zunächst durch diplomatische Bindungen an die Pforte dem griechischen Freiheitskampf gegenüber ablehnend, schwenken unter dem Druck der öffentlichen Meinung allmählich um und werden schließlich, unter Führung Englands, zu entschiedenen Parteigängern der Griechen. Spaltungen unter den Aufständischen sowie das Eingreifen einer ägyptischen Armee unter Mehemed Alis Sohn Ibrahim auf türkischer Seite – beides in Pücklers Berichten mannigfach gespiegelt – können die schwer errungenen Erfolge nur vorübergehend gefährden. Im Londoner Vertrag von 1827 treten England, Frankreich und Rußland für die Unabhängigkeit Griechenlands ein. Die Pforte, des zermürbenden Guerillakrieges müde, gibt sich geschlagen und zieht ihre Truppen zurück. Graf Kapodistrias (Pückler schreibt nach älterem Brauch Capo d'Istria) wird zum ersten Präsidenten des freien Griechenland gewählt. Im russischen Staatsdienst geschult, regiert er das kampfzerrüttete Land hart und kompromißlos. Am 9. Oktober 1831 wird er in Nauplia das Opfer eines politischen Attentats. Einmal geweckter Freiheitsdurst, so argumentiert Pückler, ist schwer in feste Ordnungen zurückzulenken. Im zweiten Londoner Vertrag bieten die Schutzmächte 1832 dem Sohne König Ludwigs I. von Bayern, Otto, die Herrschaft über Griechenland an. Nur eine Monarchie kann – das ist die allgemeine Überzeugung – solide politische Zustände in Griechenland schaffen. Das leidige Spannungsverhältnis zwischen fremder Hilfe und eigener Kraft wird damit allerdings höchst unglücklich auf das Spannungsverhältnis zwischen Republikanern und Monarchisten übertragen. Die Position des jungen Königs, für den zunächst ein Regentschaftsrat unter

Vorsitz des Grafen Armansperg die Staatsgeschäfte führt, ist von allem Anfang an problematisch, und Pückler, wohlvertraut mit den Mechanismen der großen Politik, läßt es an Sympathiekundgebungen für den überforderten Otto denn auch nicht fehlen. Zugleich weiß er, daß sein Tagebuch, eben weil ein *deutscher* Fürst an der Spitze Griechenlands steht, bei deutschen Lesern mit gesteigertem Interesse rechnen darf. Zur Begeisterung über den griechischen Freiheitskampf tritt die Anteilnahme am Schicksal eines vom Schatten kommenden Unglücks gezeichneten Herrschers. Pückler weiß seine Leser in beiderlei Hinsicht zufriedenzustellen.

Es wäre nun aber allzu einfach, Pückler charakterloses Nachgeben seinem Publikum gegenüber vorzuwerfen. Nirgends redet Pückler seinen Lesern nach dem Munde. Schon seine antiklassische Haltung wird gewiß nicht nach jedermanns Geschmack gewesen sein. Und das gleiche gilt von seiner Einstellung zum gegenwärtigen Griechenland. Pückler ist nämlich nicht bereit, vorbehaltlos in die allgemeine Verherrlichung der Griechen und in die ebenso allgemeine Verdammung der Türken miteinzustimmen. Nicht etwa aus der zeitlichen Distanz heraus, für die er ja kein Verdienst in Anspruch nehmen darf, hat er gut reden, sondern aus seinem eingeborenen Sinn für eine gerechte Verteilung der Gewichte. Pückler ist nicht nur, wie fast jeder seiner Zeitgenossen, Philhellene, sondern auch Turkophile. Den Ausgleich in der öffentlichen Meinung, den er im Sinn hat, erzielt er nicht zuletzt dadurch, daß er unablässig – fast könnte man von einer fixen Idee sprechen – darauf hinweist, wie verwandt sich Griechen und Türken sind. Pücklers Griechenlandbild ist wirklich von völlig eigener Art. Daß nicht Sehnsucht nach der Antike der Impuls war, der ihn nach Griechenland trieb, wurde bereits gesagt. Am ehesten kann man Pücklers Streifzug durch die klassischen Lande als Intermezzo seiner Orientreisen sehen. Aus Nordafrika kommt er – mit Zwischenstation Malta – nach Griechenland; in Richtung Ägypten verläßt er es. Peinlich ist er darauf bedacht, diese Kontinuität nicht zu unterbrechen: selbst in Griechenland legt er sein orientalisches Kostüm nicht ab. Der bayrische König nennt ihn denn auch, bei der Zufallsbegegnung auf dem Pnyx, den »Beduinen«. Ist das eine Marotte, liebenswert und nichtssagend? Nun, es steckt mehr dahinter: das unverrückbare Wissen um die Orientnähe Griechenlands. Männer wie Professor Roß und Graf Prokesch-Osten sind darin mit Entschiedenheit seine »Parteigänger«.

Dieses Wissen wird allenthalben Wort. In Physiognomie und Psychologie, in Sitte und Tracht, in Tanz und Musik: überall liegt das Morgenland wasserzeichengleich dem Bilde Griechenlands zugrunde. Pückler erklärt diese Verwandtschaft nun nicht einfach mit der Tatsache, daß Griechenland jahrhundertelang türkisches Territorium war. Im Freiheitskampf hat sich Griechenland von der Türkei gelöst. Aber gerade dadurch sind die tieferen Bindungen offenbar geworden; denn die Lösung war politischer, nicht atmosphärisch-existentieller Natur. Das Hervorkehren der orientalischen Komponente Griechenlands dient Pückler zugleich dazu, Sympathien auch für die Unterlegenen zu wecken. So wenig er im unbefangenen Rückblick einen Zweifel daran läßt, daß beide Seiten in den Methoden und Mitteln ihrer Kriegführung vor nichts zurückgeschreckt sind, so wenig verschweigt er, daß auch die vergleichsweise viel selteneren Akte von Noblesse und Humanität bei Griechen *und* Türken zu finden waren. Mehr noch: die höhere Kultur sei ohne Frage den Türken zu eigen. Diese Haltung, alles andere als eingeschworener und begeisterungsblinder Philhellenismus, hängt untergründig mit dem eingangs genannten Antiklassizismus zusammen.

Pücklers Griechenlandbild ist nun aber, um dieses mögliche Mißverständnis auszuschalten, nicht exotisch eingefärbt. Exotisch eingefärbt: das hieße ja eine Verklärung, die lediglich in eine andere Richtung liefe als die traditionelle Verklärung in der Nachfolge Winckelmanns. Nein: Pücklers Griechenlandbild ist von Grund auf wirklichkeitsgetreu. Und wenn es ihm gelingt, Untergründiges aufzudecken, dann eben durch eine Fülle exakt beobachteter und ebenso exakt beschriebener Details. Verklärung, nach welcher Seite auch immer, ist nicht Pücklers Sache. Was er in Griechenland vorfindet, ist auch nicht dazu angetan, Verklärung zu fördern. Die Spuren des Krieges liegen überall offen zutage, zumal Pücklers Gesprächspartner jede Gelegenheit wahrnehmen, sich über den verflossenen Krieg auszulassen. Eine derartige Faszination durch das Jüngstvergangene ist uns nur zu gut bekannt. Pückler läßt nicht nach in seinem Bestreben, dieser Faszination zu entgehen und den Blick unverstellt auf die Gegenwart des Jahres 1836 zu richten. Die beiseitegesprochenen Bemerkungen zur griechischen Tagespolitik, Leitartikel in verhüllter Form, zeigen Pückler als einen gemäßigten Monarchisten. Die Überzeugung, daß die Monarchie für ein so zerrissenes Land die beste Staatsform sei, wird modifiziert durch die tiefverwurzelten Vorbehalte eines liberalen Mitglieds der Hocharistokratie gegen jede Form des Königtums. Eindeutiger ist Pückler in seinem Antiklerikalismus, was ihn allerdings nicht davon abhält, für die Annahme der griechisch-orthodoxen Religion durch den jungen König zu plädieren. Auch sonst läßt er Kirche und Geistlichkeit gelten, wo sie politischen und ökonomischen Nutzen stiften.

Die Kluft zwischen diesem Lande, das, wie Pückler ironisch-doppeldeutig berichtet, sein afrikanischer Diener Selim für »zu barbarisch« hält, um darin leben zu können, und seinem liebenswürdigen, humanistisch gebildeten Monarchen ist unüberbrückbar. Überall spürt Pückler diesen Kontrast zwischen Barbarei und Kultur, Ursprünglichkeit und Zivilisation auf und benutzt ihn, um sein Bild Griechenlands farbig und spannungsreich zu gestalten. Ob er eine in jeder Hinsicht gemischte Gesellschaft schildert, ob er angesichts einer Landschaft oder einer Stadt über die Relation zwischen versunkener Herrlichkeit und gegenwärtiger Trost- und Stillosigkeit nachsinnt: immer ist es eine Art von Doppel-Bild, bei welchem, je nach Beleuchtung, die positiven oder die negativen Züge hervorgekehrt werden können. Pückler ist von diesen, die griechische Gegenwart durchziehenden Kontrasten so fasziniert, weil er in ihnen Strukturen seines eigenen Wesens wiedererkennt. Pückler liebt die Strapazen und Gefahren des »Nomadenlebens«, zugleich ist er – als »Vergnügling«, wie er sich selbst nennt – allen verfeinerten Genüssen und Bequemlichkeiten zugetan. So ist er geradezu prädestiniert, das Griechenland seiner Zeit zu spiegeln. Dabei hat es dann – und hier erkennen wir die eingangs erwähnte Wechselwirkung zwischen Mensch und Landschaft sehr deutlich – gelegentlich fast den Anschein, als ob alles Erfahrene nur Projektion der Pücklerschen Individualität sei. Nie dürfen wir vergessen, daß auch Pücklers Tagebücher, trotz ihrer vielschichtigen Ironie, »Bruchstücke einer großen Konfession« sind. Der Titel »Südöstlicher Bildersaal« ist objektgebunden, er verweist auf den Gegenstand, auf Griechenland, das als musealer Raum erscheint; der Untertitel »Griechische Leiden« dagegen kehrt den subjektiven Aspekt mit aller Eindeutigkeit hervor. Das allzu Starre, Museale, »Antiquarische« wird, radikal ichbezogen, verflüssigt und in elegisch-ironische Bewegung versetzt. Pückler der Sichbekennende ist dabei paradoxerweise auch der Entgleitende, Sichentziehende.

Das hängt mit der Variabilität von Pücklers Stil zusammen. Auf Grund dieser Variabilität haben die Zeitgenossen zuweilen Zweifel an der Wahrhaftigkeit Pücklers angemeldet. Mit dem Vorwurf der Taschenspielerei, schlimmer: der Gesinnungslosigkeit war man auch damals schnell zur Hand. Diese Zweifel sind unbegründet. Das Tagebuch, auch das Reisetagebuch, ist eine literarische Form, die jede Art von Stilwandel und Stilwechsel erlaubt, ja geradezu fordert. Klassische, romantische und realistische Elemente (diese Begriffe samt und sonders mit einem Körnchen Salz genommen) werden von Pückler scheinbar absichtslos, in Wahrheit aber höchst bewußt gemischt. Diese Elemente sind nun nicht einfach mit den Stoffmassen, die Pückler in sein Tagebuch einbringt, gleichzusetzen. Die Beschreibungen der griechischen Landschaft sowie der architektonischen Zeugen der Antike sind nicht *nur* klassisch; die eingeblendete fiktive Liebesgeschichte im phantastisch-makabren Stil E. T. A. Hoffmanns ist nicht *nur* romantisch; die zahlreichen historischen und politischen, militärischen und ökonomischen, gesellschaftlichen und literarischen Nachrichten sind nicht *nur* realistisch. Vielmehr werden diese stark divergierenden Partien kunstvoll miteinander verwoben. Diese Feststellung ist darum wichtig, weil im vorliegenden Neudruck die fiktiven Partien ganz gestrichen und die faktischen sowie die anekdotischen Details stark reduziert werden mußten. Dem Charakter der Reihe gemäß wurde dagegen der Kern des Pücklerschen Werkes, der Reisebericht im strengeren Sinne, der in der Originalausgabe knapp die Hälfte des Umfangs ausmacht, vollständig übernommen.

Dieser Neudruck versteht sich daher auch nicht als Auswahl, sondern als »Fassung«. Eine Auswahl verfälscht so gut wie immer; in einer »Fassung« dagegen können die wesentlichen Züge eines Autors oft reiner hervortreten als im kompletten Werk. In unserer »Fassung« erweist sich Pückler als Meister in der Beschreibung der Landschaft und nicht minder als Meister in der Beschreibung des – an diese Landschaft gebundenen oder auch von ihr gelösten – Menschen. Als »Landschaftsmaler« bevorzugt Pückler bestimmte Perspektiven. Vor allem liebt er den panoramatischen Umblick: von einem Berggipfel aus sieht er Land, Meer und Himmel in weitem Rund vor sich ausgebreitet. Darin spricht sich eine eigenartig gegenstandsverhaftete, fast möchte man sagen: topographisch fixierte Universalität aus. Die Serenität des Stils bei derartigen Passagen ist klassisches, die atmosphärische Einfärbung romantisches Erbe. Pückler befindet sich in vollkommenem Einklang mit der Landschaftsmalerei der dreißiger und vierziger Jahre des 19. Jahrhunderts. In jener Epoche erfreute sich das panoramatische Bild besonderer Beliebtheit, ja, Pückler wünscht sich an einem Punkt seiner Reise einen der Meister des Genres, den Berliner Gropius, geradezu herbei, damit dieser die Landschaft, die Pückler vor Augen liegt, auf die Leinwand »übertragen« könne. Pückler weiß, daß die literarische »Übertragung« nur Substitut der malerischen sein kann. Eben darum aber bedient er sich – im Sinne von Annäherungswerten – der malerischen Mittel seiner Zeit.

Rudolf Borchardt hat dem Fürsten Pückler-Muskau in seiner Anthologie »Der Deutsche in der Landschaft« keinen Ehrenplatz eingeräumt. Das dürfte ideologische Gründe haben. Dem Kosmopolitismus dieses welt-offenen Mannes mußte Borchardt fremd, ja verständnislos gegenüberstehen. Auch konnte er der ironisch-eleganten Überredungskunst, die Pückler so souverän pflegte, nichts abgewinnen. Gewiß ist Pückler kein »Deutscher in der Landschaft« im absoluten Sinne Borchardts, zumal sich der Mensch bei ihm immer wieder – fern aller Landschaft – seinen Eigenbereich zu schaffen versteht. Aber den Ehrentitel eines Autors, dem die deutsche Literatur eine Reihe ihrer meisterhaftesten Reiseberichte verdankt, werden wir ihm kaum versagen können.

Klaus Günther Just

REGISTER

Diesem Neudruck liegt ein im Besitz des Herausgebers befindliches Exemplar der Originalausgabe zugrunde, das eine handschriftliche Widmung Pücklers an seinen Bruder Max und zahlreiche Korrekturen von alter Hand enthält, die wohl auf Anweisungen Pücklers zurückgehen. Diese Textverbesserungen sind sämtlich berücksichtigt worden. Darüber hinaus wurden, ohne Eigenheiten Pücklers anzutasten, Orthographie und Interpunktion den heutigen Gepflogenheiten angenähert. Die starken Schwankungen in der Schreibung von Orts- und Personennamen wurden lediglich innerhalb des Werkes ausgeglichen, wobei die Wahl jeweils auf die am besten belegte Form fiel. Worterklärungen in eckigen Klammern sind vom Herausgeber der Reihe in den Text eingefügt worden. Einige weitere Erläuterungen finden sich alphabetisch in das Register eingeordnet.

Das Register enthält die Namen sämtlicher Orte und Personen, mit denen Pückler auf seiner Reise durch Griechenland direkt oder indirekt in Berührung kam. Längere Aufenthalte sind durch *kursiv* gedruckte Seitenzahlen markiert. In Gesprächen und Reflexionen nur beiläufig erwähnte Namen fanden keine Aufnahme. Ausgeschlossen wurden auch isolierte Lokalitäten (Quellen, Felsen u. ä.) und Bauwerke (antike Bauten, Klöster, Festungen u. ä.), es sei denn, es handele sich um wichtige Reise- und Schreibestationen Pücklers. Auf die Stichworte »Griechenland«, »Peloponnes« und »Morea«, eine im 19. Jahrhundert noch gebräuchliche Benennung des Peloponnes, wurde verzichtet.

Über das Leben Pücklers informieren folgende Werke:

Ludmilla Assing: Fürst Hermann von Pückler-Muskau. Berlin 1873–1874.

Auguste Ehrhard: Le Prince de Pückler-Muskau. Paris 1927.

Eliza M. Butler: The Tempestuous Prince. London 1929.

Klaus Günther Just: Fürst Hermann von Pückler-Muskau. Würzburg 1962. – Auch in: Übergänge. Probleme und Gestalten der Literatur. Bern 1966.

Bildnachweis:
Alle Bilder Aquarelle von Carl Rottmann mit Ausnahme von Bild Nr. 2 (Federzeichnung von Peter von Hess).
Staatliche Graphische Sammlung, München

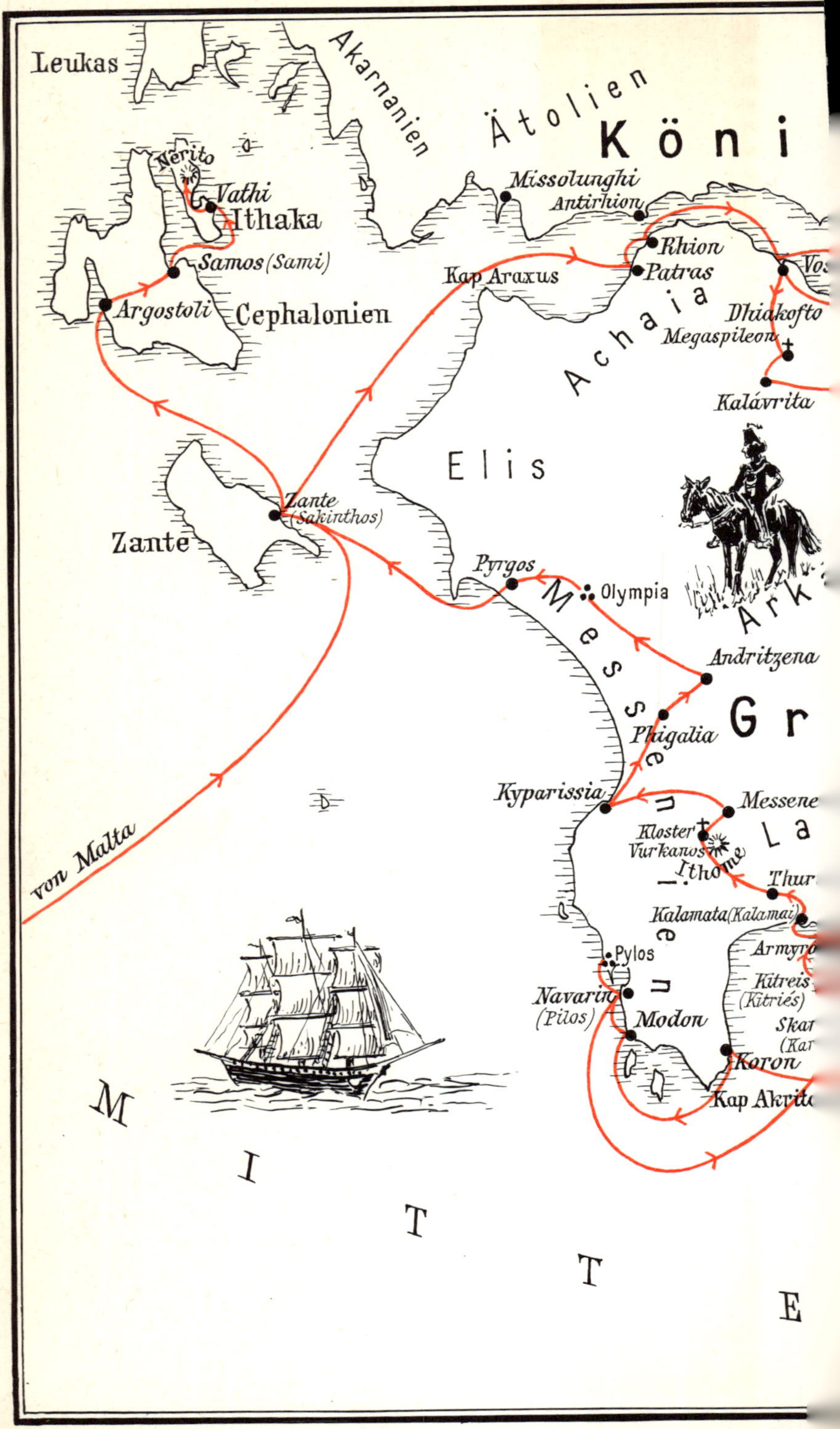

Leukas
Akarnanien
Ätolien
Köni
Nerito
Vathi
Ithaka
Missolunghi
Antirhion
Rhion
Patras
Samos (Sami)
Kap Araxus
Argostoli
Cephalonien
Achaia
Dhiakofto
Megaspileon
Kalávrita
Elis
Zante
(Sakinthos)
Zante
Pyrgos
Olympia
Messenien
Ark
Andritzena
Phigalia
Gr
Kyparissia
Messene
Kloster
Vurkanos
Ithome
La
Thur
Kalamata (Kalamai)
von Malta
Pylos
Navarin
(Pilos)
Modon
Koron
Kap Akrit
M I T T E